Verlag Wissenschaft und Politik

Politische Kultur und deutsche Frage

Materialien zum Staats- und Nationalbewußtsein
in der Bundesrepublik Deutschland

Herausgegeben von
Werner Weidenfeld

mit Beiträgen von
Wilhelm Bleek
Irene Böhme
Stefan Brauburger
Wilhelm Bürklin
Klaus Eder
Bernd Faulenbach
Christian Hacke
Karl-Rudolf Korte
Hermann Lübbe
Felix Ph. Lutz
Manfred Overesch
Sven Papcke
Hermann Rudolph
Alexander Schwan
Jürgen Turek
Werner Weidenfeld

Berend von Nottbeck, Köln
Redaktion Dr. Karl-Rudolf Korte
Gesamtherstellung Werbedruck Zünkler, Bielefeld 11
Printed in Germany · ISBN 3-8046-8716-4

Inhaltsverzeichnis

III. Das andere Deutschland

IV. Staatsbewußtsein und Politische Kultur

Vorwort

Politische Kultur und deutsche Frage stehen in einem spannungsreichen Wechselverhältnis. Beide sind in ihrer spezifischen Ausprägung das Erkennungszeichen der Bundesrepublik Deutschland. Beide sind wichtige Markierungspunkte bei der Beschreibung des Staats- und Nationalbewußtseins der Bundesbürger. Der vorliegende Sammelband versucht vor diesem Hintergrund eine Verortung der Bundesrepublik Deutschland vierzig Jahre nach ihrer Gründung.

Politische Kultur steht als Begriff für die Summe der Einstellungen der Bürger zu ihrem politischen System. Es geht dabei um die subjektive Dimension der gesellschaftlichen Grundlage politischer Systeme. Als prägende Faktoren werden dabei gegenwartsbezogene und historische Aspekte mit berücksichtigt. Die Politische Kultur der Bundesrepublik Deutschland ist Gegenstand vielschichtiger Analysen. Dabei zeigt sich, daß neben der pragmatisch-materiellen Gemeinschaftsorientierung der Bundesbürger in den letzten Jahrzehnten auch die Zufriedenheit mit den politischen Systemmerkmalen deutlich gewachsen ist.

Welche Einstellungen haben die Bundesbürger zu ihrem Staat vierzig Jahre nach seiner Gründung? Welches Bild machen sich die Bundesbürger über Westdeutschland? Wie denken sie über die DDR? Welche Perspektiven haben sie von Deutschland?

Wer diesen Fragen nachspürt, der wird unweigerlich mit der deutschen Frage konfrontiert. Denn sie ist als komplexes Problembündel nie nur eine Frage nach der nationalen und territorialen Organisation der Deutschen in der Mitte Europas gewesen. Vielmehr war sie auch zu allen Zeiten durch die Suche nach dem eigenen Selbstverständnis, nach der politisch-gesellschaftlichen Ordnung Deutschlands charakterisiert. Den Zusammenhang zwischen den Interessenkonstellationen und den Wertfragen zeigen besonders prägnant die achtziger Jahre. Als Fragen nach den Werten, Orientierungen, Einstellungen, nach dem Selbstverständnis der Deutschen ist die deutsche Frage wieder zum Gegenstand des politischen Gegenwartsbewußtseins avanciert.

Das vorliegende Buch analysiert diese Fragen nach dem eigenen Selbstverständnis vor der Kulisse der grundsätzlichen Einstellungsprofile zum politischen System der Bundesrepublik Deutschland. Die »Materialien zum Staats- und Nationalbewußtsein in der Bundesrepublik Deutschland« beschreiben – nach einer einführenden Analyse des Grundverhältnisses zwischen Politischer Kultur und deutscher Frage – in vier Kapiteln unterschiedliche Zugänge zum Themenkomplex:

- »Bilder aus vier Jahrzehnten« schildert, was sich im kollektiven Gedächtnis der Deutschen über die zurückliegenden vier Jahrzehnte an prägenden Erfahrungen herauskristallisiert hat.
- »Neue Ortsbestimmung der Gegenwart« charakterisiert exemplarisch einige kontroverse Begriffe, die den Zeitgeist der achtziger Jahre mit beeinflussen, und unternimmt Beschreibungsversuche der Intensität der Gemeinschaftsorientierung der Bundesbürger.
- »Das andere Deutschland in uns« erörtert, in welchem Ausmaß die DDR noch Teil des bundesrepublikanischen Selbstverständnisses ist.
- »Staatsbewußtsein und Politische Kultur« belegt mit empirischen Daten den Zusammenhang zwischen Politischer Kultur und deutscher Frage und fragt, in welchem Verhältnis der Identifikation die Bundesbürger zu ihrem Staat und gleichzeitig zur Identifikation als Deutsche stehen.

Ein ausführlicher Literaturbericht über den Stand der Forschung zum Beziehungsfeld Politische Kultur und deutsche Frage rundet den Sammelband ab.

Die in diesem Buch veröffentlichten Aufsätze sind im Zusammenhang mit Sitzungen der Studiengruppe »Deutsche Frage« entstanden und skizzieren damit anschaulich die Bandbreite und die verschiedenen Perspektiven des Themas. Der Untertitel des Buches »Materialien zum Staats- und Nationalbewußtsein in der Bundesrepublik Deutschland« verweist außerdem auf das Arrangement der Einzelbeiträge. Anregende Impulse, nachdenkliche Fragen, kreative Denkanstöße und thesenartige Zuspitzung kennzeichnen die Intention der Autoren. Die Beiträge sind bei den Sitzungen der Studiengruppe »Deutsche Frage« kritisch reflektiert und diskutiert worden. Nachträglich sind diese Kontroversen nicht herausredigiert worden, da die Texte in der persönlichen Verantwortung eines jeden Autors stehen. Das bedeutet selbstverständlich, daß nicht jede These von den übrigen Autoren geteilt wird. Die interdisziplinär und international besetzte Studiengruppe »Deutsche Frage« konstituierte sich Anfang 1984. Die Absicht dieser mit rund 30 renommierten Wissenschaftlern und Publizisten besetzten Expertengruppe ist es, die Hintergründe der neu entfachten Diskussion über die geistig-politische Ortsbestimmung Deutschlands als umfassendes Thema der Politischen Kultur zu untersuchen. Die Forschergruppe trifft sich regelmäßig zur systematischen Analyse der deutschlandpolitischen Grundsatzdiskussion, bei jeweils wechselnden Schwerpunktthemen. Im Zentrum steht dabei eine kontinuierliche Reflexion der Entwicklung in historischer, kultureller und politischer Hinsicht.

Mit »Politische Kultur und deutsche Frage« legt die Studiengruppe »Deutsche Frage« den dritten Band vor, der thematisch die vorher publizierten Bücher »Nachdenken über Deutschland« und »Geschichtsbewußtsein der Deutschen« ergänzt. Unser Dank gilt den Autoren des Buches für ihr außerordentliches Engagement, den übrigen Mitgliedern der Studiengruppe für die intensive und kritische Diskussion sowie Dr. Karl-Rudolf Korte, der auch diesen dritten Band redaktionell betreute.

Werner Weidenfeld

Einführung

Werner Weidenfeld

Politische Kultur und deutsche Frage

1. Die Suche nach sich selbst

Wer die geistig-politischen Debatten der letzten Jahre zur deutschen Frage Revue passieren läßt, wird unschwer feststellen, daß sich eine inhaltliche Schwerpunktverlagerung vollzogen hat. Die Diskussion beschränkt sich nicht mehr auf Streitpunkte zum Thema Wiedervereinigung, auf Deutungsversuche im Zusammenhang mit Statusfragen oder Auseinandersetzungen um vertragliche Details. Seit dem Ende der siebziger Jahre ist mehr und mehr die sozialpsychologische Dimension in den Vordergrund gerückt.[1] Es sind vor allem kollektive geistig-politische und kulturelle Orientierungsprobleme, die sich mit der Thematik verbinden und ihr zunehmend einen neuen Charakter verliehen haben.[2]

In den Sozialwissenschaften hat sich ein Paradigmenwechsel bereits Mitte der sechziger Jahre abgezeichnet. Ralf Dahrendorf sah schon damals in der Frage nach den Einstellungen der Deutschen, ihrer Haltung gegenüber der westlich-liberalen Demokratie, die zentrale Dimension der deutschen Frage: »Warum hat das Prinzip der liberalen Demokratie in Deutschland so wenig Freunde gefunden?«[3] Ende der sechziger Jahre warf Rainer Lepsius die Frage nach der »Identität der Deutschen« auf; das potentielle Spannungsverhältnis zwischen Kultur- und Staatsnation als Identifikationsoptionen mit unter-

1 Vgl. beispielsweise Martin und Sylvia Greiffenhagen, Ein schwieriges Vaterland, zur politischen Kultur Deutschlands, 2. Aufl., Frankfurt 1981; Helge Pross, Was ist heute deutsch?, Hamburg 1982; Werner Weidenfeld (Hrsg.), Die Identität der Deutschen, 2. Auflage, München 1983; Günter Gaus, Wo Deutschland liegt. Eine Ortsbestimmung, Hamburg 1983.

2 Beiträge dazu in: Werner Weidenfeld (Hrsg.), Nachdenken über Deutschland. Materialien zur politischen Kultur der Deutschen Frage, 2. Aufl., Köln 1986.

3 Ralf Dahrendorf, Gesellschaft und Demokratie in Deutschland, München 1965, S. 26.

schiedlicher Wertorientierung erachtete er als das spezifisch deutsche Problem.[4]
Seit Ende der siebziger Jahre ist die deutsche Frage nun zunehmend auch in der öffentlichen Diskussion zum Thema der Politischen Kultur avanciert, zur Frage nach den normativen Bindungen, Orientierungen und Einstellungen, nach dem Selbstbewußtsein und dem Standort der Deutschen als Deutsche heute. Es ist die Frage nach ihrer kollektiven Identität, nach einer plausiblen Selbstbeschreibung, nach einem akzeptablen Selbstbild. Diese Frage wird von den Deutschen in der Bundesrepublik in den letzten Jahren vehementer als in den Jahrzehnten zuvor gestellt.
Betrachtet man die Besorgnis, die in zahlreichen Beiträgen zur Politischen Kultur aus dem In- und Ausland im Zusammenhang mit der Frage nach der Identität der Deutschen, nach ihrem Selbstverständnis, nach ihrem Selbstbild geäußert werden, so erscheint die Einschätzung, die Friedrich Nietzsche einmal geäußert hat, erneut aktuell: »Es kennzeichnet die Deutschen, daß bei ihnen die Frage: Was ist deutsch? niemals ausstirbt.«[5]
Wer sind wir? Woher kommen wir? Wohin gehören wir? – Seitdem in der Bundesrepublik verstärkt über diese Unsicherheiten diskutiert wird, sind die Irritationen über den Weg der Deutschen erneut aufgekommen. Besorgnisse über die Suche der Deutschen nach sich selbst sind unübersehbar. Den normativen Konsens, der die Innen- und Außenpolitik der Bundesrepublik bisher bestimmt hat, hat Richard von Weizsäcker überzeugend festgehalten:[6]
»Wir haben eine Verfassung nach westlichem Vorbild. Wir gehören in den Kreis der westlichen Demokratien. In den Grundwerten für die Rechte und Pflichten des Menschen und für das Zusammenleben in der Gesellschaft stimmen wir mit unseren westlichen Partnern überein . . . es ist dieser politisch-geistige Boden, auf dem in Wahrheit die Partnerschaft mit denen beruht, die wir zum Schutz unserer inneren Ordnung nach außen brauchen. Diese Westbindung unserer freiheitlichen, rechtsstaatlichen Ordnung ist endgültig und unwiderruflich.«

4 Rainer Lepsius, Die unbestimmte Identität der Bundesrepublik, in: Hochland, 60. Jg., 1968, Heft 6, S. 562–569, hier insbes. S. 566 und 568.
5 Friedrich Nietzsche, Jenseits von Gut und Böse, Aphorismus 244 (1886), in: Schwarz, Egon (Hrsg.), Nation im Widerspruch, Deutsche über Deutschland, Hamburg 1963, S. 85 f., hier S. 86.
6 Richard von Weizsäcker, Die deutsche Geschichte geht weiter, Berlin 1983, S. 11.

Zugleich aber sind neue Unsicherheiten, die das Selbstverständnis der Deutschen betreffen, zu beobachten. Da gibt es die in den letzten Jahren neu aufgekommenen ideellen Strömungen und neuen sozio-kulturellen Bewegungen, aus deren Reihen auch die Ideen eines »neuen« Patriotismus und Nationalismus zu vernehmen sind.[7] Die Frage »Wie deutsch sind wir eigentlich geblieben?« ist in der Literatur verstärkt aufgetreten.[8] Deutsch-deutsche Gemeinsamkeiten in bezug auf Geschichte und Kultur werden deutlicher betont.[9] Zudem sind am linken und rechten Rand des literarischen Spektrums Tendenzen zu beobachten, die für eine innen- und außenpolitische Umorientierung plädieren. In dem Maße, wie die deutsch-deutsche Ebene an Zuspruch gewinnt, scheint die Westorientierung an Attraktivität zu verlieren. Die Kritik bezieht sich einerseits auf den kulturellen und zivilisatorischen Einfluß des Westens, andererseits auf die außen- und sicherheitspolitische Einbindung der Bundesrepublik in das westliche Bündnissystem.[10] Dabei wird die Frage aufgeworfen, ob die deutschen Interessen sich nicht doch besser jenseits des westlichen Orientierungsrahmens verwirklichen lassen. Das »Geborgte«, der aufgesetzte Amerikanismus der Nachkriegszeit, das betont Westliche wird spätestens seit Beginn der siebziger Jahre besonders kritisch gesehen[11]; die Westbindung erscheint dem neuen

7 Vgl. dazu Wilfried von Bredow, Friedensbewegung und Deutschlandpolitik, in: Aus Politik und Zeitgeschichte, B 46/1983, S. 34–36; analysierbar aus Peter Brandt/Herbert Ammon, Patriotismus von links, in: Wolfgang Venohr (Hrsg.), Die Deutsche Einheit kommt bestimmt, Bergisch Gladbach 1982, S. 119–157 (und anderen Beiträgen dieses Buches); Peter Dudek, Nationalromantischer Populismus als Zivilisationskritik. Eine Antwort auf Henning Eichberg, in: Wolf Schäfer (Hrsg.), Neue Soziale Bewegungen. Konservativer Aufbruch in buntem Gewand?, Frankfurt 1983, S. 27–36; Siegfried Meuschel, Für Menschheit und Volk. Kritik fundamentaler und nationaler Aspekte in der deutschen Friedensbewegung, ebenda, S. 37–46.

8 Dieter Hildebrandt in: Die Zeit v. 4. 10. 1974, Nr. 41, S. 22.

9 Dazu Karl-Rudolf Korte, Suchbewegungen: Wo ist der deutsche Standort, in: Weidenfeld, Nachdenken, a. a. O., S. 19–36, inbes. S. 25 und 30 f.

10 Dazu Fritz Stern, »Wiederkehr des Verdrängten«, in: James A. Cooney/Gordon Craig/Hans-Peter Schwarz/Fritz Stern (Hrsg.), Die Bundesrepublik Deutschland und die Vereinigten Staaten von Amerika. Politische, soziale und wirtschaftliche Beziehungen im Wandel, Stuttgart 1985, S. 331–358, insbes. S. 333; Sven Papcke, Diesseits oder jenseits der Freiheit? Die Deutschen suchen ihren Standort zwischen Ost und West, in: Weidenfeld, Nachdenken, a. a. O., S. 100–121, S. 116 ff., Korte, a. a. O., S. 27 f.; ein Literaturbericht zu diesem Themenkomplex: Jürgen C. Heß, Westdeutsche Suche nach nationaler Identität, in: Die Deutsche Frage in der Weltpolitik, Neue politische Literatur, Beihefte, Bd. 3, hrsg. v. K. O. Frhr. von Aretin u. a., Wiesbaden 1986, S. 9–50, hier insbes. S. 12–20.

11 Vgl. Korte, a. a. O., S. 28.

Patriotismus als Hindernis für ein Wiedererstehen der deutschen Identität.[12] Somit ist mit dem Problemfeld »Politische Kultur und deutsche Frage« ein potentieller Konflikt unterschiedlicher kollektiver, zugleich wertbezogener Identitätsschichten angesprochen.

Ein besonderes Gewicht erhält die Frage dadurch, daß sich in ihr mehrere sozialpsychologische und kulturelle Strömungen von sehr unterschiedlicher Qualität bündeln. Dazu gehören z. B. die wachsende Distanz zur Industriegesellschaft, das Nachlassen der emotionalen Bindewirkung von traditionellen internationalen Leitbildern, antiwestliche Affekte, Sorgen um die Sicherung des Friedens. Solche zivilisationskritischen Ansätze bleiben auf absehbare Zeit bedeutsam, weil sie auf einen breiten Traditionsstrom des politischen Denkens in Deutschland zurückgreifen können. Kommt noch hinzu, daß sich im Laufe der Geschichte bei den Deutschen ein in sich ruhendes Selbstvertrauen nie ausgeprägt hat. Der »Nation« fehlt in Deutschland die Sphäre des Selbstverständlichen: Diskontinuitäten und Brüche, eine uneinheitliche staatliche Entwicklung, Partikularismen, Zersplitterungen und Teilungen, der Mangel an Kongruenz zwischen Nation und Staat, der Mangel an demokratischer Tradition, politische Sonderwege und Katastrophen sind die Hypotheken deutscher Geschichte. Die historische Identität ist keineswegs eindeutig.

Wie ist es nun zu erklären, daß die Frage nach der Identität der Deutschen, nach ihrem Bild von sich selbst, seit dem Ende der siebziger Jahre so vehement gestellt wird? Offenbar ist der Bedarf an kollektiver Identität im Gegensatz zu vorangegangenen Zeitabschnitten nicht mehr in ausreichender Weise befriedigt. Mangelt es in der Gegenwart an Leitbildern? Haben sich die Orientierungsoptionen der ersten Jahrzehnte bundesrepublikanischer Geschichte verbraucht?

12 Literatur dazu aufgeführt bei Heß, a. a. O., insbes. S. 16 f.

2. Verblassende Bilder? Motive aus vier Jahrzehnten bundesdeutscher Geschichte

»Wir sind wieder wer« – die fünfziger Jahre

Die fünfziger Jahre symbolisieren die Periode des rasanten Aufstiegs der Bundesrepublik Deutschland nach dem politischen und moralischen Niedergang durch den Nationalsozialismus. Wirtschaftliches Wachstum, Etablierung des demokratischen Sozialstaats, Westbindung durch Eintritt in die EWG und NATO stellen die wesentlichen Wegmarkierungen dar; »Wir sind wieder wer« lautet das Motto am Ende dieses Zeitabschnitts.[13]

Zwar hatten diese Entwicklungen auch Auswirkungen auf die nationale Frage. Die Teilung in zwei Staaten manifestierte sich. Doch bewirkten weder das Bewußtsein, in einem staatlichen Provisorium zu leben, noch der scheinbar unaufhebbare Widerspruch von bundesdeutscher Staatsräson und gesamtnationalem Interesse eine öffentliche Krisenstimmung. Überhaupt hat sich die Frage nach politischer Partizipation oder nach der Bewältigung der Vergangenheit in den fünfziger Jahren im Bewußtsein der Bevölkerung keineswegs dringlich gestellt. Das Zeitempfinden war zunächst weitgehend gekennzeichnet von der Erleichterung über das Ende des Krieges. Man konzentrierte sich auf den Wiederaufbau und die Rückerlangung materiellen Wohlstandes. Es erfolgte – bedingt durch die Etablierung des demokratischen Systems und den ökonomischen Aufschwung – ein starker Modernisierungsschub, der sich auch privat mitteilte.

Der Vorwurf der Mitscherlichs, die Deutschen hätten es in dieser Zeit versäumt, »Auschwitz« in angemessener Weise durch »Trauerarbeit« zu bewältigen[14], berücksichtigt die Situation der Menschen in der Nachkriegszeit nur unzureichend. Die Bewältigung der indi-

13 Zu den fünfziger Jahren: Dieter Bänsch, Die 50er Jahre. Beiträge zu Politik und Kultur, Tübingen 1985; Werner Abelshauser, Die langen fünfziger Jahre. Wirtschaft und Gesellschaft der Bundesrepublik Deutschland 1949–1966, Düsseldorf 1987; dazu auch Richard Löwenthal, Prolog. Dauer und Verwandlung, in: ders./Hans-Peter Schwarz, Die zweite Republik, 25 Jahre Bundesrepublik Deutschland. Eine Bilanz, 3. Aufl., Stuttgart 1979, S. 11–24; Heinz Lampert, Die Wirtschafts- und Sozialordnung der Bundesrepublik Deutschland, 5. Aufl., München 1976; zum Zeitgeist der fünfziger Jahre: Wolfgang Koeppen, Das Treibhaus (1953), Stuttgart 1972.

14 Alexander und Margarete Mitscherlich, Die Unfähigkeit zu trauern. Grundlagen kollektiven Verhaltens, 2. Aufl., München 1970.

viduellen Problemlagen, der Aktionismus der Wiederaufbauphase ließen nur beschränkten Spielraum für eine intensive Verarbeitung der Vergangenheit. Die Bundesrepublik Deutschland trug in dieser Phase die typischen Prägemale einer posttotalitären Kultur: Distanz zur Politik. Die politisch-kulturelle Lage war ambivalent: Neben eher konservative Orientierungen trat das Syndrom der Modernisierung. Westintegration, Grundlegung der europäischen Einigung und die Umsetzung der neuen politischen und ökonomischen Ordnungsformen sind in einem Tempo und einer Konsequenz erfolgt, die eine Erwartungshaltung geschaffen hat, die bis in die Gegenwart fortwirkt. Nicht zuletzt das Wirtschaftswunder wirkte nachhaltig bewußtseinsprägend und normbildend. Die Deutschen in der Bundesrepublik Deutschland beschritten den Übergang zu den Sechzigern mit Stolz auf den wirtschaftlichen Erfolg und ihr international gewonnenes Ansehen.

Zwischen Stagnation und Reform – die sechziger Jahre

Die sechziger Jahre werden häufig als das Jahrzehnt der Selbstzufriedenheit, der Reformunfähigkeit, der geistigen Verkrustungen gesehen – bis dann die Studentenrevolte kam und Reformbewegungen auslöste. Dieser Eindruck erweist sich bei näherer Betrachtung als einseitig und unzutreffend. Sicher gab es Tendenzen eingefahrener Selbstgefälligkeit. Vor allem das lange Ende der Ära Adenauer provozierte bei fortschrittsorientierten Kräften große Ungeduld. Doch wurden dann die sechziger Jahre – ganz im Gegenteil zur bis heute dominierenden Auffassung – eine Zeit permanenter Bewegung, des Umbruchs und des Aufbruchs, auch durchaus jenseits dessen, was die Studentenrebellion zu ihnen beigetragen hat.
Die sechziger Jahre umfassen den Zeitraum, in dem der große Umbau der gesellschaftlichen Verhältnisse einsetzte und deutlich Gestalt annahm. Es war die zweite formative Phase der Bundesrepublik Deutschland.[15] Das Stützgewebe der Nachkriegszeit mit seinen äußeren und inneren Zwängen – Zusammenbruch, Neuanfang, Kalter Krieg – verlor seine dominierende Prägekraft. Der dann nach dem Ende der Adenauer-Ära eingeleitete Wandel fand seinen Ausdruck in umfassenden politischen Veränderungen und Reformen. Als

15 Siehe dazu Löwenthal, a. a. O., S. 15–18.

Stichworte, die im Kontext der politischen Umorientierung in der Mitte des Jahrzehnts stehen, sind beispielsweise zu nennen: die neue Wirtschafts- und Finanzpolitik, die Reformen des Rechts, die Reform der Verwaltung, des Wahlsystems, das Raumordnungsgesetz etc.

Die Nachkriegszeit endete in den sechziger Jahren nicht nur im politischen, sondern auch gesellschaftlichen Sinne.[16] Durch Modernisierung, Wandel in den Lebensstilen, Liberalisierung, Ausbau der Massenmedien, durch Veränderungen der Gesellschaftsstruktur zur »unruhigen Gesellschaft«[17] änderte sich das Bild. Die Sechziger wurden auch im Hinblick auf die Frage nach der geistig-politischen Selbstverortung der Deutschen zu einem Jahrzehnt unterschiedlicher Tendenzen. Zunächst intensivierte sich die bereits in den fünfziger Jahren angelegte Westorientierung der Bundesbürger auch affektiv. In der zweiten Hälfte des Jahrzehnts kamen dann allerdings – vor allem in der Studentenbewegung – auch antiamerikanische Proteste auf.[18]

Die 68er-Bewegung wurde zum expressiven Ausdruck des umfassenden gesellschaftlichen Wandels dieser Zeit. Ein starker Modernisierungsschub wurde ausgelöst, viele Anstöße zivilisatorischer Natur gegeben. Das bundesrepublikanische Gemeinwesen wurde zur »erwachsenen Gesellschaft«. Bildung und Kultur haben sich seither stark verändert. Ein Wertewandel, der bis in die Gegenwart fortdauert, hat damals seinen Anfang genommen.

Auch im Hinblick auf außenpolitische und nationale Fragen gab es in den sechzigern denkwürdige Entwicklungen. Mauerbau, Kuba-Krise, zunächst Zuspitzung, dann Entdramatisierung des Ost-West-Konflikts, erste Ansätze der Entspannung, erste Zeichen der

16 Vgl. dazu Hermann Rudolph, Die Herausforderung der Politik, Innenansichten der Bundesrepublik, Stuttgart 1985, S. 137–208; auch Hans-Peter Schwarz, Die Ära Adenauer 1957–1963, Geschichte der Bundesrepublik Deutschland in fünf Bänden, hrsg. v. Karl Dietrich Bracher u. a., Bd. 3, Stuttgart 1983, S. 323–333; zusammenfassend: Eckhard Jesse, Die Demokratie der Bundesrepublik Deutschland, 6. Aufl., Berlin 1982, S. 108; zum Geist der sechziger Jahre: Karl Jaspers, Wohin treibt die Bundesrepublik?, München 1966; Rüdiger Altmann, Der wilde Frieden. Notizen zu einer politischen Theorie des Scheiterns, Stuttgart 1987, insbes. S. 89–111; Johannes Lehmann (Hrsg.), Die unruhigen Sechziger, München 1986.

17 Helmut Klages, Die unruhige Gesellschaft. Untersuchungen über Grenzen und Probleme sozialer Stabilität, München 1975.

18 David R. Gress, Die deutsch-amerikanischen Beziehungen von 1945–1987, in: Aus Politik und Zeitgeschichte B 3/1988, S. 16–27, hier S. 23; auch Altmann, a. a. O., S. 101.

Stagnation in der Europapolitik provozierten zunehmend auch die Frage nach dem Standort der Deutschen im internationalen Prozeß.[19] Sollte die nationale Loyalität vornehmlich auf den westlichen Teilstaat beschränkt werden? Besaß die Idee der Nation oder aber die Perspektive der Einigung Europas Priorität? Es breitete sich zunehmend in der Deutschland- und Ostpolitik, aber auch in der Gesellschaftspolitik das Bewußtsein aus, in einer Zeit des Wandels zu leben.
Geistig war das folgende Jahrzehnt schon seit Mitte der sechziger Jahre vorbereitet worden. Es brach nun mit dem Ende der Großen Koalition in sowohl innen- als auch außenpolitischer Hinsicht eine neue Ära an.

Zwischen Reform, Entspannung und Orientierungssuche – die siebziger Jahre

»Mehr Demokratie wagen« lautete das dominierende Leitmotiv, das die umfassenden politischen Reformbemühungen zu Beginn der siebziger Jahre einleitete und als zentrale Leitidee das politische Interesse der Bevölkerung zugleich begeisterte und herausforderte.[20] Ein neuer politischer Aufbruch mit weitgesteckten Hoffnungshorizonten zog die Emotionen der Öffentlichkeit in seinen Bann. Die Erwartungen in die Politik als Instrument individueller und kollektiver Glücksvermittlung steigerten sich merklich. Begriffe wie Demokratisierung, Fortschritt, Lebensqualität, soziale Gerechtigkeit, Verständigung, Entspannung symbolisierten den Geist der neuen Ära. Doch nicht nur die Innenpolitik entwickelte eine stärkere Bindewirkung. Auch die Außenpolitik, vor allem die Deutschland- und Ostpolitik, zog das Interesse auf sich. Die neue Außenpolitik erfolgte im Sog des internationalen Entspannungsklimas. Außenpoli-

19 Siehe dazu: Klaus Hildebrand, Von Erhard zur Großen Koalition, 1963–1969, Gesch. d. Bundesrepublik, Bd. 4, Stuttgart 1984, S. 301–338; weiterführend Arnulf Baring, Machtwechsel. Die Ära Brandt/Scheel, Stuttgart 1982; Waldemar Besson, Die Außenpolitik der Bundesrepublik. Erfahrungen und Maßstäbe, München 1970.

20 Wolfgang Jäger, Die Innenpolitik der sozial-liberalen Koalition 1969–1974, in: Karl Dietrich Bracher/Wolfgang Jäger/Werner Link, Republik im Wandel 1969–1974. Die Ära Brandt, Gesch. d. Bundesrepublik, Bd. 5/1, Stuttgart 1986, S. 15–26; umfassend dazu: Horst W. Schmollinger/Peter Müller, Zwischenbilanz. 10 Jahre sozialliberale Politik 1969–1979, Anspruch und Wirklichkeit, Hannover 1980; vgl. dazu auch Jesse, a. a. O., S. 108.

tische Ergebnisse konnten in dieser Zeit als tragendes Element westdeutscher Selbstvergewisserung dienen.
Die außenpolitischen Grundentscheidungen der fünfziger Jahre sind auch im Zuge der neuen Ostpolitik nicht in Frage gestellt worden. Es handelte sich bei der Außenpolitik der siebziger Jahre vielmehr um eine Ergänzung bisheriger Standorte. Wurden die gesteigerten Ost-Aktivitäten auch zeitweise mit Mißtrauen bedacht, so wurde die Einbindung in den Westen jedoch keineswegs angezweifelt. Der Antikommunismus, der den Standort der westlichen Außenpolitik bis in die sechziger Jahre auch ideologisch konturiert hatte, verlor zunehmend an Bedeutung.
Mitte der siebziger Jahre begannen die großen außen- und innenpolitischen Kontroversen zu verblassen, die zu Beginn des Jahrzehnts die öffentlichen Diskussionen bewegt hatten. So kamen im Vorfeld der achtziger Jahre Diskussionen über die Identität der Deutschen in der Bundesrepublik auf. Es begann nun auch ein Aufarbeiten grundlegender Fragen, die in den ersten Jahrzehnten bundesdeutscher Geschichte offensichtlich zuwenig zur Sprache gekommen waren: Wer sind wir? Woher kommen wir? Wohin gehören wir? Wohin gehen wir?[21]
Die neue Suche nach der nationalen Identität ist auch Teil der Krise des Fortschrittsglaubens. Ölkrise, ökonomische Rezession haben die Grenzen des Wachstums deutlich werden lassen. Auch die Gefahren der Atomenergie, die Umweltproblematik ließen eine eher pessimistische Zukunftsstimmung aufkommen. Der »Westen«, der traditionell mit der Vorstellung des zivilisatorischen Fortschritts identifiziert wurde, verlor an intellektueller Attraktivität. Damit ist die Frage nach dem kulturellen, aber zugleich auch geistig-politischen Standort der Deutschen neu aufgeworfen worden.

Normalität und neue Nachfragen – die achtziger Jahre

Die achtziger Jahre begannen nicht, wie das vorangegangene Jahrzehnt, mit großen innenpolitischen Reformentwürfen und bewegenden außenpolitischen Zielperspektiven. Die Ost-West-Beziehungen stagnierten auch auf der deutsch-deutschen Ebene. Innen-

21 Vgl. dazu Werner Weidenfeld (Hrsg.), Geschichtsbewußtsein der Deutschen. Materialien zur Spurensuche einer Nation, Köln 1987.

politisch hatte sich mehr denn je die Einsicht in die Grenzen der Finanzierbarkeit des Sozialstaats niedergeschlagen. Wirtschaftspolitisches Krisenmanagement dominierte.
Der Regierungswechsel bewirkte zunächst einen Stimmungswandel. Die ökonomische Konsolidierung machte Fortschritte. Die Geldwertstabilität – ein wesentlicher Aspekt bundesrepublikanischer Selbstvergewisserung – nahm zu. Deutschland gewann als internationale Wirtschaftsmacht an zusätzlichem Ansehen.
Die Außenpolitik nach dem Regierungswechsel zeichnete sich in grundsätzlichen Fragen weitgehend durch Kontinuität aus. Ein Rückfall in die sechziger Jahre – wie von einigen Beobachtern der politischen Szene befürchtet – fand nicht statt. In die Deutschland-, Europa- und Abrüstungspolitik kam neue Bewegung.
Eine Aufbruchstimmung, wie sie nach dem Regierungswechsel 1969 zu beobachten war, setzte allerdings nicht ein. Der Spielraum für umfassende gesellschaftliche Reformwerke war zusammengeschrumpft, ein Anlaß für spektakuläre außenpolitische Kursrevisionen nicht gegeben. Ohne Umschweife wurde die Öffentlichkeit mit den eigentlichen Schwierigkeiten der modernen Industriegesellschaft konfrontiert. Die Sicherung des Status quo rückte mental in den Vordergrund. Die Bindewirkung der westlichen Zivilisation, ihrer Wertewelt, schien in Anbetracht der immer massiver zum Vorschein tretenden negativen Begleiterscheinungen des – einst vom Westen her »importierten« – industriellen und wirtschaftlichen Fortschritts zunehmend nachzulassen. Auch die Idee der Integration Europas hatte an Strahlkraft eingebüßt.
Aus alledem ergibt sich der Befund, daß im geistig-politischen Leben der Bundesrepublik der achtziger Jahre ein erhöhter Bedarf an Gemeinschaftserfahrung zum Ausdruck kommt. Dieser Bedarf an Gemeinschaftserfahrung ist jedoch nicht nur auf das Verblassen großer politischer Leitideen zurückzuführen. Auch die Entstehung postmoderner Gesellschaftsstrukturen und Wertvorstellungen ist in diesem Zusammenhang zu erwähnen.
Untersuchungen zu den gesellschaftspolitischen Wandlungsprozessen in den zurückliegenden Jahren kommen fast übereinstimmend zu dem Ergebnis, daß ein hoher Grad an Pluralisierung der Lebensstile in der Bundesrepublik Deutschland stattgefunden hat.[22] Tradi-

22 Siehe dazu Peter Gluchowski, Lebensstile und Wandel der Wählerschaft in der Bundesrepublik Deutschland, in: Aus Politik und Zeitgeschichte, B 12/1987, S. 18

tionelle Bindungen sowohl in gesellschaftlichen als auch in privaten Bereichen haben deutlich an Prägekraft eingebüßt. Die Ursachen hierfür liegen in den sozialstrukturellen und soziokulturellen Veränderungen. Potenzierte Arbeitsteilung, höhere soziale Mobilität, die Entwicklung des Wohlfahrtsstaates sowie verstärkte Wertedifferenzierung bestimmen das Bild. Neue Lebensstile als Ordnungsmuster schaffen neue Wahlmöglichkeiten, aber erfordern zugleich auch neue Orientierungsmuster und Entscheidungserleichterungen. Der kulturell prägende Einfluß intermediärer Organisationen (Kirchen, Parteien, Gewerkschaften) hat nachgelassen. Die Frage nach Kompensationsmöglichkeiten stellt sich. Pluralisierungs- und Individualisierungstendenzen verlangen – sozialpsychologisch betrachtet – nach einer Spannungsauflösung. So entsteht eine Ambivalenz zwischen erhöhtem Vertrautheitsschwund und neuer Bindungsbereitschaft, zwischen zunehmender Individualisierung und steigenden Sicherheitsbedürfnissen, zwischen Pluralisierung der Lebensstile und der Suche nach neuen, übergeordneten Loyalitäten und Orientierungsmustern.

Das steigende Sicherheitsbedürfnis, die stärkere Nachfrage nach Sinndeutung, die Sehnsucht nach Übersichtlichkeit können sich an Bindungsangeboten unterschiedlicher kollektiver und normativer Reichweite festmachen. Dem nunmehr »vagabundierenden Identitätsbedarf«[23] bietet sich ein breites Spektrum von kollektiven Orientierungsoptionen: Heimatnostalgie, Regionalismen, verstärkte Vereinstätigkeit sind gegenwärtige Erscheinungen, die mehr die Mikroebene unserer Gesellschaft betreffen. Vermehrt sind jedoch auch Stimmen laut geworden, bei denen die nationale Perspektive wieder eine bedeutendere Rolle spielt. Im Gegensatz zu den überwiegend international ausgerichteten Leitbildern der ersten Jahrzehnte bundesdeutscher Geschichte ist eine zunehmende Provinzialisierung und Renationalisierung des kollektiven Denkens in der geistig-politischen Diskussion der Bundesrepublik Deutschland festzustellen. Die Suchbewegungen nach der Identität der Deutschen, die vor al-

bis 32; Wilhelm Bürklin, Neue Werte – Eine Herausforderung für das politische System?, in: Heinrich Oberreuter, Wahrheit statt Mehrheit? An den Grenzen der parlamentarischen Demokratie, München 1986, S. 85–103; Hermann Schwengel/Helmut Berking/Sighard Neckel, Lebensstile, Politik und die Kultur des Wählens, in: Frankfurter Hefte/Neue Gesellschaft, Heft 6/1987, S. 544–549.

23 Siehe dazu Werner Weidenfeld, Ratlose Normalität. Die Deutschen auf der Suche nach sich selbst, Zürich/Osnabrück 1984, S. 25–41.

lem in einigen neuen soziokulturellen Strömungen und intellektuellen Gruppierungen zum Ausdruck kommen, erweisen sich als inhomogen und äußerst vielgestaltig.
Meist hat man den Wertewandel zu postmateriellen Einstellungen als ein lediglich innenpolitisches Phänomen analysiert. Bei der Betrachtung einer Reihe von politischen Denkströmungen in der Bundesrepublik stellt sich jedoch heraus, daß der Wertewandel auch die außenpolitische Dimension umfassen kann.

3. Wege und Abwege

Die in zahlreichen publizistischen Beiträgen und Diskussionen geäußerten Angebote zur Bewältigung der deutschen Orientierungs- und Identitätsprobleme sind mannigfaltig.[24] Neben Lösungsvorschlägen und Orientierungsoptionen, die im Rahmen der bisherigen außen- und innenpolitischen Verankerungen der Bundesrepublik angesiedelt sind, haben sich seit Beginn der achtziger Jahre vor allem am rechten und linken Rand des intellektuellen Spektrums Kräfte Gehör verschafft, die eine Selbstverwirklichung deutscher Eigenart und nationaler Interessenlagen abhängig machen von der Herauslösung der Bundesrepublik Deutschland aus der normativ begründeten innen- und außenpolitischen Bindung an den Westen. Die Konzepte umfassen demnach sowohl die politisch-geostrategische Ebene als auch die normativ-kulturelle Dimension.

Patriotismus von links

Vor allem in der ersten Hälfte der achtziger Jahre waren intellektuelle Stimmen zu vernehmen, deren politische Auffassungen Ansätze eines »neuen« Patriotismus erkennen ließen. Die Vertreter dieser inhomogenen Bewegung distanzierten sich von der atlantischen Allianz und forderten offen die Herauslösung der Bundesrepublik aus der NATO. Sie verfochten die Idee eines neutralen, von den Blökken losgelösten, wiedervereinigten Deutschlands. Die Abkoppe-

24 Einen umfassenden Überblick bieten die Literaturberichte von Eckhard Jesse, Die deutsche Frage rediviva. Eine Auseinandersetzung mit der neuen Literatur, in: DA, 17. Jg., Heft 4, April 1984, S. 397–414; ders., Die (Pseudo-)Aktualität der deutschen Frage – ein publizistisches, kein politisches Problem, in: Die deutsche Frage in der Weltpolitik, a. a. O., S. 51–68; und Heß, a. a. O.

lung der beiden deutschen Staaten von den Verbündeten sollte durch die Erweckung eines deutsch-deutschen Nationalbewußtseins gefördert werden.
Sowohl mit sicherheitspolitischen als auch mit ideellen Interessenlagen begründeten sie ihren nationalen Einigungsgedanken. Als Rechtfertigungsgrund wurde vor allem die deutsche »Gefahrengemeinschaft« ins Feld geführt. Deutschland sei verurteilt, »Schießplatz« der beiden Supermächte zu sein.[25] Andere haben aus der Erfahrung der Geschichte und der zentralen geostrategischen Lage der Deutschen die besondere Aufgabe abgeleitet, sich durch Enthaltung von »der Mitwirkung am erneuten – und zugleich letzten – Völkermord zu entziehen«.[26] Gewissermaßen in einem »historischen Umwertungsverfahren« wurde eine »deutsche Sondermission, eine globale Erziehungsfunktion« als nationale Aufgabe und Sinnerfüllung suggeriert.[27] Auch der Topos vom »besetzten Land«[28] machte die Runde und bedeutete eine Aufforderung zu deutsch-deutschen Alleingängen im Hinblick auf Selbstbefreiung von den festgefahrenen außen- und sicherheitspolitischen Einbindungen. Die radikale Infragestellung des politischen Kurses der Bundesrepublik blieb dabei weitgehend auf die außenpolitische Orientierung Deutschlands beschränkt. Die Frage, wie ein blockfreies Deutschland hätte innenpolitisch gestaltet sein sollen, wurde nur selten beantwortet. Einige Vertreter der Denkrichtung spannten allerdings den Bogen von der äußeren zur inneren Neuordnung: »Es geht um einen deutschen, einen gesamtdeutschen Separatismus, der die von den Supermächten besetzten Teile des deutschen Volkes aus den entfremdeten Multisystemen herausbricht und die kleinere Einheit schafft, die Demokratie erst möglich macht. Die deutsche Nation zu schaffen, das heißt Dezentralisierung, weg von den Hauptquartieren der Wodka-Cola . . . Entkolonisierung also, Abkoppelung. Nicht mehr der ›BRD-Bürger‹ sein mit amerikanisierter Sprache und ITT-Bewußtsein.«[29]

25 Rudolf Bahro, Deutschland in der Friedensbewegung, in: ders., Wahnsinn mit Methode, Berlin 1982, S. 69.
26 Gerd Bastian, Frieden schaffen! Gedanken zur Sicherheitspolitik, München 1983, S. 9.
27 So Bredow, a. a. O., S. 42.
28 Heinrich Albertz, Wir sind doch ein besetztes Land, in: Wie souverän ist die Bundesrepublik, Ästhetik und Kommunikation, Sonderheft akut, Bd. 9, Berlin 1982, S. 115.
29 Henning Eichberg, Balkanisierung für jedermann? Nation, Identität und Entfremdung in der Industriegesellschaft, in: Befreiung, Zeitschrift für Politik und Wissenschaft, Nr. 19/20 1980. S. 68.

Ebenfalls zu diesem Thema äußerten sich Herbert Ammon und Peter Brandt: »Die Friedensbewegung hat somit Bewegung in die deutsche Frage gebracht. Als Etappe auf dem Weg zur nationalen Einheit wäre eine Konföderation zwischen den beiden deutschen Staaten denkbar, welche aller Voraussicht nach die auf demokratische und sozialistische Reformen in beiden Teilstaaten drängenden Kräfte stärkte.«[30] Die nationale Frage wird somit bei den Vertretern des linken Patriotismus mit einer kollektiven außen-, sicherheits- und gesellschaftspolitischen Ausstiegsideologie beantwortet, die den gegenwärtigen Status quo fundamental in Frage stellt.

Neuer Nationalismus von rechts

In die Diskussion um die Identität der Deutschen mischten sich stets auch Stimmen der äußeren Rechten.[31] Sie führen die Identitätskrise der Deutschen nicht zuletzt auf deren nationale »Seinsvergessenheit« zurück.[32] Die Genesung soll durch eine »Wiederherstellung des nationalen Bewußtseins der Deutschen« erfolgen. Damit einher geht auch ein Plädoyer gegen die »Unterwerfungsräson der deutschen Zeitgeschichte«. »Der nationale Imperativ ist kategorisch«, so Bernard Willms.[33] Der Primat der Nation steht im Vordergrund, die »Nation als Idee« hat Vorrang vor anderen politischen Wertoptionen.[34] Bezeichnend ist, daß mit dem nationalen Primat zugleich eine Ablehnung des westlich-liberaldemokratischen Denkens verbunden ist. Nationale Identität und politische Westidentität erscheinen somit in einem bewußten Gegensatz. In einer Reihe von Schriften tauchen in diesem Zusammenhang Topoi auf wie »babylonische Gefangenschaft«, »geistige Knechtschaft«, »nationale Selbstpreisgabe«.[35] Als Heilmittel dagegen werden nationale Selbstbehauptung aller Deutschen und Herauslösung aus der »Westabhängigkeit« be-

30 Ammon/Brandt, a. a. O., S. 159.
31 Siehe dazu Überblick bei Heß, a. a. O., S. 12–20.
32 Bernard Willms, Die deutsche Nation, Köln 1982, S. 64.
33 Ebenda, S. 138 und 62.
34 Bernard Willms, Einleitung: Die Idee der Nation und das deutsche Elend, in: ders. (Hrsg.), Handbuch zur Deutschen Nation, Bd. 1., Geistiger Bestand und politische Lage, Tübingen 1986, S. 13–21, hier S. 20.
35 So Hubert Grosser in der Einleitung zu: ders. (Hrsg.), Das Volk ohne Staat. Von der babylonischen Gefangenschaft der Deutschen, Neustadt a. d. S. 1981, S. 8 und 7.

schworen.[36] Titel wie Venohrs »Die deutsche Einheit kommt bestimmt« und »Ohne Deutschland geht es nicht« fanden weite Beachtung.[37] Affinitäten der nationalen Rechten und Linken sind in diesen Sammelpublikationen deutlich zum Vorschein getreten. Armin Mohler plädierte offen für ein Zusammenwirken aller nationalen Kräfte.[38] Eine »Konföderation Deutschland«[39], der »Deutsche Bund« in Blockfreiheit (Schweisfurth) werden zum Ziel erhoben.[40] Auch bei der nationalen Rechten mischen sich deutlich ideologische und außenpolitische Standortfragen. Der neue deutsche Standort soll jenseits des bestehenden Status quo gesucht werden.

Mitteleuropa als Idee

Begriffe haben Konjunkturen. Ihr Gewichtsverlust oder ihr Bedeutungsgewinn signalisiert politische Klimaschwankungen. Der Begriff »Mitteleuropa« ist das aktuelle Beispiel dafür. Die geistig-politische Brisanz und Strahlkraft dieser vergessen geglaubten »Formel« ist nicht zu unterschätzen.
Von Friedrich Naumann 1915 als Beitrag zur Kriegszieldiskussion formuliert, bezeichnet der politische Begriff »Mitteleuropa« eine deutsche Einflußsphäre in Ost-, Mittel- und Südeuropa. Die damaligen deutschen Mittelmächte sollten als eine Einheit die Führung in einem Mitteleuropa übernehmen, das sich kulturell wie politisch gegen Ost und West behaupten sollte. In neuem Gewand – offensichtlich auch aus geschichtlicher Ahnungslosigkeit heraus – avanciert der Begriff nun in der aktuellen Diskussion zunehmend zum Synonym für Neutralität, kulturelle Selbstbehauptung und Autonomie, alternative Sicherheitspolitik in der Mitte Europas etc. Ein starkes Mitteleuropa zwischen den Blöcken, das einen Puffer zwischen den Weltmächten bilden soll, schwingt in den Vorstellungen mit. Die

36 Oswald Feiler, Moskau und die deutsche Frage, Krefeld 1985, S. 181.

37 Siehe Venohr, a. a. O.; ders. (Hrsg.), Ohne Deutschland geht es nicht. Acht Essays von sieben Autoren zur Lage der deutschen Nation, Krefeld 1985.

38 Vgl. dazu Armin Mohler, Deutsche Außenpolitik – Oder: Die Bundesrepublik hat Gliederzerren, in: ders./Caspar von Schrenck-Notzing, Deutsche Identität, Krefeld 1982, S. 59–73, hier S. 72.

39 Wolfgang Venohr, Konföderation Deutschland, in: »Die deutsche Einheit . . .«, a. a. O., S. 181–192.

40 Theodor Schweisfurth, Das Ziel: Blockfreiheit. Ein Beitrag zur Friedensstrategie, in: »Die deutsche Einheit . . .«, a. a. O., S. 81–101, S. 101.

Wiederherstellung der deutschen Einheit würde im Falle der Realisierung »Mitteleuropas« zu einer gerade selbstverständlichen Konsequenz. – Daß den Deutschen als Einheit aufgrund ihrer zentralen Lage eine besondere Rolle im zukünftigen Mitteleuropa zukommen würde, liegt nahe.
Neutralismus, Blockfreiheit, kulturelle Selbstentfaltung sind Bestrebungen, die bereits von der neuen nationalen Linken und Rechten vehement propagiert worden sind. Die Perspektive eines bündnis- und blockfreien Europas eröffnete den Deutschen im Kern die Möglichkeit, nun im mitteleuropäischen Rahmen den außen- und gesellschaftspolitischen Einbindungen in Ost und West zu entgehen und einen eigenen Weg zu beschreiten.[41]

Neuer deutscher Sonderweg

Patriotismus von links, »nationaler Imperativ« von rechts, Mitteleuropagedanken bergen als kollektive politisch-ideelle Standortbeschreibungen Ansätze eines neuen deutschen »Sonderwegs« bzw. geistig-politischen »Sonderbewußtseins«.[42] »Sonderweg« meint historisch die bewußtseinsmäßige Abwendung der Deutschen von der westlich-liberalen Wertewelt im Laufe des 19. und der ersten Hälfte des 20. Jahrhunderts. Die »antiwestliche Eigenentwicklung Deutschlands«[43] ist vor allem im Zusammenhang mit dem Ersten Weltkrieg, dem Untergang der Weimarer Republik und der Katastrophe des Nationalsozialismus virulent geworden.
Nach dem Zweiten Weltkrieg ist dieser Fehlentwicklung durch die innere und äußere Westbindung der Bundesrepublik Deutschland auf doppelte Weise begegnet worden. Dieser auf historischer Erfah-

41 Ausführlich dazu: Sven Papcke/Werner Weidenfeld (Hrsg.), »Traumland« Mitteleuropa?, Darmstadt 1988.

42 Vgl. dazu Helmut L. Müller, Der »dritte Weg« als deutsche Gesellschaftsidee, in: Aus Politik und Zeitgeschichte, B 27/1984, S. 27–38, insbes. S. 36; dazu auch Faulenbach, Bernd, »Deutscher Sonderweg«. Zur Geschichte und Problematik einer zentralen Kategorie des deutschen geschichtlichen Bewußtseins, in: Aus Politik und Zeitgeschichte, B 33/1981, S. 3–21; zum Begriff »Sonderbewußtsein«: Bracher, in: Deutscher Sonderweg, Mythos oder Realität?, hrsg. v. Institut für Zeitgeschichte, München 1982, S. 46.

43 Bracher, Karl Dietrich, Die totalitäre Verführung. Probleme der Nationalsozialismusdeutung, in: Albrecht, Dieter, u. a. (Hrsg.), Politik und Konfession. Festschrift für Konrad Repgen zum 60. Geburtstag, Berlin 1983, S. 341–358, S. 346.

rung beruhenden Neuorientierung nach 1945, die in der Bundesrepublik bisher weitgehend unangefochten blieb, sind die Vertreter der neuen nationalen Richtungen nun wiederholt entgegengetreten. Es handelt sich dabei zwar um kollektive Entwürfe und Gedankenspiele, denen nicht nur Breitenwirkung und verantwortliche Akteure zur Verwirklichung fehlen, sondern auch die entsprechenden internationalen Rahmenbedingungen. Doch das Fehlen des politischen Realitätsbezugs und auch die mangelnde Breitenwirkung nehmen den Ideen nichts von ihrer Brisanz, denn es werden damit geistig-politische Vorbehalte gegen die Westbindung mobilisiert, die in der Geschichte der politischen Kultur der Deutschen nicht selten von entscheidender Bedeutung waren.
Zudem gibt es im politischen Denken der Deutschen alte Traditionen, die das Bewußtsein aus komplizierten politischen Konstellationen in Romantik und Idealismus entfliehen läßt. Die deutschen Versuchungen scheinen endlos zu sein: Sonderbewußtsein, Sonderwege, die Sehnsucht nach dem politisch Absoluten, kulturelle Sehnsüchte nach der glanzvollen Idee, die alle politischen Beschwernisse und Friktionen überstrahlt.
Nicht nur der Hang zu politischer Romantik verleiht den kollektiven Suchbewegungen Attraktivität und Anziehungskraft. Es bündelt sich darin eine Reihe weiterer kultureller und zivilisationskritischer Strömungen: Angesichts der apokalyptischen sicherheitspolitischen Visionen gewann offenbar die Vorstellung an Boden, man könnte sich aus dieser Bedrohungsspirale ausklinken und regional für sich allein den Frieden pflegen – jenseits der machtpolitischen Prägeformen des Ost-West-Konflikts. Zudem stilisierte der neue Nationalismus die Nation wieder zum Inbegriff der gelungenen Existenz, in der das Individuelle und das Kollektive die vollendete Übereinstimmung finden. Dabei stört es offenbar nicht, daß diese nationale Vorstellung mit der realen Lage der Nation so gut wie nichts zu tun hat. Der Voluntarismus bietet die Form für ein solches Denken: Die Deutschen müssen nur wirklich wollen, dann werden sie die politischen Verhältnisse zum ersehnten Frieden und zur ersehnten Nation hin wenden. Fiktionen von der Einheit der Nation in politischer und geistig-kultureller Blockfreiheit, der Traum von Mitteleuropa – diese Konstrukte bieten ein Sammelbecken für alte und neue Nationalisten, für Pazifisten und Neutralisten, zugleich einen Knotenpunkt für antiwestliches Denken, Politikdistanz und kritische Abwendung von der Industriegesellschaft. Das sozialpsy-

chologische Unterfutter für dies alles bietet letztlich die unbehagliche Skepsis gegenüber der Moderne überhaupt. In diesem Unbehagen an der Moderne steht dann die Idee gegen die nüchterne Analyse, das Gefühl gegen die Rationalität, die Spontaneität des Augenblicks gegen die Abstraktion, die Ganzheitsvision gegen komplizierte politische Organisationsformen. Das Gefühl mangelnder Geborgenheit in der Moderne ist letztlich der zentrale Ursprungsgrund für die Aktualisierung der Frage nach der Identität.

4. Demokratie- und Staatsbewußtsein

Mit dem Thema »Demokratie- und Staatsbewußtsein« scheinen zugleich mehrere deutsche Fragen aufgeworfen. Ralph Dahrendorf bezeichnete bereits in den sechziger Jahren das Verhältnis der Deutschen zum demokratischen Staatswesen als den eigentlichen Kern der deutschen Frage. Kurt Sontheimer sah in verschiedenen undemokratischen Denktraditionen der Deutschen das Problem ihres Verhältnisses zu Politik und Staat.[44] Das Thema Staats- und Demokratiebewußtsein betrifft jedoch noch eine weitere Dimension der deutschen Frage: das ungelöste Problem der nationalen Einheit. Kollidieren gesamtdeutsches Nationsverständnis und bundesrepublikanische Staatsräson, oder lassen sich diese unterschiedlichen kollektiven Identifikationsebenen miteinander vereinbaren? Die Auffassungen darüber divergieren.[45]
Unterschiedliche Ansichten bestehen auch im Hinblick auf aktuelle empirische Befunde zur Beschaffenheit des Staats- und Demokratiebewußtseins in der Bundesrepublik Deutschland. Begriffe wie »Staatsverdrossenheit«[46] und »Legitimitätskrise«[47] sind den wissenschaftlichen Darstellungen ebenso zu entnehmen wie der Befund

44 Vgl. dazu Kurt Sontheimer, Grundzüge des politischen Systems der Bundesrepublik Deutschland, 9. Aufl., München 1984, S. 103–111.

45 Vgl. beispielsweise Lepsius, a. a. O., S. 566, mit Karl Dietrich Bracher, Das Modewort Identität und die deutsche Frage. Exkurs über jüngere und jüngste Kontroversen, in: FAZ v. 9. 8. 1986.

46 Manfred Küchler, Staats-, Parteien- oder Politikverdrossenheit, in: Joachim Raschke (Hrsg.), Bürger und Parteien. Ansichten und Analysen einer schwierigen Beziehung, Opladen 1982, S. 39–54, hier S. 40.

47 Karl-Dietrich Bracher, Politik und Zeitgeist. Tendenzen der siebziger Jahre, in: ders./Jäger/Link, a. a. O., S. 285–406, hier S. 319.

einer herangereiften »Staatsbürgerkultur«[48] und »Zufriedenheitswerte«.[49] Parallel dazu scheint ein hoher Grad an Zufriedenheit mit dem Funktionieren der demokratischen Ordnung und eine breite Zustimmung zum politischen System ebenso empirisch belegbar wie die Behauptung eines schwindenden »Minimalkonsenses«.[50]

Demokratiebewußtsein und Systemakzeptanz

Seitdem das politische System der Bundesrepublik Deutschland existiert, sind Bedenken im Hinblick auf dessen Stabilität geäußert worden. Die traumatischen Erfahrungen mit den antidemokratischen Traditionen in Deutschland, die in der Weimarer Zeit deutlich zum Vorschein getreten sind, haben diesen Zweifel besonders in der Anfangsphase der Zweiten Republik genährt. Doch von der Auffassung, daß Bonn nicht Weimar ist, sondern mittlerweile eine konsolidierte Demokratie, dürften heute selbst beharrliche Skeptiker überzeugt sein. Die Bundesrepublik Deutschland hat den »Weg in die Normalität westlicher Demokratien« zurückgelegt.[51] Dafür spricht eine Fülle von empirischen Erhebungen. Die aktuelle Datenlage ermöglicht nicht nur einen internationalen Vergleich, sondern auch den Blick auf politisch-kulturelle Veränderungen in der Bundesrepublik seit dem Ende der fünfziger Jahre:

- Nannten 1959 nur 7 % der Interviewten in der Bundesrepublik auf die Frage, worauf man im eigenen Land am meisten stolz sein könne, das politische System (85 % in den USA), so waren es 1978 bereits 31 %.[52]
- Die Demokratiezufriedenheit in der Bundesrepublik nahm kontinuierlich zu (1967: 74 % der Befragten, 1976: 90 %). Im Vergleich

48 Oscar W. Gabriel, Politische Kultur, Postmaterialismus und Materialismus in der Bundesrepublik Deutschland, Opladen 1986, S. 307 f.

49 Manfred Berger/Wolfgang Gibowski/Dietrich Roth, Wie zufrieden sind die Deutschen mit ihrem Staat?, in: Liberal, 26. Jg., H. 1/1984, S. 79–82, hier S. 81.

50 Stephan Eisel, Minimalkonsens und freiheitliche Demokratie: eine Studie zur Akzeptanz der Grundlagen demokratischer Ordnung in der Bundesrepublik Deutschland, Paderborn/München/Wien/Zürich 1986, insbes. S. 228 ff.

51 So Wolfgang Rudzio, Das politische System in der Bundesrepublik Deutschland: eine Einführung, 2. Aufl., Leverkusen 1987, S. 399.

52 Siehe dazu David P. Conradt, Changing German Political Culture, in: Gabriel A. Almond/Sidney Verba (Hrsg.), The civic culture revisited, Boston/Toronto 1980, S. 212–272, hier S. 230.

zu neun anderen westeuropäischen Demokratien ist in der Bundesrepublik ein relativ hoher Grad an Demokratiezufriedenheit festzustellen (1983 zus. mit Griechenland an zweiter Stelle hinter Dänemark).[53]

- Die Zustimmung zu der Auffassung, die Existenz einer einzigen Partei sei (zur Erlangung höchstmöglicher Einigkeit) einem Mehrparteiensystem vorzuziehen, nahm im Zeitraum von 1950 bis 1978 von 24 % auf 5 % ab.[54]
- Glaubten 1959 nur 38 % der befragten Westdeutschen, daß der Bürger politische Entscheidungen der Regierung zu beeinflussen vermag, waren es 1974 59 %.[55]
- Die Frage nach dem Interesse an Politik wurde 1952 von 27 % der Befragten bejaht, 1977 waren es 50 %.[56]
- Die Bereitschaft zu aktiver politischer Partizipation ist auf allen Ebenen »seit den fünfziger Jahren signifikant gestiegen«.[57]

Greiffenhagen hat den Einstellungswandel seit der Gründung der Bundesrepublik als einen Wandel vom »Obrigkeitsstaat zur Demokratie« bezeichnet und damit pointiert auf das Abweichen der Westdeutschen von früheren antidemokratischen Sonderwegen und ihre Eingliederung in die Familie der westlichen Demokratien hingewiesen.[58]

Lediglich zeitweise weckt der Verlauf aktueller Debatten (z. B. aufgrund »unkonventionellen Verhaltens«, Anfechtungen des Mehrheitsprinzips) Erinnerungen an fragwürdige politische Traditionen der Deutschen (Idealismus, politische Romantik).

53 Conradt, a. a. O., S. 234; vgl. Kaase, Max, Systemakzeptanz in den westlichen Demokratien, in: Ulrich Matz, Aktuelle Herausforderungen der repräsentativen Demokratie, München 1985, S. 99–125, hier S. 106.

54 Vgl. Eisel, a. a. O., S. 229.

55 Conradt, a. a. O., S. 232.

56 Ebenda, S. 239.

57 Martin Greiffenhagen, Vom Obrigkeitsstaat zur Demokratie: Die politische Kultur in der Bundesrepublik Deutschland, in: Peter Reichel (Hrsg.), Politische Kultur in Westeuropa. Bürger und Staaten in der Europäischen Gemeinschaft, Frankfurt 1984, S. 52–76, hier S. 61.

58 Ebenda, S. 62.

Staats- und Nationalbewußtsein

Eine weitere Hypothek im Hinblick auf das Staatsbewußtsein in der Bundesrepublik Deutschland ist die »offene deutsche Frage«. Die Problematik besteht im potentiellen Spannungsverhältnis zwischen Nationalbewußtsein und Staatsräson. »Die Aufrechterhaltung dieser nationalen Doppelidentifikation ist einer der politischen Gefahrenherde in der Bundesrepublik«, so Rainer Lepsius Ende der sechziger Jahre. Er warnte vor der Gefahr einer politischen »Ambivalenz in der Wertorientierung« und einem »Changieren zwischen zwei widersprüchlichen Systemen«: »Die Bundesrepublik kann ihre Existenz nur durch die Qualität ihrer politischen Ordnung begründen. Nicht verstärktes Nationalgefühl, sondern konkretes Demokratiebewußtsein tut not, will man die Binnenlegitimität der Bundesrepublik erhöhen.«[59]

Die demoskopischen Befunde signalisieren nach wie vor einen niedrigen Grad an Nationalstolz in der Bundesrepublik Deutschland (37 % gegenüber 50–80 % in anderen EG-Ländern).[60] Doch bleibt die gesamtnationale Perspektive weiterhin ein wesentlicher Bestandteil des öffentlichen Bewußtseins. Der Wunsch nach der Wiedervereinigung Deutschlands wurde 1987 in der Bevölkerung in einem höheren Maße geteilt als 1972 (80 % gegenüber 78 %).[61] Dieser Tatbestand ist allerdings bisher keinesfalls zu einem Sprengsatz für das politische System der Bundesrepublik geworden, zumal sich die Befragten für eine Wiedervereinigung unter freiheitlich-demokratischen Vorzeichen ausgesprochen haben.[62] Im Hinblick auf die empirischen Befunde scheint sich die Einschätzung zu bestätigen, daß der Mensch durchaus in der Spannung mehrerer Loyalitäten und Identitätsebenen leben kann, in Heimat, Staat, Nation und Europa[63], ohne daß die unterschiedlichen Bewußtseinslagen permanent in einen Konflikt geraten. Unruhe ist allerdings seit Beginn der achtziger Jahre von den politischen Randgruppen ausgelöst worden,

59 Lepsius, Die Identität, a. a. O., S. 566 f.

60 Elisabeth Noelle-Neumann/Renate Köcher, Die verletzte Nation, Über den Versuch der Deutschen, ihren Charakter zu ändern, Stuttgart 1987, S. 19.

61 Aus: Die Deutschen und ihr Vaterland. Eine Welt-Umfrage, Teil 4, in: Die Welt, Nr. 253, 30. Oktober 1987, S. 6.

62 Ebenda.

63 Ausführlich dazu Werner Weidenfeld, Die Identität der Deutschen – Fragen, Positionen, Perspektiven, in: ders. (Hrsg.), Die Identität, a. a. O., S. 13–49.

die eine »Renationalisierung der gesamten Perspektive deutscher Politik« erreichen wollten, einer »Relativierung oder Ablehnung der Westorientierung« das Wort redeten und sich zuweilen unter Hinweis auf »nationale Interessen« gegen die freiheitlich-demokratische Staatsordnung aussprachen.[64]

Verfassungspatriotismus

»Die Bundesrepublik anstelle des Nationalstaates? Das ist die Alternative, die seit der faktischen Anerkennung der DDR 1973 zur Diskussion steht.«[65] Das Kernproblem der Identitätsfrage in der Bundesrepublik Deutschland wird weiterhin durch das unaufgelöste Spannungsverhältnis zwischen bundesrepublikanischem Staatsbewußtsein und gesamtdeutschem Nationalbewußtsein bestimmt werden. Worauf soll die Selbstanerkennung der Bundesrepublik Deutschland in Zukunft konzeptionell fußen, ohne daß die gesamtdeutsche Komponente aus den Augen verloren wird? Wie lassen sich im Bewußtsein die Identitätsebenen »Staat«, »Nation«, »Europa«, »Westen« weiterhin harmonisch miteinander vereinbaren? Worauf soll die politische Sprache abzielen? Welche Perspektive könnte als politisch-pädagogische Leit- und Orientierungsformel dienen?

Dolf Sternberger hat 1982 durch seinen Tutzinger Vortrag den Begriff »Verfassungspatriotismus« in die geistig-politische Standortdiskussion eingebracht.[66] Während er selbst die potentielle Tragweite dieser Formel durch seine eigene – sehr staatsbezogene – Auslegung eingeschränkt hat, scheint nun mit dem Begriff »Verfassungspatriotismus« in den Augen vieler Befürworter ein Ansatz gegeben, affektive Bindungen sowohl zu den Prinzipien des Staates als auch zu den im Grundgesetz verankerten gesamtnationalen Zielperspektiven zu wecken:[67]

64 Schwan, Alexander, Nationalbewußtsein und Staatsraison. Ein deutsches Spannungsverhältnis, in: Materialien zur politischen Bildung, Heft 4/1987, S. 10–13, hier S. 10.

65 Bracher, Das Modewort, a. a. O.

66 Dolf Sternberger, Verfassungspatriotismus, in: 25 Jahre Akademie für Politische Bildung, Tutzing 1982, S. 76–87.

67 Vgl. dazu Eckhard Jesse, Vergangenheitsbewältigung – Volkspädagogik – Verfassungspatriotismus. Anmerkungen zu drei Schlüsselwörtern der politischen Kultur,

– Dem potentiellen Antagonismus zwischen Staat und Nation kann durch die bewußte Unterordnung beider Kategorien unter die normativen Vorgaben der Verfassung vorgebeugt werden.
– Die Einführung der Kategorie »Patriotismus« in die politische Sprache im Zusammenhang mit den Werten des Grundgesetzes kann der normativen Orientierung des Gemeinwesens einen Hauch zusätzlicher Bindewirkung verleihen.
– Verfassungspatriotismus stellt direkt den Wertbezug in den Vordergrund. »Staat«, »Nation«, »Europa«, »Westen« bedeuten mehr einen kollektiven Orientierungsrahmen, dem Wertvorstellungen erst zugeordnet werden müssen. »Freiheit« als Kern der deutschen Frage im internationalen Zusammenhang läßt sich am besten über den Geist der Verfassung vermitteln.
– Unter dem Begriff Verfassung kann man sich aufgrund des Dokumentarcharakters bildlich mehr vorstellen als unter dem Abstraktum »Staat«.

Verfassungspatriotismus bietet somit die Möglichkeit einer normativen Harmonisierung unterschiedlicher kollektiver Identitätsebenen. Er erweist sich als Rahmen für ein Staats-, National- und auch Europabewußtsein auf der Basis gleicher freiheitlicher Wertprämissen.

5. Die DDR als Vergleichsgesellschaft im Wandel

Die Aktualisierung der Frage nach der Identität der Deutschen hat auch eine Revision des DDR-Bildes mit sich gebracht. Das DDR-Bild der Bundesdeutschen ist differenzierter geworden.[68]

in: Materialien zur politischen Bildung, Heft 4/1987, S. 5–10, insbes. S. 8; siehe auch Jürgen Habermas, Eine Art Schadensabwicklung, in: Historikerstreit. Die Dokumentation der Kontroverse um die Einzigartigkeit der nationalsozialistischen Judenvernichtung, München 1987, S. 62–76, hier S. 75.

68 Siehe dazu beispielsweise Gaus, a. a. O.; Barbara Baerns (Hrsg.), Die DDR in Deutschland, Köln 1986; Irene Böhme, Die anderen Deutschen, in: L' 80, 1987, H. 43, S. 65–73; Die Deutschen und ihr Vaterland, in: Die Welt v. 27./28./29./ 30. 10. 1987 (Eine »Welt«-Umfrage); Gerhard Herdegen, Einstellungen der Deutschen zur nationalen Identität, in: PVS Sonderheft 18/1987, S. 205–221; Jacobmeyer, Wolfgang (Hrsg.), Deutschlandbild und Deutsche Frage in den historischen, geographischen und sozialwissenschaftlichen Unterrichtswerken der Bundesrepublik Deutschland und der Deutschen Demokratischen Republik von 1949 bis in die 80er Jahre, Braunschweig 1986; Gerhard Kiersch, Die jungen Deutschen, Opladen 1986; Karl-Rudolf Korte, Deutschlandbilder – Akzentverlagerungen der deutschen Frage, in: Aus Politik und Zeitgeschichte, B 3/1988, S. 45–53, hier S. 51 f.; Jean-

Das politische Denken in den fünfziger Jahren war geprägt durch eindeutige Freund-Feind-Bestimmung; der Sowjetisierungsprozeß in der östlichen Zone hatte schon in den vierziger Jahren die Negativfolie dargeboten; der Blick auf die DDR, der permanente Vergleich mit den Entwicklungen in der östlichen Zone wurde in den fünfziger Jahren zur maßgeblichen Grundlage bundesrepublikanischer Selbstvergewisserung. Die DDR-Bilder dieser Zeit waren durch Nichtanerkennung bestimmt. Das negative DDR-Bild sollte den Gegensatz zur Bundesrepublik Deutschland manifestieren.[69]
Eine erste deutliche Tendenzwende stellte sich nach dem Mauerbau ein. Die Trennung rückte nun intensiver in das Bewußtsein der Öffentlichkeit. Doch seit dem Moment, in dem die einseitige Abschottung der DDR ihren Höhepunkt erreicht hatte, setzte auch langsam ein Umdenken ein. Die Ära der Entspannung brach an. Es war nun nicht mehr so sehr die gegenseitige ideologische Ächtung und politische Infragestellung, die das Verhältnis zum östlichen Deutschland bestimmt haben: »Mit dem Wegfall des Schutzschildes, hinter dem Bundesrepublik Deutschland und DDR sich voreinander verbergen, entsteht ein Zwang zur wechselseitigen Auseinandersetzung mit dem System des anderen.«[70] So beginnt in den sechziger Jahren die Entdeckung der DDR als Beschreibung und Beobachtung einer eigenen Größe. »Die DDR ist keine Zone mehr« – diese Auffassung war Ende der sechziger Jahre deutlich zu vernehmen.[71]
Die nächste bedeutende Zäsur für das deutsch-deutsche Verhältnis ergab sich durch den Grundlagenvertrag. Die offizielle staatliche Anerkennung der DDR bedeutete zwar einen weiteren Schritt der politischen Abgrenzung, bot aber zugleich auch die Möglichkeit zu verstärkter gegenseitiger Öffnung. Der Besuch im anderen Deutsch-

Paul Picaper, DDR-Bild im Wandel, Berlin 1982; Theo Sommer (Hrsg.), Reise ins andere Deutschland, Hamburg 1986; Zeit-Magazin v. 20. 2. 1987, Nr. 9 mit dem Titel: Der doppelte Deutsche.

69 Vgl. Wilhelm Bleek, Die Entwicklung des zwischendeutschen Systemvergleichs im Spannungsfeld von Politik und Wissenschaft, in: Gernot Gutmann/Siegfried Mampel (Hrsg.), Probleme systemvergleichender Betrachtung, Berlin 1986, S. 15–54; zum Problemfeld »negative Vergleichsgesellschaft« auch Rainer Lepsius, Die Teilung Deutschlands und die Deutsche Nation, in: Lothar Albertin/Werner Link (Hrsg.), Politische Parteien auf dem Weg zur parlamentarischen Demokratie in Deutschland, Düsseldorf 1981, S. 417–450, hier S. 419 f.

70 Helmuth Plessner, Deutsches Nationalbewußtsein heute, in: Merkur, 21. Jg., H. 3/1967, S. 211–223, hier S. 219.

71 Hanns Werner Schwarze, Die DDR ist keine Zone mehr, Köln 1969.

land machte jedoch zunächst auch Entfremdungen deutlich: »Dieser Staat DDR ist in über zwanzig Jahren in einem Maße anders und eigen geworden, daß man ihn mit den Augen bundesrepublikanischer Selbstsicherheit kaum noch erkennt«, ein Befund von 1974.[72] Untersuchungen zum DDR-Bild in bundesdeutschen Schulbüchern der siebziger Jahre haben ergeben, daß in dem Maße, in dem sich das positiv-affirmative Selbstbild der Bundesrepublik Deutschland aufgelöst hat, sich auch die Negativ-Darstellung der DDR wandelte.[73] Aus der Frage nach der Identität der Deutschen Ende der siebziger Jahre resultierte dann auch eine neue Variante des DDR-Bildes. Die DDR gewann nun als Vergleichsgesellschaft eine andere Bedeutung. Hatte sie noch bis in die sechziger Jahre hinein als Negativfolie bundesdeutscher Selbstvergewisserung gegolten, mündet nun die Suche der Westdeutschen nach nationaler Identität partiell sogar in den deutschen Nachbarstaat selbst. Das Vormoderne, das Unverfälschte, das in der »bloß scheinbaren« Rückständigkeit Konservierte, das von der hektischen Verwestlichung verschont geblieben ist, rückt stärker in den Vordergrund und wird zum Inhalt eines neuen positiven DDR-Bildes. Daß die DDR »deutscher« sei als die Bundesrepublik, hat bereits 1981 Günter Gaus zum Ausdruck gebracht.[74] Malerische Teile des »alten Deutschland mit all seinen vielen unverdorbenen Landschaften« werden wiederentdeckt.[75] Zivilisationskritik und Antiaffekte gegen die westliche Moderne fließen in die neue Suche nach deutscher Ursprünglichkeit im anderen Deutschland mit ein. Auch die Literaten entdecken wieder deutsche Gemeinsamkeiten.[76] Es wird geradezu eine Faszination des deutsch-

72 Horst Krüger, Stimmen einer heilen Welt, in: Die Zeit v. 18. 12. 1972, Nr. 7, S. 19.

73 Dazu Jacobmeyer, a. a. O., insbes. der einleitende Aufsatz von Karl-Ernst Jeismann, Einleitung, S. VIII-XL.

74 Siehe dazu Gaus, a. a. O., ders., Die Elbe – ein deutscher Strom, nicht Deutschlands Grenze, in: Die Zeit v. 30. 1. 1981, Nr. 6; vgl. dazu Hans-Dieter Schulz, Die DDR – immer noch ein fernes Land? Zu dem Interview mit einem, der auszog, für sich Entdeckungen zu machen, in: DA, H. 3/1981, S. 247–250.

75 Arnulf Baring, Auf Luthers Spuren. Mit Westberliner Studenten drüben unterwegs, in: Die Politische Meinung, H. 228/1986, S. 79–82, hier S. 24.

76 Zum Thema »eigentliches Deutschland« DDR – siehe beispielsweise auch Horst Krüger, Fremde Heimat. Empfindsame Reisen durch die DDR-Provinz, in: Merkur 1977, H. 3/1977, S. 243–261; ders., Ost-West-Passagen. Reisebilder aus zwei Welten, Hamburg 1975; Karl Schlögel, Die Mitte liegt ostwärts. Die Deutschen, der verlorene Osten und Mitteleuropa, Berlin 1986; auch Peter Bender, Die nützliche Entfremdung, in: Merkur, H. 8/1975, S. 714–723, hier insbes. S. 716; zum Thema »Literaten und Deutschland« siehe beispielsweise Hans Christoph Buch (Hrsg.),

deutschen Gespräches verspürt. Die sprachliche Gemeinsamkeit hat inzwischen sogar die Ebene der deutschlandpolitischen Grundbegriffe erreicht. In Ost und West ist von der »Verantwortungsgemeinschaft« der Deutschen die Rede.

Das Thema »Politische Kultur und deutsche Frage« birgt somit sehr vielschichtige Anfragen und Befunde. Die Zukunft der deutschen Frage wird wesentlich davon abhängen, wer in welcher Form kulturell plausible und überzeugende Antworten anbietet. An der politischen Kultur wird sich die deutsche Frage entscheiden – so oder so.

Thema Deutschland. Das Kind mit zwei Köpfen, Berlin 1978; Uwe Wandrey (Hrsg.), Kein schöner Land? Deutschsprachige Autoren zur Lage der Nation, Reinbek 1979; Klaus Wagenbach u. a., Vaterland, Muttersprache. Deutsche Schriftsteller und ihr Staat seit 1945, Berlin 1979; Günther Grass, Das Treffen in Telgte, Reinbek 1981; Stefan Heym, Schwarzenberg, München 1984; Peter Schneider, Der Mauerspringer, Darmstadt/Neuwied 1984; Martin Walser, Dorle und Wolf, Frankfurt 1987.

I

Bilder aus vier Jahrzehnten

I

Manfred Overesch

Renaissance und Restauration: Bundesdeutsche Wirklichkeiten am Beginn der fünfziger Jahre

»Nunc demum redit animus.« Mit diesem Wort der Hoffnung hatte der römische Historiker Tacitus (Agricola 3,1) das gewaltsame Ende des autokratischen, erstmals in der römischen Geschichte sich »Dominus et Deus« titulierenden Kaisers Domitian (96 n. Chr.) kommentiert. Der deutsche Historiker Ludwig Dehio übernahm das Wort 1948 und stellte es seinem Buch »Gleichgewicht oder Hegemonie – Betrachtungen über ein Grundproblem der neueren Staatengeschichte « als Motto voran. Der Rückgriff war didaktisch wohl überlegt: »Der Blick auf Vergangenes soll uns in Form bringen für Kommendes!«[1] Auch Dehio wollte nach Jahren totalitärer Schreckensherrschaft eines sich messianisch überhöht fühlenden Führers die Renaissance des Geistes als Zeichen einer Wende beschwören. Eine Restauration des Ungeistes befürchtete dagegen drei Jahre später der Journalist Michael Heinze-Mansfeld. In einer Artikelserie, Anfang September 1951 in der »Frankfurter Rundschau« publiziert, suchte er unter der Überschrift »Ihr naht euch wieder . . .«, Goethes »Faust« entlehnt und im dortigen Sinnzusammenhang gemeint, Einblicke in die Personalpolitik des neuen Auswärtigen Dienstes der Bundesrepublik Deutschland zu geben und dabei den Nachweis zu führen, daß in der Bonner Koblenzer Straße die alte Berliner Wilhelmstraße Urständ feiere.[2] Heinze-Mansfeld, damals 29 Jahre jung, im Krieg mehrfach verwundet und als Panzeraufklärer dekoriert,

1 Ludwig Dehio, Gleichgewicht oder Hegemonie – Betrachtungen über ein Grundproblem der neueren Staatengeschichte, Krefeld 1948, S. 9.

2 Michael Heinze-Mansfeld, »Ihr naht euch wieder . . .«, »Frankfurter Rundschau«, 1., 3., 4., 5. und 6. 9. 1951, Abdruck auch in: Wilhelm Haas, Beitrag zur Geschichte der Entstehung des Auswärtigen Dienstes der Bundesrepublik Deutschland, Bremen 1969, S. 344 ff. Heinze-Mansfeld publizierte in den fünfziger Jahren noch mehrere Bücher über diesen Gegenstandsbereich: Der Kurs ist falsch, 1956; Denk ich an Deutschland, 2 Bde. 1956 und 1959; Bonn, Koblenzer Straße, 1967 (alle München).

nach dem Krieg, wie viele seiner Generation, auf unsteter Suche nach einem dauerhaften Broterwerb, zunächst als Schauspieler und Regisseur, dann als freier Journalist, hatte mit seinen Artikeln auf bis dahin nicht eigentlich unerkannt gebliebene Vorgänge verwiesen – die Wiederverwendung möglicherweise durch ihre politische Vergangenheit belasteter Diplomaten war bereits ein aktuelles Pressethema[3]; nicht zuletzt das vom Deutschen Bundestag am 11. Mai 1951 beschlossene, rückwirkend zum 1. April 1951 in Kraft gesetzte Ausführungsgesetz zum Art. 131 GG, das die Integration auch ehemaliger nationalsozialistischer Beamter in den öffentlichen Dienst gesetzlich regelte, hatte für eine erhöhte öffentliche Sensibilität gesorgt[4] –, aber er erreichte, daß der Bundestag jetzt darüber eine politische Diskussion eröffnete. Auf Antrag der SPD-Fraktion setzte das Parlament am 24. Oktober 1951 einen entsprechenden Untersuchungsausschuß (Nr. 47) ein. »Der restaurative Charakter der Epoche«[5] stand an der Rostra der Republik zur Debatte.

Renaissance des christlichen Abendlandes

Renaissance des Geistes, Restauration eines Ungeistes: Man muß beides, das Neben- und Gegeneinander dieser ambivalenten Kräfte, in den Blick zu nehmen versuchen, um Charakteristika an der Schwelle zu den fünfziger Jahren im Westen Deutschlands zu erkennen. Es war klar, welchen Geist Dehio 1948 zur Rückkehr aufgerufen sah. Viele hatten ihn schon vor ihm beschworen, der Dichter Thomas Mann in seiner letzten Kriegsrede über BBC London am 10. Mai 1945[6], oder, deutlicher, der Philosoph Karl Jaspers in seinem Streitgespräch mit der norwegischen Schriftstellerin Sigrid Undset über die deutsche Schuldfrage in der »Neuen Zeitung« am 4. November 1945 (»Wir müssen den abendländischen Boden in Bibel

3 Vgl. die Artikel in der »Neuen Zeitung« vom 27. 2. 1951 und im »Spiegel« vom 29. 8. und 5. 9. 1951.

4 S. Ingo Müller, Furchtbare Juristen, München 1987, S. 207.

5 So der Titel eines grundlegenden Essays von Walter Dirks in: »Frankfurter Hefte« 5/1950, S. 942–954. Vgl. auch Eugen Kogon, Die Aussichten der Restauration, ebd. 3/1952, S. 165–177.

6 »Deutsch war es einmal und mag es wieder werden, der Macht Achtung, Bewunderung abzugewinnen durch den menschlichen Beitrag, den freien Geist«, in: Thomas Mann, 55 Radiosendungen nach Deutschland, Stockholm 1945.

und Antike für unsere gesamte Bevölkerung wieder gewinnen. Hier ist der Ursprung und Maßstab, hier der Ausgang verwandelnder Aneignung für unser gegenwärtiges Leben«[7]) oder, am deutlichsten in jenen Monaten, der Nestor der deutschen Historiographie, Friedrich Meinecke: »Auf die Verinnerlichung unseres Lebens kommt jetzt alles an ... Zu alten Altären unserer edleren Vergangenheit zurück, zu Kant und Goethe, zu Dürer und Thoma. Vielfach sind die Wege, auf denen das Gottverwandte und Ewige für unser Dasein zu erringen ist, und gerade der deutsche Geist hat die Vielfalt dieser Wege für diese abendländische Welt bahnen helfen. Versuchen wir es jetzt von neuem! Unsere Mission für das christliche Abendland ist vielleicht noch nicht erschöpft.«[8]

Nach der reductio ad nihilum des politischen und kulturellen Lebens in Deutschland – für das sich in eschatologischer Selbstüberschätzung als Vollender deutscher Geschichte verstehende Dritte Reich geradezu eine Perversion – wurde eine Grundlagenkrisis von Millionen Deutschen offenkundig, die, sozial desintegriert und geistig deformiert, wie displaced persons mit Robinson-Manieren herumirrten. Diese Krisis galt über die deutsche Gegenwart hinaus auch für die abendländisch-westeuropäische.

Individuell heilen, soziokulturell integrieren und politisch orientieren sollte der Rückgriff auf vergangene Werte. »Das Unzerstörbare«, so betitelte Reinhold Schneider sein im November 1945 erschienenes Buch, mit dem er an Christentum und Humanitas, das von Meinecke gesuchte »Gottverwandte und Ewige«, als das unzerstörbar Gegenwärtige, nun auf seine Renaissance Wartende, mahnen wollte. Die griechischen Quellen sprach Monate später der Hamburger Altphilologe Bruno Snell in seinen »Studien zur Entstehung des europäischen Denkens bei den Griechen«, betitelt »Die Entdeckung des Geistes«, an. Das Buch signalisierte die Hoffnung des Autors und seiner Zeit, die Erinnerung an jene »Achsenzeit der

7 Wieder abgedruckt in: Hermann Glaser (Hrsg.), Bundesrepublikanisches Lesebuch, München/Wien 1978, S. 226.

8 Meinecke, Zur Selbstbesinnung, in: »Münchner Zeitung« 16. 6. 1945. Meinecke widerrief mit diesen Worten gleichsam den von ihm einst selbst apostrophierten Weg der Deutschen »vom Weltbürgertum zum Nationalstaat«, jetzt, wo man – so Meinecke in seinem 1946 bei Brockhaus in Wiesbaden verlegten »Betrachtungen und Erinnerungen« über »Die deutsche Katastrophe« – Deutschland als einen »ausgebrannten Krater der Machtpolitik« vor sich sah.

Menschheit« (Karl Jaspers) vor 2500 Jahren, als Rationalität und Humanität ihren Ursprung nahmen, könne, jetzt erneut tradiert und beschworen, geistige Impulse für eine neue Lebenswirklichkeit vermitteln. Nach der sehr wechselvollen Auseinandersetzung mit dem Mittelalter seit dem 18. Jahrhundert, den vorrangig einer Renaissance deutscher Macht im Zentrum Europas dienenden didaktischen Implikationen der Mittelalter-Reflexion im zweiten Kaiserreich der Hohenzollern (Kyffhäuser-Denkmal, Goslarer Kaiserpfalz, Kölner Dom) und der einer mystifizierenden Grundierung und imperialen Überhöhung dienenden Mittelalter-Reflexion im Dritten Reich der Nationalsozialisten war nach 1945 das Bemühen um den Nachweis spürbar, daß die Antike der Gegenwart viel näher stehe als das Mittelalter. Gemeint war nicht die museale Tradierung einer antiquierten Antike, sondern eine erneute Rezeption ihrer geistigen Gehalte für eine erneuerte republikanische Welt und abendländische Gemeinschaft, gleichsam ein vierter Humanismus.

Gerade die Vertreter der älteren Generation überboten sich mit Vorschlägen für eine solche Renaissance. Werner Jaeger, Künder des dritten Humanismus nach dem Ersten Weltkrieg, schrieb am 16. Februar 1947 aus seiner amerikanischen Emigration an Eduard Spranger nach Tübingen, Europa sei »politisch endgültig Provinz« geworden, habe aber, mit Deutschland an der Spitze, für die Welt eine geistige Mission zu übernehmen: »Wir sind jetzt hellenistische, exilierte oder insulierte Griechen geworden.«[9]

Pointen blieben in der Fülle der Beiträge nicht aus. So schlug der bayerische Staatsminister für Unterricht und Kultus, Franz Fendt, für die zu erneuernde hellenistische Ökumene ein organisatorisches Zentrum vor, eine »internationale Universität, . . . eine neue Schule von Athen im Herzen des europäischen Kontinents«; als Ort dachte er an die bisher unbenutzt dastehende ehemalige nationalsozialisti-

9 BA NL Spranger 199: Werner Jaeger an Eduard Spranger, 16. 2. 1947. Ähnlich befürwortete die in den USA von deutschen Emigranten gegründete »Arbeitsgemeinschaft für deutsche Fragen«, der u. a. Arnold Bergsträsser, der Germanist Fritz Caspari und der Historiker Hans Rothfels angehörten, im Oktober 1947 ausdrücklich die humanistische Bildungsidee, die im ganzen Schulspektrum »verstärkt werden sollte als einer der wertvollsten Wege zur Erziehung des Verstandes und des Gewissens und zur Weckung des Bewußtseins von den gemeinsamen Grundlagen der abendländischen Kultur«, in: BA NL Spranger 15: Memorandum der Arbeitsgemeinschaft für deutsche Fragen über den Bericht der United States Education Mission of Germany, datiert Oktober 1947.

sche Ordensschule in Sonthofen, andere offerierten das im Krieg unvollendet gebliebene KdF-Seebad auf Rügen.[10]
Das Bewußtsein der Deutschen, als Mittler der mediterranen Kultur aus eigener Tradition einer Renaissance des Geistes den Weg ebnen zu können[11], war auch nach dem über zwölf Jahre hin verordneten Sturmlauf gegen die geistig-religiöse Transzendenz ungebrochen. Allen voran erlebte die Altphilologie – aber sie nicht allein[12] – Ende der vierziger und zu Beginn der fünfziger Jahre im Westen Deutschlands eine gewaltige Renaissance; sie konnte, in der bewährten Methode strenger Wissenschaftlichkeit anerkannt, die gesuchten Themen präsentieren. Die Fülle der jetzt erschienenen Publikationen mit diesen didaktischen Intentionen ist gar nicht so leicht zu übersehen. Die Welle brach sich erst Mitte der fünfziger Jahre, als Thomas Mann starb, als das Schiller-Gedenkjahr gefeiert wurde. Einige Beispiele: Wilhelm Nestle, Griechische Weltanschauung in ihrer Bedeutung für die Gegenwart (Stuttgart 1945), Hans-Erich Stier, Grundlagen und Sinn der griechischen Geschichte (Stuttgart 1945), Otto Regenbogen, Humanismus heute? (Heidelberg 1947), Romano Guardini, Der Tod des Sokrates (Godesberg 1947), Max Pohlenz, Der hellenische Mensch (Göttingen 1947), Friedrich Klingner, Humanität und Humanitas. Beiträge zur geistigen Überlieferung (Godesberg 1948). Vor allem ist an Ernst Robert Curtius, Europäische Literatur und lateinisches Mittelalter (Bern 1948), zu denken, auch an Walter F. Otto, Das Vorbild der Griechen (Tübingen 1949), oder an die Einführung in die alte Geschichte (München 1949) von Hermann Bengtson mit den schnellen Auflagensteigerungen. Dasselbe gilt für die Paideia-Bände von Werner Jaeger. Zu erwähnen wären Wolfgang Schadewaldt mit seinen verschiedenen Publikationen (z. B. Homer, der Dichter und die Dichtung, Berlin 1950) und

10 Fendt am 25. 11. 1946 vor der Presse, in: Manfred Overesch, Beobachtungen zur humanistischen Neubesinnung in der deutschen Bildungspolitik nach dem Zweiten Weltkrieg, in: Walter Eisermann u. a. (Hrsg.), Maßstäbe. Perspektiven des Denkens von Eduard Spranger, Düsseldorf 1983, S. 222 f.

11 Im Blick auf eine notwendige Reedukation der Deutschen erkannte die britische Regierung frühzeitig an: »The days of St. Boniface are passed.« Das zitiert Lothar Kettenacker aus der ersten Kabinettsvorlage vom August 1943, in: The Planing of »re-education« during the second world war, in: N. Pronay, The political re-education of Germany and her allies, London und Sydney 1985, S. 66.

12 Georg Böse schrieb im Rückblick auf die ersten Nachkriegsjahre am 16. 5. 1949 in der »Welt«, daß »die Deutschen damals gleich wieder in die tiefsten Taschen der Metaphysik griffen«.

andere (Ernst Kornemann, Joseph Vogt, Richard Harder und schon Walter Jens).
Der Vorantritt der Wissenschaften – begleitet von dem lange Zeit vorrangig klassischen Programm deutscher Theaterbühnen – zeitigte durchaus eine gewisse Wirkung im pädagogischen Bereich. Die Kultusministerien der Länder erließen, hier und da von didaktischen Appellen getrieben[13], entsprechende Richtlinien für den Unterricht in den Schulen. Die ersten bundesdeutschen Schulgeschichtsbücher orientierten sich nur zaghaft an den politischen Stoffen der Gegenwart, mit Leidenschaft dagegen an den kulturellen Traditionen der Vergangenheit. Während die DDR frühzeitig und intensiv in den Schulbüchern ein politisches Weltbild ihrer Ideologie auf breitem Raum zu vermitteln trachtete, bot der Westen, mit programmatischen Titeln (»Erbe des Abendlandes«, hrsg. 1954) kündend, ein kulturelles.[14] Den Raum der Politik nahmen Lebensbilder von »Helden der Menschlichkeit« ein, die ja auch über Jahre hin den Aufdruck der bundesdeutschen Wohlfahrtsmarken zierten, ein populäres Pendant zu dem 1946 erstmals und danach in vielen Auflagen publizierten Buch des evangelischen Kirchenhistorikers Walter Nigg über »exemplarische Menschen«, betitelt »Große Heilige«.
Das altsprachliche Gymnasium erlebte in den fünfziger Jahren eine neue Blüte (nicht ohne deutlich restaurative Begleitformen[15]). Natürlich, so möchte man sagen, ist Dr. Zeitbloom, Freund des Musi-

13 Georg Picht forderte Jahre, bevor er den »Bildungsnotstand« ausrief, vor den deutschen Altertumswissenschaftlern bei deren Tagung in Hinterzarten vom 29. 8. bis 2. 9. 1949 »eine stärkere und mehr zeitgemäße Bereitstellung der antiken Grundprobleme für die Schule« als Kompensation nationalsozialistischer Trivialitätsschäden, in: Gnomon 21/1949, S. 280. Die erste gesamtdeutsche Tagung des Altphilologenverbandes am 29. 3. 1951 in Berlin forderte dazu auf, die heranwachsende Jugend Deutschlands »in humanistischem Sinne zu selbstbewußten, aus den kulturellen Traditionen der Antike schöpfenden demokratischen Staatsbürgern« zu erziehen, abgedruckt in: »Göttinger Universitätszeitung«, 27. 4. 1951.

14 Vgl. dazu Wolfgang Jacobmeyer (Hrsg.): Deutschlandbild und Deutsche Frage in den historischen, geographischen und sozialwissenschaftlichen Unterrichtswerken der Bundesrepublik Deutschland und der Deutschen Demokratischen Republik von 1949 bis in die 80er Jahre, Braunschweig 1986, mit den Beiträgen von Wolfgang Marienfeld/Manfred Overesch sowie Karl-Ernst Jeismann/Erich Kosthorst, ebd., S. 1 ff. und S. 119 ff.

15 Den Übergang zur Restauration in der Schule hat Wolfgang Klafki unter dem Titel »Die fünfziger Jahre – eine Phase schulorganisatorischer Restauration. Zur Schulpolitik und Schulentwicklung im ersten Jahrzehnt der Bundesrepublik« (in: Dieter Bänsch [Hrsg.]: Die fünfziger Jahre, Tübingen 1985, S. 131 ff.) thematisiert.

kers Adrian Leverkühn in Thomas Manns 1947 erschienenem Roman »Dr. Faustus«, Katholik und klassischer Philologe. Als ebenso wenig überraschend registriert man, daß Heinrich Böll in seiner im November 1950 in den »Frankfurter Heften« erstmals erschienenen Erzählung »Wanderer, kommst du nach Spa . . .« den verwundet aus den Endkämpfen des Zweiten Weltkriegs heimkehrenden Primaner in ein, sein altsprachliches Gymnasium zurückkehren läßt. Doch dem sich besonders vor, aber auch noch nach 1950 vielgestaltig artikulierenden Bedürfnis nach einer Renaissance von Humanismus und Christentum als Ausdruck einer geistigen Wende und erneuerten »Mission für das christliche Abendland« (Meinecke), diesem Versuch, nach den zwölf Jahren nationalsozialistischer Niederungen zu einer Renaissance deutscher Topographie mit den Hügeln Akropolis, Capitol und Golgatha als den Blickpunkten zu kommen, war keine prägende Dauer beschieden. Der Versuch war auch nicht ohne frühen Widerspruch geblieben. Alfred Döblin zum Beispiel, als Leiter des »Bureau des Lettres« von der französischen Militärregierung mit der literarischen Zensur im Südwesten Deutschlands beauftragt, schrieb am 30. Dezember 1945 ermattet an Hermann Kesten: »Viele religiöse und fromme Schriften, nichts Radikales; große Apathie. Man weiß nichts, man war während langer Jahre vollkommen von der Welt abgeschieden.« Demselben Adressaten schrieb eineinhalb Jahre später die zu Unrecht vergessene Kölner Literatin Irmgard Keun: »Der ganze Boden in Deutschland stinkt noch nach Mord und Leichen, und nun zieht sich ein Schleim von Frömmigkeit darüber.«[16]

Bezeichnend mag dieses Detail sein: Am 13. August 1946 war der erste Transport deutscher Kriegsgefangener aus der Sowjetunion in das Lager Friedland zurückgekehrt; das Erlebnis der unmittelbaren Zeugen sprengte ihre bisherige Vorstellungskraft gewaltig.[17] Zwei Tage später hatte Ernst Rowohlt Wolfgang Schadewaldt aufgefor-

16 Irmgard Keun an Hermann Kesten, 23. 8. 1947, zit. in: Klaus Honnef u. a. (Hrsg.), Aus den Trümmern. Kunst und Kultur im Rheinland und Westfalen 1945–1952, Köln/Bonn 1985, S. 464. Das Döblin-Zitat in: »Als der Krieg zu Ende war«. Literarisch-politische Publizistik 1945–1959 (Hrsg. Bernhard Zeller, Stuttgart 1973, S. 257).

17 Ein Augenzeuge berichtet über die Ankunft der Heimkehrer im Lager Friedland: »Die Sowjets ließen die schweigend fügsamen Männer in breiten Kolonnen am Kontrollpunkt in Besenhausen zu fünft oder sechst antreten, hoben den Schlagbaum und übergaben sie den davor wartenden Briten. Am britischen Schlagbaum

dert, eine geraffte Übersetzung der »Odyssee« Homers zu schreiben. Nach Krieg und Gefahr kam auf Irrwegen der homerische Held zurück, zunächst wie ein Fremder, schnell sich dann wandelnd zum Herrn seiner Heimat, auf den alle gewartet hatten. Das Buch hatte große Erfolge.

Ein unbekannter Autor namens Georg Gusmann hatte zur selben Zeit diese älteste literarische Vorlage Europas ebenfalls aufgegriffen, aber seinen zurückkommenden Odysseus mit den Realitäten des Jahres 1947, der zerstörten Heimat, den verstorbenen Angehörigen, konfrontiert und daran scheitern lassen: »Immer wieder steht man vor der Tür, um heimzukehren, hält zögernd die Klinke in der Hand, und man öffnet sie und tritt durch die Fassade der Mauer wieder hinaus ins Freie.«[18] Das Buch fiel durch, der Autor hat keinen neuen literarischen Versuch unternommen; kaum eine Literaturgeschichte registriert ihn heute noch; und doch kündete er – ähnlich wie Borchert in »Draußen vor der Tür« im selben Jahr – von den sich aufdrängenden Problemen der Zeit. Doch diese Stunde der deutschen Literatur gehörte noch den Vertretern der inneren Emigration, z. B. Thomas Mann (»Adel des Geistes«, 1945), Hermann Broch (»Der Tod des Vergil«, 1947) oder besonders Ernst Wiechert (»Totenwald«, »Die Jeromirkinder«, 1945–1947), nicht den jungen Autoren ohne Vorleben, aber mit Sensibilität für Döblins oder Keuns Kritik.

Derselbe Rowohlt, der mit Schadewaldt 1947 ein Geschäft gemacht hatte, setzte damals bei jungen Autoren mit Gegenwartsthemen zu. Entnervt forderte er sogar am 2. November 1949 von Alfred Kantorowicz als dem Herausgeber der Zeitschrift »Ost und West«, endlich einmal die jungen Autoren zu rezensieren. Der Verlag sei »in Zukunft nicht mehr in der Lage . . ., auch nur einen einzigen deutschen Autor zu publizieren«, wenn nicht durch Rezensionen für deren Bekanntwerden und Absatz gesorgt werde.[19]

kamen zunächst langsam und schwerfällig Sanitätswagen, angefüllt mit Schwerkranken und Marschunfähigen, an. Dann näherte sich die Kolonne in langen Reihen, ohne Tritt, müde und matt, mit leerem Blick, großen kahlgeschorenen Köpfen, eingehüllt in Fetzen ehemaliger Uniformen, altem Drillichzeug. Viele gingen an Krükken und Stöcken, stützten einander, trugen Kameraden. Kaum einer erwiderte Zurufe und Winke der Tausende, die am Wegrand warteten. Eine Welle ungläubigen Entsetzens ging durch die Menge . . .«, zit. in: Lagerchronik Friedland, 13. 8. 1946.

18 Georg Gusmann, Odysseus. Aufzeichnungen eines Heimgekehrten, Duisburg 1947, S. 111.

19 Zit. in: »Ost und West« 1949, S. 66 f.

Zu Beginn der fünfziger Jahre hatte sich dieses kulturelle Dilemma noch vergrößert. Als »Die Welt« im Frühjahr 1951 bekannte Kritiker um einen »Rückblick auf die kulturellen Ereignisse des Winters« bat, schrieb einer, Willy Haas, »daß ich im letzten Winter überhaupt kein kulturelles Erlebnis gehabt habe«.[20] Resignation entnehmen wir Hermann Kasacks Urteil: »Kaum Stimmen der Generation zwischen 20 und 30, mühsam fristen die wenigen literarischen Zeitschriften noch ihr Dasein.« Seine Begründung läßt an Döblins Klage von 1945 denken: »Die geistige Knebelung und Isolierung eines Jahrzehnts genügten, auf dem Gebiet der Dichtung für längere Zeit eine Wüste zu hinterlassen.«[21] Das Bemühen um eine Renaissance des humanistischen Geistes hatte diese Wüste offensichtlich nicht genügend bewässern können. Heinrich Bölls 1952 abgelegtes »Bekenntnis zur Trümmerliteratur«[22] hatte die allen vor Augen stehende, sehr gegenständliche Wüste des alltäglichen Lebens zum Thema geistiger Auseinandersetzung gemacht. Nicht das Erhaben-Geistige abendländischer Bildungstradition, sondern das Trivial-Gegenständliche und Lebensnah-Bedrückende, nicht die Suche in

20 »Die Welt«, 31. 3. 1951; Haas war bezeichnenderweise Anhänger einer humanistischen Renaissance. An Rudolf Alexander Schröder schrieb er zu dessen 73. Geburtstag am 26. 1. 1951: »Ich halte etwas von dieser berüchtigten klassischen, humanistischen Bildung, einfach als ein Element menschlicher Würde, geistiger Klarheit, magischer Elementverbundenheit. Und so sind Sie für mich nicht nur der Dichter Rudolf Alexander Schröder, sondern auch ein Erzieher, der größte lebende geistige Erzieher des deutschen Volkes«, zit. in: »Die Welt«, 10. 1. 1951.

21 Hermann Kasack, Dichtung als Gleichnis. Zur literarischen Situation in Deutschland, in: »Die Welt«, 17. 1. 1951. Gerade erst hatte Alfred Döblin als Vizepräsident des PEN in seinem Vortrag vor der Mainzer Akademie der Wissenschaften und Literatur über die »Wüste der Heimatlosigkeit« geklagt, Abdruck in: »Die Welt«, 6. 12. 1950. Vgl. Günther Weisenborn, Wo sind die deutschen Autoren, in: »Die Welt«, 8. 2. 1951. Hermann Kasack hatte sich in seinem 1947 erschienenen – 1944 im wesentlichen abgeschlossenen – Roman »Die Stadt hinter dem Strom« bemüht, in der Allegorie von Kafka beeinflußt, die totalitäre Welt des Nationalsozialismus, präsentiert gleichsam in einem photographischen Negativbild als Gesellschaft von Toten mit einer Kathedrale, die dem Kult des Nichts geweiht ist, als Mittelpunkt, in eine Unwirklichkeit abzuschieben. Dabei hatte er sogar die Germanozentrik des Nationalsozialismus umgedeutet als Rückkehr Europas in den Mutterschoß Asiens. Dieser dichterische Ansatz läßt noch einmal das Bemühen um eine Renaissance Europas verständlich werden, wie sie z. B., als kulturpolitisches Programm besonders demonstrativ verkündet, auch in dem ersten eigenständig aufgelegten Geldschein der Bank deutscher Länder, einer 5-DM-Note mit der von Stier/Zeus entführten Europa aus dem Orient in den Okzident, März 1949, faßbar wurde.

22 Abgedruckt in: Böll, Essayistische Schriften und Reden, Bd. 1, Köln, o. J., S. 31–35.

der Vergangenheit, sondern die Begegnung mit der Gegenwart, nicht die Tradierung klassischen Geistes, sondern die Auseinandersetzung mit dem nationalsozialistischen Ungeist und dessen Nachlaß setzten sich jetzt als dringendes Bedürfnis durch.
Die Renaissance des humanistischen Geistes erweiterte sich nicht zu einer kulturellen Moderne. Wohl kann man darüber nachdenken, ob sie als Ausdruck des Selbstbehauptungswillens (West-)Europas gegenüber den neuen Weltmächten gewürdigt und auch als einer der Motoren des (west)europäischen Einigungswillens in Anspruch genommen werden darf, ob also kulturelle Tradition und politische Moderne ineinandergriffen – die Diskussion über eine neue europäische Nationalhymne der Bundesrepublik, geführt 1950 bis 1952, spräche als ein Beispiel m. E. dafür[23]; doch gleichzeitig muß man registrieren, daß der Wille zur abendländischen Renaissance, als ein geistiges Vehikel für die erste Phase der Befreiung vom Nationalsozialismus vorgestellt und genutzt, auf breitere Bevölkerungskreise nicht imprägnierend gewirkt hat, sondern ohne große öffentliche Akzeptanz geblieben ist, eher in eine Kulturaporie geführt und sich hier und da mit einer Restauration des Ungeistes vermischt hat.
Dem dritten Humanismus war nach dem Ersten Weltkrieg nur wenig mehr gelungen. Aber das fiel damals weniger auf, weil Deutschland in den zwanziger Jahren einen mächtigen inneren Auftrieb erfuhr, ein leidenschaftliches Bemühen um neue Ausdrucksformen, eine sprühende Fülle gedanklicher und künstlerischer Leistungen, eine jugendliche Lust des Rebellierens und Experimentierens, eine zukunftsgläubige Aktivität und Intensität. Das hat sich nach dem Zweiten Weltkrieg so nicht wiederholt – trotz aller Ansätze der Gruppe 47, des Theaters (Sellner in Darmstadt) oder der Architektur. Das Erlebnis der totalen Niederlage lähmte. Deutschland war ein Land ohne Mitte geworden; Berlin, einst geistiger Umschlagplatz und Arena widerstreitender Begabungen, fehlte. Es fehlte auch die mittlere Generation. Und die ältere Generation machte sich nicht frei vom Ungeist der Restauration.

23 Die ersten aus der Bevölkerung kommenden Vorschläge für eine bundesdeutsche Nationalhymne forderten eine Europa-Hymne; Heuss lehnte die Hoffmann-Haydn-Hymne als »Irredenta-Hymne« des 19. Jahrhunderts ab, offerierte dann aber mit dem Schröder-Reutter-Entwurf erst recht einen Vorschlag restaurativen Charakters; der Volksmund belächelte »Theos Nachtlied«; vgl. die Zusammenhänge in: M. Overesch, Grenzen der Erneuerung – Die bundesdeutsche Nationalhymne, in: Journal Geschichte, 1/1988, S. 12 ff.

Politische Seitenwechsel

Es war nicht mehr Verdrängung, sondern bereits Heuchelei, wenn der Althistoriker Hans-Erich Stier sich für die Landtagswahl am 18. Juni 1950 seinen Wählern in Tecklenburg (Nordrhein-Westfalen) mit dem Anspruch vorstellte, als Widerstandskämpfer gesehen, ja gewürdigt werden zu müssen. Er habe, so steht in seiner Wahlbroschüre zu lesen, »in der Hitler-Zeit Seite an Seite mit den katholischen Christen der Stadt des Bischofs von Galen im Kampfe der Bekennenden Kirche gegen die Lüge der nazistischen Weltanschauung«[24] seinen Mann gestanden. Sicher, Stier war nicht Mitglied der NSDAP, aber seine Schriften aus den dreißiger Jahren weisen den CDU-Kandidaten von 1950 als NS-Sympathisanten von früher aus. Einige Stellen mögen das belegen:

- Sein Geleitwort zum ersten Band der von ihm neu begründeten Zeitschrift »Die Welt als Geschichte«, erschienen Anfang 1935, fügte sich in mehrfacher Hinsicht in die offiziell geltenden politischen Tendenzen dieser Zeit an. Stier beklagte dort den vielfach verbreiteten »prinzipiell unhistorischen, ja geradezu antihistorischen Geist«, der durch den »Strudel des Unheils, den der November des Jahres 1918 über Deutschland brachte«, bewirkt worden sei und »die Historiker von Format« verständlicherweise »in weit überwiegender Mehrzahl zum Staate von Weimar in schärfste Opposition« habe treten lassen. Jetzt aber habe »die deutsche Erhebung des Jahres 1933 . . . der Geschichte ihre Stellung im deutschen Geistesleben wiedergegeben«, und die Geschichtsforschung könne beginnen, »die ihr gestellte Aufgabe« zu erfüllen. Im einzelnen verurteilte Stier dabei das »reine Spezialistentum« und kündigte für die neue Zeitschrift u. a. »enge Beziehungen zur Anthropologie«, damals sicher vor allem Rassenkunde, an. Ist es da noch Zufall, daß Stier noch 1935 nach Münster als Hochschullehrer berufen wurde?
- 1938 erschien seine Abhandlung »Die Bedeutung der römischen Angriffskriege für Westfalen. Ein Beitrag zum Verständnis der ›germanischen Revolution‹«.[25] Augustus war danach »der vom Volke erkorene Führer«, der »nach der Ära verheerendster Bür-

24 Dokument im Privatbesitz des Verfassers.
25 »Westfälische Forschung«, Bd. 1, 3, S. 269–301; zitierte Stellen ebd., S. 269 f., 272, 276, 287 und 299.

gerkriege« den Frieden brachte. Sinnfällige Zeugnisse der großen »Bedeutung der Römerzeit für Europa« waren eine Reihe »zivilisatorischer Großtaten«, wobei von Stier als letztes das »bewunderungswürdige Netz geradliniger Kunststraßen« hervorgehoben wurde. Als zentrale Gestalt dieser Abhandlung erscheint jedoch Arminius, der als »eine der genialsten Führergestalten der Weltgeschichte den Grund legte für ein neues, für das germanische Weltalter«. Nachdem die Germanen in einer ersten Wanderungsphase nur einfach »Land, Lebensraum« gesucht hatten, ohne die zum Erfolg nötige politische Orientierung damit zu verbinden, gelang es Arminius, »die rassische Hochform des Germanentums« in passender Weise auszurichten und zu lenken; denn er hatte »die harte Prüfung« bestanden, die »für die Herausbildung wahrer Führereigenschaften« erforderlich war. So erreichte er den Sieg. – Die Parallelen zwischen Augustus und vor allem Arminius und Hitler mußten sich damals einfach aufdrängen.

– Ein drittes Beispiel führt in die Nachkriegszeit; besonders deutlich offenbart es Elemente späterer Verdrängung früherer Bekenntnisse. 1958 erschien Stiers »Deutsche Geschichte im Rahmen der Weltgeschichte«. In einer ersten Fassung lag dieses Buch 1934 vor, in einer überarbeiteten 1935. 1958 schrieb Stier, das Buch sei 1938 verboten worden.[26] Der Grund ist nicht einsichtig, denn in der Fassung von 1935 werden Machtergreifung und Herrschaft des Nationalismus fast schulbuchmäßig abgehandelt.[27]

Erklärend, im Bemühen um Verständnis, muß man wohl hinzufügen, daß hier ein Althistoriker aufgrund seiner schwärmerischen Einstellung, die zunächst im Nationalsozialismus mehr das »Positive« zu sehen geneigt war, vorbehaltlos auf die offiziellen Propa-

26 Hans-Erich Stier, Deutsche Geschichte im Rahmen der Weltgeschichte, Berlin 1958, S. 1018; in der offiziellen »Liste des schädlichen und unerwünschten Schrifttums« für 1938–1941, Nachdruck Vaduz 1978, ist es allerdings nicht verzeichnet.

27 »Seit seiner Rückkehr aus dem Felde« war Hitler »unermüdlich tätig für die Gesundung der deutschen Volksseele«, zumal er in dem möglichen »Untergang des deutschen Volkstums . . . zugleich eine Katastrophe für die gesamte weiße Rasse . . . sah« (S. 626). Seine entscheidenden Helfer waren »die Sturmabteilungen (SA), die in braunen Hemden, ohne andere Waffen als ihre Fäuste, in die von den Marxisten mit allen Mitteln bedrohten politischen Versammlungen zogen« (S. 627). Nach der Machtergreifung – bei der »Begeisterung und Jubel in Deutschland . . . einen Gipfel« erreichten (S. 628) – wandte sich in Deutschland endgültig alles zum Besseren. Außenpolitisch befestigte Hitler den Frieden, auch durch die ganz berechtigte Wiedereinführung der Wehrpflicht (S. 631 f.). Im Inneren bekämpfte nun der Staat »die

gandalügen hereinfallen konnte, die geschickt seine Maßstäbe und Hoffnungen zu treffen vermochten. Doch muß eine solche Person der akademischen Öffentlichkeit die Verdrängung der Vergangenheit so weit treiben, daß sie sich wenig später, im Sommer 1950, selbst bis in die Nähe eines Widerstandskämpfers gegen den Nationalsozialismus rückt? Oder, wenn man diesen Vorgang noch in der Enge individueller Verantwortung belassen will und kann, wie steht es mit der kollektiveren, mit jener der CDU? Wie kann die CDU auf ihrem ersten Bundesparteitag in Goslar (20. bis 22. Oktober 1950) gerade Stier das Grundsatzreferat überlassen? Gewaltig klingt jetzt das Pathos des Protestanten gegen den Nationalsozialismus, den er »restlos verurteilt«, der ihm »wie ein Einbruch des asiatischen Despotismus« vorkommt, dessen Führerende er triumphierend vermeldet: »Menschliche Gottähnlichkeit zerging zu Staub, noch dazu mit Schimpf und Schande.«[28] Vor dem Hintergrund der zitierten Schriften Stiers aus den dreißiger Jahren wirkt dieser flinke Seitenwechsel nicht überzeugend, eigentlich beängstigend.[29] Was er einfach verdeckte oder entstellte, eliminierte oder neu interpretierte[30], war so nicht die akademische Regel[31], wurde aber an anderen Orten gar noch übertrumpft[32], so sehr, daß diese Vorgänge zu Beginn der fünfziger Jahre mit dem Vorwurf der Restauration etikettiert wurden.

Geißeln der Menschheit, das Verbrechertum und seinen Nährboden, die Erbkrankheiten« (S. 633 f.). Auch setzte er sich für eine »lebendige Kultur« ein, nachdem vorher »überall . . . der jüdische Geist in seiner zersetzenden Form« »dominierte« (S. 634 und 623). Beim »Umsturz«-Plan Röhms aber »griff« Hitler »unter rücksichtslosem Einsatz seiner Person . . . durch; mit den Meuterern mußte kurzer Prozeß gemacht werden« (S. 631).

28 Hans-Erich Stier, Der geschichtliche Auftrag der CDU, in: Erster Parteitag der Christlich-Demokratischen Union, Goslar 20.–22. 10. 1950, Bonn 1950; die zit. Stellen ebd., S. 36, 25 f. und 33.

29 Nachrufe auf Stier wie der Jürgen Busches in der FAZ am 7. 4. 1978, der Stier als einen Mann würdigt, »der im Dritten Reich keinen Zentimeter nachgegeben hatte«, sind ebenso zu korrigieren, wie überdacht werden muß, was Karl Christ in »Römische Geschichte und Deutsche Geschichtswissenschaft« 1986 schrieb, Stier sei »zu Kompromissen mit der nationalsozialistischen Weltanschauung . . . nicht bereit« gewesen, ebd., S. 256 und 290 f.

30 Vgl. die Dokumentation von Rolf Seeliger, Braune Universität, Deutsche Hochschullehrer gestern und heute, 6 Bde., München 1964–1968.

31 Es gab auch Gegenbeispiele, so das des Münsteraner klassischen Philologen Walter Eberhardt (Archiv der Universität Münster NL Eberhardt) oder das des Göttinger Historikers Reinhard Wittram, der in seiner Antrittsvorlesung über »Geschichtsauffassung und Wahrheitsfrage« sehr (selbst)kritisch war, s. »Die Sammlung« 2/1947, S. 89–104.

32 I. Müller, a. a. O., S. 210 ff., mit zahlreichen Beispielen aus dem Bereich der Justiz.

Restauration

Der Begriff »Restauration« ist hier nicht ideologisch gefärbt, pejorativ im Unterton und polemisch zugespitzt als »destruktives Interpretationskonzept zur Gründungsgeschichte der Bundesrepublik« gemeint, so wie er nach Morseys Feststellung seit der Mitte der sechziger Jahre in Teilen der Forschung, besonders der DDR-Historiographie, benutzt wurde.[33] Er meint vielmehr die vor allen Dingen in personellen Kontinuitäten für faßbar gehaltene und befürchtete Wiederbelebung nationalsozialistischen – nicht nur nationalsozialistischen – Ungeistes im neuen deutschen Staat.
Der vorrangige politische Gegner der CDU, Kurt Schumacher, war von der Furcht bestimmt, daß aus der z. B. durch Stier (u. a.) beschworenen und verfälschend tradierten Renaissance abendländischen Geistes kein demokratischer deutscher Staat erwachsen könnte, sondern nur eine kapitalistisch-restaurative Regeneration. Mit Vehemenz und Schärfe, oft mit überbetonter Leidenschaft ging er dagegen vor, auch im Bundestag. Gleich seine erste dortige Rede, die Antwort auf die Regierungserklärung des Kanzlers am 21. September 1949, gipfelte in dem Vorwurf, die Bundesregierung habe nicht verhindert und wolle nicht verhindern, daß »wir bereits in einer zweiten Periode der absoluten Restauration mit stark vorweimarischen Zügen sind«. Der SPD-Vorsitzende steigerte sich noch zu dem Vorwurf, die Vertreter der Rechtsparteien, die CDU eingeschlossen, seien »zum großen Teil Nazis« gewesen. Bundestagspräsident Köhler (CDU), der an dieser Stelle in die erregte Debatte eingriff, verkannte in seiner Erklärung, »daß diese Frage durch die Entnazifizierungsgesetze in juristischer Beziehung als erledigt gelten muß«, daß die Furcht vor einer Restauration des Ungeistes nicht durch die Federstriche des Entnazifizierungsverfahrens zu beenden war.[34]
In den ersten fünfziger Jahren hat sich dieses Unbehagen vielfach artikuliert. Ein politisches Beispiel dafür ist die vom Journalisten

33 Rudolf Morsey, Die Bundesrepublik Deutschland, Oldenbourg, Grundriß der Geschichte, Bd. 19, München 1987, S. 141; zu denken ist an Badstübner, Restauration in Westdeutschland 1945–1949, Berlin-Ost 1965, Huster (u. a.), Determinaten der westdeutschen Restauration 1945–1949, Frankfurt am Main 1972, oder Niclauß, Restauration oder Revolution 1982, u. a.

34 Kurt Schumacher, Bundestagsreden, hrsg. von Annemarie Renger, Bonn 1972, S. 4 und 16.

Heinze-Mansfeld angestoßene Diskussion des Deutschen Bundestages über die Personalpolitik im Auswärtigen Dienst der Bundesrepublik. Während sich die SPD in der Parlamentsdebatte am 22. Oktober 1952 darüber schockiert zeigte, »wie stark eine restaurative Tendenz gerade beim Auswärtigen Amt in Erscheinung getreten« sei (über 66 % des wiedereingestellten Personals waren ehemalige PGs), mahnte Adenauer, Restaurationsreflexionen hier fachlichen Kompetenzbedürfnissen nachstellend, »jetzt mit der Naziriecherei einmal Schluß machen« zu müssen.[35]
Nicht jeder Deutsche vermochte einem solchen Kanzler-Veto zu folgen. In Wolfgang Koeppens Roman »Das Treibhaus« (1953) sucht der Abgeordnete Keetenheuve, aus der Emigration heimgekehrt, aber zu solcher Anpassung unfähig, den Selbstmord im Rhein; im Hörspiel »Der Besuch des Fremden« von Walter Jens (uraufgeführt am 18. November 1952) kehrt der Rechtsprofessor Hartmann, dessen Tochter Irene in den Bomben des Weltkrieges umkam, dessen Sohn Dietrich (nomina sunt omina) mit der amerikanischen 7. Armee Pattons Buchenwald befreite und dafür mit seinem Leben bezahlte, in sein Exil in die USA zurück, da nur 60 % seiner alten Fakultät ihn wieder aufnehmen wollten; aber der oberste Ankläger beim nationalsozialistischen Volksgerichtshof, Ernst Lautz, bezog seit dem 1. April 1951 die Pension eines Generalstaatsanwaltes.[36]
Gerade der Berichterstatter des Parlamentarischen Untersuchungsausschusses Nr. 47, Hermann Brill, konnte durch seinen Lebensweg als thüringischer Minister in der Weimarer Republik, als Widerstandskämpfer und Insasse von Brandenburg-Görden und Buchenwald, als erster thüringischer Ministerpräsident nach dem Kriege – von ihm stammen aus dieser Zeit die radikalsten »Richtlinien zur Säuberung vom Nationalsozialismus« – und Staatssekretär in Hessen bezeugen, wie Kontinuitäten auszusehen hatten. Doch über seine Zweifel an dem gelungenen Neuanfang in Deutschland schrieb er am 12. Juni 1950 seinem Parteifreund Schumacher: »Ich bedauere, daß uns die von den Sowjets inaugurierte Politik von 1945 nicht die Zeit gelassen hat, Legenden zu zerstören, Herostraten zu beseitigen, Fehler einzusehen, Verantwortlichkeit festzustellen, Schuldige zu bestrafen und für uns selbst ein neues Geschichtsbe-

35 Zum Vorgang vgl. Overesch, Gesamtdeutsche Illusion und westdeutsche Realität, Düsseldorf 1978, S. 9 ff.
36 Müller, a. a. O., S. 211.

wußtsein zu schaffen, ohne das eine neue Politik nicht möglich ist.«[37]

Was der Politiker Brill hier eingeschränkt auf die sowjetische Besatzungszone/DDR und die verursachende Einwirkung der Sowjetunion sagte, war als Sorge auf den Westen Deutschlands zu übertragen – und auch als Vorwurf an die Deutschen selbst zu richten –, trotz der vielerorts bewußt gesuchten Diskontinuitäten zur jüngeren Vergangenheit.[38] Die bundesdeutsche Bevölkerung gab sich solchen verdrängenden Einstellungen mit Beginn der fünfziger Jahre mehr und mehr hin.

Heinrich Spoerls »Maulkorb« ist dafür mit den in den fünfziger Jahren verkauften 500 000 Exemplaren ein kulturgeschichtliches Dokument. Diese intelligent geschriebene literarische Lappalie, zwar schon 1936 erschienen und damals als eine ungefährliche Gelegenheit zur schmunzelnden Opposition gegen das Regime geeignet, paßte eigentlich am besten in die fünfziger Jahre. Denn wie der aus dem Rausch erwachte Staatsanwalt von Treskow sich nicht mehr an seine Tat erinnern konnte, so auch nicht mehr die Deutschen an ihre Taten. Im amtlichen Bemühen, sein eigenes »Verbrechen« aufzuklären, ist Treskow von der Gnade des Gedächtnisverlustes geschlagen. Auch seine Umgebung verdrängt die Tat: »Wenn man es geschickt anfaßt, zerrinnt es im Sande.« Auch die oberste Autorität, der Oberstaatsanwalt, befindet: »Wenn das Staatswohl eine gewisse Korrektur von Dingen verlangt, die sonst Grundsatz sind, so haben alle Bedenken zurückzustehen.« Die Alibifunktion des Romans wurde in der Öffentlichkeit verstanden; Adenauer selbst hatte ja am 22. Oktober 1952 vor dem Deutschen Bundestag öffentlich erklärt, es müsse jetzt Schluß sein mit der »Naziriecherei«.

37 Zit. in: Overesch, Hermann Brill und die Neuanfänge deutscher Politik in Thüringen 1945, in: VfZG 1979, S. 524.

38 Lothar Gall hat in seinem 1984 in der HZ (Bd. 239, S. 603 ff.) erschienenen Beitrag über »Die Bundesrepublik in der Kontinuität der deutschen Geschichte« zu Recht darauf aufmerksam gemacht (ebd., S. 609): »Es ist ein höchst faszinierender Vorgang, wie eine scheinbar konservative, nach außen hin Bewahrung und Wiederherstellung proklamierende Regierung in den ersten Jahren der Bundesrepublik in Wahrheit auf Veränderung, auf den Wandel setzte.« Ähnlich urteilt Hans-Peter Schwarz, Der Geist der 50er Jahre, in: ders., Die Ära Adenauer. Gründerjahre der Republik 1949–1957, Geschichte der Bundesrepublik Deutschland, Bd. 2, Stuttgart/Wiesbaden 1981, S. 375 ff. Dagegen betonen Dieter Bänsch (Hrsg.), Die fünfziger Jahre, Tübingen 1985, und Eckhard Siepmann (Hrsg.), Die fünfziger Jahre, Reinbek 1986^2, stärker die restaurativen Elemente.

Die Deutschen hatten sich 1945 gerade nicht einer müden orientalischen Hoffnungslosigkeit hingegeben, aber ihr in den fünfziger Jahren durchschlagender ungeheurer Bedarf an privatem Glück (Erich Kästner urteilte 1956: »Wir leben im motorisierten Biedermeier«[39]) förderte die Sehnsucht nach vormodernen Zusammenhängen und hemmte den Durchbruch der Moderne. Die Literatur beweist es, die Welt des Films ist sogar ein krasser Beweis[40]; für die Kultur auf weite Strecken scheint zu gelten, was Wilhelm Oehlmann am 9. November 1952 über die Musik in Berlin im dortigen »Tagesspiegel« schrieb: »Das Schlagwort Regression trifft die Grundhaltung der Zeit.«

Hart, aber zutreffend erscheint auch, was der materielle Fundator dieser ideellen Regression, Ludwig Erhard, am 2. Februar 1957 Konrad Adenauer in sein gerade erschienenes Buch »Wohlstand für alle« als prinzipielle Sorge widmend eintrug, »daß wir uns in mate-

39 Zit. in: K. Wagenbusch u. a. (Hrsg.), Vaterland, Muttersprache. Deutsche Schriftsteller und Staat von 1945 bis heute, Berlin 1979, S. 132. Der Trend begann schon am Ende der vierziger Jahre. Marginale Details wirken dafür oft erhellend. »Die Welt« klagte am 23. November 1949 darüber, daß eine allgemeine »geistige Ermüdung die Lektüre anspruchsvoller Leitartikel oder Zeitschriften hindert«. Die Zeitung hatte einen Monat zuvor selbst Inhalt und Richtung des öffentlichen Bewußtseins getestet. Auf eine Artikelserie »Reise um die Welt«, bei der Bauten ferner Länder und Kontinente zu erkennen waren, hatte es 711 639 (!) Einsendungen (nur aus Nord- und Westdeutschland sowie Berlin) gegeben. Der Ostvertriebene Egon Thiem gewann den ausgesetzten Preis, einen Ford Taunus (»Die Welt«, 29. 10. 1949). Dasselbe wie die Initiativen der »Welt« signalisierte auch der Karnevalsschlager von 1949 »Ich fahr' mit meiner Lisa zum Schiefen Turm von Pisa«. Die musikalischen Ausdrucksformen des wachsenden Fernwehs der fünfziger Jahre steigerten sich bis zu Fred Bertelmanns Hit von 1957 über den »Lachenden Vagabunden«.

40 Die über 300 Heimatfilme der fünfziger Jahre (Start 1950 mit »Schwarzwaldmädel«, wichtigstes Beispiel vielleicht »Grün ist die Heide« von 1951) setzten, vergleichsweise harmlos, das Genre der nationalsozialistischen Blut-und-Boden-Filme fort, die zwischen 1948 und 1958 in der Bundesrepublik aufgeführten 224 Kriegsfilme (21 % von ihnen aus deutscher bzw. österreichischer Produktion) restaurierten den militanten Geist der Vergangenheit, die Arztfilme, allen voran der beschönigende Film über »Sauerbruch – das war mein Leben« von 1954, den patriarchalischen. Wolfgang Staudtes Film »Der Untertan« (DEFA 1950) dagegen blieb im Westen Deutschlands fünf Jahre verboten; vgl. den anregenden Vortrag von Gerhard Schoenberger, Kontinuität oder Neubeginn? Der deutsche Film vor und nach 1945, in: Ulrich Albrecht u. a. (Hrsg.), Zusammenbruch oder Befreiung? Zur Aktualität des 8. Mai 1945, Berlin 1986, S. 172 ff., Klaus Kreimeier, Der westdeutsche Film in den 50er Jahren, in: Dieter Bänsch (Hrsg.), a. a. O., S. 283 ff., und Hermann Glaser, Kulturgeschichte der Bundesrepublik Deutschland 1949–1967, München/Wien 1986, S. 235 ff.

rieller Primitivität verlieren könnten«.[41] Zu bedenken ist auch Erhards Silvesterbrief an Heuss vom 30. Dezember 1956, wo er die Frage stellte, »ob meine Politik, die den Menschen zu immer mehr Wohlstand verhelfen sollte, nicht seine Seele hat Schaden leiden lassen«. Damit korrelierte eigenartig der Brief eines Akademikersohnes aus der DDR nach Westdeutschland 1951, in dem es anklagend heißt: »Die Menschen, d. h. eine gewisse Schicht der Menschen in der Bundesrepublik, leben schon wieder im Frieden und haben bereits das große Kriegselend vergessen. Sie können uns hier einfach nicht mehr verstehen und hören nicht mehr unsere Rufe nach Freiheit. Das ist ein sehr trauriger Zustand.«[42]
Kritische Stimmen dieser Art muß man wohl bedenken, wenn man dennoch anerkennt, daß auf dem Boden einer sich in den fünfziger Jahren weiter verbreitenden restaurativen Kultur- und Lebensstimmung gewaltige sozial- und wirtschaftspolitische Modernisierungsschübe zu registrieren sind und auch eine neue (westeuropäische) außenpolitische Orientierung sich gegen die Restauration eines neutralisierten gesamtdeutschen Nationalstaates durchzusetzen bemühte. Ob dies indessen den (West-)Deutschen jenes von Brill 1950 geforderte neue Geschichtsbewußtsein vermittelte, ja, ob es – auch abseits der 1968 geäußerten Ablehnung – eine tragfähige Antithese zu der von Dolf Sternberger 1949 geäußerten Skepsis: »Wir wissen nicht, wer wir sind. Das ist eine deutsche Frage«[43] war, darf man anzweifeln.

41 Zit. bei Daniel Koerfer, Kampf ums Kanzleramt. Erhard und Adenauer, Stuttgart 1987, S. 133, das folgende Zitat ebd.
42 Der Brief ist archiviert in: BA B 137/1043.
43 Dolf Sternberger, Die Deutsche Frage, zit. in: Glaser, Bundesrepublikanisches Lesebuch, S. 275.

Hermann Rudolph

Eine Zeit vergessener Anfänge: Die sechziger Jahre

Das Bild, mit dem sich die sechziger Jahre in der kollektiven Erinnerung der Bundesrepublik festgesetzt haben, ist merkwürdig undeutlich geblieben. Wo es Konturen besitzt, sind sie eher negativ besetzt. Das Jahrzehnt erscheint da vor allem bestimmt durch Unbeweglichkeit, Konformismus und Mangel an vorwärtsweisenden Ideen. In diesem Umstand spiegelt sich zum einen die Stellung dieses Jahrzehnts unter den verschiedenen Phasen der Geschichte des westlichen Nachkriegsdeutschlands. Wie eingeklemmt befinden sich die sechziger Jahre da zwischen dem Massiv der Ära Adenauer, in der die Bundesrepublik ihre erste, überraschend feste und fortwirkende Gestalt fand, und dem Beginn der sozialliberalen Koalition, mit der sich so etwas wie ein neuer Anfang anzukündigen schien. Halb noch im Schatten der neuen Biederkeit der Nachkriegswelt stehend, halb schon im Sog heranziehender Aufbrüche und tief reichender Umbrüche befindlich, trägt dieses Jahrzehnt mithin die verwischten Züge einer Zwischen- und Übergangszeit.

Zum anderen freilich ist dieses Bild der sechziger Jahre offenbar die Konsequenz des Stellenwertes, den die Studentenrevolte von 1968 und ihre Folgen für das Selbstverständnis der Bundesrepublik gewonnen haben. Die Aufsätze, Serien und Filme, die diesem Ereignis im vergangenen Jahr unter dem suggestiven Datum eines Rückblicks nach zwanzig Jahren gewidmet worden sind, haben diese Bedeutung der Protestbewegung abermals deutlich gemacht, und das um so mehr, als sie erkennen ließen, daß sich »linke« und »rechte« Sichtweise zumindest in bezug auf den historischen Ort, den sie diesem Vorgang einräumen, zunehmend annähern. So wie eine Geschichte der Bundesrepublik in den fünfziger Jahren mit dem Satz beginnen konnte: Im Anfang war Adenauer[1], so brauchte eine Geschichte der vergangenen zwanzig Jahre kaum noch mit Widerspruch zu rech-

1 Arnulf Baring, Außenpolitik in Adenauers Kanzlerdemokratie, München 1969, S. 1.

nen, wenn sie mit der Feststellung einsetzte: Am Anfang stand die Rebellion der Studenten. Jedenfalls hat die Ansicht nachgerade die Unanfechtbarkeit eines Gemeinplatzes erhalten, daß es die 68er waren, die Bewegung in die Bundesrepublik brachten, einen notwendigen Wandel des Verhaltens und der Verhältnisse einleiteten und schließlich auch entscheidend dazu beitrugen, 1969 den Wechsel zur sozialliberalen Koalition herbeizuführen. Was auch und vor allem heißt: sie seien es gewesen, welche die Selbstzufriedenheit und die Enge aufgebrochen haben, die bis dahin die Bundesrepublik bestimmt hätten. Die sechziger Jahre werden so zur Kontrastfigur einer Vorstellung der 68er-Revolte, nach der diese eine Art zweite Geburt, eine neue Stunde Null dieser Republik gewesen sei.

Freilich hat diese Stunde Null den gleichen Nachteil wie die erste, legendäre, für die das Jahr 1945 steht: Es hat sie, sieht man nur etwas genauer hin, so nicht gegeben. Gewiß hat kein Ereignis vorher und nachher Gefühl und Phantasie so durchgeschüttelt, Politik, Publizistik und Wissenschaft so ausdauernd beschäftigt wie diese Aufkündigung bisheriger Übereinstimmungen durch einen Teil einer Generation, und außer Zweifel steht auch, daß sie damit den Anstoß für vieles gab. Aber die Stilisierung der Protestbewegung zur großen Zäsur, die das Alte vom Neuen, die Enge vom Aufbruch in die Freiheit, das Verkrustete vom Lebendigen trennt, verbiegt die sechziger Jahre. Sie werden zu einem Alptraumland aus Nierentisch-Bürgerlichkeit, Wirtschaftswunder-Öde und autoritärem Konformismus, das sie nicht waren.

Gewiß ist dieses Jahrzehnt auch eine Zeit des Übergangs, aber es erschöpft sich nicht darin. Die sechziger Jahre haben eine eigene Physiognomie, und sie stellen innerhalb der Phasen der Geschichte der Bundesrepublik einen ebenso produktiven wie folgenreichen Zeitraum dar. Das gilt durchaus und gerade jenseits der Anstöße, mit welchen die Stundentenrebellion zu ihnen beigetragen hat. Denn die Studenten mußten 1968 Politik und Gesellschaft keineswegs aus dem Schlaf von Reform-Unfähigkeit und Unbeweglichkeit wecken – die Bundesrepublik der sechziger Jahre war bereits wach und in Bewegung, als die Studenten begannen, den Aufstand zu proben.

Der Beginn des großen Umbaus

Die sechziger Jahre sind der Zeitraum[2], in dem nach dem Auslaufen der Gründungsperiode der Bundesrepublik und der Erschöpfung der produktiven Energien der Ära Adenauer der große Umbau der politischen und gesellschaftlichen Verhältnisse einsetzt und Gestalt annimmt, der zumindest bis zum Ende der siebziger Jahre unsere Wirklichkeit zum guten Teil bestimmt hat. Sie sind die Zeit, in der eine »zweite formative Phase«[3] in der bundesrepublikanischen Nachkriegsgeschichte wirksam wird. Das bedeutet zum einen, daß die Bundesrepublik den Maßstäben, Bedingungen und Konstellationen entwächst, die sie in den Nachkriegsjahren und den fünfziger Jahren geformt haben. Aber in den sechziger Jahren verlieren eben nicht nur das Stützgewebe der unmittelbaren Nachkriegs-Existenz der Deutschen sowie die äußeren und inneren Zwänge, in denen sie als Demokraten und Kinder des Wirtschaftswunders wieder zu sich selbst gekommen waren – kalter Krieg und Schatten des Zusammenbruchs, Wiederaufbau und Einbruch der Modernität – ihre Prägekraft. In diesem Jahrzehnt beginnt auch – und das ist der andere Aspekt, der diesem Zeitraum sein Gesicht gibt – die gewollte und in Gang gesetzte Veränderung der Bundesrepublik Politik und Gesellschaft zu beschäftigen.

In der Wirtschafts- und Finanzpolitik wird in diesem Jahrzehnt das Instrumentarium für eine neue Haushalts- und Finanzpolitik geschaffen. Das beginnt tastend bereits Anfang der sechziger Jahre mit der Erarbeitung der Jahreswirtschaftsberichte und der Berufung des Sachverständigenrates für Wirtschaftsfragen; es kumuliert im Stabilitäts- und Wachstumsgesetz, der mittelfristigen Finanzplanung, der Haushaltsreform und der großen Finanzreform, alle zwischen 1967 und 1969 in der Großen Koalition verabschiedet. In der Sozialpolitik vollzieht sich der Wandel von der traditionellen, immer noch fürsorgerisch angehauchten Sozialpolitik zu einer Politik, die sich aus-

2 Im folgenden folge ich im wesentlichen der Analyse, die ich in einem breiteren Zusammenhang angestellt habe, in: Die Herausforderung der Politik. Innenansichten der Bundesrepublik, Stuttgart 1985, S. 139 ff.

3 Richard Löwenthal, Prolog: Dauer und Verwandlung, in: ders./Hans-Peter Schwarz (Hrsg.), Die zweite Republik. 25 Jahre Bundesrepublik – eine Bilanz, Stuttgart 1974, S. 11 ff. Löwenthal setzt den Beginn dieser zweiten »formativen Periode« allerdings erst »seit Ende 1966« an, also mit dem Beginn der Großen Koalition; nach meinem Dafürhalten setzt sie zeitiger ein.

drücklich als Gesellschaftspolitik versteht. In der Rechtspolitik wird die seit den zwanziger Jahren geforderte, immer nur schrittweise vorangebrachte Strafrechtsreform verwirklicht. Die Raumordnung wird – mit dem Raumordnungsgesetz von 1965 und den gegen Ende des Jahrzehnts ins Stadium der Gesetzgebung eintretenden Landesplanungsgesetzen – überhaupt erst zu einem ernst zu nehmenden Gegenstand der Politik.

Schließlich ist dieses Jahrzehnt die Zeit des großen Aufbruchs in der Bildungspolitik; gerade von ihr gilt, daß sie in Bewegung war, bevor die Protestbewegung überhaupt die Szene betrat. Es genügt, stichwortartig einschlägige Namen und Daten in Erinnerung zu rufen, um das zu belegen: die Wissenschaftsrats-Empfehlungen von 1960, Georg Pichts Warnruf vor der drohenden »Bildungskatastrophe« von 1964, Dahrendorfs Plädoyer für »Bildung als Bürgerrecht« von 1965, die Freiburger Aktion »Bildung aufs Land«, die Bildungs- und Hochschulentwicklungsplanung unter dem Stuttgarter Kultusminister Hahn seit 1964, die Gründung des Bildungsrates 1965. Aber es wird nicht nur gefordert und geplant. In dieser Zeit beginnt tatsächlich die tiefgreifende Verwandlung der Bildungslandschaft. Der Schwerpunkt jener Folge von Hochschul-Neugründungen, welche die Zahl der Hochschulen in der Bundesrepublik in einem Jahrzehnt um rund ein Viertel zunehmen läßt, liegt bereits in der ersten Hälfte der sechziger Jahre. Von der Mitte des Jahrzehnts an schlägt sich dann das bildungspolitische Engagement nieder in der rapiden Zunahme der Übergangsquoten auf die Gymnasien, in Steigerungen der Bildungsetats, welche die Quoten des Wachstums der öffentlichen Ausgaben überholen und am Ende der sechziger Jahre zweistellig werden, in der Zunahme der Studenten, aber auch und vor allem des Personals.

Das alles mag zum Teil auch die Reaktion auf krisenhafte Erscheinungen gewesen sein, die teils – wie die »Bildungskatastrophe« – nur erwartet, teils – wie die Rezession 1966/67 – tatsächlich eingetreten waren. Aber man wird den in den sechziger Jahren konzipierten und bereits exekutierten Veränderungen nicht gerecht, wenn man sie lediglich als Reparaturen einer in Schwierigkeiten geratenen Staatsapparatur begreift. In ihnen ist über alle korrigierenden und reparierenden Ansätze hinaus ein politisch-moralischer Überschuß enthalten. Er wird getragen von der Überzeugung, daß Staat und Gesellschaft verändert werden können und mit dem Ziel einer Modernisierung, aber auch eines Zuwachses an Liberalisierung und sozialem

Ausgleich verändert werden müssen. Schon den Regierungserklärungen Ludwig Erhards von 1963 und 1965 ist abzulesen, daß der gesellschaftliche Wandel als Herausforderung für die Politik zumindest wahrgenommen wird.[4] Erst recht gilt das für die Große Koalition. Und zu den Reformen auf den verschiedenen Sachgebieten tritt in Diskussionen, Entwürfen und ersten Maßnahmen die Absicht der Reform des Politikmachens selbst: als Versuch, Politik nicht nur reaktiv, sondern aktiv und gestaltend zu betreiben – ausgedrückt in Forderungen wie der, daß die politische Maschinerie umgebaut werden müsse, auch in der Debatte von Reformen der Verwaltung.[5] Diese Bewegung in den sechziger Jahren ist denn auch keineswegs mit der Charakterisierung abzutun, es handele sich bei ihr lediglich um »technokratische« Anstrengungen, die nur den Status quo funktionsfähig halten sollten. Gewiß mag sich das im Rückblick vielfach so ausnehmen, und es kann auch gar nicht bezweifelt werden, daß ein guter Teil der Reformen, die in den sechziger Jahren verwirklicht wurden, so konzipiert worden ist. Aber nicht nur mit den Veränderungen der Richtpunkte, Maßstäbe und Themen der Politik in der Bundesrepublik, die sie bewirkten, reichten die damals vollzogenen Reformen über die Sicherung des Bewährten hinaus. Sie waren auch der Ausdruck eines sich in den sechziger Jahren zunehmend spürbar machenden und zum politischen Faktor werdenden Wandels des öffentlichen Klimas.

Der Wandel der Öffentlichkeit

Tatsächlich ist ja die Öffentlichkeit auch vor dem Ausbrechen der Protestbewegung keineswegs der stille, mit der Entengrütze der Selbstzufriedenheit bewachsene Teich gewesen, als der sie seither zumeist gesehen wird. Seit dem Beginn der sechziger Jahre gerät sie vielmehr in Bewegung, und es ist dieser Wandel, aus dem die politi-

4 Vgl. unter dem Gesichtspunkt der Rhetorik Wolfgang Bergsdorf, Sprache und Herrschaft. Studie zur politischen Terminologie der Bundesrepublik Deutschland, Pfullingen 1983, S. 181 ff.

5 Vgl. Rüdiger Altmann, Muß unsere politische Maschinerie umkonstruiert werden? Referat vor dem Bergedorfer Gesprächskreis 1966, jetzt in: Otto Ernst Kempen (Hrsg.), Sozialstaatsprinzip und Wirtschaftsordnung, Frankfurt/New York 1976, S. 201 ff. 1968 wurde dann eine interministerielle Projektgruppe Regierungs- und Verwaltungsreform beim Bundesinnenministerium eingesetzt.

schen Veränderungen der sechziger Jahre am Ende erwachsen. Er bereitet den Boden und eröffnet den Problemhorizont, auf dem und in bezug auf den der Umbau der politischen Szene überhaupt erst vorstellbar, dann aber auch zwingend wird. Dafür steht die wachsende Schärfe der intellektuellen Kritik, nun fast epidemisch als taschenbuchgebundener Anspruch von Schriftstellern und Publizisten auftretend, nun ihr Wort zu den öffentlichen Angelegenheiten zu sagen. Und das gleiche gilt für die Debatten, die damals fallwindartig in die deutsche Bildungsschicht einbrachen – sei es veranlaßt durch Rolf Hochhuths Stück »Der Stellvertreter« mit seiner Kritik an Pius XII., sei es ausgelöst durch die herausfordernde neue Deutung des Ausbruchs des Ersten Weltkriegs, die der Hamburger Historiker Fritz Fischer in seinem »Griff nach der Weltmacht« vornahm. Denn diese Debatten reichten, erbittert geführt, voller nur zum Teil an die verhandelten Sachen gebundener Untertöne, weit über ihre Anlässe hinaus. Was sich als Streit über die Rolle des Papstes oder die deutsche Kriegsschuld gab, rüttelte in Wahrheit an den Schlußsteinen des damaligen, in den fünfziger Jahren so überraschend konsolidierten westdeutschen Selbstverständnisses.
Aber diesen Wandel bezeugt zumindest ebenso nachhaltig eine Äußerung wie das »Tübinger Memorandum«, mit dem acht protestantische Professoren und Intellektuelle nach der Bundestagswahl 1961 an die Öffentlichkeit traten, um die Aufmerksamkeit auf drohende Gefahren in der Außenpolitik und im politischen Innenleben der Bundesrepublik zu richten.[6] Möglicherweise ist der Stellenwert eines solchen Nachdenk-Anstoßes noch höher zu bewerten als jener der Kritik an »Deutschland, dem großen Konsumverein« (Horst Krüger), die bald zum intellektuellen Klischee erstarrt. Denn seine Verfasser waren keine Außenseiter, sondern Repräsentanten des wissenschaftlichen und kulturellen Establishments der Nachkriegszeit. Mit ihrer Akzentuierung der Probleme der Außen- und vor allem der Ostpolitik standen sie ganz in der Fluchtlinie der Diskussion über die Rolle der Bundesrepublik innerhalb der damals beginnenden Neuorientierung im Ost-West-Verhältnis. Aber zugleich wiesen sie auf die heraufziehenden innenpolitischen Herausforderun-

6 Der Text des Tübinger Memorandums und eine Interpretation seiner Intentionen durch Ludwig Raiser, die seinerzeit in der Wochenzeitung »Die Zeit« erschien, jetzt in Ludwig Raiser, Vom rechten Gebrauch der Freiheit. Aufsätze zu Politik, Recht, Wissenschaftspolitik und Kirche, Stuttgart 1982, S. 41 ff.

gen hin und markierten Sozial- und Bildungspolitik als entscheidende Politikbereiche. Die Verfasser dieser Denkschrift spielten jedenfalls seitdem, jeder für sich und alle zusammen – der Philosoph und Physiker Carl Friedrich von Weizsäcker wie der Jurist Ludwig Raiser, der Kulturphilosoph Georg Picht wie der damalige WDR-Intendant Klaus von Bismarck –, eine wichtige Rolle in dem Prozeß einer zunehmenden Öffnung der politischen Diskussion.
Solche Öffnung gewinnt in den sechziger Jahren zunehmend in der Öffentlichkeit an Raum. Ein spektakuläres Ereignis wie die Spiegel-Affäre im Jahr 1962 macht bereits wie in einem Wolkenloch sichtbar, wie sehr unter der noch ziemlich geschlossenen Decke der Adenauer-Ära die politische Landschaft in Bewegung und – auch dies schon – verkantet ist. Die Begeisterung, mit der vor allem die junge Generation die Gestalt des amerikanischen Präsidenten Kennedy erlebt – nicht zuletzt bei seinem Besuch in der Bundesrepublik 1963 –, signalisiert die Sehnsüchte, die sich in der Gesellschaft angesammelt haben. Unübersehbar ist, daß von den Rändern des politischen Feldes nun ein zunehmend und intensiver werdendes Interesse an den öffentlichen Angelegenheiten, auf die Politik einzuwirken, zu drängen und zu drücken beginnt.
Man wird diesen Jahren in der Tat nicht gerecht, wenn man sie mit dem Etikett der Unbeweglichkeit versieht und nicht die »gereizte Stimmung«, das »fiebrige, auf Veränderung drängende Meinungsklima« ins Bild dieser Jahre einfügt[7], auf das damals, wie Elisabeth Noelle-Neumann berichtet hat, die Demoskopen stießen. Erst recht kommt man ihnen nicht auf die Spur, wenn man sich nicht vergegenwärtigt, wie sehr die damals einsetzenden Debatten die Kraft- und Orientierungslinien des öffentlichen Bewußtseins verschoben haben. Schließlich ist offenkundig, daß die politische Sensibilisierung in diesen Jahren auch im Kontext der Lockerung der Verhaltensnormen und der Erweiterung des Ausdrucks- und Wahrnehmungsvermögens stehen, die in den sechziger Jahren beginnen. Gewiß hat gerade die Veränderung der Normen und der Wertungen in der Studentenrevolte einen expressiven und exzessiven Höhepunkt gehabt. Aber diese Kulturrevolution hatte sich nicht gegen die unverändert bewahrten fünfziger Jahre durchzusetzen. Der Abschied von die-

7 Elisabeth Noelle-Neumann, Die Verklärung. Adenauer und die öffentliche Meinung 1949 bis 1976, in: Dieter Blumenwitz u. a. (Hrsg.), Konrad Adenauer und seine Zeit, Bd. II: Beiträge der Wissenschaft, Stuttgart 1976, S. 527.

sem Jahrzehnt mit seinem betont bürgerlichen Konformismus, seinen Verengungen und Verdrängungen beginnt bereits früher – auch gerade auf der Ebene des Lebensgefühls, dem bislang Tabuisiertes zugemutet wurde, von der Darstellung praktizierter Sexualität in Ingmar Bergmans Film »Das Schweigen« über die Musik der Beatles bis zum Minirock.
Die politisch-sensitive Beweglichkeit, die erst mehr untergründig, dann immer unübersehbarer das Gesicht der sechziger Jahre bestimmt, spart im übrigen auch die grundsätzlichen Dimensionen des Problems der deutschen Existenz nach dem Zweiten Weltkrieg nicht aus. Im Gegenteil: Zu den Problemfeldern, die für die langsame Intensivierung des politischen Bewußtseins die Rolle eines Katalysators und entscheidenden Anstoßgebers spielen, gehört – neben dem Vietnam-Krieg – gerade das Verhältnis zur nationalsozialistischen Vergangenheit. Jetzt erst bricht diese Vergangenheit in Gestalt der großen NS-Prozesse, zumal des Frankfurter Auschwitz-Prozesses mit seiner Öffentlichkeitswirkung, aufwühlend und frontenaufreißend in die Gegenwart der Bundesrepublik ein.[8] Jetzt erst gewinnt die Auseinandersetzung mit dem Dritten Reich, beispielsweise durch universitäre Vortragsveranstaltungen, in der nachwachsenden, vom Nationalsozialismus nicht mehr gestreiften Generation eine aufsehenerregende Breitenwirkung.[9]

8 Peter Steinbach bezeichnet den Auschwitz-Prozeß als eine »deutliche Wende«, nicht zuletzt wegen der weit ausstrahlenden öffentlichen Resonanz, die er gefunden hat; vgl. Peter Steinbach, Nationalsozialistische Gewaltverbrechen in der deutschen Öffentlichkeit nach 1945, in: Weber/Steinbach, Vergangenheitsbewältigung durch Strafverfahren. NS-Prozesse in der Bundesrepublik Deutschland, München 1984, S. 26.

9 Als Beispiel Andreas Flitner (Hrsg.), Deutsches Geistesleben und Nationalsozialismus. Eine Vortragsreihe der Universität Tübingen, 1965. Wenn Hermann Lübbe diese Unternehmungen in eine Reihe stellt mit Kogons SS-Staat, Walther Hofers Dokumenten-Sammlung über den Nationalsozialismus oder Brachers »Auflösung der Weimarer Republik«, so verfehlt er gerade ihre Besonderheit. Denn Kogon, Hofer und Bracher gehören noch ganz in jene Auseinandersetzung mit dem Nationalsozialismus in den vierziger und fünfziger Jahren hinein, der eine breite, das öffentliche Bewußtsein erschütternde und verändernde Wirkung versagt bleibt. Demgegenüber bedeuten die Debatten, die in den sechziger Jahren ausbrechen, eine neue Stufe. Sie richten sich nicht nur auf den Nationalsozialismus, sondern auch auf das Verhältnis, das sich in der Bundesrepublik in den fünfziger Jahren zu ihm hergestellt hat. Es ist dieser Zusammenhang, in dem er zum öffentlichen, Fronten aufreißenden, deshalb aber auch in die Breite wirkenden Thema wird. Vgl. Hermann Lübbe, Der Nationalsozialismus im politischen Bewußtsein der Gegenwart, in: Martin Broszat u. a. (Hrsg.), Deutschlands Weg in die Diktatur, Berlin 1983, S. 336. Vgl.

Nun wird aber auch sehr viel nachdrücklicher als in den Jahren zuvor die Frage zum Problem, was denn die Bundesrepublik sei. Sie drückt sich zum einen aus in den betont reservierten Diagnosen, die der Bundesrepublik gestellt werden; sie gelten einem in wesentlichen Bereichen defizienten Gemeinwesen, einer Wirtschaftsgesellschaft »ohne politische Kultur, auch ohne eigentlich soziale Kultur«.[10] Und sie äußert sich zum anderen in den neu entflammten deutschlandpolitischen Disputen. Sie relativieren die traditionelle Wiedervereinigungsdiskussion zunehmend, nähern sich statt dessen vorsichtig der Erörterung eines praktikablen Verhältnisses zur DDR an und landen schließlich bei der Frage nach dem Selbstverständnis der Bundesrepublik.[11] Angesichts der »unbestimmten Identität« der Bundesrepublik stünden ihre Bürger vor der Aufgabe, »heute die Bestimmung der Existenz der Bundesrepublik nachholen (zu) müssen, die wir zwanzig Jahre verschoben haben«.[12] So formulierte es der Soziologe Rainer M. Lepsius, und der Politikwissenschaftler Waldemar Besson konstatierte, zur Debatte stehe »das Bedürfnis nach neuer nationaler Identität«. »Wie es befriedigt werden kann«, so Besson weiter, »ist offenbar heute die deutsche Frage.«[13]
Daß die Ost- und Deutschlandpolitik in den sechziger Jahren zu jenem geschürzten Knoten der politischen Auseinandersetzung wird, dessen Lösung, je länger, desto mehr, kaum noch aufschiebbar erscheint, hat mit diesen Diskussionen zu tun. Aber das ist es nicht allein, was sie zu einem der entscheidenden Gegenstände der politischen Diskussion macht. Die Anstrengung, sich über die Rolle der Bundesrepublik im westlichen Kräftefeld und über ihr Verhältnis zur DDR klarzuwerden, ist ein Teil des Bemühens, die Bundesrepublik zu erneuern, sie politisch in Form zu bringen und in der Zustimmung ihrer Bürger zu verankern. Es ist diese innenpolitische Seite der Ost- und Deutschlandpolitik, die sie in die Lage versetzt, in diesem Jahrzehnt zur Drehscheibe für die Veränderungen der politischen Konfiguration, für Rollen- und Koalitionswechsel zu werden.

dagegen Karl Dietrich Bracher, Die Bewährung der Zweiten Republik, in: Klaus Hildebrand, Von Erhard zur Großen Koalition 1963–1969, Stuttgart 1984, S. 11.

10 Johannes Gross, Die Deutschen, Frankfurt a. M. 1967, S. 9.

11 Vgl. meinen Aufsatz: Von der Schwierigkeit der Bundesrepublik, sich selbst zu begreifen, in: Walter Scheel (Hrsg.), Nach dreißig Jahren. Die Bundesrepublik Deutschland – Vergangenheit, Gegenwart, Zukunft, Stuttgart 1979, S. 136 ff.

12 M. Rainer Lepsius, Die unbestimmte Identität der Bundesrepublik, in: Hochland, 1967/68, S. 566.

13 Waldemar Besson, Die Frage nach Deutschland, Moderne Welt, 1967, S. 209.

Die zwiegesichtige Rolle der Protestbewegung

Die sechziger Jahre in dieser Weise zu begreifen bedeutet natürlich nicht, die wesentliche Rolle zu leugnen, die die Protestbewegung in ihr gespielt hat. Das wäre aberwitzig, denn sie ist nicht zu übersehen. Die Frage ist freilich, worin denn eigentlich diese Rolle bestanden hat. War die 68er-Revolte der Anstoß des Wandels oder war sie nur eine seiner Folgen? Steht sie wirklich – wie viele Rückblicke es nahegelegt haben – am Anfang dessen, was seither an unserer Zeit Veränderung, Emanzipation und neues Selbstgefühl ist? Oder kennzeichnet sie ein Janusgesicht, das in einem nach vorn und ins Abseits sah, das zugleich Beschleunigung und Scheitern bewirkte, revolutionäre Herausforderung und »romantischen Rückfall« (Richard Löwenthal) bedeutete? War sie die eigentliche Konsequenz aller der kleinen Auf- und Umbrüche, Lockerungen und Emanzipationen, die in den sechziger Jahren stattfanden, so daß davon zu sprechen wäre, daß dieses Jahrzehnt in ihr kulminierte? Oder stellt sie im Zusammenhang der Entwicklng dieser Jahre doch nur einen explosiven Zwischenakt dar, in dem der Gedanke der Reform und mit ihm der Wunsch nach mehr Demokratie entgleisten – ein protuberanzenhaftes Ereignis in den erregten Randzonen dieses Jahrzehnts?
Kurz: Worauf es eigentlich ankommt, das ist die Klärung des Verhältnisses zwischen dem Prozeß der Öffnung und des politischen und gesellschaftlichen Umbruchs, der sich in den sechziger Jahren vollzieht, und dem studentischen Aufbegehren, das ihr letztes Drittel mitbestimmt. Und natürlich kann es dabei gar nicht zweifelhaft sein, daß die Protestbewegung in ihren Anfängen und Ansätzen Stoff vom Stoff des politischen und gesellschaftlichen Wandels ist, der diesem Jahrzehnt die Richtung gibt. Sieht man von heute aus auf ihre Anfänge zurück, über die Radikalisierungen hinweg, in die sie später geführt hat, so überrascht ohnedies, wie die Debatten, mit denen sie sich die erste öffentliche Aufmerksamkeit verschafft, noch in den Rahmen des bürgerlich-intellektuellen Disputs der aufgeweckten Öffentlichkeit passen. Es sind offenkundig nicht die Kinder von Karl Marx und Coca-Cola, die da diskutieren – um eine spätere Etikette dieser Bewegung aufzugreifen –, sondern jene der politischen Bildung und der Überflußgesellschaft, die das Wirtschaftswunder hervorgebracht hat. Die ersten großen Auseinandersetzungen in den Hörsälen der Freien Universität Berlin, in Hamburg oder Frankfurt sind denn auch noch ganz beherrscht von den Themen, die den kriti-

scheren Teil der Öffentlichkeit damals umtrieben: Hochschulreform, Große Koalition, das Verhältnis zum Dritten Reich, der Zustand der Demokratie in der Bundesrepublik.

Auf der anderen Seite ist schwerlich zu bestreiten, daß sich die Protestbewegung bald – in Theorie und Praxis – aus diesem Zusammenhang herauskatapultierte. Sie hat den Gedanken reformerischer Politik in eine kurze, steile und schließlich selbstzerstörerische Bahn hineingejagt, an deren Ende er keine Ähnlichkeit mehr mit sich selbst besaß, sondern zur Konventikel-Ideologie und pseudorevolutionärem Gehabe geriet. Der Reformgedanke schlägt um in ein Revolutionspostulat, das Engagement für mehr Politik in eine mehr oder minder totale Politisierung – die mit der Verweigerung gegenüber der möglichen politischen Praxis einhergeht –, die Forderung nach mehr Demokratie in eine Demokratisierungsideologie, welche Idee und Praxis der repräsentativen Demokratie ad absurdum führt.

Man kann schließlich nicht ganz daran vorbeisehen – auch nicht im Abstand von zwei Jahrzehnten, die viele Wunden geheilt haben –, daß dieses Aufbegehren nicht nur einen ungestümen Emanzipationsschub, Entkrampfung in allen Lebenslagen und jenes neue, sensitive Selbstgefühl hervorgebracht hat, das dann in den siebziger Jahren ein Ferment für die Entstehung der sogenannten neuen sozialen Bewegungen gebildet hat. Die 68er-Revolte hat eben auch einer fatalen Re-Ideologisierung den Weg bereitet – bei ihren Parteigängern wie, in der Reaktion darauf, bei ihren Gegnern –, und sie hat politisch, intellektuell und menschlich in zahlreiche Sackgassen geführt, von den unterschiedlichen kommunistischen Kadergruppen bis zum Terrorismus. Daß sie die Vision eines unverkürzten, freieren und selbstbewußteren Lebens in das Bewußtsein vieler junger Menschen eingesenkt und mit dieser Veränderung in den Biographien weitergewirkt hat, ist nur die eine Seite der Protestbewegung; die andere, nicht weniger tief reichende, sind die Verstörungen und Verbitterungen, die sie jenen zugeführt hat, die sie herausforderte und attackierte. Neben den Protestgeprägten hinterließ sie die Protestgeschädigten – und beide haben über lange Zeit eine der unsichtbaren, aber wahrhaftig nicht unwirksamen Parteien im öffentlichen Leben in der Bundesrepublik gebildet.

Vermutlich ist das Verhältnis von Studentenbewegung und sechziger Jahren am ehesten in diesem Sinne als Querlage zu begreifen, die zugleich einen inneren Zusammenhang ihrer tragenden Tendenzen und ihren Widerspruch umschreibt. Aber diese Betrachtungsweise setzt voraus, daß die sechziger Jahre in ihrer historischen Gewichtung gleichsam rekonstruiert werden. Das kann natürlich nicht heißen, sie zu idealisieren. Selbstverständlich standen die sechziger Jahre noch tief im Schatten der späten Ära Adenauer – aber es waren abziehende Schatten, vielfach schon zurückgedrängt, zumindest in ihrem Anspruch erschüttert und in ihrer Verbindlichkeit aufgelöst. In der Tat war »diese so auffällig still beginnende und so ungewöhnlich stürmisch endende Dekade« stärker, als das »in anderen historischen Perioden der Fall zu sein pflegt«, durch »eine Mischung aus Tradition und Neubeginn, aus Festhalten am Bewährten und Lust am Experiment ausgezeichnet«.[14] Eben diese Spannung, in der ihre Physiognomie begründet ist, wird verfehlt, wenn die sechziger Jahre zum Gegenbild einer zum großen Anfang stilisierten und mythisierten 68er-Bewegung gemacht werden. Das gilt übrigens auch für die Interpretationsschemata, die viele Kritiker der 68er-Revolte diesem Zeitraum haben angedeihen lassen. Sie wiederholen diese Mythisierung, nur eben mit umgekehrten Vorzeichen; da figuriert dann die Protestbewegung als Anfang allen Übels, und die sechziger Jahre, die die Troubadoure dieses Aufbegehrens als Zeit des Immobilismus beklagen, erscheint als die Ära, in der – zum letzten Male – die Dinge noch in Ordnung waren.

Die Modernisierung und ihre Widersprüche

Die sechziger Jahre, die im öffentlichen Urteil unter dem Verdacht der Stagnation, der satten Zufriedenheit und der geistigen Verkrustung stehen – bis auf jenen Rest der 68er Revolte, der dann gleichsam als Urknall für so ziemlich alle tiefer gehenden Wandlungen der Epoche seither in Anspruch genommen wird –, erweisen sich also bei genauerem Hinsehen als eine Zeit des Aufbruchs, in erster Linie unter dem Zeichen der Modernisierung. Sie sind darüber hinaus eine Zeit spürbar werdender Widersprüche. Denn in der Protestbewegung werden zugleich die Grenzen dieser Modernisierung deutlich, brechen ihre problematischen Seiten auf. Insofern weisen in der Tat auch die Fluchtlinien der radikalen, auf Infragestellung der Institutionen und neue Lebensformen gerichteten Herausforderungen auf

14 Klaus Hildebrand, Von Erhard zur Großen Koalition, Stuttgart 1984, S. 445.

dieses Jahrzehnt zurück, die in den siebziger und achtziger Jahren Politik und Gesellschaft in der Bundesrepublik zunehmend beschäftigen.
Am deutlichsten ist das sichtbar in der Großen Koalition, und zwar nicht nur in den politischen Prozessen, die in diesen zweieinhalb Jahren zwischen 1966 und 1969 ablaufen, sondern auch in der Art und Weise, in der diese Koalition wahrgenommen wurde – und wird. Es ist ja kein Zufall, daß diese Periode, kaum daß sie zu Ende gegangen war, einem fast vollständigen Vergessen anheimfiel und fast nur noch als Schauplatz der Debatten um die Notstandsgesetze in Erinnerung blieb; erst sehr viel später hat sie zumindest ansatzweise eine gewisse Rehabilitation gefunden.[15] Aber der beklemmende Eindruck einer herausfordernden Widersprüchlichkeit ist älter. Er gehört zu dieser Zwischenphase der bundesrepublikanischen Politik selbst.
Während sich der exorbitante Ausbau des Bildungswesen vollzieht, skandieren die Studenten »In der Rüstung sind sie fix – Für die Bildung tun sie nix« – und es ist der letztere Eindruck, der sich als feste, durch keinen Hochschulneubau und keine Steigerungsrate der einschlägigen Etats zu gefährdende Überzeugung im öffentlichen Bewußtsein festsetzt, daß es um die Bildung miserabel stehe. Zur gleichen Zeit, da der Bundestag wichtige reformerische Gesetze beschließt, steigert sich die öffentliche Debatte in ein Gefühl hinein, das zwischen Zerknirschung und euphorischem Reformverlangen hin und her pendelt und den Anstoß künftiger Politik eher in dem Aufbegehren der Studenten sieht als in dem, was in den Parteien, Parlamenten und sonstigen Gremien debattiert wird. Und es ist auch wahr, daß gerade diese Koalition, die Staat und Gesellschaft auf das Niveau der Forderungen des Tages gebracht hat, in der Gefahr war – wie der damalige SPD-Vorsitzende Brandt, zugleich ihr Vizekanzler, resümierte –, »für die Neigung zur Staatsverdrossenheit und Staatsverneinung eine Art Schwungrad zu werden«.[16]
Wenn man in der 68er-Revolte eine Wurzel für die Spannung zwischen »alter« und »neuer« Politik erkennt, die die Diskussion seit

15 So in den Würdigungen, die Kurt Georg Kiesinger zum 80. Geburtstag dargebracht wurden; vgl. Dieter Oberndörfer (Hrsg.), Begegnungen mit Kurt Georg Kiesinger, Stuttgart 1984, S. 320 ff.

16 Willy Brandt, Begegnungen und Einsichten. Die Jahre 1960–1975, Hamburg 1976, S. 180.

dem Ende der siebziger Jahre mitbestimmt hat, dann ist gerade auch die Problematik dieser Unterscheidung damals vorgezeichnet – nämlich in dem Verhältnis zwischen jener langfristigen Politik der Modernisierung und der Öffnung, welche die sechziger Jahre in ihrer Gänze charakterisiert, und dem Ausbruch der 68er-Revolte. Tatsächlich vollzieht sich ja damals fast so etwas wie eine Spaltung des politischen Feldes. Während die praktisch exekutierte Politik absinkt ins Halbdunkel jener Beschlüsse und Prozeduren, die das Leben und Überleben des Gemeinwesens sichern, gewinnt auf der anderen Seite eine »symbolische« Politik an Bedeutung, die kaum noch Beziehung zur praktisch möglichen und zu verwirklichenden Politik hat. Dieses Auseinanderfallen beider Dimensionen ist vielleicht das folgenreichste Erbe der sechziger Jahre.

Bernd Faulenbach

Emanzipation von der deutschen Tradition? Geschichtsbewußtsein in den sechziger Jahren

1. Zur Fragestellung

Die gegenwärtig vieldiskutierten sechziger Jahre waren eine Zeit des Aufbruchs und des Umbruchs.[1] Epochen tiefgreifenden geschichtlichen Wandels lassen in aller Regel das geschichtliche Bewußtsein nicht unberührt. Die Veränderung des geschichtlichen Bewußtseins in den sechziger Jahren ist Gegenstand dieses Essays, der sich als Beitrag zur Diskussion über die sechziger Jahre versteht, die vielfach allzusehr auf bestimmte Phänomene wie die Studentenbewegung verengt ist.[2]

Die Frage nach dem Wandel des Geschichtsbewußtseins setzt eine Bestimmung des Begriffs »Geschichtsbewußtsein« und eine Kennzeichnung der Signatur der sechziger Jahre voraus.

»Geschichtsbewußtsein« bringt seine Träger – Individuen, Gruppen, Gesellschaften – in eine Beziehung zur Vergangenheit, zur Gegenwart und zur Zukunft. Es verknüpft Aussagen über die Vergangenheit mit einer Ortsbestimmung in der Gegenwart im Hinblick auf die Zukunft.[3] Dabei ist das Verhältnis zu den verschiedenen Zeitdimensionen insofern asymmetrisch, als die Vergangenheit als unveränderbar (weil geschehen) betrachtet wird, der Gegenwartsbezug nicht immer bewußt ist oder explizit gemacht wird und

1 Vgl. Hilmar Hoffmann und Heinrich Klotz (Hrsg.), Die Sechziger, Düsseldorf – Wien – New York 1987; Hermann Korte, Eine Gesellschaft im Aufbruch. Die Bundesrepublik in den sechziger Jahren, Frankfurt 1987.

2 Auf eine Diskussion der Publikationen über die sechziger Jahre muß freilich hier verzichtet werden. Auch muß im Rahmen dieses Essays auf einen ausführlichen Anmerkungsapparat verzichtet werden. Wir beschränken uns auf wenige exemplarische Belege und einige Hinweise auf weiterführende Literatur.

3 Vgl. Karl-Ernst Jeismann, Geschichtsbewußtsein, in: Klaus Bergmann u. a. (Hrsg.); Handbuch der Geschichtsdidaktik, Bd. I, Düsseldorf 1979, S. 42 ff.; Jörn Rüsen, Historische Vernunft, Grundzüge einer Historik I: Die Grundlage der Geschichtswissenschaft, Göttingen 1983, Kap. 2.

die Zukunft als noch nicht festgelegt (weil noch nicht geschehen) erscheint. Gleichwohl ist der Gegenwartsbezug für Geschichtsbewußtsein von geradezu entscheidender Bedeutung, wird es doch durch diesen vielfach geprägt, wobei freilich die Gegenwart in sehr unterschiedlicher Weise mit der Vergangenheit verbunden werden kann: Vergangenheit kann gleichsam die Gegenwart überschatten, umgekehrt aber auch die Gegenwart die Vergangenheit – ein Wechselverhältnis, das im Hinblick auf die sechziger Jahre mit ihrem besonderen Interesse an der jüngsten deutschen Vergangenheit zu untersuchen ist. Der Wandel des Geschichtsbewußtseins ist dementsprechend nicht als einfacher Reflex von politisch-sozialen Veränderungen, sondern als eigengewichtiger, mit anderen Faktoren auf komplizierte Weise verbundener Teil des Gesamtprozesses zu begreifen.

Die Verknüpfung des Geschichtsbewußtseins mit der jeweiligen Gegenwart kommt nicht zuletzt darin zum Ausdruck, daß die Auseinandersetzungen in der Gesellschaft einer Zeit im Geschichtsbewußtsein ihre Entsprechung finden können, wie umgekehrt die Auseinandersetzung über Geschichte – was sie im Hinblick auf die Gegenwart bedeute, was man aus ihr lernen könne – »ein Element der Kontroversen« darüber ist, »welcher Art die politische Verfassung, die gesellschaftliche Ordnung, die Skala der Wertprioritäten und der Rechtsnormen« in der Gegenwart und in der Zukunft sein solle[4] – auch dies ein Zusammenhang, der für die sechziger Jahre in besonderer Weise zu gelten scheint.

Da jedes Geschichtsbewußtsein selektiv ist, hat seine Untersuchung der Frage nachzugehen, welche historischen Komplexe im Vordergrund stehen, in welcher Weise sie in den Blick kommen und welche Bezüge, Referenzsysteme, Kategorien und Werte das jeweilige Geschichtsbewußtsein prägen.

Natürlich lassen sich verschiedene Niveaus von Geschichtsbewußtsein unterscheiden – vom populären Geschichtsbewußtsein bis zu dem sich in der wissenschaftlichen Geschichtsschreibung manifestierenden. Doch auch die wissenschaftliche Geschichtsschreibung partizipiert am Geschichtsbewußtsein ihrer Zeit und Gesellschaft, sie spiegelt es – wie sich aus zeitlicher Distanz zeigt.

4 Karl-Ernst Jeismann, Dimensionen nationalgeschichtlichen Bewußtseins, in: Werner Weidenfeld (Hrsg.), Geschichtsbewußtsein der Deutschen, Köln 1987, S. 35 bis 51, hier S. 35.

Zu Recht hat Karl Mannheim hervorgehoben: »Auch jene Werke, die scheinbar völlig fern von den Kampfplätzen des Lebens, in der Studierstube (hierdurch eine Zeit- und Raumlosigkeit vortäuschend) entstehen, sind als Teil eines über sie hinausragenden umfassenden Erfahrungszusammenhangs der Gesellschaft einer Zeit zu sehen.«[5] Dementsprechend sollen in dieser Skizze durchaus auch die Diskussionen in der Historiographie mit herangezogen werden.

Zur Signatur der hier in ihrer Auswirkung auf das Geschichtsbewußtsein thematisierten sechziger Jahre nur einige grobe Striche.[6] Am Anfang der sechziger Jahre klang die Ära Adenauer und mit ihr die Nachkriegszeit aus; es folgte die kurze Kanzlerschaft Ludwig Erhards, die innenpolitisch durch Stagnation gekennzeichnet war, und die Große Koalition, die die Sozialdemokratie erstmals im Bund an der Regierung beteiligte, die erste Rezession überwand und insbesondere sozialpolitische Spuren hinterließ, freilich auch die Herausbildung einer außerparlamentarischen Opposition förderte, deren Kern die studentische Protestbewegung war. Am Ende der sechziger Jahre steht die erste sozialdemokratisch geführte Bundesregierung unter Willy Brandt, die programmatisch ankündigte, »mehr Demokratie« wagen zu wollen, und eine neue – die vorsichtigen Neuansätze der beiden vorhergehenden Regierungen nicht lediglich nur fortsetzende – deutsche Ostpolitik im Kontext der westlichen Entspannungspolitik begann.

Außenpolitisch gesehen, sind die sechziger Jahre durch das Abflauen des Kalten Krieges gekennzeichnet. Sind die frühen sechziger Jahre noch durch Berlin-Krise und Mauerbau bestimmt, so beginnt am Ende – trotz des Scheiterns des Prager Frühlings – mit dem Aushandeln und dem Abschluß der Ostverträge eine Phase des Ausgleichs der Bundesrepublik mit Osteuropa. Während am Anfang die Wiederherstellung der nationalen Einheit als das zentrale Ziel deutscher Politik deklariert wurde, erkannte die Bundesregierung im Zuge der Entspannungspolitik seit Ende der sechziger Jahre die DDR und die bestehenden Grenzen in Europa völkerrechtlich

5 Karl Mannheim, Das konservative Denken, in: ders., Wissenssoziologie, Neuwied 1979, S. 409.

6 Vgl. zur Geschichte der sechziger Jahre Irmgard Wilharm (Hrsg.), Deutsche Geschichte 1962–1983, 2 Bde., Frankfurt 1985; Klaus Hildebrand, Von Erhard zur Großen Koalition = Geschichte der Bundesrepublik Deutschland, Bd. III, Stuttgart und Wiesbaden 1984; Karl Dietrich Bracher, Wolfgang Jäger, Werner Link, Republik im Wandel. Die Ära Brandt, Stuttgart und Mannheim 1986.

an. Dies konnte nicht ohne Auswirkungen auf das geschichtliche Bewußtsein bleiben.
Von nicht unerheblichem Einfluß auf die Bundesrepublik und ihre Politische Kultur war das wachsende Engagement der Amerikaner in Vietnam und das damit verbundene Verblassen westlicher Vorbilder, was nicht im Gegensatz zu dem Tatbestand steht, daß die Gesellschaft der Bundesrepublik immer mehr zu einer westlichen Gesellschaft wurde. Wie in der Bundesrepublik öffnete sich im übrigen in einer ganzen Reihe von Ländern das politische Leben zur Linken hin; die Forderung nach Demokratisierung war ein Merkmal der Zeit.
Die gesellschaftliche Entwicklung war gekennzeichnet durch die weitere Auflösung traditioneller ständischer Orientierungen und den Zuwachs des Dienstleistungsanteils im Rahmen der Wirtschaftsstruktur. Bedeutsam waren auch die den kulturellen Wandel fördernde Bildungsreform und das Hervortreten einer neuen Generation, die den Krieg und die frühe Nachkriegszeit nicht mehr erlebt hatte und zunehmend den bürgerlichen Konformismus in Frage stellte.
Charakteristisch war schließlich auch ein ungebrochenes – auch in der Rezession nicht in Frage gestelltes – Fortschrittsdenken, das mit der Vorstellung des Segens des technologischen Fortschritts ebenso verbunden war wie mit einem Politikbegriff, der von der Machbarkeit und Steuerbarkeit der gesellschaftlichen Veränderung ausging. Technokratische Modernisierung und politische Reformbemühungen gingen teilweise eine Verbindung ein. Nicht zufällig wurde die Soziologie zur politischen Leitdisziplin. Insgesamt gesehen bildete sich in der Bundesrepublik in den sechziger Jahren ein Klima heraus, das Wandlungstendenzen in den verschiedensten Bereichen förderte.
Doch welche Rolle – so sei hier gefragt – spielte geschichtliches Bewußtsein in diesem Prozeß, und wie wirkten sich die politischen und gesellschaftlichen Wandlungstendenzen auf das Geschichtsbewußtsein aus? Inwieweit reflektierte und unterstützte das Geschichtsbewußtsein diese Wandlungstendenzen?
Das spezifische Profil der sechziger Jahre wird sichtbar, wenn wir sie in den Zeitzusammenhang stellen, d. h. mit den fünfziger Jahren und der Zeit seit Mitte der siebziger Jahre vergleichen. Deshalb wird hier zunächst ein kurzer Blick auf das Geschichtsbewußtsein der fünfziger Jahre geworfen, danach werden Spezifika der Ent-

wicklung des Geschichtsbewußtseins anhand der Komplexe NS-Zeit, »deutscher Weg« und historische Kategorialstruktur erörtert, schließlich Veränderungen der letzten Jahre angedeutet. Abschließend wird ein knappes Resümee versucht.

2. Die fünfziger Jahre und die deutsche Geschichte

Die beispiellose Katastrophe, in der das Dritte Reich geendet hatte, führte zu einer nachhaltigen Erschütterung des bisher vorherrschenden nationalen Geschichtsbewußtseins mit dem Resultat einer teilweisen Flucht aus der Geschichte. »Verlust der Geschichte« wurde zu einem verbreiteten Schlagwort der Nachkriegszeit.

In der Publizistik der frühen Nachkriegsjahre wurde die deutsche Geschichte vielfach als ein einziger Irrweg gesehen, was indes bedeutete, daß das bisherige Bild einer – positiven – besonderen deutschen Entwicklung einfach umgestülpt, d. h. in seiner Grundstruktur beibehalten, doch negativ gesehen wurde. Allerdings wurde daneben auch die Forderung einer Rückkehr zu den besseren Traditionen der deutschen Geschichte – nicht zuletzt zum deutschen Idealismus – artikuliert.[7]

Der Hinwendung nach Europa entsprach nur sehr bedingt die Herausbildung eines neuen europäischen Geschichtsbewußtseins, sieht man von einer – namentlich von katholischer Seite, auch katholischen Historikern getragenen – Aktualisierung der Abendlandidee ab. In mancher Hinsicht wurde im öffentlichen Bewußtsein, nicht zuletzt auch von meinungsführenden Historikern – ein traditionelles nationales Geschichtsbild – unter Beseitigung der »nationalsozialistischen Wucherungen« – restauriert, für das das Bismarckreich und Bismarck zentral waren.[8] Die anfänglich gestellte Frage nach

7 Vgl. Bernd Faulenbach, »Deutscher Sonderweg«. Zur Geschichte und Problematik einer zentralen Kategorie des deutschen geschichtlichen Bewußtseins, in: Aus Politik und Zeitgeschichte 1981, B. 33, S. 3–21, hier S. 12 ff.; ders., Deutsche Geschichtswissenschaft nach 1945, in: Tijdschrift voor Geschiedenis 94, 1981, S. 29 bis 57.

8 Siehe Hans Mommsen, Haupttendenzen (der Geschichtsschreibung) nach 1945 und in die Ära des Kalten Krieges, in: Bernd Faulenbach (Hrsg.), Geschichtswissenschaft in Deutschland, München 1974, S. 112–120.

Alternativen zur Bismarckschen Reichsgründung wurde rasch überwunden. Die deutsche Teilung führte geradezu zu einer erneuten Fixierung auf die nationale Frage, wenn angesichts der Alternative von Einheit und Freiheit von manchen im Hinblick auf die Gegenwart expressis verbis für die Freiheit votiert wurde.

Immerhin wurden die liberaldemokratischen, insbesondere parlamentarischen Traditionen der deutschen Geschichte aufgewertet. Parlamentarismus galt nun im (west)deutschen Geschichtsbewußtsein nicht mehr als »undeutsch«, wenn auch zentrale Denkfiguren, wie die Furcht vor dem Massenhandeln, die den deutschen Konstitutionalismus begründet hatten, erhalten blieben. Parlamentarismus- und Parteiengeschichtsschreibung, die in der Weimarer Zeit teilweise ein gewisses Interesse gefunden hatte, erlebte nun einen Aufschwung; Ludwig Bergsträssers Abriß der deutschen Parteiengeschichte wurde immer wieder neu aufgelegt. Allerdings blieb doch auch noch eine Skepsis gegenüber dem Parteiwesen, die sich teilweise auf die Weimarer Republik berief, jedoch auf älteren Traditionen fußte, durchaus sichtbar.

Als neuartig empfunden wurde die in den fünfziger Jahren einsetzende Zeitgeschichtsschreibung – obgleich sie dies faktisch nicht war, man denke etwa an die Beschäftigung mit der Gegenwartsgeschichte in der Weimarer Zeit. Die Zeithistorie der fünfziger Jahre kreiste um die Weimarer und vor allem die NS-Zeit, wobei der NS häufig in Diskontinuität zur preußisch-deutschen Geschichte betrachtet wurde. Teilweise erschien der NS als Hitlerismus, wobei zu seiner Erklärung übergeschichtliche Kategorien wie der Begriff der »Dämonie« herangezogen wurden, teilweise wurde er aber auch als Totalitarismus gesehen, freilich mit der für das Bewußtsein der Zeit bezeichnenden Wendung, daß die entscheidende Schlußfolgerung aus der NS-Zeit der Kampf gegen den kommunistischen Totalitarismus war, eine Einschätzung, die im DDR-Geschichtsbild ihre Entsprechung hatte, in dem aus der NS-Zeit die Notwendigkeit des Kampfes gegen Kapitalismus und Imperialismus gefolgert wurde.

Sieht man von der Charakterisierung des NS als eines Phänomens des Massenzeitalters ab, so ließ man sich im vorherrschenden Geschichtsbewußtsein der fünfziger Jahre im Grunde nicht auf die Frage der gesellschaftlichen Bedingtheiten der NS-Herrschaft, ihre Abstützung durch Interessen wie durch spezifische Verhaltensmuster ein. Das Dritte Reich wurde in einer eher äußerlichen Form

verarbeitet.[9] Daß für die NS-Politik und den Zweiten Weltkrieg ein Preis zu zahlen war – trotz der furchtbaren Opfer, die die Deutschen schon gebracht hatten –, war im geschichtlichen Bewußtsein nicht eigentlich präsent. Kritik an den Alliierten und an der Reedukation war keineswegs selten.
Insgesamt herrschte ungeachtet des eher traditionalistischen Geschichtsbewußtseins ein präsentistisches Denken vor, dem ein ausgesprochener Pragmatismus entsprach. Die Bundesrepublik konsolidierte sich in den fünfziger Jahren weitgehend ohne ein auf sie ausgerichtetes geschichtliches Bewußtsein. Gerade deshalb war es nicht zufällig, daß das verstärkte Bewußtwerden der Last der Vergangenheit die zweite Republik in den sechziger Jahren verunsicherte.

3. Die neue Bedeutung der NS-Zeit

Die Geschichte des Dritten Reiches – so hat Klaus Hildebrand festgestellt – »holte die Bundesrepublik so richtig erst in den sechziger Jahren ein«.[10] In der Tat gehört zu den wesentlichen Merkmalen der Veränderung des Geschichtsbewußtseins der sechziger Jahre gegenüber den fünfziger Jahren eine Intensivierung der öffentlichen und auch der wissenschaftlichen Auseinandersetzung mit der NS-Zeit, wobei nunmehr der Zweite Weltkrieg stärker in den Hintergrund trat und die NS-Verbrechen in das Zentrum des Bewußtseins rückten.
In den fünfziger Jahren hatten im Grunde alle Parteien um die ehemaligen NSDAP-Mitglieder geworben; NSDAP-Mitgliedschaft war noch nicht als ernsthafter Makel für politische Ämter empfunden worden. Erst seit den ausgehenden fünfziger Jahren wurde die Vergangenheit von Politikern häufiger zum Thema der öffentlichen Diskussion – man denke an Lübke und Kiesinger –, wobei dies keineswegs vorrangig als ein Resultat der Instrumentalisierung der NS-Vergangenheit durch die kommunistische Propaganda zu betrachten ist. Umgekehrt wurde bis in die sechziger Jahre Emigration eher als Makel gesehen: sie spielte in den Wahlkämpfen 1961 und 1965 im

9 Vgl. Bernd Faulenbach, NS-Interpretationen und Zeitklima. Zum Wandel in der Aufarbeitung der jüngsten Vergangenheit, in: Aus Politik und Zeitgeschichte 1987, B. 22, S. 19–30, hier S. 19 ff.
10 Hildebrand, Von Erhard zur Großen Koalition, S. 422.

Hinblick auf Willy Brandt durchaus eine Rolle. Ganz offensichtlich verschoben sich jedoch allmählich die Maßstäbe. Der Widerstand, zunächst der des 20. Juli und allmählich auch der der Arbeiterbewegung, fand verstärktes öffentliches Interesse und wurde – wie auch die Emigration – Gegenstand wissenschaftlicher Forschung.

Das verstärkte Bewußtwerden der NS-Verbrechen

Zum Bewußtwerden der »Last der Vergangenheit«, insbesondere des Singulären der NS-Verbrechen, des Judenmordes, trug eine ganze Reihe von Momenten bei, von denen einige hier genannt seien: das Erschrecken über die Hakenkreuzschmierereien 1959/60 und die Reaktion des Auslands darauf, verschiedene Veröffentlichungen wie das Tagebuch der Anne Frank oder Rolf Hochhuths leidenschaftlich diskutiertes Theaterstück »Der Stellvertreter« (1963), die NS-Prozesse (der Ulmer Einsatzgruppenprozeß, der Prozeß gegen Adolf Eichmann [1961], der 1963 eröffnete Auschwitz-Prozeß), die Verjährungsdebatten von 1961 (bei der es um Totschlag in der NS-Zeit ging), von 1965 (wo es zunächst zu einer Verschiebung der Verjährungsfrist kam) und von 1969 (als man schließlich im Strafrechtsänderungsgesetz beschloß, daß Strafverfolgung von Verbrechen des Völkermords unverjährbar sei).[11] Insgesamt gesehen verstärkte sich die Auseinandersetzung mit dem NS in der deutschen Öffentlichkeit, vor allem auch im kulturellen Leben, man denke an Martin Walsers – 1965 im damals gegründeten »Kursbuch« publizierten – Essay »Unser Auschwitz« und an Peter Weiss' Stück »Die Ermittlung« (1965).
In den sechziger Jahren setzte sich in wichtigen Teilen der Öffentlichkeit, insbesondere der Publizistik, die Meinung durch, daß man in der Bundesrepublik bislang einer intensiven Auseinandersetzung mit der NS-Zeit ausgewichen sei und die ungeheuerlichen Verbrechen verdrängt habe. Das Buch Alexander und Margarete Mitscherlichs über die »Unfähigkeit zu trauern« fand mit seiner kritischen Diagnose breite Resonanz.[12] Das Fehlen einer konsequenten Aus-

11 Vgl. Peter Steinbach, Nationalsozialistische Gewaltverbrechen. Die Diskussion in der deutschen Öffentlichkeit, Berlin 1981.

12 Alexander und Margarete Mitscherlich, Die Unfähigkeit zu trauern. Grundlagen kollektiven Verhaltens, München 1967.

einandersetzung mit der jüngsten Vergangenheit galt vielen – insbesondere auch der jüngeren akademischen Generation – als kennzeichnend für den – damit auch moralisch bedenklichen – restaurativen Charakter der Bundesrepublik. Der Vorwurf mangelnder Aufarbeitung der Vergangenheit und gesellschaftskritische Argumentation amalgamierten sich. Die Notstandsgesetzgebung verstärkte die Tendenz scharfer Kritik an der Gegenwart der Bundesrepublik und ihres politischen »Systems« vor dem Horizont der jüngsten Vergangenheit. Das Anwachsen der NPD schien zu signalisieren, daß die Vergangenheit keineswegs endgültig überwunden war. Der Vergangenheit und Gegenwart in Beziehung setzende Faschismusbegriff wurde zum Kampfbegriff der außerparlamentarischen Opposition.

Eine neue Sicht der NS-Zeit in der Geschichtsschreibung

Parallel zu der verstärkten Beachtung der Last der Vergangenheit in der Öffentlichkeit und in der politischen Auseinandersetzung entwickelten sich in der wissenschaftlichen Diskussion neue Interpretationsansätze über den NS, einmal durch die Reetablierung des Faschismusbegriffs, zum anderen durch eine differenziertere Sicht des NS-Systems, wobei beide Tendenzen im Gegensatz zur Totalitarismustheorie standen, die für das politische Selbstverständnis der Bundesrepublik bis dahin geradezu zentral gewesen war und nun zunehmend wegen ihrer Gleichsetzung von Kommunismus und Nationalsozialismus in der akademischen Diskussion in Frage gestellt wurde.

Mit seinem Buch »Der Faschismus in seiner Epoche« (1963) rückte Ernst Nolte den Faschismus in eine vergleichende Perspektive, zugleich lenkte er das Interesse auf Faschismustheorien.[13] Insbesondere Interpretationen des Faschismus linker Provenienz erlebten nun eine neue Konjunktur. Max Horkheimers Diktum, wer vom Kapitalismus nicht reden wolle, solle vom Faschismus schweigen, wurde in den ausgehenden sechziger und frühen siebziger Jahren immer wieder zitiert. Schließlich wurde – so von Reinhard Kühnl 1971 – der Faschismus als »Form bürgerlicher Herrschaft« betrach-

13 Ernst Nolte, Der Faschismus in seiner Epoche, München 1963; ders., Die Krise des liberalen Systems und die faschistischen Bewegungen, München 1968; ders. (Hrsg.), Theorien über den Faschismus, Köln und Berlin 1967.

tet[14], strukturelle Affinitäten zwischen bürgerlichem und faschistischem Denken betont. Der Faschismus galt geradezu als terroristische Form des kapitalistischen Systems. Unverkennbar erhielt die APO ihre Stichworte eben aus dieser Diskussion und stimulierte partiell wieder diese Diskussion.

Wesentliche Impulse für die Infragestellung des bisherigen Bildes des Dritten Reiches als eines straff organisierten monolithischen Führerstaats gingen auch von der empirischen Forschung – durch die Auswertung neuer Akten verschiedener staatlicher Stellen, der Partei, der Wehrmacht, der SS – aus, Arbeiten, die einen Institutionendarwinismus großen Stils und eine Polykratie konkurrierender Machtträger zu zeigen schienen.[15] In der Folgezeit wurde die bis dahin vorherrschende Sicht von oben – gleichsam von Hitler her, worin man eine Nachwirkung des Führer-Mythos sehen mag – aufgegeben und zugleich bewußt, daß nicht alle Gruppen und Institutionen in gleicher Weise »totalitärer« Herrschaft unterworfen gewesen waren. Auch kamen die Veränderungen, die Radikalisierung, gleichsam die prozeßhafte Dimension der Geschichte des Dritten Reiches in den Blick. Die ökonomischen und gesellschaftlichen Interessen, die die Weimarer Republik destabilisiert, die Machtergreifung ermöglicht und das NS-System abgestützt hatten, wurden nun Gegenstand des historischen Interesses. Insbesondere die Rolle der alten Eliten in der Weimarer und in der NS-Zeit wurde nun untersucht. Kritisch in den Blick kam auch die Rolle der Universität und der verschiedenen Disziplinen; an einigen Universitäten fanden dazu vieldiskutierte Vorlesungsreihen statt.[16]

Insgesamt gesehen wurde die NS-Zeit zu einer zentralen Frage der wissenschaftlichen Forschung wie des politischen Bewußtseins.

14 Reinhard Kühnl, Formen bürgerlicher Herrschaft. Liberalismus – Faschismus, Hamburg 1971. – Vgl. Wolfgang Abendroth (Hrsg.), Faschismus und Kapitalismus, Frankfurt a. M. 1967.

15 Hans Mommsen, Beamtentum im Dritten Reich, Stuttgart 1966; Peter Hüttenberger, Die Gauleiter, Stuttgart 1969; Reinhard Bollmus, Das Amt Rosenberg und seiner Gegner, Stuttgart 1970.

16 Siehe Andreas Flitner (Hrsg.), Deutsches Geistesleben und Nationalsozialismus, Tübingen 1965; Nationalsozialismus und die deutsche Universität. Universitätstage 1966 der Freien Universität Berlin, Berlin 1966; Die deutsche Universität im Dritten Reich. Eine Vortragsreihe der Universität München, München 1966. Vgl. Wolfgang Fritz Haug, Der hilflose Antifaschismus. Zur Kritik der Vorlesungsreihen über Wissenschaft und Nationalsozialismus an den deutschen Universitäten, 3. Aufl. Frankfurt 1970. Siehe auch Helmut Heiber, Walter Frank und sein Reichsinstitut für Geschichte des neuen Deutschlands, Stuttgart 1966.

4. Die besondere deutsche Entwicklung als kritisches Paradigma

Nicht nur die NS-Zeit wurde in den sechziger Jahren neu gesehen, auch die übrige neueste deutsche Geschichte wurde ungleich kritischer aufgearbeitet als noch wenige Jahre zuvor. Unverkennbar wurde dabei die deutsche Geschichte wiederum – wie in der Publizistik der frühen Nachkriegszeit – als zum Dritten Reich führende Fehlentwicklung betrachtet. Im Zentrum dieser neuen – weitgehend von der akademischen Diskussion bestimmten – Sichtweise stand das Kaiserreich, das lange Zeit gleichsam Bezugspunkt des deutschen Geschichtsbewußtseins gewesen war und als – wiederherzustellender – Nationalstaat auch in den fünfziger Jahren noch eine zentrale Rolle spielte.

Die Diskussion um das Kaiserreich

Fritz Fischers 1961 erschienenes Werk »Der Griff nach der Weltmacht« stellt so etwas wie eine Wegmarke der deutschen Geschichtsschreibung nach dem Zweiten Weltkrieg und wohl auch des deutschen Geschichtsbewußtseins dar.[17] Das Buch stieß zunächst weitgehend auf Ablehnung, da es den in der Weimarer Zeit im Kampf gegen Versailles herausgebildeten deutschen Konsensus in Frage stellte: die Vorstellung, daß das Kaiserreich nicht für den Ersten Weltkrieg verantwortlich war. Fischer wies nach, daß annexionistische Kriegsziele im Ersten Weltkrieg nicht nur von alldeutschen Extremisten, sondern auch von gemäßigten Politikern und der öffentlichen Meinung vertreten worden waren, und stellte diese Ziele in den Kontext des Versuchs, eine hegemoniale Stellung für das Reich in Europa zu erreichen. Damit war nicht nur die Kriegsschuldfrage wieder aufgeworfen, sondern auch die Frage nach der Kontinuität zwischen Erstem und Zweitem Weltkrieg, wobei im Hintergrund die nun zunehmend gestellte Frage nach den tieferen Ursachen des Dritten Reiches und seiner Politik stand. Fischer vertrat im Hinblick auf die Julikrise 1914 die – von Gerhard Ritter, Erwin Hölzle, Egmont Zechlin u. a. heftig bekämpfte – These, die deutsche Politik habe den Krieg bewußt in Kauf genommen, eine

17 Fritz Fischer, Griff nach der Weltmacht. Die Kriegszielpolitik des kaiserlichen Deutschland 1914/18, Düsseldorf 1961.

These, die – ähnlich wie der »Historikerstreit« 1986/87 – auch in den großen Zeitungen Resonanz fand.[18] Im Laufe der Diskussion spitzte Fischer seine These sogar dahingehend zu, daß die deutsche Politik seit 1912 den Krieg bewußt herbeigeführt habe.[19] In der breiten Diskussion der sechziger Jahre fand schließlich in wachsendem Maße eine Interpretation Zustimmung, die das Handeln der Reichsregierung als defensive Aggression im Sinne einer Flucht nach vorn in einer innen- und außenpolitisch schwierigen Situation charakterisierte. Insgesamt mündete die Diskussion nicht nur in die – insbesondere von Andreas Hillgruber untersuchte[20] – Frage der außenpolitischen Kontinuität, sondern mehr noch in eine Diskussion über den Zusammenhang von Ökonomie und Politik, von Innenpolitik und Außenpolitik im Kaiserreich (und in der weiteren deutschen Geschichte) ein.

In diesem Kontext war die Rezeption der Arbeiten des 1933 in den USA verstorbenen Eckard Kehr durch jüngere Historiker bedeutsam. Kehr, dessen Aufsätze 1965 von Hans-Ulrich Wehler unter dem programmatischen Titel »Primat der Innenpolitik« herausgegeben wurden[21], stellte dem lange im deutschen Geschichtsbewußtsein vorherrschenden Primat der Außenpolitik die These des Primats der Innenpolitik für die preußisch-deutsche Entwicklung im 19. Jahrhundert entgegen.

In seinem Buch über den »Schlachtflottenbau und die Parteipolitik« hatte Kehr die widersprüchliche Grundlage der deutschen Weltpolitik betont und den Bau der kaiserlichen Flotte als Instrument öko-

18 Zur Fischer-Kontroverse siehe Arnold Sywottek, Die Fischer-Kontroverse. Ein Beitrag zur Entwicklung des politisch-historischen Bewußtseins in der Bundesrepublik, in: Immanuel Geiss und Bernd J. Wendt (Hrsg.), Deutschland in der Weltpolitik des 19. und 20. Jahrhunderts, Düsseldorf 1973, S. 19–47; Immanuel Geiss, Studien über Geschichte und Geschichtswissenschaft, Frankfurt 1972, S. 108–198; John H. Moses, The Politics of Illusion: The Fischer-Kontroverse in German Historiography, London 1975; Volker Berghahn, Die Fischer-Kontroverse – 15 Jahre danach, in: Geschichte und Gesellschaft 6, 1980, S. 403–419. – Siehe ferner: Wolfgang Jäger, Historische Forschung und politische Kultur in Deutschland. Die Debatte 1914–1980 über den Ausbruch des Ersten Weltkrieges, Göttingen 1984, S. 132 ff.

19 Siehe zu diesem Thema auch Fischers zweites Buch »Krieg der Illusionen«, Düsseldorf 1969.

20 Siehe Andreas Hillgruber, Kontinuität und Diskontinuität in der deutschen Außenpolitik von Bismarck bis Hitler, 3. Aufl., Düsseldorf 1971; ders., Deutschlands Rolle in der Vorgeschichte der beiden Weltkriege, Göttingen 1967.

21 Eckart Kehr, Der Primat der Innenpolitik, hrsg. v. Hans-Ulrich Wehler, Berlin 1965.

nomischer Expansion und als Mittel, die antisozialdemokratische Sammlungspolitik zu stabilisieren, zu erklären versucht.[22] Eine ganze Reihe von in den sechziger Jahren entstandenen bedeutenden Studien untersuchte die Interessenallianzen im Kaiserreich und ihre innen- und außenpolitischen Folgen, nicht zuletzt die imperialistische Politik des Reiches[23] – wie überhaupt das Zeitalter des Imperialismus im Hinblick auf die Gegenwart besonderes Interesse fand. Zentral in der neuen Sicht des Kaiserreichs war die Rolle der alten Eliten, in deren Interessen und Strategien ein entscheidendes Moment für die Blockierung der politischen Modernisierung des Kaiserreichs gesehen wurde.

Als folgenschweres Strukturproblem des Kaiserreichs wurde nun vielfach eine »partielle« Modernisierung betrachtet. Auf dem Hintergrund der für die damals vorherrschende Modernization-Theorie charakteristischen Prämisse, daß der industrialisierten Gesellschaft eine demokratische Struktur entspreche, schien die Entwicklung im Kaiserreich durch das Auseinanderfallen der wirtschaftlich-sozialen und der politischen Entwicklung gekennzeichnet; es bildete sich demnach ein industrialisierter Obrigkeitsstaat mit einer postfeudalen Struktur heraus, die den vorbürgerlichen Gruppen auch in der Epoche der Industrialisierung noch entscheidenden Einfluß im Staate ermöglichte. Die dieser Struktur inhärenten Widersprüche und Spannungen zwangen aus dieser Sicht innen- und außenpolitisch zu Strategien, die zur Katastrophe, zu Krieg und Revolution, führten.[24]

Gegen diese Interpretation, die von der Demokratisierung als einem säkular notwendigen – in der Gegenwart fortzuführenden – Prozeß ausging, ist eingewendet worden, daß hier die Reformpotentiale des Reiches unterschätzt und der nationalistische Druck »von unten«

22 Eckart Kehr, Schlachtflottenbau und Parteipolitik 1894–1901. Versuch eines Querschnitts durch die innenpolitischen, sozialen und ideologischen Voraussetzungen des deutschen Imperialismus, Berlin 1930.

23 Hans-Jürgen Puhle, Agrarische Interessenpolitik und preußischer Konservativismus im Wilhelminischen Reich 1893–1916, Hannover 1966; Hartmut Kaelble, Industrielle Interessenpolitik in der Wilhelminischen Gesellschaft. Der Centralverband Deutscher Industrieller 1895–1914, Berlin 1967; Dirk Stegmann, Die Erben Bismarcks. Parteien und Verbände in der Spätphase des Wilhelminischen Deutschlands. Sammlungspolitik 1897–1918, Köln 1970; Hans-Ulrich Wehler, Bismarck und der Imperialismus, Göttingen 1970.

24 Eine Synthese der in den sechziger Jahren entstandenen, ein neues Bild des Kaiserreichs zeichnenden Arbeiten stellt Hans-Ulrich Wehlers Buch »Das Deutsche Kaiserreich«, Göttingen 1973, dar.

nicht hinreichend berücksichtigt werde.[25] Offensichtlich war die unterschiedliche Einschätzung nicht frei von gegenwartsbezogenen Optionen.

Die besondere deutsche Entwicklung

In den sechziger Jahren verdichtete sich – jedenfalls in Teilen der Öffentlichkeit und der wissenschaftlichen Diskussion – die Beurteilung der deutschen Geschichte wiederum – wie in der kritischen Publizistik der frühen Nachkriegszeit, gefördert durch die erst jetzt erfolgende Rezeption der Arbeiten emigrierter Wissenschaftler – zur Vorstellung einer überaus problematischen deutschen Entwicklung im 19. und 20. Jahrhundert, die es nunmehr in der Gegenwart endgültig zu überwinden gelte.[26] Charakteristisch für diese Interpretation und Stoßrichtung war etwa Ralf Dahrendorfs »Gesellschaft und Demokratie in Deutschland« (1965), in dem die »deutsche Frage« neu definiert wurde.[27] Dahrendorf, der in der Art und Weise, in der das kaiserliche Deutschland die Industrialisierung vollzogen hatte, ein entscheidendes Problem der deutschen Geschichte und eine wesentliche Ursache der Schwäche der liberalen Demokratie in Deutschland sah, kritisierte die Traditionalität des Verhaltens großer Teile der deutschen Gesellschaft in der modernen Welt, wobei er die in der deutschen Geschichte begründete mangelnde Konfliktfähigkeit ebenso als Charakteristikum der deutschen Entwicklung herausstellte wie die Tradition der Innerlichkeit und die mangelnde Ausbildung öffentlicher politischer Kultur. Unverkennbar fungierte bei Dahrendorf wie bei anderen die liberale Gesellschaft des Westens – in mancher Hinsicht gewiß ein idealistisches Bild der westlichen Gesellschaft – als Maßstab einer Interpretation, durch die – überpointiert formuliert – die Reformpolitik der sozialliberalen Koalition intellektuell vorbereitet wurde.

25 Thomas Nipperdey, Wehlers »Kaiserreich«. Eine kritische Auseinandersetzung, in: Geschichte und Gesellschaft 1, 1975, S. 539–560; Hans-Günther Zmarzlik, Das Kaiserreich in neuer Sicht, in: HZ 222, 1976, S. 105–126; Lothar Gall, Bismarck und der Bonapartismus, in: HZ 222, 1976, S. 618–637. – Vgl. Irmline Veit-Brause, Zur Kritik an der »Kritischen Geschichtswissenschaft«, Tendenzwende oder Paradigmenwechsel? In: GWU 1984, S. 3–24.

26 Siehe Faulenbach, »Deutscher Sonderweg«, S. 14 ff.

27 Ralf Dahrendorf, Gesellschaft und Demokratie in Deutschland, München 1965.

Die in ihrer Ausformung in den sechziger und siebziger Jahren recht differenzierte und vielfältige Vorstellung eines »deutschen Sonderwegs«, die die westliche Modernisierung als »normale« Entwicklung begriff, verknüpfte vorrangig eine spezifische Interpretation Preußens und des Kaiserreichs mit der NS-Zeit, wobei in manchen Darstellungen die Wilhelminische Zeit bzw. wesentliche Tendenzen in ihr als präfaschistisch und die Weimarer Zeit als Inkubationsphase des Dritten Reiches erschienen. Als wichtige Weichenstellung wurde dabei die Revolution 1918/19 betrachtet, die in den sechziger Jahren teilweise neu gesehen wurde[28]: Die Alternative bolschewistische Diktatur – parlamentarische Demokratie wurde nun in Frage gestellt durch die Herausarbeitung der demokratischen Potentiale in der Rätebewegung, deren Bild dann in der Studentenbewegung sogar romantisiert wurde. Allerdings fand diese Interpretation ebenso Widerspruch wie die These einer einlinigen Kontinuität, die das Kaiserreich in der Wilhelminischen Zeit allzusehr von 1933 her betrachtete.

Die Vorstellung eines besonderen deutschen Weges, wie sie sich in den sechziger Jahren herausbildete, war nur sehr bedingt das Ergebnis einer komparativen Sichtweite (was ebenso für die heutige Vorstellung einer »normalen« deutschen Geschichte gilt).[29] Sie basierte überwiegend auf einem typisierten Bild der westlichen Entwicklung und hatte ihren Bezugspunkt nicht zuletzt in dem Wunsch, Gesellschaft und Staat der Bundesrepublik mit liberalen und demokratischen Zielen zu reformieren.

28 Siehe Eberhard Kolb, Die Arbeiterräte in der deutschen Innenpolitik 1918/19, Düsseldorf 1967; Peter von Oertzen, Betriebsräte in der Novemberrevolution, Düsseldorf 1963; Reinhard Rürup, Probleme der Revolution in Deutschland 1918/19, Wiesbaden 1968. – Vgl. auch Horst Möller, Die Weimarer Republik in der zeitgeschichtlichen Perspektive der Bundesrepublik Deutschland, in: Aus Politik und Zeitgeschichte 1987, B. 22, S. 3–18, hier S. 14 ff.

29 Vgl. Bernd Faulenbach, Eine Variante europäischer Normalität? Zur neuesten Diskussion über den »deutschen Weg« im 19. und 20. Jahrhundert, in: Tel Aviver Jahrbuch für deutsche Geschichte 16, 1987, S. 285–309.

5. Veränderungen der Kategorien und der leitenden Hinsichten in den sechziger Jahren

Unverkennbar verschoben sich in den sechziger Jahren die leitenden Hinsichten und die Kategorien des geschichtlichen Bewußtseins. Die anfangs noch zentrale Kategorie der Nation und die mit ihr verbundene Frage nationaler Einheit traten zurück. Gewiß setzte in dieser Zeit ein Prozeß der Selbstanerkennung der Bundesrepublik ein, der die Frage zur Konsequenz hatte, in welcher Beziehung diese Republik zur deutschen Geschichte stehe. Wichtiger war, daß Demokratisierung und Emanzipation zu zentralen Fragen der Zeit wurden, die auch das historische Interesse – jedenfalls von Teilen der historisch Interessierten und der Historiker – leiteten und damit auch die Perspektive bestimmten, unter der Geschichte in den Blick kam.[30]

Es erscheint auf diesem Hintergrund verständlich, daß Sozialgeschichte und Wirtschaftsgeschichte an Bedeutung gewannen.[31] Geschichte wurde nicht mehr so ausschließlich wie noch in den fünfziger Jahren mit politischer Geschichte identifiziert, wobei allerdings anzumerken ist, daß sich mit der Herausbildung von Sozialhistorie zugleich Gegenpositionen in der Historiker-Zunft und teilweise auch in der Öffentlichkeit artikulierten.

Die Aufnahme neuartiger Fragestellungen und die Überprüfung der traditionellen Methodologie der Geschichtswissenschaft wurden gefördert durch die Konkurrenz der Soziologie, durch die Defensive, in die das Fach Geschichte zunehmend im Bildungswesen geriet, und durch die Einsicht jüngerer Historiker, daß mit den traditionellen Fragestellungen und Methoden die Geschichte der neuesten Zeit in für die Gesellschaft relevanter Weise nicht mehr aufzuarbeiten war. Im Rahmen einer breiten Grundlagendiskussion[32] wurde das

30 Vgl. Karl-Ernst Jeismann, »Identität« statt »Emanzipation«? Zum Geschichtsbewußtsein in der Bundesrepublik, in: Aus Politik und Zeitgeschichte 1986, B. 21–22, S. 3–16.

31 Zur Sozialgeschichte siehe etwa Hans-Ulrich Wehlers Dokumentation, Moderne deutsche Sozialgeschichte, Köln, Berlin 1966; siehe ferner ders. (Hrsg.), Geschichte und Ökonomie, Köln 1973.

32 Vgl. Arnold Sywottek, Geschichtswissenschaft in der Legitimationskrise. Ein Überblick über die Diskussion um Theorie und Didaktik der Geschichte in der Bundesrepublik Deutschland 1969–1973, Bonn-Bad Godesberg 1974; Georg A. Iggers, Neue Geschichtswissenschaft. Vom Historismus zur Historischen Sozialwissenschaft. Ein internationaler Vergleich, München 1978, S. 129 ff.

historistische Paradigma in Frage gestellt und die Theoriebedürftigkeit der Historie betont, eine Annahme, die gewiß durch die Dominanz der Sozialwissenschaften gefördert wurde, aber auch dem Wunsch entsprach, historische Aussagen mit einer gewissen Stringenz zu verknüpfen und für die Gegenwart relevant zu machen. Hans-Ulrich Wehler definierte schließlich die Geschichtswissenschaft als historische Sozialwissenschaft.[33]

Man mag fragen, ob die vorherrschenden geistigen Strömungen in den sechziger Jahren nicht generell geschichtsfeindlich waren. Gewiß gilt dies für einen verbreiteten, das etablierte politische Handeln prägenden Pragmatismus. Auch bildete sich in dieser Zeit so etwas wie ein »ahistorischer Progressismus« heraus. Doch gerade die sich nun ausbreitende kritische Gesellschaftstheorie, insbesondere die Kritische Theorie der Frankfurter Schule, drängte nicht nur die – faktisch ahistorische – strukturfunktionalistische Theorie und die neopositivistische Wissenschaftstheorie ein Stück in den Hintergrund, sondern förderte auch eine gesamtgesellschaftlich orientierte und damit zwangsläufig historische Denkweise. Daß diese Denkweise sich dabei hier und dort mit einem reinen Voluntarismus ebenso wie mit einem ausgesprochen instrumentellen Verständnis von Geschichte verband, ist indes nicht zu leugnen.

Eine Rehistorisierung im Sinne einer Neubewertung von Geschichte ergab sich aber gerade auch in der Gegenbewegung zu den gesellschaftsverändernden Tendenzen der ausgehenden sechziger und frühen siebziger Jahre. Geschichte wurde von konservativer Seite als eine utopischem Denken entgegengesetzte, gleichsam konservative Macht entdeckt. Die Folge war, daß Geschichte links wie rechts eine neue Bedeutung erhielt, das geschichtliche Bewußtsein sich freilich auch polarisierte.

6. Zur Entwicklung des Geschichtsbewußtseins seit Mitte der siebziger Jahre

Die Veränderung des Zeitklimas seit Mitte der siebziger Jahre hat auch das Geschichtsbewußtsein wiederum verändert. Gegenüber den sechziger und frühen siebziger Jahren fällt auf, daß Geschichte

33 Hans-Ulrich Wehler, Geschichte als historische Sozialwissenschaft, Frankfurt 1973.

nunmehr nicht nur auf ein hohes Interesse in der Öffentlichkeit stößt, sondern die Vergangenheit auch ein neues Gewicht gegenüber der Gegenwart erhalten hat. Mit der Schwächung der Fortschrittskategorie, mit dem »Zukunftsgewißheitsschwund«[34] scheint die Vergangenheit Halt und Orientierung zu liefern. Damit verknüpft ist die Tendenz, die kritische Sichtweise der Vergangenheit zumindest partiell aufzugeben.[35] Die Beschäftigung mit der Vergangenheit resultiert vielfach aus der Suche nach Identifikation und Identität, sie dient freilich offensichtlich zum Teil auch ästhetischen Bedürfnissen.

Was die Perspektivik angeht, so hat sich die Politikgeschichte revitalisiert, zugleich aber die Gesellschaftsgeschichte außerordentlich differenziert und dabei insbesondere die subjektive Dimension wie auch den Faktor Kultur entdeckt. Charakteristische neuere Tendenzen sind die Hinwendung zur Alltagsgeschichte, zur Mikrogeschichte.

Insgesamt ist das geschichtliche Bewußtsein in mancher Hinsicht durch eine »neue Unübersichtlichkeit« geprägt. Die kritische These des deutschen Sonderwegs ist in die Defensive geraten, vielfach wird die deutsche Entwicklung als »Variante europäischer Normalität« betrachtet, und unverkennbar artikulieren sich – im Historikerstreit manifeste – Bemühungen, die NS-Zeit aus dem Zentrum des deutschen Geschichtsbewußtseins, in dem sie seit den sechziger Jahren liegt, zu verdrängen. Der Historikerstreit hat freilich erkennen lassen, daß gerade dieses Bemühen in hohem Maße polarisierend wirkt.[36] Die Frage nach der Bedeutung der NS-Zeit für die Gegenwart ist zur Zeit außerordentlich strittig.

34 Siehe Hermann Lübbe, Zeit – Verhältnisse. Zur Kulturphilosophie des Fortschritts, Graz – Wien – Köln 1983, S. 33 ff.

35 Vgl. Jürgen Kocka, Geschichte als Aufklärung? In: Jörn Rüsen, Eberhard Lämmert und Peter Glotz (Hrsg.), Die Zukunft der Aufklärung, Frankfurt 1988, S. 91–98.

36 Dazu Landeszentrale für politische Bildung NRW (Hrsg.), Streitfall deutsche Geschichte – Geschichts- und Gegenwartsbewußtsein in den achtziger Jahren, Essen 1988.

7. Resümee

Vergleicht man die vorherrschenden Tendenzen im Geschichtsbewußtsein der sechziger Jahre mit denen der fünfziger Jahre und dem der letzten Jahre, so lassen sich im Hinblick auf die sechziger Jahre eine Reihe von Spezifika nennen.

Das Geschichtsbewußtsein wurde in den sechziger Jahren zunehmend durch die neueste Geschichte und hier wiederum vorrangig durch die deutsche Geschichte des 20. Jahrhunderts geprägt. Die Frage der deutschen Einheit und des deutschen Nationalstaats trat – angesichts der offensichtlichen relativen Stabilität der deutschen Teilung – stärker in den Hintergrund. Für eine Reihe jüngerer Historiker wie für Teile der kritischen Öffentlichkeit war die deutsche Geschichte seit dem mittleren Drittel des 19. Jahrhunderts durch eine problematische, schließlich im Dritten Reich ihren Kulminationspunkt findende politisch-soziale Entwicklung charakterisiert, die sich als »partielle Modernisierung« kennzeichnen läßt. Insbesondere das Kaiserreich und dabei besonders die Wilhelminische Zeit wurden außerordentlich kritisch gesehen und als wichtige Phase im nach 1933 führenden historischen Prozeß gewertet.

Als Maßstab der kritischen Sicht der neuesten deutschen Entwicklung fungierte in dieser in den sechziger Jahren sich herausbildenden und für den Aufbruch jener Jahre charakteristischen Richtung vielfach ein – sicher in mancher Hinsicht idealisiertes – Bild der »westlichen« Entwicklung. Ihr eigentliches Anliegen war die Durchbrechung der problematischen Kontinuität der deutschen Geschichte, ihre Überwindung, wenn man so will die Emanzipation in dieser und von dieser Geschichte. Sie war am Ziel einer liberaldemokratischen, weniger radikaldemokratischen sozialen Gesellschaft, an Demokratisierung und Emanzipation orientiert und wurde stimuliert – wie auch die anderen auf Veränderung drängenden Kräfte – durch einen gewissen Reformstau der bundesdeutschen Gesellschaft.

Allerdings gab es doch von Anfang an auch Kritik an dieser Kritik, Widerstand gegen eine – wie es schien – politisch engagierte Sicht der deutschen Geschichte, ein Widerstand, der ebenfalls keineswegs frei von politischen Motiven war, diese freilich weniger offen explizit machte.

Die neue Geschichtssicht war nicht auf den Status quo der Bundesrepublik bezogen, förderte jedoch à la longue ihre republikanische und demokratische Begründung. Zwar stellte sie mit der Totalitarismustheorie ein Stück der ideellen Grundlagen der Bundesrepublik in Frage, verstärkte aber gleichwohl durch Zurückdrängung traditioneller nationalstaatlicher Orientierungen den Prozeß der Selbstanerkennung der Republik, der im politischen Raum nicht zuletzt durch die Ostverträge weiter abgestützt wurde. Letztlich war sie freilich auf den Prozeß demokratischer Modernisierung bezogen. Dies bedeutete, daß nicht bestimmte historische Komplexe gleichsam positiv normgebend waren, sondern eher eine spezifische Entwicklungsrichtung. Vergangenheit, jedenfalls deutsche Vergangenheit, erschien dabei zunehmend als etwas zu Überwindendes und teilweise auch als Folie für das Gegenwartswollen. Beschäftigung mit Geschichte entsprach in den sechziger Jahren – anders als in den fünfziger Jahren oder auch heute – vielfach einem traditionskritischen Impuls. Dazu paßt, daß in den sechziger Jahren das Zutrauen in die Veränderungsmöglichkeit durch politisches Handeln wuchs; es kulminierte in den frühen siebziger Jahren. Kritische Geschichtssicht und der Wille zur Gesellschaftsreform waren in diesem Denken verbunden.

In der Reaktion auf diese für das Geschichtsbewußtsein der Zeit signifikante Sicht formierte sich ein »neohistoristisches« Geschichtsdenken, das die Eigengewichtigkeit der verschiedenen Epochen und Phänomene der Vergangenheit gegenüber der Gegenwart betont, damit zwar nicht per se konservativ ist, gleichwohl aber eher mit dem gesellschaftlichen Status quo in Beziehung gesetzt werden kann. Das Fragwürdigwerden der Modernization-Theorie und die Krise des Fortschrittsbegriffs lassen Geschichte im neuen Licht erscheinen. Angesichts einer unübersichtlichen Gegenwart scheint Geschichte Halt zu bieten oder doch Gegenbilder zum Heute zu liefern. Für manche – so scheint es – bietet die Beschäftigung mit der Geschichte Fluchtchancen aus der Gegenwart. In einem solchen Denken ist gleichsam der Gegenpol zu dem geschichtlichen Denken zu sehen, das sich in den sechziger Jahren herausgebildet hat und in den frühen siebziger Jahren dominant war und auch heute noch eine wesentliche Variante des Geschichtsbewußtseins darstellt.

Christian Hacke

Nur Reformidylle und Entspannung? Die siebziger Jahre

Hätten Willy Brandt und Walter Scheel die sozialliberale Koalition schon 1966 gebildet oder wäre Bundeskanzler Kiesinger in seiner Ost- und Deutschlandpolitik weitergegangen, so hätte sich vermutlich trotzdem Mitte der sechziger Jahre kein Erfolg eingestellt, denn die sowjetische Führung war nicht entspannungsbereit.
Die Ost- und Deutschlandpolitik der sozialliberalen Regierungskoalition wurde also erst ab 1969 möglich, weil sich die internationalen Rahmenbedingungen verändert hatten.[1] Es gab schon in Ost und West einen Willen zur Entspannung, aber es gab noch keine Entspannungspolitik. In Ost und West war man sich noch nicht darüber im klaren, ob und wie man die unterschiedlichen Interessen in ein Konzept gießen könnte. Auch wußte man noch nicht, mit welchen Methoden und Mitteln mit der anderen Seite eine Entspannungspolitik würde entwickelt werden können. Es ging also nicht nur um die substantielle Problematik im Ost-West-Verhältnis, sondern auch um die diplomatische Vorgehensweise, um ein »Management der Détente« zu ermöglichen.[2]
Nach der Invasion der Warschauer-Pakt-Truppen am 20. August 1968 und der Breschnew-Doktrin hatte die Sowjetunion dem Westen signalisiert, daß die Aufrechterhaltung des Status quo und der Führungsanspruch der Sowjetunion im eigenen Herrschaftsbereich zur Voraussetzung aller Überlegungen wurden. Entspannung durfte also weder reformkommunistische noch polyzentrische Bestrebungen im sowjetischen Machtbereich über Gebühr begünstigen. Zum zweiten hatte der Warschauer Pakt signalisiert, daß die völkerrechtliche Anerkennung der Existenz zweier deutscher Staaten nicht alle Verhandlungen beeinflussen mußte. Zum dritten hatte

1 Vgl. hierzu: Christian Hacke, Die Ära Nixon/Kissinger. Konservative Reform der Weltpolitik, Stuttgart 1983.
2 Philip Windsor, Germany and the Management of Détente, London 1971.

die Sowjetunion signalisiert, daß ihr an einer Intensivierung des Osthandels sehr gelegen war. Ihre intensive Aufrüstung der sechziger Jahre hatte ihr gleichzeitig mehr Selbstbewußtsein gegeben, Parität mit den USA war in etwa erreicht. Im militärischen Kräfteverhältnis war die Sowjetunion in Europa überlegen, aber die wirtschaftlichen Schwächen blieben. Entspannungspolitische Verhandlungen waren also sinnvoll, wenn sie aus sowjetischer Sicht politische und wirtschaftliche Vorteile bringen würden.

Der sino-sowjetische Konflikt, die blutigen Zusammenstöße am Grenzfluß Ussuri setzten die Sowjetunion auch unter Entspannungsdruck. Die Sowjetunion suchte an ihren Westgrenzen Entspannung, um den Rücken für eventuelle Auseinandersetzungen mit der VR China freizuhalten. Militärisch war die Sowjetunion für einen Krieg gegen die VR China gewappnet, aber es ging um etwas anderes: Die entspannungspolitischen Vorstöße der Regierung Nixon gegenüber der VR China ließen in Moskau die Befürchtung entstehen, daß nun eine neue internationale Konstellation entstehen könnte. Durch die Entwicklung vom bipolaren zu einem pentagonalen System, bei dem die Vereinigten Staaten den sino-sowjetischen Konflikt für eigene Interessen nutzen würden, drohte der Sowjetunion außenpolitische Isolierung, die es zu vermeiden galt.

Durch Nixons Politik der Annäherung gegenüber der VR China und gegenüber der Sowjetunion wurden auch die starren Fronten in Europa aufgelockert. Bei der geschickten Handhabe der amerikanischen und westeuropäischen Entspannungsansätze bot sich der Sowjetunion die Chance, politische Stabilität, wirtschaftlichen Fortschritt und militärische Sicherheit nicht mehr konfrontativ, sondern kooperativ zu erreichen. Handel, Rüstungskontrolle und Anerkennung des Status quo in Europa standen dabei im Vordergrund.

Für die sozialliberale Koalition war im Herbst 1969 die internationale Lage für Initiativen günstig. Die Wende in der sowjetischen Außenpolitik und die amerikanischen entspannungspolitischen Ansätze unter Präsident Nixon wurden zur zentralen Voraussetzung für die neue westdeutsche Ostpolitik.

Drei Faktoren waren es also, die einmalig zusammentrafen. Zum ersten: Die Bevölkerung der Bundesrepublik war entspannungsbereiter als je zuvor. Zum zweiten: Die Klammer der sozialliberalen Koalition ab 1969 war die Dynamisierung der Ost- und Deutschlandpolitik. Zum dritten konnte der neue Entspannungsimpetus in den Supermachtbeziehungen für Deutschland und Europa fruchtbar gemacht werden. Außenpolitische Kompatibilität, innenpolitischer Konsens und eine große koalitionspolitische Homogenität schienen eine ideale Voraussetzung für aktive Entspannungspolitik zu bilden. Die Regierung trat selbstbewußt auf: »Ich werde nicht der Kanzler eines besiegten Deutschlands, sondern eines befreiten Deutschlands sein.« Ein moralisches Selbstverständnis klang an, mit dem der Emigrant und Gegner des Dritten Reiches, Willy Brandt, eine Zäsur und vielleicht auch Distanz zum Vorgänger deutlich machen wollte. Als Sozialdemokrat in der Emigration hatte Brandt Kommunismus und Faschismus mit Leidenschaft bekämpft. Dies gab ihm das Gefühl von moralischer Überlegenheit, oder – wie Herbert Wehner fast resignierend erklärte: »Manche, wie er, sind immer im Recht; sie müssen niemals neu eingeschmolzen werden.«[3]

Die Regierung Brandt/Scheel wollte sich den weltpolitischen Veränderungen mit Selbstbewußtsein anpassen. In den Worten von Egon Bahr hieß das: »Das Schiff vor den Wind der weltpolitischen Entwicklung bringen und mit ihm segeln.«[4] Auch Brandts Ankündigung in der Regierungserklärung, mehr Demokratie wagen zu wollen, traf den unruhigen Zeitgeist. Brandts Erklärung: »Wir stehen nicht am Ende unserer Demokratie, wir fangen erst richtig an«, zeigte an, daß das Stimmungsbarometer auf Optimismus kletterte. In der Außenpolitik wurde Selbstbewußtsein demonstriert: »Die ist neu. Die Bundesrepublik läßt sich nicht mehr von den Westmächten allein erzählen, was die Russen meinen, und sie läßt die Westmächte nicht mehr allein den Russen sagen, was die Deutschen meinen, sondern die Deutschen sprechen mit dem einen wie mit dem anderen so gut wie andere auch.«[5]

War die Bundesrepublik über Jahrzehnte im Selbstverständnis der westeuropäische Grenzstaat in einem geteilten Deutschland, so rückte sie nun in der Perspektive von Willy Brandt in größere Distanz gegenüber beiden Weltmächten. Die langfristigen Perspektiven von Brandts Politik lagen im Ost-West-Ausgleich und in der

3 Zit. nach: David Binder, Brandt – schönes Schiff ohne Steuermann, in: Der Spiegel, 17. Nov. 1975.

4 So Egon Bahr vor der SPD-Bundestagsfraktion am 22. Febr. 1972. Zit. nach: Wolfgang Jäger, Werner Link, Republik im Wandel 1969 bis 1974, Die Ära Brandt, Geschichte der Bundesrepublik Deutschland V, Stuttgart 1986, S. 168.

5 So Willy Brandt im Gespräch mit: Der Spiegel, 27. Sep. 1971, zit. nach: Bundeskanzler Brandt, Reden und Interviews, Hamburg 1971, S. 359.

Kooperation zwischen West- und Osteuropa. Da die Spaltung Deutschlands vorerst nicht überwunden werden konnte, galt es, die Grenzen durchlässiger zu machen und das Zusammengehörigkeitsgefühl der Menschen durch Kontaktmöglichkeiten zu stärken. Dieser Wandel durch Annäherung sollte beschleunigt werden durch die seit dem Zweiten Weltkrieg in Europa entstandenen Realitäten. Brandt wollte den territorialen Status quo in Vertragsform gießen und damit für die Vertragspartner ein Klima des Vertrauens schaffen. Die Aussöhnung mit den Nachbarn im Osten – als Ergänzung der Adenauerschen Politik der Aussöhnung mit dem Westen – war Brandts Vision.
Bahr und Brandt zielten darauf ab, eine europäische Friedensordnung langfristig durch Überwindung des Status quo zu erreichen. Ausgehend von den Paktsystemen NATO und Warschauer Pakt, sollte durch Abrüstungsmaßnahmen so viel Entspannung erreicht werden, daß man zu folgender zweiter Stufe gelangen könnte: die Pakte durch gemeinsame Organe zu verklammern, die dann zu einem institutionellen Dach in Form einer permanenten europäischen Sicherheitskonferenz ausgeweitet würden. Schließlich würden dann NATO und Warschauer Pakt durch ein Sicherheitssystem ersetzt werden, dessen Bestand zwar von den Supermächten garantiert wird, diese jedoch keine Mitglieder sein sollten.[6]
Weder Brandt noch Bahr waren Illusionäre, aber eine gewisse synthetische Reißbrettmentalität wurde deutlich. Zunächst sollte ein System bilateraler Gewaltverzichtsabkommen mit den Staaten in Mittel- und Osteuropa, dann ausgewogene Truppenverminderungen vereinbart werden, um schließlich ein kollektives Sicherheitssystem zu errichten.

Entspannungsbemühungen

Nach der Ratifizierung der Ostverträge im Mai 1972 und mit Inkraftsetzung des Berlin-Abkommens am 3. Juni 1972 rückte die Bundesrepublik in eine Schlüsselposition zu den amerikanisch-sowjetischen Entspannungsbemühungen, weil sie die Skepsis der Regierung Nixon und das Drängen der Sowjetunion in Sachen KSZE zu überbrücken und für eigene Interessen zu nutzen vermochte. Das

6 Vgl. Jäger/Link, Republik im Wandel, a. a. O., S. 171.

Treffen von Bundeskanzler Brandt und Parteichef Breschnew im September 1971 in Oreanda auf der Krim symbolisierte die neue gewachsene Position der Bundesrepublik im Entspannungsgeflecht zwischen Ost und West. Gesprächsverlauf und Ergebnisse zeigten den Versuch der Sowjetunion, die Bundesrepublik für ihre eigenen Ziele einzusetzen. Breschnews Versuch, das Berlin-Junktim umzudrehen, scheiterte jedoch. Deshalb markierte Oreanda auch den Punkt, von dem an die Bundesrepublik selbstbewußt die Ost-West-Politik mitgestaltete. Oreanda markierte kein neues Rapallo, sondern – wenn dieser Vergleich überhaupt möglich ist – den Wunsch nach einem Ost-Locarno, das heißt nach Aussöhnung und Kooperation. Oreanda markierte jedoch auch den Höhepunkt der Erwartungen. Die Bundesregierung Brandt/Scheel suchte die Sowjetunion auf ein multilaterales Management der Détente einzustimmen, um Abrüstung und Freizügigkeit zwischen Ost und West zu erzielen.
Die Ostpolitik der Regierung Brandt/Scheel war weniger Reflex oder Reaktion auf die Politik der Regierung Nixon, sondern vielmehr Ausdruck eines neuen Selbstbewußtseins der Bundesrepublik Deutschland, die, nach der Aussöhnung mit dem Westen und nach der Wiedergutmachung gegenüber Israel, nun die Normalisierung gegenüber den Staaten in Osteuropa und der DDR selbstbewußt und vorbildlich praktizierte. Lediglich unter taktischen Aspekten, wie z. B. unter dem Gesichtspunkt der hohen Anlaufgeschwindigkeit, hatte die Bundesregierung nicht nur im Osten, sondern auch im Westen Widerstände und Skepsis zu überwinden. Der Wandel der Bundesrepublik vom Mitmacher zum Schrittmacher in Europa, ihr Aufstieg zur europäischen Entspannungsvormacht, stand im Einklang mit den grundlegenden Prämissen der Regierung Nixon, wie z. B. dem Postulat nach mehr regionaler Eigenverantwortung. In einem umfassenden Sinne leitete die Ostpolitik der Bundesregierung Brandt/Scheel die Erosion des bündnispolitischen Führungsanspruchs der USA ein. Sie markierte damit auch eine historische Zäsur in der Nachkriegszeit. Die Regierung Brandt/Scheel verankerte ihre Ostpolitik geschickt im Westen. Damit wurde die Furcht vor einer Wiederauflage der deutschen Schaukelpolitik gebannt. Mit seinem Auftritt im Haag 1969 präsentierte sich Brandt westeuropäisch. Indem die Bundesregierung den Beitritt Englands in die Europäische Gemeinschaft unterstützte, suchte sie Neutralität, wohlwollende Distanz oder gar Englands Zustimmung zur Ostpolitik. Indem sie bei der Auseinandersetzung der Europäischen Gemein-

schaft mit den USA Frankreich den Vortritt ließ, gab die Bundesrepublik Raum für französische Auftritte und erreichte damit bei Frankreich zumindest Neutralität und partielles Verständnis für die Ostpolitik. So war die Ostpolitik im Kern weniger atlantisch, sondern vielmehr westeuropäisch verankert.

In der Anfangsphase der Ost-West-Entspannung bildeten die beiden Ostverträge und das Berlin-Abkommen die Eckpfeiler, die den noch zu bildenden amerikanisch-sowjetischen Entspannungsbogen abstützten. Diese waren weniger im amerikanisch-sowjetischen, sondern vorerst eindeutig im deutsch-sowjetischen Interessenfeld eingeblockt. Bis zum Mai 1972 saßen die USA auf der entspannungspolitischen Ersatzbank. Auch hieraus läßt sich mancherlei Kritik der USA an der Ostpolitik der Regierung Brandt/Scheel ableiten. Während man in Washington auf Entspannungserfolge bisher vergeblich wartete, praktizierte der kleine deutsche Bündnispartner intensive Entspannungspolitik mit der sowjetischen Weltmacht. Da mag auch Neid bei der Kritik mitgespielt haben. Aber ohne die Ostpolitik der Bundesrepublik wäre der amerikanische Beitrag zur europäischen Entspannungspolitik vermutlich geringer ausgefallen. Erst mittels einer geschickten Junktim-Strategie gelang es der Bundesrepublik, die Interessen der Sowjetunion, aber auch die der USA an die Bundesrepublik zu koppeln. Somit wurde die Ostpolitik der Bundesrepublik atlantisch und kontinental westeuropäisch verankert. Umgekehrt zwang die Ostpolitik der Bundesrepublik die Supermächte dazu, unterhalb ihrer bilateralen Interessensphäre konkrete Beiträge zur Entspannung zu leisten.

Dabei konnte Normalisierung angestrebt werden, wie sie zwischen freiheitlich-demokratischen und autoritär-ideologisch gelenkten Gesellschaftsordnungen und Staatsformen möglich erscheint.

Als kurz nach der Ratifizierung des Grundlagenvertrages der sowjetische Parteichef Breschnew im Mai 1973 als erster führender Repräsentant der Sowjetunion die Bundesrepublik besuchte, war die Bundesrepublik zum bevorzugten Partner der Sowjetunion im nichtkommunistischen Europa avanciert. Gleichzeitig hatten sich aber die globalen Rahmenbedingungen für die Brandt/Breschnew-Gespräche verändert. Der amerikanisch-sowjetische Bilateralismus war in den Vordergrund getreten. Saß die Regierung Nixon 1971, politisch gesehen, noch auf der Ersatzbank der Entspannungspolitik und beobachtete nicht ohne Sorge, aber auch nicht ohne Neid die Begegnung zwischen Breschnew und Brandt auf der Krim, so hatte

sich die Situation verändert. Auf den amerikanisch-sowjetischen Gipfeln 1972, 1973 und 1974 hatten beide ihren herausragenden Supermachtstatus auch für die Détente vertraglich betont. Die Bundesrepublik rückte in den Hintergrund. Mußte Breschnew noch 1971 befürchten, weltpolitisch zwischen den USA und VR China eingeklemmt zu werden, so hatte Präsident Nixon ab 1972 der Sowjetunion eine entspannungspolitische Schlüsselrolle zugewiesen. Détente hatte die Position der Sowjetunion in Europa und vor allen Dingen die eigene Vormachtstellung im Block gefestigt. Das Ergebnis war ein neuer Modus vivendi mit den USA, die Anerkennung der Sowjetunion als gleichwertige Supermacht und die Bereitschaft der USA und der Bundesrepublik, den Status quo und die bestehenden Grenzen, vor allem in Europa, anzuerkennen.
Dem selbstbewußten Breschnew trat ein Bundeskanzler Brandt entgegen, der, politisch gesehen, in Gegenwind geriet. Die Tatsache, daß Willy Brandt im Januar 1974 Präsident Nixon bitten mußte, die Sowjetunion zur strikten Einhaltung des Viermächte-Abkommens zu bitten, zeigt, daß auch im West-West-Verhältnis sich die Dinge verändert hatten. Willy Brandt hatte die Wirkung seiner liberalen Verträge nach dem Osten überschätzt. Brandts selbstbewußter Anspruch schmolz dahin. Nun mußte der Bundeskanzler, der noch Ende 1971 Präsident Nixon gegenüber selbstbewußt erklärt hatte, daß auch die Bundesrepublik Einfluß auf die Sowjetunion ausübe, Anfang 1974 Nixon um Hilfe bitten. Nixon sollte bei Berlin-Fragen für Brandt in Moskau auf den Tisch klopfen. Ab 1972 hatte die Regierung Nixon den Umfang, die Richtung und die Intensität, aber auch den Rhythmus der Ost-West-Entspannung wieder im Griff.
Anfang 1974 wurde in der Deutschlandpolitik ein resignierender Unterton bei Bundeskanzler Brandt hörbar. Die Verdoppelung des Mindestumtausches am 5. November 1973 verletzte den Sinn und die Geschäftsgrundlage der Vereinbarungen, da sich die Verteuerung nachteilig auf den Umfang des Reise- und Besuchsverkehrs in die DDR auswirken mußte. Die Folge war, daß die Besucherzahlen nach dem 15. Novenber 1973 drastisch zurückgingen. Intern äußerte sich Brandt deshalb zunehmend pessimistisch. Die Politik der Abgrenzung warf Schatten, die sich in den nächsten Jahren weiter verstärkten. Zu viele Besucher aus der Bundesrepublik trugen den kapitalistischen Bazillus in das sozialistische Lager. Im Sinne der Breschnew-Doktrin sollte auch in der Phase der Entspannung die Festigung der Einheit und Geschlossenheit der sozialistischen Län-

der nicht gefährdet werden. Daraus ergab sich »die Notwendigkeit, das Zusammenwirken der kommunistischen und Arbeiterparteien bei der Propagierung und Verwirklichung der Ideen von Marx, Engels und Lenin und im konsequenten Kampf gegen die bürgerliche Ideologie, gegen den Sozialformismus sowie gegen den rechten und linken Opportunismus zu erweitern«.[7]

Die Bundesregierung Brandt/Scheel konzentrierte sich bei der Ostpolitik auf sieben Schritte:

1. auf den Austausch von Gewaltverzichtserklärungen mit der Sowjetunion (wobei nicht die Anerkennung der DDR de jure erforderlich sein würde) sowie eine Verstärkung der bilateralen, insbesondere der Wirtschaftsbeziehungen mit der Sowjetunion;
2. auf ein Abkommen mit der VR Polen, wobei die Anerkennung der Oder-Neiße-Linie mit einbezogen werden sollte;
3. auf ein Viermächte-Abkommen über Berlin, wobei die Verantwortung der drei Mächte für West-Berlin, die Sicherung und Verbesserung der Zugangswege von und nach Berlin sowie die Verstärkung der Bindung zwischen Ost- und West-Berlin sowie die Verbindung zwischen West-Berlin und der DDR angestrebt wurden;
4. auf ein Vertragsnetz mit der DDR – möglichst mit sowjetischer Hilfe –, wobei besondere Beziehungen zwischen den beiden deutschen Staaten unterhalb der völkerrechtlichen Anerkennung etabliert werden sollten;
5. auf menschliche Erleichterungen durch Austausch und Reisen, also Freizügigkeit für Menschen, Informationen und Meinungen;
6. auf Verträge mit anderen Staaten Osteuropas, die, nach der internationalen Anerkennung der DDR und nach der Aufnahme der beiden deutschen Staaten in die Vereinten Nationen, nun nicht mehr auf die Sperre der sog. Ulbricht-Doktrin treffen würden;
7. auf die Teilnahme beider deutscher Staaten an der Konferenz über Sicherheit und Zusammenarbeit (KSZE) in Europa und Verhandlungen über gegenseitige und ausgewogene Truppenreduzierungen (MBFR).[8]

7 So der Wortlaut des Kommuniqués beim Breschnew-Besuch in der DDR am 12. und 13. Mai 1973.

8 Vgl. William Griffith, Die Ostpolitik der Bundesrepublik Deutschland, Stuttgart 1981, S. 237.

Es war das Verdienst von Willy Brandt, daß er mit der Ost- und Deutschlandpolitik den außenpolitischen Handlungsspielraum der Bundesrepublik und deren Ansehen weltweit vergrößert hat. Auch konnte er mit den bilateralen Verträgen die jeweiligen Beziehungen zu den Staaten in Osteuropa, trotz verschiedener Rückschläge, nachhaltig verbessern. Aber die deutschlandpolitische Umsetzung der Ostpolitik gelang nicht. Gewünschte Einflußnahme über Moskau, Warschau oder Prag auf Ost-Berlin im Sinne von Freizügigkeit und Kooperation blieb aus oder war nicht möglich.

Sicherheit im Wandel

Als Helmut Schmidt im Mai 1974 die Nachfolge von Willy Brandt als Bundeskanzler antrat, war die Aufbruchstimmung in der Entspannungspolitik längst passé. Krisenbewußtsein wurde Schmidts Erkennungsmerkmal. Statt Ostpolitik wurde nun West- und Weltpolitik zwingend. Die Ölkrise vom Herbst 1973 hatte die Politik von Grund auf verändert. Eine Epoche billiger Energie war zu Ende gegangen. Die Vervierfachung des Ölpreises binnen weniger Wochen, die erste in einer langen Reihe von Preisexplosionen, warf schwere Probleme für die Volkswirtschaften der demokratischen Industriestaaten auf. Hatte die Ostpolitik die Herzen berührt, so trafen die Folgen der Weltwirtschafts- und Energiekrise das Leben der Bürger unmittelbar. In der schweren See der internationalen Politik der siebziger Jahre tauchten neue Gefahrenpunkte auf, verschwanden plötzlich, um später – oft unvermutet – an anderer Stelle und in anderen Zusammenhängen erneut zu erscheinen. Kapitän und Mannschaft hatten alle Hände voll zu tun, um das deutsche Schiff auf Kurs und über Wasser zu halten. Ein Blick in den historischen Rückspiegel macht deutlich, daß Sicherheit für die Bundesrepublik schwerer zu erreichen war:

- In den fünfziger Jahren war Sicherheit primär militärisch definiert worden. Durch den Aufbau und die Einbettung der Bundeswehr in die NATO wurde Sicherheit mit Blick auf die militärische Bedrohung der Sowjetunion und den Warschauer Pakt verstanden.
- Ab Ende der sechziger Jahre wurde dieses Sicherheitsverständnis politisch durch den Harmel-Report von 1967 erweitert: Sicherheit sollte nicht mehr allein militärisch gegen, sondern auch politisch mit der Sowjetunion und dem Warschauer Pakt gesucht werden.

- Durch die Ostvertragspolitik sowie durch Multilateralisierung der Entspannungspolitik im Rahmen von KSZE und MBFR sollten die Probleme politisch eingekapselt werden.
- Ab Mitte der siebziger Jahre erfuhr der Sicherheitsbegriff eine dritte Erweiterung: Energie- und Weltwirtschaftskrise führten die ökonomische Dimension der Sicherheit vor Augen. In der Nachkriegsgeschichte der westlichen Industriedemokratien wurde diese Dreidimensionalität der Sicherheit zur verteidigungs-, entspannungs- und wirtschaftspolitischen Herausforderung.

Am Anfang der neuen Wirtschaftsprobleme standen die Verknappung, Verteuerung und Boykottierung von Öl für die westlichen Industrienationen durch die OPEC ab Oktober 1973.

Im Schatten der Weltwirtschaftskrise rückte die Ost- und Deutschlandpolitik in den Hintergrund. Der Atlantiker Schmidt war den hochfliegenden entspannungspolitischen Plänen von Willy Brandt und Egon Bahr schon früher mit skeptischer Reserve begegnet. Nicht ohne Erleicherung nahm man deshalb in den westlichen Hauptstädten Schmidts Erklärung zur Kenntnis: »Das atlantische Bündnis bleibt die elementare Grundlage unserer Sicherheit, und es bleibt der notwendige politische Rahmen für unsere Bemühungen um Entspannung in der Welt.«

Die militärische Komponente der Sicherheit erhielt wieder Gewicht. Verteidigungsminister Leber, im Kabinett Brandt nicht selten vernachlässigt, konnte nun darauf bauen, daß seine Anliegen beim früheren Verteidigungsminister und jetzigen Bundeskanzler mehr Gehör fanden. Auch war Außenminister Hans-Dietrich Genscher Garant für Realismus und Westbindung. Bundeskanzler Schmidt wiederholte zwar die Bereitschaft zur Rüstungskontrolle und Entspannung, machte aber ebenso deutlich, daß er »nicht ohne Sorge die wachsenden Rüstungsanstrengungen im Warschauer Pakt« betrachte. Die Bedeutung der KSZE, dem gemeinsamen Lieblingsprojekt von Willy Brandt und Leonid Breschnew, die zusammen mit MBFR als ein Teil der multilateralen Phase der Entspannungspolitik die Vorstufe für ein mitteleuropäisches Sicherheits- und Friedenssystem bilden sollte, wurde zurückgestutzt. Schmidt maß der KSZE allenfalls »eine vertrauensbildende Bedeutung« zu: Bewährt hatte sich für Schmidt die KSZE primär unter dem Aspekt der westlichen Kooperation. Die Europäische Politische Zusammenarbeit (EPZ) bestand bei der Formulierung der westlichen Position zur KSZE ihre erste wirkliche Bewährungsprobe. Nach Osten gewandt, er-

klärte Schmidt nüchtern, daß die Entspannungspolitik »mehr Substanz« benötige.
Schmidts politisches Gravitationszentrum lag im Westen, nicht in der Mitte Europas. Bundeskanzler Schmidt war, das zeigte seine erste Regierungserklärung, auf der Suche nach einem neuen Machtgleichgewicht. Die Weltwirtschaftskrise hatte dies notwendig gemacht. Er hatte einen anderen Zugang zur Außenpolitik als sein Vorgänger. Nicht die Vision einer gesamteuropäischen Fiedensordnung, sondern nüchterne Interessen und ein Blick für militärische und strategische Notwendigkeiten prägten Schmidts Gleichgewichtsdenken. Diese skeptische Kälte der Realpolitik durchzog Schmidts Sicht der Dinge. Neben Henry Kissinger wurde Helmut Schmidt zum klassischen Verfechter des Gleichgewichtsgedankens[9] in den siebziger Jahren, den er zunächst wirtschaftspolitisch definieren mußte. Helmut Schmidt suchte für die Bundesrepublik entsprechend ihrem gewachsenen ökonomischen Gewicht eine »erstklassige Rolle« in der Weltwirtschaft.
Das Debakel um die Neutronenwaffe 1977/78 hatte sicherheitspolitische Defizite der Bundesrepublik offengelegt. Die innenpolitische Verankerung der Sicherheitspolitik hatte sich erheblich gelockert. Mit einer sog. höheren Moral wurde nun immer heftiger die nukleare Abschreckungsdoktrin der NATO kritisiert. Ein genereller antinuklearer Trend in der öffentlichen Meinung schlug sich zunächst im Protest gegen die Kernkraftwerke nieder. Er wurde durch die Opposition gegen die Neutronenwaffe breiter. Verzweifelt warnte Schmidt intern seine Bundestagsfraktion davor, das Problem Neutronenwaffe mit dem der Kernkraftwerke zu vermischen. Aber er vermied eine klare öffentliche positive Stellungnahme. Weder nutzte Schmidt seine Amtsautorität noch sein persönliches Prestige, um die Sozialdemokratie zu einem positiven Votum zu bewegen. Viele Politiker versäumten in der zweiten Hälfte der siebziger Jahre, der jungen Generation in Amerika und in Westeuropa klarzumachen, daß das atlantische Bündnis kein Supermarkt ist, auf dem man nur Wohlstand kaufen kann, sondern daß es auf gemeinsamen politischen Werten beruht, für die man gemeinsam auch sicherheitspolitisch einstehen muß.
Aber das westliche Bündnis war unschlüssig, wie der wachsenden militärischen Macht der Sowjetunion begegnet werden sollte. Rü-

9 Vgl. Helmut Schmidt, Strategie des Gleichgewichts, Stuttgart 1969.

stungsoptionen wurden verzögert, rüstungskontrollpolitische Positionen aufgegeben. Die Sowjetunion wurde nicht unter rüstungskontrollpolitischen Druck gesetzt. Man ließ die Verschiebung der militärischen Balance zu und wich gleichzeitig vor dem Druck in der öffentlichen Meinung zurück. Man vergrößerte den Raum für moralisierende, ja dämonisierende Argumentation gegenüber einer Waffe, die angesichts der massiven Übermacht der sowjetischen Panzerverbände eine abschreckungs- oder rüstungskontrollpolitische Funktion hätte wahrnehmen können. In der Bundesrepublik verstärkte sich der Eindruck, daß in Fragen der Sicherheit die Bundesregierung ohne sicherheitspolitisches Konzept handele. Die innenpolitischen Rückwirkungen waren schwerwiegend. Der moralischen Anmaßung von Politikern und intellektuellen Wortführern begegneten die verantwortlichen Politiker fast hilflos. Sie standen mit dem Rücken zur Wand. Die Grünen gewannen an politischer Schwungkraft, und in der SPD vertieften sich die Gegensätze in verteidigungspolitischen Fragen. Schmidt hätte die Zeichen an der Wand erkennen müssen. Nicht nur Brandt, Wehner und Bahr, sondern eine wachsende Gefolgschaft in Fraktion und Partei suchte die abbröckelnde Entspannungsinsel durch übertriebenes Wohlverhalten gegenüber der Sowjetunion zu bewahren, während die Sowjetunion weiter nuklear, konventionell und machtpolitisch kräftig zulangte.

Im süßen Honig der Entspannung verbarg die Sowjetunion das lähmende Gift, das die Bundesrepublik und Westeuropa erstarren und wehrlos machen sollte. Gleichzeitig war die Sowjetunion bemüht, in Osteuropa das Netz der militärischen Kontrolle zu stärken und bilaterale Bindungen für den Fall vorzubereiten, daß die multilateralen Verteidigungsorganisationen NATO und Warschauer Pakt verhandlungspolitisch oder propagandistisch zur Disposition gestellt werden sollten. Außerdem sollten die sowjetischen Streitkräfte, insbesondere die Nuklearwaffen, von einem Cordon sanitaire oder einem militärischen Glacis abgeschirmt werden. Das westliche Vorfeld der Sowjetunion markiert zusätzliche Sicherheit vor allen konventionellen Angriffsmitteln und vor allem vor nuklearen Waffen kürzerer Reichweite.

Aber in Wirklichkeit gefährdeten die sowjetische Invasion in Afghanistan, die von Moskau indirekt gestützte Unterdrückung der Menschenrechte in Polen sowie die forcierte Aufrüstung durch SS-20-Raketen und politische Kompromißlosigkeit in der Entspannungs-

politik den Frieden. Die Kritik am Doppelbeschluß wirkte deshalb irreal. Vergeblich rief Schmidt den Genossen zu: »Hört endlich auf, euch suggerieren zu lassen, als ob die Amerikaner unsere Feinde und die Russen unsere Freunde seien.« Auf dem Bundesparteitag der SPD im Dezember 1983 stimmte schließlich Helmut Schmidt alleine, umgeben von nur wenigen Aufrechten, für die Nachrüstung. Die kritische Energie, mit der sich die SPD des Themas Nachrüstung angenommen hat, kam von oben nach unten. Aber auch Linksintellektuelle schürten die Angst vor Waffen und machten den Staat schlecht. Walter Jens verhöhnte auf dem Berliner Parteitag der SPD 1979 das verfassungsgerichtliche Gebot, jederzeit aktiv für die freiheitliche demokratische Grundordnung im Sinne des Grundgesetzes einzutreten, als Panzerfaust des Staates.
»Stehen wir noch«, so fragte Julius Leber schon 1928, »bei Bebel, dem Erfurter Programm und den französischen Sozialisten, die ein sehr weitgehendes Gesetz zur Verteidigung des Landes angenommen haben, oder vertreten wir den Standpunkt, daß die Sozialisten überall, ohne Rücksicht auf die Rüstungsverhältnisse der anderen Länder, für die Totalabrüstung des eigenen Landes eintreten müssen?«[10] In der Diskussion um den Doppelbeschluß hatte die SPD wieder die Zerrissenheit von 1928 gezeigt.

Deutschlandpolitik

Der Besuch von Bundeskanzler Schmidt in der DDR 1980 wirkte gespenstisch. Während Honecker und Schmidt aneinander vorbeiredeten, erklärte Bundeskanzler Schmidt, das Treffen hätte Vertrauen und Berechenbarkeit in den Beziehungen erbracht. Das einzig Hilfreiche, das Honecker dem Bundeskanzler mit auf den Rückweg gab, war ein Hustenbonbon. Für Honecker brachte das Treffen Anerkennung und Prestige. Ohne eine einzige Zusage bei Menschenrechten und Freizügigkeit hatte der Bundeskanzler der Bundesrepublik ein Schlußkommuniqué unterschrieben, in dem Fortschritte festgestellt wurden. Ein Homunkulus der Friedenssehnsucht wurde aus der Retorte gezogen, während die konkrete Politik der Freizügigkeit von der DDR stranguliert wurde. Die politischen Ursachen des Doppelkonflikts, der Wertkonflikt zwischen Demo-

10 Siehe Gordon Craig, Über die Deutschen, München 1985, S. 460.

kratie und Kommunismus, wurden nur mit leiser Stimme artikuliert, während die möglichen Folgen von Konflikt sofort auf Kriegsebene angehoben und in apokalyptischen Formen dargestellt wurden. Während die Menschen an der Grenze wie Hasen abgeschossen wurden, erklärte Erich Honecker, daß eines Tages der Sozialismus an die Tür der Bundesrepublik anklopfen werde.
Statt dessen zeigte die Rhetorik der Regierung Schmidt/Genscher Valium-Charakter. Sie versuchte, innenpolitisch zu beruhigen und gleichzeitig auf die DDR-Regierung mäßigend einzuwirken, in der Hoffnung, daß bei großzügigem Entgegenkommen vielleicht entsprechende Gegenleistungen möglich würden. Dieser »Drogen-Charakter« der Deutschlandpolitik war in den letzten zwei Jahren der Regierung Schmidt/Genscher unübersehbar. Gegen Ende der Regierung Schmidt/Genscher geriet Deutschlandpolitik auch in einen romantisch-nationalen Sog. Dagegen kämpfte der Bundeskanzler vergeblich an. Die prekäre Balance des deutschen Gemüts zwischen »Vernunftrepublikaner« und »Herzensnationalist« drohte zu kippen. Die Deutschlandpolitik war am Ende der Regierung Schmidt/Genscher ein Torso. Eine kühn angelegte Ostpolitik konnte in ihrem deutschlandpolitischen Kern die Erwartungen und Hoffnungen nicht einlösen.
Zusammenfassend läßt sich sagen, daß der Spielraum der Bundesregierung in der Deutschlandpolitik im Verlaufe der siebziger Jahre weiter geschrumpft war. In Anlehnung an Hans-Peter Schwarz kann man die Deutschlandpolitik der siebziger Jahre in zwei Phasen unterteilen: in die erste Phase des großen Kompromisses von 1969 bis 1974/75 und in eine zweite Phase der Erosion des großen Kompromisses, die in Stagnation und Rückschritt endete. In der ersten Phase war der große Kompromiß auf drei Dimensionen relativ tragfähig:

1. als Kompromiß zwischen Bundesregierung und DDR-Regierung,
2. als Kompromiß im Schatten kompromißbereiter Supermachtbeziehungen zwischen den USA und der Sowjetunion,
3. als Kompromiß zwischen Regierungen und Bevölkerungen der westlichen Demokratien.

Dieser große Kompromiß war das Ergebnis verschiedener internationaler und innenpolitischer Überlegungen, Chancen und Zwänge. Es kann kein Zweifel bestehen, daß seit Beginn der neuen Ost- und Deutschlandpolitik seit 1969 mehr Freizügigkeit im innerdeutschen

Verhältnis erreicht worden ist. Aber das Prinzip der Transnationalität als Kernelement der bundesrepublikanischen Entspannungspolitik einerseits und das Kernelement der Abgrenzung und Forderung nach völkerrechtlicher Souveränität der DDR andererseits bilden den Antagonismus des Grundlagenvertrages. Transnationale Entspannungspolitik bedeutet in den Ost-West-Beziehungen nicht nur, daß Regierungen miteinander in Kontakt treten, sondern daß darüber hinaus die Menschen die Auswirkungen der Entspannung konkret erleben sollen.

Dies macht den Magnetismus des westlichen Entspannungskonzepts für die Menschen in den sozialistischen Staaten aus, ist aber gleichzeitig die Hauptbedrohung für die dort herrschenden Regime ohne demokratische Legitimation. Von dieser Freizügigkeit versucht die DDR ihre Bevölkerung abzugrenzen, indem sie die staatliche Souveränität betont. Sie fürchtet eine von außen ermutigte und von innen erzwungene Durchdringung und Zersetzung ihrer Zwangsherrschaft. Deshalb versuchte das DDR-Regime, die Menschenrechte, das politische Kernstück der neuen Ost- und Deutschlandpolitik, ideologisch zu vergiften, durch Abgrenzung zu zerspalten und sich selbst aus dem Kompromiß, aus den Verträgen herauszuschleichen. Gleichzeitig suchte sie aber die ideologische Offensive. Frieden und Abrüstung, Opium für Gutgläubige und Spielwiese für Intellektuelle, waren ideale Begriffe, die man kaugummiartig dehnen und mit denen man gleichzeitig ablenken konnte. Ein grundsätzlicher Fehler der Deutschlandpolitik sozialliberaler Regierungskoalitionen lag vermutlich in dem Glauben, daß unter Hintanstellung der wesentlichen Probleme, aber auch unter Hintanstellung der fundamentalen Wertfragen, daß durch Bereitschaft, den Interessen der DDR entgegenzukommen, und durch eine zurückhaltende Aufklärungs-, Protest- und Sanktionspolitik dem ostdeutschen Staat die Vertragsbrüche und die Mißachtung der Regeln zu leicht gemacht wurden.

Mitte der siebziger Jahre kam es zu entscheidenden Veränderungen, die zu einem Klimasturz in den Ost-West-Beziehungen führten. Trat die Erosion des großen Kompromisses in der Deutschlandpolitik aufgrund der globalen Verschlechterung in den Ost-West-Beziehungen ein, oder ist die Erosion der deutsch-deutschen Beziehungen auf Fehler und Unterlassungen des deutschlandpolitischen Konzepts der sozialliberalen Bundesregierung zurückzuführen? Zweifelsohne blieb die Entwicklung der deutsch-deutschen Beziehungen

von den Veränderungen der internationalen Lage nicht unbeeinflußt. Aber ein wesentliches Merkmal der neuen Ost- und Deutschlandpolitik bestand darin, daß sie zu einer teilweisen Entkoppelung der deutschen Frage vom Gesamtkontext der west-östlichen Entspannungspolitik geführt hatte.
Während noch in den fünfziger und sechziger Jahren der allgemeine Stand der Ost-West-Beziehungen fast ausschließlich vom Stand der deutschen Frage abhing, hat die neue Ost- und Deutschlandpolitik die deutsche Frage politisch eingekapselt und damit der Entwicklung der allgemeinen Ost-West-Beziehungen einen größeren Handlungsspielraum eingeräumt.
Diese Entwicklung hat für die Bundesrepublik Vor- und Nachteile mit sich gebracht. Die Vorteile bestehen darin, daß der allgemeine Stand der Entspannungspolitik heute fast völlig unabhängig vom Stand der innerdeutschen Beziehungen vorangeht oder auch in seinen Rückschlägen sehr viel weniger Auswirkungen auf Deutschland zeigt. Die Welt fühlt sich sozusagen von den »querelles allemandes« befreit. Der Nachteil der Entkoppelung der deutschen Frage vom internationalen Stand der Ost-West-Beziehungen besteht allerdings darin, daß die Suche nach deutschlandpolitischem Wohlverhalten der DDR und der Sowjetunion weniger durch eine umfassende Politik des Westens gestützt wird, sondern vorrangig eine Aufgabe der Bundesrepublik geworden ist. Mit Ausnahme der Berlin-Frage neigen die Staaten in Ost und West und in Nord und Süd heute dazu, die innerdeutschen Beziehungen weitgehend als ein Problem der Deutschen selbst zu verstehen. Größere politische Autonomie der Bundesrepublik trat in der Ost- und Deutschlandpolitik ein, wurde aber seit Ende der siebziger Jahre einem kalten Gegenwind in den Supermachtbeziehungen ausgesetzt. Der sowjetische Einmarsch in Afghanistan und die sowjetische Reaktion auf die polnischen Reformbemühungen seit 1981 zeigten, daß sie weder geneigt ist, ihre prädominante Stellung innerhalb des Blocks aufzugeben noch auf außenpolitische Machtexpansion zu verzichten. Die Auswirkungen auf die Deutschlandpolitik waren verheerend.
Wie hat die Entspannungspolitik selbst auf die Lage der Bürger in der DDR gewirkt? Parallel zur Abgrenzungspolitik gegenüber der Bundesrepublik und der Kräftigung der ideologischen und machtpolitischen Verbundenheit mit der Sowjetunion, wie sie in den Verträgen der DDR mit den Bruderstaaten ab 1977 deutlich wurde, traten bereits seit 1974 Dogmatisierung und Militarisierung wieder in

den Vordergrund. Nach wie vor haben die Bürger in der DDR im Vergleich zur Bundesrepublik materielle Not und ideologische Bevormundung zu erleiden. Neue Rechtsvorschriften dienen nicht dazu, das Leben in der DDR und die Beziehungen zur Bundesrepublik für die Bürger zu erleichtern. Im Gegenteil, ihr Leben wird erschwert. Geistige Monotonie und Resignation sind das glücklichere Los im Vergleich zu denjenigen, die bei Beanspruchung des Grundlagenvertrages oder der Schlußakte der KSZE für Menschenrechte und geistige Kreativität eintreten, unschuldig ins Gefängnis geraten oder in die Bundesrepublik abgeschoben bzw. freigekauft werden. Seit Mitte der siebziger Jahre ist ein Exodus der Intelligenz in der DDR zu verzeichnen, der sich nur mit der Emigrationswelle nach dem Aufstand in der DDR am 17. Juni 1953 und nach dem Aufstand in Ungarn 1956 vergleichen läßt. Erziehung zum Haß und Abgrenzung werden in den Schraubstock einer sog. Entspannung gepreßt, die die Gegenwart bedrückend macht. Die DDR-Regierung grenzt sich dadurch zunehmend von der eigenen Bevölkerung ab. Die Intellektuellenfeindlichkeit der Regierung Honecker bewirkte Impulse einer geistigen Neutronenbombe. Kleinwagen, Datschen und normierter Konsum bleiben, aber der Geist, der kreative Gedanke wurde in der DDR abgetötet.
Die DDR wurde in der zweiten Phase der Entspannung zu einem Land, das mehr funktioniert als lebt. Um hiervon abzulenken, wird die deutsche Geschichte im ideologischen Zugriff neu interpretiert und zugleich der Griff auf die Zukunft geschichtlich vorbereitet. Deutsche Geschichte wird verfälscht. Es geht der DDR um einen nationalen Alleinvertretungsanspruch, um ein sozialistisches Erbeverständnis. Natürlich handelt es sich bei der Debatte um die deutsche Geschichte in Wahrheit um Stand und Perspektive der deutschen Nation. Denn wer die Geschichte monopolisiert, besitzt möglicherweise auch die Zukunft. Es sind nicht Begriffe und Gedanken allein, die uns bewegen, sondern die Interpretation und geschichtliche Einordnung ist wichtig: Die Nationale Volksarmee nimmt Scharnhorst, Gneisenau und Clausewitz als Gründungsväter für sich in Anspruch. Die SED sucht ihre Tradition beim linken Flügel der deutschen Arbeiterbewegung. Nun wird konsequent ein Gesamtanspruch auf die deutsche Geschichte formuliert, der einem Alleinvertretungsanspruch aus sozialistischer Sicht nahekommt. Angesichts der Tatsache, daß die Gründungsväter der DDR russische Offiziersmäntel trugen, wird nun das Bedürfnis nach nationaler Le-

gitimation erkennbar. Es bleibt abzuwarten, ob durch solche Maßnahmen das Defizit an demokratischer Legitimation verringert werden kann. Aber der Versuch, politische und ökonomische Schwäche gegenüber der Bundesrepublik durch sozialistisches Geschichtsbewußtsein und durch eine auf Konfrontation gerichtete Vertragspolitik zu verschleiern, wird nicht ohne Geschick vorangetrieben. Nicht nur Abgrenzung, sondern ein neuer gesamtdeutscher Zukunftsanspruch wird mit der sozialistischen Geschichtsinterpretation postuliert.

Das Dilemma des kalten Krieges bestand darin, daß der harte Antikommunismus, genährt durch den marxistischen Atheismus, durch das sowjetische Verhalten nach 1945 in Europa zwar voll verständlich und wohl unvermeidlich war, aber politisch statt notwendiger Annäherung das Gegeneinander zwischen den Deutschen zwangsläufig machte. Daß trotz allem die aus einer deutschen Katastrophe entstandene Bundesrepublik politisch und moralisch stabil wurde, ist nicht zuletzt das Verdienst einer freiheitlichen Staats- und Rechtsordnung sowie einer pluralistischen Gesellschaft. Daß der erfahrungsgesättigte Antikommunismus hierbei das diplomatisch-politische Kalkül für deutsche Einheit erdrückte, war vielleicht unausweichlich. Hier liegt die Tragik der notwendigen moralischen und demokratischen Fundierung der fünfziger Jahre. Eine der größten Leistungen der neuen Ost- und Deutschlandpolitik seit 1969 lag darin, die deutsche Frage nicht mit Kreuzzugsmentalität zu überfrachten, sondern sachlich anzupacken.

Die Regierungskoalitionen stellten in den siebziger Jahren Frieden und Entspannung in den Vordergrund, vernachlässigten aber das Bewußtsein für Freiheit und Verteidigungsbereitschaft. Es wurde hintangestellt, daß nationale und internationale Friedenspolitik durch totalitäre Ideologien mit universalem Geltungsanspruch erschwert wird. Wenn eine solche Ideologie wie die des Weltkommunismus gar von einer Weltmacht, ausgestattet mit allen militärischen Attributen, getragen wird, dann ist dies eine Quelle von Furcht und Unfrieden in den internationalen Beziehungen.

Zusammenfassend läßt sich über die Entspannungspolitik der siebziger Jahre sagen:

Dank Willy Brandts Ostpolitik und aufgrund eigener Leistungen in den verschiedenen Welt- und Energiekrisen der siebziger und frühen achtziger Jahre hatte Schmidt die ökonomische Großmacht Bundesrepublik auch politisch auf eine globale Ebene angehoben.

Begünstigt wurde dieser Prozeß dadurch, daß die westlichen Partner Machteinbußen hinnehmen mußten, hingegen die Bundesrepublik unter Schmidt mit vielen Krisen in der Welt besser fertig wurde. Unter Helmut Schmidt wurden die Sicherheitsprobleme komplex. Ökonomische, politische, militärische, terroristische und ökologische Fragen schufen fünf zum Teil miteinander kompliziert verknüpfte Sicherheitsdimensionen, die für sich allein, aber besonders in der komplexen Wechselwirkung die Schwierigkeiten erhöhten.
Für einige Jahre konnte Schmidt den außenpolitischen Radius der Bundesrepublik enorm ausdehnen, vielleicht sogar überdehnen. Seine diplomatischen Fähigkeiten, sein Mut, in Krisen kraftvoll und gemeinsam mit anderen Partnern zuzupacken, machten ihn zum globalen Krisenmanager: zuerst im Rahmen der Weltwirtschaftsgipfel, dann nach der Doppelkrise Iran/Afghanistan, als er die Sprachlosigkeit der zwei neurotischen Riesen überbrücken wollte. Schließlich hatte er sich außenpolitisch übernommen, wich innenpolitisch vor unpopulären Tendenzen zurück und scheiterte parteipolitisch. Die drei Leitlinien für die Außenpolitik – außenpolitische Kompatibilität, innenpolitischer Konsens und parteipolitische bzw. koalitionspolitische Geschlossenheit – zerbrachen am Ende der siebziger Jahre in der Regierung Schmidt/Genscher.

Karl-Rudolf Korte

Deutschlandbilder: Die deutsche Frage in den siebziger und achtziger Jahren

»Schwerenöter« – der Roman von Hanns-Josef Ortheil – skizziert ein Gesamtbild der bundesrepublikanischen Nachkriegsgesellschaft.[1] Als Bundesbildungsroman charakterisieren ihn zentrale Indikatoren. Sie sind für seine große Resonanz mitverantwortlich und maßgeblich für das politisch-kulturelle Stimmungsbild seit Anfang der siebziger Jahre:

1. Die Zeitgeschichte Deutschlands wird literarisch verarbeitet. Deutschland, d. h. hier die Geschichte der Bundesrepublik und die Geschichte ihrer Generationen, ist Gegenstand des Romans. Das Thema Deutschland ist Kulisse und Bühne in einem. Traditionelle Stereotype über die Deutschen finden in der prägnanten Metapher der beiden gegensätzlichen Brüder ihre Wiederkehr: Der eine melancholisch-gedankenvoll, auf der Seite des Geistes, der andere praktisch, wendig, auf der Seite der Macht – eben gespalten deutsch.
2. Zeitgeschichte wird zentral aus der Biographie eines Zwillingsbrüderpaares entwickelt. Nicht die angeblich unbeeinflußbare und abstrakt-ferne internationale Politik, sondern die Innenansichten der Republik stehen im Mittelpunkt, Wahrnehmungsfelder bundesdeutschen Innenlebens tauchen auf. Die subjektiven Dispositionen bestimmen die Erzählstruktur. Die Geschichte der Bundesrepublik Deutschland wird so als Identitätsfrage subjektiviert.

1 Dieser Aufsatz ist eine überarbeitete Fassung meines Beitrages: »Deutschlandbilder – Akzentverlagerungen der deutschen Frage seit den siebziger Jahren«, in: Aus Politik und Zeitgeschichte, 1988, B 3, S. 45–53. Weiterführende Hinweise sind der Dissertation des Verf. zum gleichen Thema zu entnehmen, die im Verlag Wissenschaft und Politik, Köln, mit dem Titel: Der Standort der Deutschen. Akzentverlagerungen der deutschen Frage in der Bundesrepublik Deutschland seit den siebziger Jahren (1972–1987), 1989 erscheint.

3. Der Roman reiht sich in die Revue der Bilanzierungen zu dem nunmehr fast vierzigjährigen der Bundesrepublik. Der Rückblick ist Dokument eines gewachsenen »Wir-Bewußtseins« als Bundesbürger. Er ist auch gleichzeitig ein Psychogramm des bundesrepublikanischen Bewußtseins, eine Darstellung der »Suchbewegung« nach einer eindeutigeren, in sich ruhenden Selbstbeschreibung deutscher Identität. Die Zweifel gelten dabei noch immer den geistig-politischen Selbstlokalisierungsproblemen und nicht der politisch-staatlichen Existenz.

Mit diesen drei Indikatoren des »Schwerenöter«, dem Deutschlandthema, den Identitätsfragen, der »Suchbewegungen«, avanciert der Roman aus politikwissenschaftlicher Sicht zur Zeitgeistchronik, die das Profil der Republik mit all ihren Bruchlinien literarisch aufarbeitet. Wenn demnach das Deutschlandthema die sensiblen Zonen des Zeitgeistes erneut prägt, dann bleibt zu fragen, ab wann und in welchen Akzentuierungen sich dies abzeichnet? Methodisch sollen dabei im folgenden eine Galerie von Deutschlandbildern seit 1972 aufgereiht werden. Es handelt sich dabei nicht um in Archiven gespeicherte, unauslöschlich auf Zelluloid fixierte Bilder.[2] Im Mittelpunkt stehen vielmehr die Bilder in unseren Köpfen, die als Analogiemodelle der Außenwelt anthropologisch notwendig sind.[3] Es sind geistige Konstrukte, die zu einer inneren Ebene der Perzeption, der Vorstellung, der Images von der Realität gehören. Wissenschaftstheoretisch hat die Sozialpsychologie und die Wissenssoziologie hierfür das Analyseinstrumentarium erarbeitet.[4] Nationale Selbst- und Fremdbilder besitzen in der Gesellschaft und der Politik eine herausragende Ordnungs- und Kanalisierungsfunktion. Angesichts

2 So beispielsweise zum gleichen Zeitraum Anton Kaes, Deutschlandbilder. Die Wiederkehr der Geschichte als Film, München 1987, und mit Fotografien gespeichert in: Klamm, Heimlich + Freunde, Die siebziger Jahre, Berlin 1987.

3 Vgl. Otto Klineberg, Die menschliche Dimension in den internationalen Beziehungen, Bern/Stuttgart 1966, S. 44–59; Karl Jaspers, Psychologie der Weltanschauungen, München/Zürich 1985 (zuerst Berlin/Heidelberg 1954), hier S. 143 ff.

4 Grundlegend Kenneth N. Boulding, The Image, Knowledge in life and Society, Ann Arbor 1956; Hans-Peter Dreitzel, Selbstbild und Gesellschaftsbild. Wissenssoziologische Überlegungen zum Image-Begriff, in: Europäisches Archiv für Soziologie, 1962, H. 3, S. 181–228; ergänzend Peter L. Berger und Thomas Luckmann, Die gesellschaftliche Konstruktion der Wirklichkeit. Eine Theorie der Wissenssoziologie, Frankfurt/Main 1969; Alexander Demandt, Metaphern für Geschichte. Sprachbilder und Gleichnisse im historisch-politischen Denken, München 1979; Günter Dux, Die Logik der Weltbilder. Sinnstrukturen im Wandel der Geschichte, Frankfurt/Main 1982.

der nivellierenden Tendenzen unseres Medienzeitalters hat sich ihre identitätsstiftende Kraft sogar erhöht.
Der Mensch denkt und handelt in Bildern. Sein Verhalten wird offenbar weitgehend bestimmt durch diese Wahrnehmung über Bilder, denn unser Bewußtsein ist bestimmt durch ein sprachlich verfaßtes Bild von der Welt und von uns selbst.[5] Die Wirklichkeit wird so – zur Orientierungshilfe – über symbolhaft verdichtete Bildkonturen vermittelt. Dieser Bilder wiederum sind durch Ideen geschaffen worden.[6] Sie sind kognitive Konstrukte, die verhaltensorientierend wirken. Dies gilt sowohl auf der individuellen wie auf der kollektiven Ebene: »Das Image vom eigenen Selbst steht nicht unverbunden neben anderen Images, sondern wird von diesen mitbestimmt und umgekehrt. Selbstbild und Gesellschaftsbild gehören untrennbar zusammen.«[7] So beinhaltet das individuelle Selbstbild zum Standort der Deutschen – als Seismograph für Tendenzen der Politischen Kultur in der Bundesrepublik – auch immer gleichzeitig die Elemente von kollektiver Identität.
Deutschlandbilder sind vor diesem Hintergrund die Summe der Vorstellungen, die in der Bundesrepublik Deutschland sowohl über den eigenen wie über den anderen Teil Deutschlands geäußert werden, es sind somit geistig-politische Standort-Bilder.[8] In ihnen spie-

5 Vgl. Dreitzel, a. a. O., S. 181–228 u. Daniel Frei, Feindbilder und Abrüstung. Die gegenseitige Einschätzung der UdSSR und der USA, München 1985, S. 12.

6 Vgl. hierzu Rainer M. Lepsius, Interessen und Ideen. Die Zurechnungsproblematik bei Max Weber, in: Friedhelm Neidhardt u. a. (Hrsg.), Kultur und Gesellschaft, Opladen 1986, S. 20–31, hier besonders S. 20 f.; vgl. speziell zu den Perzeptionsmustern Jörg-Peter Mentzel u. Wolfgang Pfeiler, Deutschlandbilder. Die Bundesrepublik aus der Sicht der DDR und der Sowjetunion, Düsseldorf 1972.

7 Dreitzel, Selbstbild, a. a. O., S. 193; zur Variationsbreite der nationalen Bilder vgl. Karl-Rudolf Korte, Nationale Identifikation und europäische Bindung, in: Dirk Berg-Schlosser u. Jakob Schissler (Hrsg.), Politische Kultur in Deutschland. Bilanz und Perspektiven der Forschung, Wiesbaden 1987, S. 222–228.

8 Eine systematische inhaltsanalytische Arbeit liegt hierzu jetzt für den Bereich der Schulbücher vor. Vgl. Wolfgang Jacobmeyer (Hrsg.), Deutschlandbild und Deutsche Frage in den historischen, geographischen und sozialwissenschaftlichen Unterrichtswerken der Bundesrepublik Deutschland und der DDR von 1949 bis in die achtziger Jahre, Braunschweig 1986. Vgl. zu den politisch-kulturellen Veränderungen seit den siebziger Jahren: Hermann Rudolph, Die Herausforderung der Politik. Innenansichten der Bundesrepublik, Stuttgart 1985; Michael Rutschky, Erfahrungshunger. Ein Essay über die siebziger Jahre, Frankfurt/Main 1982; Georg Heinzel u. Uwe Koch, Von der Nutzlosigkeit, erwachsen zu werden, Hamburg 1985; Karl Dietrich Bracher, Politik und Zeitgeist. Tendenzen der siebziger Jahre, in: ders. u. a. (Hrsg.), Republik im Wandel. 1969–1974. Die Ära Brandt (Geschichte der Bundesrepublik Deutschland; Bd. 5/I), Stuttgart 1986, S. 285–406.

gelt sich die Problemkonstante der deutschen Frage wider. Denn als komplexes Problembündel ist die deutsche Frage nie nur eine Frage nach der nationalen und territorialen Organisation der Deutschen in der Mitte Europas gewesen. Der Doppelcharakter der deutschen Frage verweist vielmehr auch gleichzeitig auf die Suche nach dem eigenen Selbstverständnis, nach der politisch-gesellschaftlichen Ordnung Deutschlands.
Die inhaltliche Ausgestaltung spezifischer Deutschlandbilder entsteht vor allem in der intellektuellen Öffentlichkeit. Als Merker, Meinungsmacher, Moralisten artikulieren die Intellektuellen neue Bewußtseinslagen und schaffen sie auch mit immer neuen Leitbegriffen und Leitformeln. Versucht man die zentralen intellektuellen Deutschlandbilder zum geistig-politischen Standort der Deutschen durch eine Analyse politisch-kultureller Zeitschriften, Zeitungen und Bücher herauszufiltern, dann fällt auf, daß sich die Standortfragen an jeweils spezifischen Themenfeldern festmachen lassen.
Die in ihnen sich entfaltenden spezifischen Argumentationsfiguren und Topoi sollen anschließend kurz dargestellt werden. Die siebziger Jahre beginnen dabei mit dem Jahr 1972, weil in diesem Jahr durch die Unterschrift unter den Grundlagenvertrag zwischen der Bundesrepublik Deutschland und der DDR neue nationale Rahmenbedingungen der Politik gesetzt wurden und weil seit dem zweiten Bericht des Club of Rome als unübersehbares Signal des Glaubensverlustes an einen ungehemmten Fortschritt 1972 auch neue internationale Rahmenbedingungen der Politik zu beobachten sind.
Von 1972 bis Mitte der achtziger Jahre lassen sich neun zentrale Deutschlandbilder nachzeichnen. Die einzelnen Konfigurationen überlappen sich, liegen zeitlich dicht nebeneinander und charakterisieren keinesfalls abgeschlossene zeitgeschichtliche Phasen. Es ist der Versuch einer Typenbildung. Die neun Deutschlandbilder, die hier nur in ihren Schwerpunkten skizziert werden können, lauten:

1. Selbstanerkennung
2. Tendenzwende
3. Der »häßliche« Deutsche
4. Die nationale Frage
5. Friedensdiskussion
6. Die Identitätssuche
7. Die unruhigen Deutschen
8. Das »andere« Deutschland
9. Die Last der Vergangenheit

1. Selbstanerkennung: Fragen nach der Nation

Mit dem Ablauf des Jahres 1972 endet die Zeit der großen Aufbruchstimmung, des Reformklimas und des strategischen Nachdenkens über die Deutschland- und Ostpolitik. Die Diskussionen zum geistig-politischen Standort kreisen bis 1974 zentral um Fragen nach der Nation als Selbstanerkennungsfragen. Die Begrifflichkeit der deutschen Frage hat sich dabei verändert: Anerkennung, statusrechtliche Probleme, Bezeichnungen des zweiten Staates in Deutschland, Wiedervereinigung sind nicht Debattengegenstand nach 1972. Im Zentrum stehen Versuche einer weitgehend historisch abgeleiteten und zwischen der Bundesrepublik und der DDR gegensätzlichen Begriffsbestimmung der deutschen Nation sowie empirische Darstellungen des Standes des nationalen Zusammengehörigkeitsbewußtseins.[9] Die Nation wird zum Zentralbegriff dieser Zeit, Definitions- und Kategorisierungsbemühungen zum Stand der Kultur- und Bewußtseinsnation ergänzen die Debatte. Hinzu kommen in diesen Kontext neben Zusammengehörigkeitsbewußtsein auch die Fragen des System-Wettbewerbs und des zwischendeutschen Vergleiches. Die Anerkennung der Vergleichbarkeit beider Gesellschaftssysteme in Deutschland verursacht eine heftige Grundsatzdebatte zum Thema zwischendeutscher Vergleich und deutsche Frage als Frage nach dem Systemgegenstand.[10]
Die Autoren der umfangreichen empirischen Studien dieser Zeit konstatieren, daß sich die Bundesrepublik Deutschland als Staatsnation etabliert hat. Die Bundesbürger haben danach zu Beginn der siebziger Jahre die Selbstanerkennung vollzogen. Diese ist jedoch nicht frei von Widerspiegelungen der Instabilität des Selbstbewußtseins. So läßt sich die ambivalente Selbstanerkennungsproblematik nicht nur an der Nationsdebatte, sondern auch im Umfeld der Bundestagswahlen 1972 und an den inszenierten Selbstdarstellungen wie

9 Beispielsweise Karl-Heinz Janßen, Was ist Deutschland? Ein Begriff im Wandel der Generationen, in: Die Zeit v. 25. 2. 1972; Karl Holl, Deutsche Nation, in: Liberal, 14. Jg. 1972, H. 6, S. 413–419; zu den empirischen Studien vgl. Gebhard Schweigler, Nationalbewußtsein in der Bundesrepublik und der DDR, 2. Aufl., Düsseldorf 1974; Lutz Niethammer, Traditionen und Perspektiven der Nationalstaatlichkeit für die Bundesrepublik Deutschland, in: Außenpolitische Perspektiven des westdeutschen Staates, Bd. 2, München 1972, S. 13–107; Erich Kitzmüller u. a., Der Wandel der nationalen Frage der Bundesrepublik. Nationalstaat ohne Nationalökonomie?, in: Aus Politik und Zeitgeschichte, 1973, B 33, S. 3–30 u. B 34, S. 3–30.

10 Kontrovers dokumentiert in: Deutschland Archiv 1973, H. 5–10.

den Olympischen Spielen in München und dem 25jährigen Jubiläum der Bundesrepublik 1974 verdeutlichen. Anthologien deutscher Selbstreflexion haben Konjunktur.[11] Je weiter sich zeitlich die Distanz von den Deutschland- und Ostverträgen vergrößert, desto mehr gerät die eigentliche Teilungsproblematik aus dem Themenfeld der Standortbeschreibung. Im Mittelpunkt steht der Zustand der Demokratie in der Bundesrepublik Deutschland fünfundzwanzig Jahre nach dem Ende des NS-Regimes. Doch was ist die Bundesrepublik, wenn sie nicht mehr der Kern eines wiederherzustellenden Nationalstaates ist? fragt Richard Löwenthal.[12] Offenbar wird die Selbstdefinition schwieriger angesichts der vergleichenden Auseinandersetzung mit der DDR.

2. Tendenzwende: Innenansichten und Suchbewegungen

»Auf einmal hieß es, der Wind habe sich gedreht im Land. Ich weigerte mich noch, es zu glauben, aber schal war sie trotzdem geworden, die vielversprechende Zeit.«[13] Diese stimmungsmäßig neu akzentuierten Deutschlandbilder lassen sich ab 1973/74 nachweisen. Begrifflich eingrenzen läßt sich diese Kursveränderung mit dem bezeichnenden Terminus Tendenzwende.[14] Er wird Signalwort dieser veränderten Bewußtseinslagen. »Reform« wird durch »Lebensqualität« ersetzt. Die Krise der Wohlstandsgesellschaft und des Fortschrittgedankens avancieren zu zentralen Themen seit der Ölkrise als impulsgebendem Katalysator.
Die neuen Wahrnehmungsmuster dieser Zeit bestimmen die Deutschlandbilder bis in die achtziger Jahre hinein. Dazu zählen Subjektivität, Krisenempfinden, Such- und Orientierungsbewegungen. Das hat unmittelbar Auswirkungen auf die deutsche Frage. Mit

11 Weiterführend Karl-Rudolf Korte, Erinnerungsspuren: Das neue Gesellschaftsbewußtsein, in: Werner Weidenfeld (Hrsg.), Geschichtsbewußtsein der Deutschen. Materialien zur Spurensuche einer Nation, Köln 1987, S. 65–79, hier S. 72 f.

12 Richard Löwenthal, Vom Kalten Krieg zur Ostpolitik, in: ders. u. Hans-Peter Schwarz, Die Zweite Republik. 25 Jahre Bundesrepublik Deutschland. Eine Bilanz, Stuttgart 1974, S. 604–699, hier S. 693.

13 Heinzen/Koch, a. a. O., S. 51.

14 Die Tagung der Bayerischen Akademie der Schönen Künste vom November 1974 mit dem Leitthema »Tendenzwende?« führt zur völligen Verselbständigung dieses Begriffes. Zusammengefaßt bei Clemens Graf Podewils (Hrsg.), Tendenzwende? Zur geistigen Situation der Bundesrepublik, Stuttgart 1975.

der Rückkehr des Ich, der Rückbewegung von Systemstruktur und Systemdenken zum Individuum sind Authentizität und Subjektivität, Erfahrungshunger die neuen Kriterien für die Standortbeschreibung.[15] Alles Politisch-Gesellschaftliche wird auch gleich privat-individualistisch erfahren. Exemplarisch verdeutlichen dieses neue Wahrnehmungsmuster die beiden Kultbücher »Lenz« von Peter Schneider und »Die Reise« von Bernward Vesper. Im favorisierten eigenen Ich wird nun auch ein Stück Deutschland gesucht: ». . . nicht also, wir sind wieder wer. Sondern: wer sind wir wieder?«[16]

Diese Fragen sind weitgehend losgelöst von der unmittelbaren Verfaßtheit des politischen Systems, eher schwebend und von kulturkritischen Strömungen begleitet. Die deutsche Frage wird ventiliert durch diese individuellen Wahrnehmungsmuster und ist ausschließlich auf die bundesrepublikanische Gesellschaft ausgerichtet. Es sind inhaltlich Innenansichten und strukturell Suchbewegungen nach Gemeinschaftsbindungen, nach Ankerpunkten in der Vergangenheit[17], nach dem unverwechselbaren eigenen Ich. Bezeichnenderweise gibt es erstmals 1974 in der Bundesrepublik gleich zwei Kunstausstellungen, die im Titel mit dem Identitätsbegriff operieren – der jedoch im Ausstellungskatalog noch lexikalisch erläutert wird – und ihn inhaltlich mit spezifischen Sehnsuchtsbildern verknüpfen: »Die verlorene Identität: Die Gegenwart des Romantischen« sowie »Identität, Versuche bildhafter Selbstdefinition«. Die neuen Bindungsoptionen sind im Kern Fluchtbewegungen aus der als häßlich empfundenen Gegenwart. Das gedachte Deutschland mit romantischen Deutschlandbildern wird dabei zur geistigen Flucht aus der Moderne.

15 Exemplarisch Michael Schneider, Von der alten Radikalität zur neuen Sensibilität, in: Kursbuch 1977, H. 49, mit dem Schwerpunktthema »Sinnlichkeiten«, S. 174 bis 187.

16 Fritz J. Raddatz, Zweifel melken, in: Frankfurter Hefte, 31. Jg. 1976, H. 4, S. 137 bis 148, hier S. 148. Vertiefend Karl-Rudolf Korte, Wer sind wir? Die deutsche Frage als Thema unserer politischen Kultur, in: Liberal, 27. Jg. 1985. H. 4, S. 115–123.

17 Hinweise dazu in: Der Spiegel vom 6. 1. 1975, Nr. 1/2 mit dem Titel »Tendenzwende«: Jeder fühlt den neuen Wind, S. 119 ff.; Hermann Glaser, Der Gartenzwerg in der Boutique. Mythen der Regression. Provinzialismus heute, Frankfurt/Main 1973; ders., Brauchen wir ein neues Biedermeier? Kulturpolitik und die Grenzen des Wachstums, in: Frankfurter Hefte, 29. Jg. 1974, H. 5, S. 356–361. Speziell zu den Suchbewegungen dieser Zeit vgl. Hanns-Josef Ortheil, Köder, Beute und Schatten. Suchbewegungen, Frankfurt/Main 1985; Dieter Baacke, Nostalgie. Ein Phänomen ohne Theorie, in: Merkur 1976, H. 5, S. 442–452.

3. Der »häßliche« Deutsche: Innere Sicherheit

Der Extremistenbeschluß, die Sympathisanten-Kampagne und die terroristischen Gewalttaten sind die Kulissen der neuen Standortbeschreibung. Parallel zur Tendenzwende mit einem Höhepunkt 1977 finden sich neu akzentuierte Bilder. Die Süddeutsche Zeitung erklärt 1977 zum »Jahr des häßlichen Deutschen«.[18] Die geistigen Polarisierungen drücken sich in Bildern des historischen Vergleichs aus. Die Selbstbilder enthalten als Referenzpunkt den Faschismus-Nationalsozialismus, den deutschen Obrigkeitsstaat und die angeblichen deutschen Eigenschaften.[19] Der Rekurs auf traditionelle Images der Deutschen[20] prägt die politisch-kulturelle Argumentation. Schon 1973 wird der Streit um den sogenannten Radikalenerlaß und den Terrorismus als »typisch deutsche Frage«[21] bezeichnet. Ist der Terrorismus in dieser Diskussion ein spezifisch »deutsches Phänomen«?[22] Gibt es »spezifisch deutsche Züge«[23] in der Reaktion auf die Herausforderungen durch den Terrorismus? Gerade in dieser Zeit entpuppen sich die Selbstbilder auch als Reaktion auf die internationalen Fremdbilder über die Deutschen. So zeigt eine Analyse des internationalen Fremdbildes, daß zwei negative Deutschlandbilder um das Jahr 1977 herum aktualisiert sind:

- Die Bundesrepublik als ein regressiver, autoritätsgläubiger Polizei- und Obrigkeitsstaat;

18 Zit. n. Jürgen C. Heß, Zum Deutschlandbild der Niederländer, in: Liberal 1978, H. 8, S. 614–627, hier S. 614; speziell zum Topos des häßlichen Deutschen, vgl. Emanuelle Gazzo, Das gestörte Bild der Deutschen. Zur aktuellen Kritik der Bundesrepublik in Europa, in: Europa-Archiv, 1977, Folge 23, S. 823–831, hier S. 826–828; Karl-Heinz Bohrer, Die Macht des Bildes. Zur Soziologie des häßlichen Deutschen, in: Merkur, 1977, H. 12, S. 1228–1230; Eugen Kogon, Der häßliche Deutsche, in: Frankfurter Hefte, 31. Jg. 1976, H. 11, S. 11–14.

19 So beispielsweise Otthein Rammstedt, Die Instrumentalisierung der Baader-Meinhoff-Gruppe, in: Frankfurter Hefte, 30. Jg. 1975, H. 3, S. 27–38; Golo Mann, Deutschland im Herbst, in: Neue Rundschau 1978, S. 489–492. Überblickartig dokumentiert sind diese Bildkomponenten im Literaturmagazin Tintenfisch, 1976, Nr. 9 mit dem Titel »30 Jahre danach«, Beispiele und Kommentare, S. 81–96.

20 Traditionelle Images bei Manfred Koch-Hillebrecht, Das Deutschlandbild. Gegenwart – Geschichte – Psychologie, München 1977.

21 So Werner Hill, in: Vorwärts v. 27. 9. 1973.

22 Guntram von Schenck, Terrorismus als deutsches Phänomen, in: Neue Rundschau 1978, S. 30–41.

23 Martin Greiffenhagen, Von Potsdam nach Bonn. Zehn Kapitel zur politischen Kultur Deutschlands, München/Zürich 1986, S. 203.

– die Bundesrepublik als eine von Totalitären unterwanderte und terrorisierte Demokratie.[24]

Quantitativ kann sogar festgestellt werden, daß die Debatte um die innere Sicherheit in der Bundesrepublik etwa dem Umfang der Publikationen zum Deutschlandbild im Ausland Mitte der siebziger Jahre entspricht. Das deutsche Image draußen ist Gegenstand sensibler Beobachtungen: »Betroffen reiben wir uns die Augen. Aus dem Spiegel, den uns das Ausland neuerdings vorhält, grinst uns eine Fratze an: die des häßlichen Deutschen.«[25] Unterstellt wird dabei auch, daß das »böse Deutschland«[26] draußen in der Welt von drinnen in der Bundesrepublik kommt. Deutlich offenbart gerade das Themenfeld der inneren Sicherheit die tiefe Sehnsucht nach Sicherheit, die Furcht vor der Zukunft und den Mangel an Vertrauen in sie als ein zentrales charakteristisches Wertprofil der Bundesbürger, was sich in der Friedensdiskussion gegen Ende der siebziger Jahre noch weiter ausdifferenziert.[27]

4. Die nationale Frage, wiederaufgelegt: Renaissance des Nationalgefühls?

Die geistig-politische Standortdiskussion der Deutschen wird seit 1977 wieder verstärkt unmittelbar und explizit durch die deutsche Frage bestimmt. Nachdem sich die Standortdiskussion im Kontext der Auseinandersetzungen zur Tendenzwende und zur inneren Sicherheit mehr indirekt mit der deutschen Frage beschäftigt, tritt nun die Standortdebatte um ein zeitadäquates, angemessenes Deutschlandbild der Deutschen in das politische Gegenwartsbewußtsein. Formuliert wird die deutsche Frage jetzt als Frage nach uns selbst. Die deutsche Frage, Deutschland, die Nation werden intensiv und explizit Gegenstand der Auseinandersetzung. Die nationale Frage

24 Überblicksartig François Bondy, Wie sieht uns die Welt? Das Bild vom Deutschen im Ausland, in: Die Zeit v. 29. 12. 1978.

25 Theo Sommer, Die Deutschen im Zerrspiegel. Radikalenerlaß als Stein des Anstoßes, in: Die Zeit v. 4. 6. 1976.

26 So beurteilt von Günther Gillessen, Die unheimlichen Deutschen. Mißverständnisse von draußen werden mit Übertreibungen von drinnen genährt, in: FAZ v. 25. 2. 1978.

27 Zur Sicherheit als Wertorientierung vgl. Helge Proß, Was ist heute Deutsch? Wertorientierungen in der Bundesrepublik, Hamburg 1982, besonders S. 100–106.

erscheint wiederaufgelegt. Seit dieser Zeit setzt eine deutliche Phase der kritischen Reflexion zur Nation ein, die viel grundsätzlicher nach dem eigenen bundesrepublikanischen Selbstverständnis fragt, ohne unmittelbar die Teilungsproblematik mit zu reflektieren. Der Topos Nation und seine begrifflichen Derivate tauchen inflationär auf. Umfangreiche Grundsatzartikel und Aufsätze an zentralen Stellen, Themenhefte, Sammelrezensionen, Schlagzeilen über angeblich spektakuläre Umfrageergebnisse zum Nationalbewußtsein und Tagungsaktivitäten politischer und kirchlicher Akademien sowie Filme des Neuen Deutschen Kinos sind die Indikatoren.[28] Quantitativ lassen sich zwei Renonanz-Wellen – 1977/78 und 1980/81 – dabei nachweisen. Qualitativ durchzieht die Texte leitmotivisch die Frage: In welchem Verhältnis der Identifikation stehen die Bundesbürger zu ihrem Staat und gleichzeitig zur Identifikation als Deutsche? Die zentralen Argumentationsfiguren und prägenden Debattenschwerpunkte kreisen um ein verändertes »Wir-Bewußtsein« mit drei differenzierten Varianten:

a) Bundesrepublikanisches und/oder gesamtdeutsches Bewußtsein?[29]: Ohne Ausschließlichkeitsanspruch deuten alle Symptome auf eine zunehmende separate Bildreduktion der Vorstellungswelt der Bundesbürger von einem gesamtdeutschen auf ein bundesrepublikanisches Bewußtsein als Standortvariante.[30]
b) Verfassungspatriotismus: ein Beschreibungsversuch der Qualität und Intensität der Gemeinschaftsorientierung der Bundesbürger. Konkret stellt sich im Umfeld der von Dolf Sternberger 1979 initiierten Diskussion die Frage, ob der Verfassungspatriotismus als Identifikationsmöglichkeit genutzt werden kann? Das Deutschlandbild des Verfassungspatriotismus reduziert sich auf die Bundesrepublik.
c) Jubiläum – 30 Jahre Bundesrepublik Deutschland: Die im Tenor resignative Leistungsbilanz fällt wesentlich umfangreicher aus als bei vorhergehenden Jahrestagen. Für die Dichotomie zwischen

28 Überblicksartig hierzu Werner Weidenfeld (Hrsg.), Die Identität der Deutschen, Bonn 1983.

29 Die Debatte ist zusammenfassend kurz charakterisiert bei Gebhard Schweigler, Grundlagen der außenpolitischen Orientierung der Bundesrepublik Deutschland. Rahmenbedingung, Motive, Einstellungen, Baden-Baden 1985, S. 116–141.

30 Wie sehr das territoriale Bewußtsein auch ein Element der nationalen Identität ist, veranschaulicht Rudolf von Thadden, Das verschobene Vaterland. Deutsche Identität ohne Deutschlands Osten?, in: Süddeutsche Zeitung v. 11./12. 4. 1987.

objektiver Stabilität und der Labilität des subjektiven Bewußtseins werden die Traditionslinien der deutschen Frage mit verantwortlich gemacht. Der geistig-politische Standort der Deutschen wird als Frage nach uns selbst explizit gestellt.[31]

Die Substanz der drei Deutschlandbild-Varianten zielt primär auf Bewußtseinsprofile der Deutschen und nicht auf die deutschlandpolitische Alltagsrealität. Es sind drei Stufen eines veränderten, auf das Gemeinwesen der Bundesrepublik Deutschland ausgerichteten Wir-Bewußtseins, ohne jedoch darüber hinausgehende Deutschlandbilder grundsätzlich auszuklammern.

5. Friedensdiskussion: Sicherheitspolitische Anfragen

Friedensbewegung und Nachrüstungsdebatte sind die Katalysatoren dieser neuen Deutschlandbilder, deren Ausprägungen besonders intensiv im Jahre 1981 liegen. Die Standortdebatte ist damit Reflex auf die veränderte internationale Lage nach dem Abflauen des Entspannungsklimas. Die national bestimmten Begründungszusammenhänge der Friedensdiskussion, die weit über die Friedensbewegung hinauswirken, kreisen um die besondere Gefährdung Deutschlands und die gesamtdeutsche Verantwortung, die Zugehörigkeit zum Westen sowie um deutschlandpolitische Denkmodelle. So tauchen erstmals seit Beginn der siebziger Jahre wieder deutschlandpolitische Alternativkonzepte auf, die auf zwei Denkmodelle rekurrieren und Deutschlandbilder mit Europabildern verknüpfen:

- Das Ausscheren aus dem geteilten Europa durch National-Neutralismus.[32]
- Die Tendenz, eine Lösung der deutschen Frage in ihrer Europäisierung zu suchen bei Akzeptanz deutscher Zweistaatlichkeit.[33]

31 Einen Überblick über die Jubiläumsliteratur gibt Hermann Rudolph, Bundesdeutsche Innenwelten, in: Merkur 1979, S. 1034–1038; Hermann Glaser, In diesem Lande leben wir. Ein Blick auf Rückblicksbücher, in: Politische Vierteljahresschrift 1980, H. 1, S. 6–16; Manfred Weber, Ein Jubiläum aus der Retorte. Dreißig Jahre Bundesrepublik, in: Der Monat 1979, H. 3, S. 118–121.

32 Dazu vor allem: Frieden schaffen mit anderen Waffen. Fünf Vorschläge zu einer alternativen Sicherheitspolitik, hrsg. v. Komitee für Grundrechte und Demokratie, Reinbek 1981.

33 Zur Dimension Europa vgl. Peter Bender, Das Ende des ideologischen Zeitalters. Die Europäisierung Europas, Berlin 1981.

Unzufriedenheit mit dem politischen Status quo der deutschen Frage führt zu einer Standortsuche, als Suche nach einem neuen, friedenspolitisch geprägten Selbstverständnis. Die voluntaristische Sehnsucht nach Veränderung des Zustandes der deutschen Nation bleibt einigende Zielbestimmung auf dem extrem linken und rechten politischen Spektrum. Frieden kann danach nur durch die Nation erreicht werden.
Die deutsche Frage wird explizit im Zeichen der Entideologisierungsdiagnose nicht mehr als Systemfrage diskutiert. In der öffentlichen Problem-Wahrnehmung haben die sicherheitspolitischen Anfragen das Freiheitsparadigma überlagert.[34] Die Selbstbilder und die konkreten Deutschlandmodelle rekurrieren auf traditionell neutralistische oder nationalistische oder antimodernistische Strömungen.[35] Daraus resultieren die entsprechenden Angebote nationaler Orientierungsmuster abseits der Blöcke: der Primat der Nation, Antiamerikanismus als Westprotest und Brücke- bzw. Mittlerpositionen. Der nationale Neutralismus manifestiert sich als Suche nach Sicherheit. Die Mischung aus Krisenbewußtsein, Neuen Sozialen Bewegungen und deutscher Frage führt zu einer Verengung des Blickwinkels: Die internationale Dimension der deutschen Frage wird auf überschaubare, beeinflußbare, persönliche Betroffenheitskategorien reduziert.

6. Identitätssuche der Deutschen: Sinnfragen

Im Verlauf der siebziger Jahre macht der Identitätsbegriff eine Sinnverschiebung und Sinnerweiterung mit. Vom erklärungsbedürftigen Begriff Anfang der siebziger, über ein politisches Schlagwort Ende der siebziger avanciert Identität in den achtziger Jahren zum Modewort für Zeitgeistphänomene.[36] Dabei zeigt sich, wie der Begriff

34 In vielschichtigen Facetten dokumentiert im Kursbuch Nr. 61 v. 1980 mit dem Thema »Sicher in die achtziger Jahre«; Wilfried von Bredow, Über den neuen Apokalypse-Enthusiasmus in der Bundesrepublik Deutschland, in: ders., Deutschland – ein Provisorium?, Berlin 1985, S. 100–111.

35 So analysierbar aus dem Sammelband Wolfgang Venohr (Hrsg.), Die deutsche Einheit kommt bestimmt, Bergisch-Gladbach 1982; vertiefend dargestellt bei Arno Klönne, Zurück zur Nation? Kontroversen zu deutschen Fragen, Köln 1984.

36 Zur Verwendung des Begriffs Identität, vgl. Gerold Schmidt, Identität Gebrauch und Geschichte eines modernen Begriffs, in: Muttersprache, 86. Jg. 1976, S. 333 bis 354. Zur aktuellsten Verwendung Karl Dietrich Bracher, Das Modewort Identität und die Deutsche Frage, in FAZ v. 9. 8. 1986.

sukzessive seit Mitte der Siebziger auch auf den politisch-philosophischen Bereich der deutschen Frage angewandt wird. Identität wird zum Kernbegriff der deutschen Frage.

Wenn die Selbst- und Fremdbilder der Deutschen wachsende Unsicherheit des geistig-politischen Standortes beschreiben, dann ist die zunehmende Konjunktur des Identitätsbegriffs im Kontext der deutschen Frage verständlich. Identität ist schon sprachimmanent ein zeitgerechter Sammelbegriff für Such- und Orientierungsbewegungen. Buch- und Aufsatztitel zur Politischen Kultur der Deutschen und zur deutschen Frage bevorzugen auch vor diesem Hintergrund Fragezeichen oder in Frage stellende Adjektive. Die Konjunktur des Identitätsbegriffs resultiert somit nicht nur aus schlagzeilenträchtigen Zufallsprodukten, sondern Identität ist Chiffre des Zeitgeistes und ein Signal für empfundene Identitätsdefizite.[37] Die gesuchte Identität als das spezifisch unverwechselbare Eigene ist gleichzeitig Gegenbegriff zu modernen Entfremdungssyndromen[38] und provoziert neue Flucht- und Suchbewegungen. Die traditionellen Antwortversuche kreisen dabei um drei Leitformeln, in denen sich eine Standortsuche nach vorrationalen Vertrautheiten den Weg bahnt: Heimatnostalgie, Geschichtsneugierde und Nationsinteresse.[39] Die Ich-Erkundung führt zu neuen, provinziell gefärbten, regional geprägten Deutschlandbildern.

Auch die Ausweitung und Aufladung des Politik- und Kulturbegriffs während der siebziger Jahre betrifft unmittelbar die deutsche Frage und die Deutschlandbilder. Das zeigt der Identitätsbegriff, mit dem sich die neue Anforderungsstruktur an die deutsche Frage analysieren läßt. Aus der Identitätsfrage: »Wer bin ich?« wird »Wer bin ich als Deutscher?« Den Anforderungen der Aktualität lebensweltlicher Argumentationsmuster muß nun auch die deutsche Frage

37 Weiterführend Werner Weidenfeld, Die Suche nach Identität: Ein deutsches Problem?, in: ders. (Hrsg.), Nachdenken über Deutschland. Materialien zur politischen Kultur der deutschen Frage, 2. Aufl. Köln 1987, S. 89–99, hier S. 90– 99; Karl-Rudolf Korte, Die Nation: Chance zur Selbstverwirklichung? Wertwandel und nationale Frage, in: Konrad Adam (Hrsg.), Kreativität und Leistung, Köln 1986, S. 245–249.

38 Leitmotivisch bei Botho Strauß, beispielsweise Paare, Passanten, 2. Aufl., München 1985, S. 176; grundsätzlich Wilhelm Hennis, Identität durch Errungenschaften? Zu einigen Wandlungen der politischen Kultur in der Bundesrepublik, in: Institut der deutschen Wirtschaft (Hrsg.), Wirtschaftliche Entwicklungslinien und gesellschaftlicher Wandel, Köln 1983, S. 29–41.

39 Zu den einzelnen Themenfeldern dieser rückwärtsgewandten Modernität vgl. Karl-Rudolf Korte, Suchbewegungen: Wo ist der deutsche Standort?, in: Nachdenken über Deutschland, a. a. O., S. 19–36.

gerecht werden.[40] Sie muß das neue Welt- und Lebensverständnis widerspiegeln. Sie wird in der Tiefendimension in Betroffenheitskategorien zerlegt. Gefühle zur Lage der Nation und persönliche Bekenntnisse stehen im Mittelpunkt. Die Frage »Lieben Sie Deutschland?«[41] gilt nicht der Erkundung eines neuen Nationalgefühls, sondern soll das ganz persönliche Durcheinander von Identifizierung und Ablehnung sichtbar machen: »Wieviel von Deutschland ist im eigenen Ich enthalten?«[42]

Die Identitätssuche kreist damit um kulturelle Phänomene, die mit nationaler Einheit, mit Nation als Hauptargumentationsstrang wenig verbindet. Die Nation dient nur als Vorwand[43], als Vehikel[44] für andere Ambitionen nach konkreter Sinnerfüllung. Die sich dabei mit vermischenden kultur- und zivilisationskritischen Strömungen sind weniger Ausdruck des Unbehagens an der Nation als an der Verfaßtheit unserer bundesrepublikanischen Gesellschaft.[45] Das neue bundesrepublikanische Selbstbewußtsein artikuliert sich somit unter der Tarnkappe der Identitätssuche in ganz neuen Bahnen. Verstärkend kommt hinzu, daß den Zeitgeist der achtziger Jahre eine Ich-Kunst prägt, die Identitätsfindung über ästhetische Stilbildung fördert.[46]

40 Hierzu besonders Wilfried Nelles, Kollektive Identität und politisches Handeln in Neuen Sozialen Bewegungen, in: Politische Vierteljahresschrift 1984, H. 4, S. 425 bis 440, hier S. 433–435; Rudolph, Die Herausforderung der Politik, a. a. O., S. 104 bis 106; Eberhard Knödler-Buntes, Wider die Kurzatmigkeit sozialdemokratischer Kulturpolitik, in: Die Neue Gesellschaft/Frankfurter Hefte, 32. Jg. 1985, H. 1, S. 64–75, hier S. 64 u. 74 f.

41 Marielouise Janssen-Jurreit (Hrsg.), Lieben Sie Deutschland? Gefühle zur Lage der Nation, München/Zürich 1985.

42 Ebenda S. 10.

43 Vgl. Alexander Schwan, Frei vor vereint. Die Wiederbelebung der nationalen Fragen ändert nichts an der Räson der Bundesrepublik, in: Die Politische Meinung, 28. Jg. 1983, H. 206, S. 31–39.

44 Vgl. Hermann Rudolph, Die Deutsche Frage – neu gestellt? Zur Kritik des neuen Patriotismus vor dem Hintergrund von Jacob Kaisers Brücke-Konzept, in: Mut zur Einheit. Festschrift für Johann-Baptist Gradl, Köln 1984, S. 147–163.

45 Vgl. Rudolph, Die Deutsche Frage, a. a. O., hier S. 156.

46 Weiterführend Rüdiger Bubner, Moderne Ersatzfunktionen des Ästhetischen – Lebensversöhnung durch Kunst, in: Merkur, Februar 1986, S. 91–107; Ulrich Greiner, Beethoven. Über die Ästhetisierung des Boulevards und die Boulevardisierung der Ästhetik, in: Die Zeit v. 18. 4. 1986; Karla Fohrbeck, Spielraum der achtziger Jahre: Stilbildung auf der Lebensbühne, in: FAZ v. 21. 6. 1986.

7. Die unruhigen Deutschen: Neue deutsche Sonderwege

Der geistig-politische Standort der Deutschen erhält zu Beginn der achtziger Jahre seine spezifische Akzentuierung auch durch eine von außen, von Ausländern angeregte Selbstverständnisdebatte innerhalb der Bundesrepublik. Friedensdiskussion und Suche nach Identität geben die Impulse für eine breite Perzeption ausländischer Fremdbilder. Im Mittelpunkt der Deutschlandbilder steht das Bild des unruhigen Deutschen. Dabei ist unseren Nachbarn offenbar unklar, was die Deutschen eigentlich wollen nach drei Jahrzehnten der Beruhigung. Wohin gehen die wandelbaren Deutschen diesmal? Zentrale Interpretationskategorie ist dabei der deutsche Sonderweg. Er wird direkt als wissenschaftliche Kontroverse erörtert[47] und indirekt als Gesamtklassifizierung der Bewegungen in der deutschen Frage benutzt.[48] Drei unterschiedliche Standortausprägungen erhält die Sonderweg-Diskussion zwischen 1981 und 1984. Sie ist:

- eine geschichtswissenschaftliche Debatte um Kontinuitätslinien in der deutschen Geschichte;[49]
- eine politikwissenschaftliche Debatte um die politische Funktionalisierung des Sonderweggedankens;[50]
- eine Debatte um das »deutsche Problem«, der Ideologisierung eines eigenen deutschen Weges zwischen West und Ost, ein Deutungsmuster für die Denkfigur des Sonderbewußtseins.[51]

8. Das »andere« Deutschland: Leiden an Deutschland

»Einzig die Dichter wüßten noch, was deutsch zu nennen sich lohne. Sie hätten die deutsche Sprache als letztes Band geknüpft. Sie

47 Nachzulesen im Tagungsband Deutscher Sonderweg – Mythos oder Realität?, München u. a. 1982 (Kolloquien des Instituts für Zeitgeschichte).

48 Ausführlich festgehalten bei Eberhard Schulz u. Peter Danylow, Bewegung in der deutschen Frage? Die ausländischen Besorgnisse über die Entwicklung in den beiden deutschen Staaten, 2. Aufl., Bonn 1985.

49 Hier besonders in der Merkur-Kontroverse nachzeichenbar, vgl. Merkur 1981, H. 5, H. 7, H. 8, besonders zwischen Geoff Eley u. Hans-Ulrich Wehler.

50 So Karl Dietrich Bracher auf dem Kolloquium »Deutscher Sonderweg«, a. a. O., S. 46–53 u. Kurt Sontheimer, ebenda, S. 27–33.

51 Akzentsetzend hier vor allem Pierre Hassner, Was geht in Deutschland vor? Wiederbelebung der deutschen Frage durch Friedensbewegung und Alternative Gruppen, in: Europa-Archiv, Folge 17, 1982, S. 517–526.

seien das andere, das wahrhaftige Deutschland.«[52] Das »andere« Deutschland ist ein Topos der Deutschlandbilder, den schwerpunktmäßig Literaten für ihre Reflexionen der gesellschaftlichen Wirklichkeit in der Bundesrepublik thematisieren. Von Irene Böhme bis Martin Walser suchen sie vor allem seit Ende der siebziger Jahre nach Deutschland.[53] Vor dem Hintergrund der Friedensdiskussion kam es außerdem zu zahlreichen gesamtdeutschen Dichtertreffen in Ost und West. Auffallend ist jedoch nicht nur die direkt-explizite Verarbeitung der Teilungsproblematik, wie jüngst bei Walsers Spionage-Novelle »Dorle und Wolf«.[54] Neue Deutschlandbilder finden sich besonders indirekt in Verbindung mit der neuen Subjektivität in der Literatur der siebziger Jahre. Die vielfach nostalgische Suche äußert sich häufig in der parallelen Suchbewegung nach dem eigentlichen Deutschland. Wo liegt das echte, ursprüngliche Deutschland? Dabei taucht auch die Frage auf, ob die DDR noch Teil unseres bundesrepublikanischen Selbstverständnisses ist? Das »andere« Deutschland, die DDR, wird dabei neu entdeckt. Diese Entdeckungsreise in die DDR ist eine Beschreibung der DDR aus eigener Größe, unabhängig davon, wie man sie beurteilt, jenseits von Lobeshymnen und pauschalen Verdammungen. Die DDR bleibt Vergleichsgesellschaft[55], aber mit anderen Vorzeichen. Denn die Autoren entdecken jenseits der offiziell verordneten Staatskultur der DDR – im Provinzialismus der privaten Nischen – alte deutsche Tugenden. Aus der Reise in ein fernes Land der sechziger Jahre wird in den achtziger Jahren die Reise ins andere Deutschland.[56]
Dahinter steckt weniger ein gesamtdeutscher Impuls. Die neu entdeckten Gemeinsamkeiten, der differenzierte Blickkontakt in den

52 Günter Grass, Das Treffen in Telgte, Reinbek 1981, S. 90.

53 Ausführlicher dazu Karl-Rudolf Korte, Der Traum vom »anderen« Deutschland. Schriftsteller leiden am deutschen Weg, in: Deutschland Archiv, 17. Jg. 1984, H. 9, S. 958–962; exemplarisch nachzulesen bei Klaus Wagenbach u. a., Vaterland, Muttersprache. Deutsche Schriftsteller und ihr Staat seit 1945, Berlin 1979; Hans Christoph Buch (Hrsg.), Thema: Deutschland. Das Kind mit zwei Köpfen, Berlin 1978; Uwe Wandrey (Hrsg.), Kein schöner Land? Deutschsprachige Autoren zur Lage der Nation, Reinbek 1979.

54 Martin Walser, Dorle und Wolf, Frankfurt/Main 1987.

55 Zur Begrifflichkeit der Vergleichsgesellschaft vgl. Rainer M. Lepsius, Die Teilung Deutschlands und die deutsche Nation, in: Lothar Albertin u. Werner Link (Hrsg.), Politische Parteien auf dem Weg zur parlamentarischen Demokratie in Deutschland, Düsseldorf 1981, S. 417–450, hier S. 436 f.

56 Marion Gräfin Dönhoff u. a., Reise in ein fernes Land, Hamburg 1964; Theo Sommer (Hrsg.), Reise ins andere Deutschland, Hamburg 1986.

Alltag des anderen Staates enthält eher Erinnerungsspuren an die eigenen bundesrepublikanischen fünfziger Jahre: Scheinidyllen auf Kopfsteinpflaster bei Horst Krüger, nostalgisch verträumte Landschaften bei Erich Loest, Gefühle verjährter Modernität bei Martin Walser, biedere Bürgerlichkeit abseits hektischer Verwestlichung bei Peter Schneider. Das »andere« Deutschland wird als Vorstellung gebraucht: »Sie hilft Identität finden, sie aktiviert beruflich und privat, sie befördert Träume und Sehnsüchte, macht wohlig gruseln, ist ein Stück vertraute Fremde, das wir nicht missen können.«[57] Die Schriftsteller formulieren so nationale Fragen als existentielle Identitätsfragen, an der sie, jeder auf seine Weise, leiden. Sie wehren sich gegen die hastig ergriffene Westidentität. Sie sind »Mauerspringer aus Passion« (Günter Grass).

9. Die Last der Vergangenheit: Rückblenden

Die Symptome von zunehmender Vergegenwärtigung des Vergangenen sind seit der Tendenzwende 1974 deutlich nachweisbar. Die Indikatoren reichen von einer neuen Museumskultur über ein gestiegenes Ausstellungsinteresse bis zum Boom an regionalen Alltagsgeschichten. Politische Brisanz erhalten diese Geschichtsstoffe jedoch erst in den achtziger Jahren.[58] Die derzeitige Kontroverse zur Einordnung des Nationalsozialismus, zur Mahnmaldiskussion, zu den geplanten historischen Museen gehören in diesen Kontext. In der Verbindung von gestiegener Geschichtsneugierde, historischer Selbstvergewisserung und bundesrepublikanischem Legitimationsbedarf spiegelt sich ein elementares Verlangen nach einer präziseren, historisch verorteten Standortbestimmung der Bundesrepublik wider. Gefragt sind historisch verortete Deutschlandbilder, die eine Selbstlokalisierung im historischen Prozeß ermöglichen. Doch die Last der NS-Vergangenheit und die Traditionslinien konstrastreicher Selbstbilder der Deutschen zeigen die Grenzen dieser Bildrekontruktionsversuche.

57 Irene Böhme, Die deutsche Teilung hält die Politiker in Schwung, in: Frankfurter Rundschau v. 10. 9. 1987.

58 Grundsätzlich dazu Werner Weidenfeld (Hrsg.), Geschichtsbewußtsein der Deutschen. Materialien zur Spurensuche einer Nation, 2. Aufl., Köln 1988, dort vor allem überblicksartig der Literaturbericht von Andreas Meusch u. Felix Ph. Lutz, S. 224 bis 242.

Nachweisbar sind diese Deutschlandbilder der Rückblenden am Umgang mit politischen Gedenktagen. Sie sind offenbar Katalysatoren von Selbstverständnisdebatten in zunehmend hoher Intensität. Aber auch die Nachfragen nach der Funktion von Geschichte und dem Wechselverhältnis von Geschichte und Identität dokumentiert den Trend, neue, historisch begründete Deutschlandbilder zu entwerfen. In Teilbereichen gibt es auch nationalistische Tendenzen in Form des Versuchs der Funktionalisierung von Geschichte, zur Wiederbelebung nationaler Geschichtsbilder und zur Konsolidierung eines Geschichtsbewußtseins auf der Basis des nunmehr Erreichten.[59] Anlaß dieser kontroversen Diskussionen bieten seit den späten siebziger Jahren die Sujets Geschichte und Unterricht sowie Geschichte und Nation. Der historische Rekurs ermöglicht dabei, an Nations- und Staatsmodelle in der deutschen Geschichte wieder zu erinnern und die latente Offenheit der deutschen Frage in den Vordergrund zu rücken.

Politische Kultur der deutschen Frage

Die für die Zeit seit 1972 herauskristallisierten neun Deutschlandbilder sind in ihrer Substanz ein Mosaik aufeinanderbezogener Selbst- und Fremdbilder. Diese Bilder sind als Set von Bewußtseinsstrukturen individuell unterschiedlich ausgeprägt. Ihre jeweilige Intensität etwa als Leitbilder hängt von aktuell bedingten Anforderungen ab. Sie sind damit immer situativ und kontextbezogen. Die skizzierten Bildkonfigurationen können eruptiv variieren und einzelne Bilder zeitweise über- oder unterbelichten. So ist seit etwa 1977 eine deutliche Umdimensionierung unserer Wahrnehmungsfelder analysierbar. Die Faktoren der Aktualisierung haben explizit und direkt die Topoi Nation, Deutschland bzw. deren semantisches Umfeld in den Vordergrund gerückt. Die Nachfrage nach Deutschlandbildern ist gestiegen. Die Angebote nationaler Orientierungsmuster haben sich erhöht. Qualitativ lassen sich zusammenfassend folgende Akzentuierungen der deutschen Frage festhalten:

59 Diese Argumentationen sind dokumentiert in: Historikerstreit. Die Dokumentation der Kontroverse um die Einzigartigkeit der nationalsozialistischen Judenvernichtung. Texte von Rudolf Augstein u. a., München/Zürich 1987.

1. Der zeitliche Längsschnitt zeigt Variationen der deutschen Frage als geistig-politische Standortfragen. Leitmotivisch geht es um Suchbilder nach Deutschland und gleichzeitig um den Versuch, sich selbst zu begreifen. Selbstdefinition und Fremdabgrenzung sind für die Bundesbürger nach dem Grundlagenvertrag offenbar noch vager geworden. Mit zunehmendem zeitlichen Abstand steigen sogar die Nachfragen nach geistig-politischen Standortbeschreibungen.
2. Die Debattenschwerpunkte und Argumentationsfiguren verweisen schon sprachlich auf die Variationen der deutschen Frage in der intellektuellen Öffentlichkeit. Anerkennung und Selbstanerkennung, statusrechtliche Probleme, Fragen des Systemgegensatzes wandeln sich zu Selbstverständnisdebatten und Identitätsnachfragen. Die deutsche Frage wird so seit Mitte der siebziger Jahre stärker als vorher subjektiviert, personalisiert und entpolitisiert, wenn das geringe Interesse an Fragen des Systemwettbewerbs mit berücksichtigt wird. Im Vordergrund stehen subjektive, individuelle und kollektive Dispositionen. Die Argumentationsmuster verlaufen unter Bezugnahme auf subjektive Lebensformen, Werte, Bedürfnisse, Identitätsansprüche.
3. Diese moderne Fassung der deutschen Frage ist eingebettet in übergeordnete Zeitströmungen seit Mitte der siebziger Jahre. Die Neigung zur Binnenorientierung, die Rückkehr auf die eigenen, inneren Probleme kennzeichnet die Signatur der siebziger Jahre. Die deutsche Frage ist integriert in diese Klimaveränderungen. Sie stellt sich deshalb als Thema unserer Politischen Kultur, als Frage nach den Werten, Orientierungen, Einstellungen, nach dem Selbstverständnis der Deutschen heute. Dabei ist nach einem ökologisch-friedenspolitisch und deutsch-deutschen, historisch-kulturell geprägten Selbstverständnis gefragt. Hierin läßt sich die Aktualität der deutschen Frage nachweisen. Die Nation dient dabei häufig nur als Vehikel für andere Ambitionen nach konkreter Sinnerfüllung.
4. Die DDR ist dabei noch immer ein Teil unseres Selbstverständnisses. Das gewachsene Interesse an der DDR hat sich jedoch entsprechend den neuen Anforderungen und Ausprägungen der deutschen Frage gewandelt. Dahinter stecken sowohl ein Bedürfnis nach nüchterner Information vor allem über den Alltag der DDR wie historisch-kulturell gefärbte gesamtdeutsche Bewußtseinsprofile. Sie legen die Erinnerungsspuren an die gemein-

same Vergangenheit neu offen und provozieren gleichzeitig in der Kategorie der neuen Betroffenheit, der subjektiven Dispositionen, eine ganze Palette neuer deutsch-deutscher Gemeinsamkeiten von ökologischem bis friedenspolitischem Engagement.

5. Die aktuelle Brisanz der deutschen Frage, ihre Qualität als Zeitgeist-Chiffre hängt mit dem Identitätsbegriff zusammen. Identität bündelt zeitadäquat die drei Problem-Dimensionen der deutschen Frage:
   - die historisch-politische, als Frage nach den Traditionslinien deutscher Standortsuche, nach dem stets strittigen Geltungsbereich und vorrangigen Bezugspunkt der Deutschlandbilder;
   - die politisch-strategische, als Frage nach den West-Ost-Koordinaten der Bundesrepublik zwischen Westbindung, Ostverbindung und Mittellage; die Problematik, fester Bestandteil des demokratischen Westens zu sein, ohne gleichzeitig zu leugnen, daß wir als Deutsche einer Nation angehören, die in zwei Staaten mit unterschiedlichen Gesellschaftssystemen aufgeteilt ist;
   - die politisch-kulturelle, als Frage nach den normativen Bindungen der westdeutschen Demokratie, nach der Spannung zwischen Zugehörigkeit zum Westen bei gleichzeitiger Suche nach antiwestlicher Eigenart, nach den spezifischen Verarbeitungsmustern von Modernitätserfahrungen in Deutschland.

Die Ursachen für die skizzierten Akzentverlagerungen der deutschen Frage seit 1972 sind vielschichtig – sie sind international und national bedingt. Nach dem Vierteljahrhundert eines unvergleichbaren Wirtschaftswachstums war die Zeit nach 1972 eine Zeit der Rückschläge und des Zweifelns, eine Mischung aus Protest und Populismus. Manche der Schocks der siebziger Jahre erwiesen sich als wenig dauerhaft. Aber sie hinterließen Narben. Der Verlust sichernder Leitbilder und der Verlust stabiler Prognosen hat dabei offenbar das Bedürfnis nach trans-rationalen Verankerungen, nach einer tiefer grundierten Identität und sogar nach kollektiv vermittelter Sinnstiftung wachsen lassen. Die intellektuellen Deutschlandbilder markieren mit ihren Porträts, Profilen und Prognosen, wie sehr die deutsche Frage heute mit Grundfragen des Selbstverständnisses und der Politischen Kultur der Bundesrepublik verknüpft ist. Als Suchbilder nach Deutschland und Sinnfragen an die moderne Industriegesellschaft sind sie bestimmt durch zwei ambivalente Grundgefühle: den Rückblick auf das, was wir waren, aber nicht sein wollten, und die Besinnung auf das, was wir sein könnten, aber nicht sind.

Neue Ortsbestimmung der Gegenwart

II

Alexander Schwan

Verfassungspatriotismus und nationale Frage: Zum Verhältnis von deutschem Staats- und Nationalbewußtsein

Es war nicht Jürgen Habermas, sondern bekanntlich Dolf Sternberger, der im Jahre 1982 den Verfassungspatriotismus als das Zentrum unseres Staatsbewußtseins postuliert und reklamiert hat. Dieser Verfassungspatriotismus, der sich zwar laut Sternberger nicht auf das juristische Dokument der Verfassung als solches, also des Grundgesetzes mit allen seinen 146 Artikeln, aber doch auf seine Grundlagen und die durch es kodifizierte freiheitliche demokratische Grundordnung beziehen soll[1], betrifft die Bundesrepublik Deutschland. Das im Verfassungspatriotismus zentrierte Staatsbewußtsein ist bundesrepublikanisches Staatsbewußtsein. Indem das Staatsbewußtsein sich maßgeblich auf die Anerkennung, Achtung, Pflege und Verteidigung der Verfassung der Freiheit, die sich die Bundesrepublik mit dem Grundgesetz gegeben hat, richtet bzw. richten soll, ist es zugleich mit der politischen Kultur und Wertordnung des Westens, dessen Staaten auf analoge Verfassungen gegründet sind, integral verbunden. In der Entwicklung eines solchen Staatsbewußtseins, der Bindung an eine freiheitliche politische Ordnung und der damit verknüpften Westbindung, liegt die wesentliche Errungenschaft der deutschen Politik nach dem Zweiten Weltkrieg.

Doch dies alles gilt einem deutschen Teilstaat, gilt eben »nur« der Bundesrepublik, dagegen zunächst nicht dem ganzen Deutschland, also auch nicht dem ganzen deutschen Volk, der deutschen Nation. Wie steht es bei uns aber mit dem Verhältnis des bundesrepublikanischen Staatsbewußtseins zur geteilten Nation, zur Frage der Wiedererlangung der nationalen Einheit, also zur »nationalen« oder »deutschen Frage«? Sind Staats- und Nationalbewußtsein für uns

1 Vgl. Dolf Sternberger, Verfassungspatriotismus. In: 25 Jahre Akademie für Politische Bildung, Tutzing 1982, S. 76–87, hier S. 81. – Vgl. auch Jürgen Habermas, Eine Schadensabwicklung. Die apologetischen Tendenzen in der deutschen Zeitgeschichtsschreibung. In: Die Zeit, Nr. 29 vom 11. 7. 1986, S. 40 f., hier S. 41.

Deutsche in eine absolute oder eine relative Differenz getreten, stehen sie noch in Bezug zueinander, in einem Verhältnis der Spannung, der Verträglichkeit oder der Unverträglichkeit, vielleicht in einem ganz bestimmten Begründungs- und Folgeverhältnis? Dieses schwierige Problem muß aufgeworfen werden, wenn bei uns Deutschen – zu Recht – Verfassungspatriotismus angemahnt wird.
Dolf Sternberger hat den Verfassungspatriotismus vom deutschen Nationalbewußtsein eher geschieden. Der Ausgangspunkt seines Vortrages war gerade der Tatbestand der deutschen Teilung, der Entzug der Einheit für das deutsche Volk und Land. Daraus ergibt sich für ihn, so scheint es, die Notwendigkeit und Möglichkeit der Konzentration auf die Bundesrepublik und ihre freiheitliche Ordnung. Zwar betont er, wir Deutsche in der Bundesrepublik brauchten »unsere nationale Zusammengehörigkeit wahrhaftig nicht zu vergessen, geschweige die Zugehörigkeit derer, die gerade in einem unfreien Staate leben müssen«, also der Deutschen in der DDR, aber er warnt eindringlich – und ebenfalls zu Recht – vor der heute in einigen intellektuellen und politischen Kreisen wieder stärker aufkommenden Versuchung, »auszuziehen aus der Verfassung um der Nation und ihrer Vollständigkeit willen«.[2] Wie aber steht es dann strukturell und konkret mit dem Verhältnis von verfassungspatriotischem bundesrepublikanischem Staatsbewußtsein und nationalem Zusammengehörigkeitsbewußtsein? Ist die nationale Zusammengehörigkeit eine Zutat, eine Arabeske, ein eher lästiges Anhängsel, ja eine gefährliche Verführung auf Abwege für den Verfassungspatriotismus – oder gehört sie vielleicht integral in ihn hinein, so daß er – der Verfassungspatriotismus – nicht nur akzidentiell, sondern eben essentiell auf sie – die nationale Zusammengehörigkeit –, daß folglich das Staatsbewußtsein essentiell auf ein ganz bestimmtes Nationalbewußtsein ausgerichtet wäre und sich entsprechend orientieren müßte? Was bedeutet dies aber für seinen eigenen Gehalt? Wäre dadurch die Bindung an die freiheitliche Ordnung zusammen mit der Westbindung relativiert – oder muß sie nicht im Gegenteil als konstitutiv auch für das nationale Zusammengehörigkeitsbewußtsein begriffen werden? Was besagt das dann für die Formulierung und Praktizierung konkreter Deutschlandpolitik? Unter welche konstitutionellen Bedingungen sieht sich diese gestellt?

2 Vgl. Dolf Sternberger, a. a. O., S. 86.

Staatsbewußtsein

Seit der Amerikanischen und der Französischen Revolution, seit der mit diesen großen Geschehnissen vor 200 Jahren durchgesetzten Etablierung der Bürgerlichen Gesellschaft basieren die Staaten des Westens (die USA, Frankreich, nachfolgend im 19. Jahrhundert auch Großbritannien, Belgien, die Niederlande, die Schweiz, die skandinavischen Länder, schließlich Italien und – umstrittener – die iberischen Staaten) auf dem Prinzip der Volkssouveränität, gehört konstitutiv zu ihnen das souveräne Volk, das »Staatsvolk«, die so verstandene Nation. Die genannten Länder verfügen – cum grano salis – über eine Identität von Staat und Nation. Infolgedessen können in ihnen auch Staats- und Nationalbewußtsein mehr oder minder identifiziert werden. Dies gilt nicht für die Völker Mittel-, Mittelost- und Südosteuropas. Sie hatten im 19., teilweise noch im 20. Jahrhundert ihre staatliche Einheit, damit den Staat für ihre Nation, ihren Nationalstaat erst zu erstreiten. Die aus dem Prinzip der Volkssouveränität begründete liberale Bewegung war in ihnen primär nationale Einigungs-, teilweise nationalistische Befreiungsbewegung, mit der Folge, daß die originär liberalen und demokratischen Elemente oftmals nationalistischen, traditionsbezogenen, romantischen, zuweilen autoritär-hierarchischen Bestrebungen hintangestellt wurden. So auch in Deutschland, dessen nationale Einheit erst gesucht werden mußte und gerade im Gegenzug gegen das nachrevolutionäre Frankreich, gegen den sich mehr und mehr liberalisierenden Westen schließlich unter der Führung des Bismarckschen Preußen gefunden wurde – in einem Teilbereich, der Österreich ausschloß.
Der kleindeutsche Nationalstaat war und blieb dadurch belastet, im Unterschied zur freiheitlichen politischen Kultur des Westens einen nichtdemokratischen, zunehmend konservativ ausgeprägten Sonderweg einzuschlagen. Der sich in der wilhelminischen Ära verschärfende Gegensatz zur westlichen Welt – nach Frankreich zunehmend auch gegenüber Großbritannien – führte in den Ersten Weltkrieg und in die Niederlage, aus der zwar die Weimarer Demokratie hervorging, die jedoch in den Augen vieler Deutscher durch den Diktatfrieden der Westmächte in Versailles mit einem fundamentalen Makel behaftet war und weithin eher als politischer Import denn als originär nationales Produkt begriffen wurde. Die Weimarer Republik konnte die deutsche Sonderentwicklung nur zeitweise mäßigen, nicht bannen. Sie fiel nationalistischer Hysterie, die sich in der

Zustimmung zur nationalsozialistischen Bewegung und schließlich Machtergreifung ausdrückte, zum Opfer. Die totalitäre, rassenideologisch begründete Herrschaft des Nationalsozialismus, der durch sie vom Zaume gebrochene, Europa überziehende Vernichtungskrieg und das schmähliche Ende des nationalsozialistischen Deutschland haben dann – erstursächlich – den politischen (nicht rechtlichen) Untergang des deutschen Nationalstaates, eine tiefe, anhaltende Diskreditierung des deutschen Nationalgedankens und die abermalige deutsche Teilung bewirkt.[3]

Das damit besiegelte Ende des deutschen Sonderweges ist zugleich zum Ausgangspunkt eines chancenreichen Neubeginns geworden. Die Chance konnte jedoch nur in dem einen, dem westlichen Teil Restdeutschlands wahrgenommen werden. Mit der Schaffung der Länder in den westlichen Zonen und dann der Bundesrepublik wurde nun eine deutsche Staatlichkeit geschaffen, die eindeutig freiheitlich und demokratisch geprägt ist und sich mit durchaus eigenständigen verfassungs-, rechts-, sozial-, wirtschafts- und außenpolitischen Beiträgen in die politische Kultur des Westens, überdies in feste westliche Integrations- und Bündnisstrukturen einfügt. Und wenngleich die Entstehung der Länder und selbst noch der Bundesrepublik zunächst Octrois der Besatzungsmächte entsprang, so tragen ihre Verfassungen doch eindeutig deutsche Handschrift, sind sie in zahlreichen Wahlakten und durch die gesamte innerhalb und von ihnen betriebene, von der Bevölkerung im großen Ganzen getragene und von der Öffentlichkeit begleitete demokratische Politik im Prin-

3 Was hier allzu knapp skizziert werden muß, ist in folgenden Abhandlungen ausführlicher dargestellt: Nationale Identität in Deutschland und Europa. Zum nationalen Selbstverständnis des deutschen Volkes und seiner Nachbarn, in: Klaus Weigelt (Hrsg.), Heimat und Nation. Zur Geschichte und Identität der Deutschen, Mainz 1984, S. 189–205; Brauchen wir eine neue Identität? Deutsche Nation, bundesrepublikanische Staatsräson, europäische Perspektive – 12 Thesen, in: Albrecht Randelzhofer/Werner Süß (Hrsg.), Konsens und Konflikt. 35 Jahre Grundgesetz, Berlin/New York 1986, S. 509–518; Deutschland und der Westen – eine wieder aktuelle Diskussion, in: Klaus W. Hempfer/Alexander Schwan, Grundlagen der politischen Kultur des Westens, Berlin/New York 1987, S. 3–26; Deutscher Liberalismus und nationale Frage im 19. Jahrhundert, in: Manfred Funke/Hans-Adolf Jacobsen/Hans-Helmuth Knütter/Hans-Peter Schwarz, Demokratie und Diktatur. Geist und Gestalt politischer Herrschaft in Deutschland und Europa. Festschrift für Karl Dietrich Bracher zum 65. Geburtstag am 13. März 1987, Bonn 1987, S. 46–59. – Vgl. bes. auch Thomas Nipperdey, Die deutsche Einheit in historischer Perspektive, in: Ders., Nachdenken über die deutsche Geschichte. Essays, München 1986, S. 206–217.

zip zweifelsfrei legitimiert, gründen sie insofern nun eindeutig auch im Prinzip der Volkssouveränität. Aufgrund vielfacher konstitutiver Handlungen wie durch einschlägige Umfragen läßt sich die Behauptung stützen, daß von der ganz überwiegenden Mehrheit der Bevölkerung die parlamentarische, freiheitliche, pluralistische Demokratie der Bundesrepublik akzeptiert, bejaht und gewollt wird. Das Staatsbewußtsein unterscheidet sich insoweit grundsätzlich jetzt nicht mehr von dem anderer westlicher Länder. Die Bundesrepublik ist in deren Kreis fest eingetreten. Dieser Prozeß kann als Konsequenz angemessener Schlußfolgerungen aus der Katastrophe, in die ein verhängnisvoller deutscher Sonderweg geführt hat, begriffen werden. Die »deutsche Katastrophe« (Friedrich Meinecke)[4], die »Katastrophe des Dritten Reiches« (Karl Dietrich Bracher)[5], hat zu heilsamer Umkehr gezwungen.

Deutscher Teilstaat

Wäre die Bundesrepublik das ganze Deutschland, so gäbe es für das Verhältnis von Staats- und Nationalbewußtsein insoweit keine gravierenden Probleme mehr. Sie könnten in prinzipieller Übereinstimmung gesehen werden, nicht anders als in Frankreich, in Großbritannien, in den Niederlanden, in den USA usw. Ja, die These wäre nicht verfehlt, daß unter solch »normalen« nationalen Bedingungen die Bundesrepublik als ein vergleichsweise besonders gefestigtes Staatswesen charakterisiert werden könnte. In vielen Zügen unserer Politischen Kultur und auf mannigfachen Politikfeldern ist dies tatsächlich der Fall. Und dennoch muß die Bundesrepublik mit ihrer aktuellen Politischen Kultur, speziell hinsichtlich des Verhältnisses von Staatsbewußtsein und Nationalbewußtsein, als problematisch gelten, ist und bleibt sie doch eben ein deutscher Teilstaat. Die andere große – betrübliche – Folge der deutschen Katastrophe liegt in der Teilung Deutschlands, liegt in der Etablierung eines zweiten

4 Siehe das auch heute noch zur Lektüre dringend zu empfehlende Buch von Friedrich Meinecke, Die deutsche Katastrophe. Betrachtungen und Erinnerungen (1946), 6. Aufl. Wiesbaden 1965.

5 Vgl. Karl Dietrich Bracher, Politik und Zeitgeist. Tendenzen der siebziger Jahre, in: Karl Dietrich Bracher/Wolfgang Jäger/Werner Link, Republik im Wandel 1969 bis 1974. Die Ära Brandt, Stuttgart/Mannheim 1986 (Geschichte der Bundesrepublik Deutschland, Bd. 5/I), S. 283–406, hier S. 402.

deutschen Staates, ohne freiheitliche Verfassung und Politik, sondern abermals totalitären, heute zumindest noch deutlich autoritär-bürokratischen Zuschnitts, liegt folglich in der erneuten, aber zugleich ganz neuartigen Virulenz der »nationalen«, der »deutschen Frage«.

An diesem grundlegenden Umstand kommt kein verantwortliches deutsches Politikverständnis und -bewußtsein, also auch nicht das bundesrepublikanische Staatsverständnis und -bewußtsein, nicht der Verfassungspatriotismus vorbei. Angesichts der im wesentlichen durch Hitlers Politik, d. h. durch unsere eigene jüngste Geschichte, verschuldeten Teilung Deutschlands ergibt sich auf den ersten Blick eine spezifische Differenz zwischen bundesrepublikanischem Staatsbewußtsein (Verfassungspatriotismus) und einem Nationalbewußtsein, das in der geschichtlich und menschlich unabweisbaren Verantwortung für das politische Wohl auch der Deutschen in der DDR besteht, die die Folgen jener deutschen Katastrophe unverdientermaßen erheblich schwerer als wir zu tragen haben. Zur Staatsräson der Bundesrepublik gehört folglich, sich nicht selbst genug sein zu können, sondern die Einheit der Deutschen im Sinne ihres freien und friedlichen Zusammenlebens erstreben zu müssen. Dabei muß zunächst offen bleiben, ob dieses Zusammenleben in einem einzigen Staat oder in einem föderativen Staatenverbund oder auch nur in einem zwischenstaatlichen Verhältnis zweier deutscher Staaten, das aber jedenfalls den Bewohnern des anderen Staates eine freiheitliche Verfassung und unbehinderte menschliche Verbindungen zu den Deutschen in der Bundesrepublik gewährleisten müßte, realisiert werden soll bzw. kann.

Daß die Staatsräson der Bundesrepublik, daß folglich auch ein verantwortliches bundesrepublikanisches Staatsbewußtsein an die ungelöste nationale Frage gekettet ist, bringt mit Notwendigkeit eine gewisse Unruhe in die bundesdeutsche Politik. Dadurch werden immer wieder Irritationen für unsere eigene politische Orientierung sowie Besorgnisse im befreundeten Ausland über unsere politische Zuverlässigkeit erzeugt. Deutschland liegt in der Mitte eines geteilten Europa, die beiden deutschen Staaten stellen zugleich die strategisch unverzichtbaren Grenzposten der ideologisch und politisch gegensätzlichen Machtblöcke, denen sie zugehören, dar. Muß die Nation an dieser Konstellation zerbrechen?

Wer dies sehenden Auges hinnehmen und zulassen wollte, würde mit dem Aufbegehren der meisten Deutschen in West und Ost zu rechnen haben. Im Laufe der Nachkriegsgeschichte wurde immer wieder deutlich, daß ein längerfristiges Übersehen oder gar Ausschalten der »nationalen Frage« – sowohl zu Zeiten einer forcierten Politik der Westintegration wie zu Zeiten einer forcierten Ostpolitik auf der Basis der Anerkennung der Zweistaatlichkeit – unangenehm werdende Reaktionen seinerseits forcierten nationalen Denkens zur Folge hatten; diese geraten jedesmal in Versuchung, zu überholten Vorstellungen eines deutschen Sonderweges zu greifen, um aus der Blockkonstellation auszubrechen. Damit ist zugleich die Gefahr verknüpft, daß die Westbindung als eine entscheidende Komponente unserer Bindung an Freiheit und Demokratie und insofern auch diese Bindung selbst wieder aufs Spiel gesetzt werden könnten und zuweilen tatsächlich in Frage gestellt werden. Dadurch droht die nationale Bindung abermals in Gegensatz zur Demokratie und zum Westen, also auch zum Verfassungspatriotismus im Sinne Dolf Sternbergers, zu geraten. Würden sich derartige Tendenzen politisch durchsetzen, bedeutete das einen Rückfall in unglückliche, ja schließlich unselige Zeiten der Vergangenheit. Wenn dem entgegengesteuert werden soll, dann bedarf es einer erneuten Besinnung auf die nationale Frage gerade im Lichte des Verfassungspatriotismus! Es geht von neuem um das Verhältnis von deutscher Nation und Demokratie. Können beide Größen endlich einmal und definitiv in grundsätzliche Übereinstimmung gebracht werden? Wenn ja, welche Perspektive einer politischen Realisierung solcher Übereinstimmung mag es geben?

Staatszielbestimmungen

Das Grundgesetz, die Verfassung der Bundesrepublik Deutschland, gibt selbst auf unsere Frage die richtungweisende und generell verbindliche Antwort. Im Art. 20 – durch Art. 79,3 für unrevidierbar erklärt – wird die Bundesrepublik als demokratischer und sozialer Bundesstaat, der auf der Volkssouveränität basiert und gewaltenteilig organisiert ist, bestimmt; Art. 28 spricht vom republikanischen, demokratischen und sozialen Rechtsstaat. Dieser Staat kann gemäß Art. 24 durch Gesetz Hoheitsrechte auf zwischenstaatliche Einrichtungen übertragen und sich zur Wahrung des Friedens einem System gegenseitiger kollektiver Sicherheit einordnen; der Bund »wird hierbei in die Beschränkungen seiner Hoheitsrechte einwilligen, die eine friedliche und dauerhafte Ordnung in Europa und zwischen den Völkern der Welt herbeiführen und sichern« (Art. 24,2). Zugleich hält die Präambel des Grundgesetzes fest, daß das deutsche Volk »von dem Willen beseelt« sei, »seine nationale und staatliche Einheit zu wahren und als gleichberechtigtes Glied in einem vereinten Europa dem Frieden der Welt zu dienen«; sie schließt mit dem Satz: »Das gesamte deutsche Volk bleibt aufgefordert, in freier Selbstbestimmung die Einheit und Freiheit Deutschlands zu vollenden.«

Aus diesen fundamentalen Feststellungen sind, so meine ich, drei essentielle, miteinander strikt zusammengehörige Staatszielbestimmungen zu entnehmen: Die Bundesrepublik und alle Politik in ihr ist demnach darauf verpflichtet, 1. ihre Ordnung als die einer rechtsstaatlichen, sozialen, föderativen, gewaltenteiligen, bindende Grundrechte[6] sichernden Demokratie unabdingbar zu wahren und entsprechend auszugestalten, 2. auf Teile ihrer Souveränität zugunsten eines vereinten Europa und einer europäischen Friedensordnung gegebenenfalls zu verzichten, d. h. aber auch: sich für entsprechende supranationale Zusammenschlüsse einzusetzen, 3. die nationale und staatliche Einheit des ganzen deutschen Volkes auf dem Wege der freien Selbstbestimmung, in diesem Sinne die Wiedervereinigung, anzustreben, wobei Einheit und Freiheit streng aneinander gebunden sind. Für den Prozeß bzw. Akt der Wiedervereinigung ist die freie Selbstbestimmung des ganzen deutschen Volkes die Voraussetzung, für die herzustellende Einheit ist die Freiheit das Gestaltprinzip. Zwar verliert laut Art. 146 das Grundgesetz »seine Gültigkeit an dem Tage, an dem eine Verfassung in Kraft tritt, die von dem deutschen Volke in freier Entscheidung beschlossen worden ist«, und die Präambel bezeichnet die ganze Periode bis zu diesem Tag, also auch die gesonderte staatliche Existenz der Bundesrepublik, als »eine Übergangszeit«, doch ist aus dem gesamten Kontext der Verfassung deutlich, daß der wieder geeinte deutsche Natio-

6 Vgl. dazu den Grundrechte-Katalog GG Art. 1–19. – Art. 1,3 bestimmt: »Die nachfolgenden Grundrechte binden Gesetzgebung, vollziehende Gewalt und Rechtsprechung als unmittelbar geltendes Recht.« Die in Art. 1 niedergelegten Grundsätze können gemäß Art. 79,3 ebenso wie die des Art. 20 nicht revidiert werden. Art. 79,3 lautet: »Eine Änderung dieses Grundgesetzes, durch welche die Gliederung des Bundes in Länder, die grundgesetzliche Mitwirkung der Länder bei der Gesetzgebung oder die in den Artikeln 1 und 20 niedergelegten Grundsätze berührt werden, ist unzulässig.«

nalstaat zwingend die Grundform der freiheitlichen Demokratie auf der Basis der Volkssouveränität (wenn auch nicht in jedem Detail die jetzige Verfassungsform der Bundesrepublik) haben muß. Zugleich setzt die Bundesrepublik konstitutive Akte eines Souveränitätsverzichtes zugunsten der europäischen Integration (die ebenfalls auf demokratischer Grundlage zu erfolgen hat). An solchen Souveränitätsverzicht und an solche Integrationsbildungen bleibt auch ein künftiger gesamtdeutscher Nationalstaat verwiesen. Diesem Vorlauf an supranationalen Integrationsschritten korrespondiert jedoch der Wiedervereinigungsvorbehalt: Supranationale Integrationsformen (konkret heute die EG) müssen die Möglichkeit der Wiedervereinigung Deutschlands offenhalten.
Derartige Bestimmungen mögen als abstrakte juristische Normen erscheinen. Nach dem speziellen bundesrepublikanischen Staatsverständnis einer verfassungsmäßig bindend fundierten und in ihrem Handlungsspielraum umgrenzten, dadurch werthaft stark gebundenen Demokratie – einem Staatsverständnis, das in Auswertung der leidvollen Erfahrungen mit der labilen Weimarer Demokratie von den Verfassungsvätern grundgelegt und nachfolgend vom Bundesverfassungsgericht weiterentwickelt wurde – sind die genannten grundgesetzlichen Festlegungen jedoch verbindliche Rahmenbedingungen und Zielvorgaben für die konkrete Politik. Diese muß allerdings ihrerseits erst die jeweils situationsgemäßen Mittel und Wege suchen, um ihnen möglichst weitgehend zu entsprechen. Die konkrete Politik *muß* sich auf solche Suche begeben, sie verfügt dabei aber auch über einen Spielraum freien Abwägens, Ermessens und Entscheidens, innerhalb dessen naturgemäß viele Konkretionsbemühungen strittig und tatsächlich umstritten sind.
Wenn das bundesrepublikanische Staatsbewußtsein als Verfassungspatriotismus sich auf das Grundgesetz und auf die mit ihm etablierte freiheitliche demokratische Ordnung bezieht, so hat es sein Augenmerk folglich auch ganz ausdrücklich auf das im Grundgesetz festgeschriebene Wiedervereinigungsgebot und überdies auf die im Grundgesetz angezielte Einheit Europas zu richten. Die Verfassung stellt selbst die Verknüpfung von Staatsbewußtsein und Nationalbewußtsein her und weist beide zudem in eine supranationale Perspektive, verlangt somit ein europäisches Bewußtsein. Bei diesen Verbindungen bleiben Freiheit und Demokratie die substantiellen Grundlagen; der für die Deutschen erst wiederherzustellende Nationalstaat ist unverzichtbar, aber von vergleichsweise doch relativer Bedeu-

tung: er ist nur in freiheitlicher und demokratischer Gestalt und als für die europäische Integration – das Vaterland der Vaterländer – disponiertes Gebilde erstrebenswert. Wie heute fast alle (west)europäischen Nationalstaaten ist auch der zukünftige deutsche Nationalstaat insofern gegenüber dem Gestaltprinzip der Demokratie wie gegenüber dem Integrationsprinzip des supranationalen europäischen Zusammenschlusses grundsätzlich nachrangig.
Insofern, als die Bundesrepublik in der Verwirklichung beider genannten Prinzipien vorangegangen ist – in der Verwirklichung der Demokratie mit insgesamt beträchtlichem Erfolg, in der Verwirklichung der europäischen Einheit nur mit vorerst unzureichenden Anfangsschritten –, kann sie legitim beanspruchen, der politische Ausgangsort und Kernbestand, ja zu erheblichen Teilen das verfassungspolitische Fundament des nationalen Einigungswerkes zu sein. Die nationale Einheit kann und darf nicht unter Preisgabe jener demokratischen Grundordnung erfolgen, die mit der Bundesrepublik zum ersten Mal auf deutschem Boden wirklich stabil geschaffen wurde. Diese Grundordnung muß vielmehr auch den deutschen Nationalstaat prägen; sie muß als tragendes Element in ihn eingehen. Insofern ist die Wiedervereinigung nicht anders denkbar, als daß die Bundesrepublik in einem gesamtdeutschen Staat »aufgeht« (ähnlich wie 1871 Preußen im Deutschen Reich aufgegangen ist). Eine Föderation zweier diametral unterschiedlicher politischer Systeme dagegen ist prinzipiell inakzeptabel und konkret nicht ohne Verlust an demokratischer Substanz durchführbar.

Wiedervereinigung und Integration

Es verdient erinnert zu werden, daß in dem am 26. 5. 1952 abgeschlossenen Deutschland-Vertrag die drei vormaligen westlichen Besatzungsmächte und seitherigen westlichen Hauptverbündeten – die USA, Großbritannien und Frankreich – zusammen mit der Bundesrepublik die Wiedervereinigung Deutschlands feierlich zu ihrem gemeinsamen Ziel erklärt haben. Dabei haben die vier Partner dieses Ziel in eben der Richtung spezifiziert, die durch das Grundgesetz vorgegeben ist. Sie sind laut Vertrag auf ein Zusammenwirken verpflichtet, um mit friedlichen Mitteln »ein wiedervereinigtes Deutschland, das eine freiheitlich-demokratische Verfassung ähnlich wie die Bundesrepublik besitzt und das in die europäische Gemeinschaft integriert ist«, zu verwirklichen (Art. 7,2). In der vertraglichen Zielbestimmung ist die Wiedervereinigung also wiederum mit dem demokratischen Gestaltprinzip und dem europäischen Integrationsprinzip verbunden. Auch die drei westlichen Mächte können und wollen diesen Zusammenhang nicht auflösen; auch sie knüpfen das Ziel der Wiedervereinigung – auf das sie sich damit festgelegt haben – an die Bedingung, daß es unter demokratischen Voraussetzungen und im Rahmen der europäischen Gemeinschaft realisiert werden soll.

Selbst die im Zuge der sozialliberalen Ostpolitik abgeschlossenen Verträge haben an der verfassungsmäßig vorgezeichneten kombinierten Zielsetzung in der Substanz nichts ändern können. Eine wichtige Vorkehrung dagegen ist der »Brief zur deutschen Einheit«, den die damalige Bundesregierung bei der Unterzeichnung des Moskauer Vertrages mit der Sowjetunion am 12. 8. 1970 und unmittelbar vor Unterzeichnung des Grundlagen-Vertrages mit der DDR am 21. 12. 1972 ihren Vertragspartnern übermittelt hat; ohne diesen Brief hätten die Verträge keine Chance auf Ratifizierung gehabt. In ihm stellt die Bundesregierung fest, »daß dieser Vertrag nicht im Widerspruch zu dem politischen Ziel der Bundesrepublik Deutschland steht, auf einen Zustand des Friedens in Europa hinzuwirken, in dem das deutsche Volk in freier Selbstbestimmung seine Einheit wiedererlangt«. Auch der Deutsche Bundestag hat in einer Gemeinsamen Entschließung zu den Ostverträgen vom 17. 5. 1972 als generelle Politik der Bundesrepublik »eine friedliche Herstellung der nationalen Einheit im europäischen Rahmen« unter »Verwirklichung des Selbstbestimmungsrechts« definiert; die Entschließung wurde bei nur fünf Enthaltungen einstimmig angenommen.[7]

Insbesondere aber hat dann das Bundesverfassungsgericht in seinem Urteil vom 31. 7. 1973 zum Grundlagen-Vertrag zu unserer Thematik markant und stringent Stellung bezogen.[8] Es identifiziert die

7 Vgl. zu diesem Kapitel Werner Link, Außen- und Deutschlandspolitik in der Ära Brandt 1969–1974, in: Karl Dietrich Bracher/Wolfgang Jäger/Werner Link, op. cit. (Anm. 5), S. 161–282, hier S. 189, 210 ff., 214 ff.

8 Vgl. Urteil des Bundesverfassungsgerichts vom 31. Juli 1973 im Verfahren zur verfassungsrechtlichen Prüfung des Gesetzes zum Vertrag vom 21. Dezember 1972 zwischen der Bundesrepublik Deutschland und der Deutschen Demokratischen Republik über die Grundlagen der Beziehungen zwischen der Bundesrepublik Deutschland und der Deutschen Demokratischen Republik vom 6. Juni 1973, in: BVerfGE 36, Nr. 1, S. 1–36. – Im folgenden zitiere ich nach »Seminarmaterial zur deutschen Frage«, hrsg. vom Gesamtdeutschen Institut, Bonn (o. J.)

»nationale Frage« eindeutig mit dem Wiedervereinigungsgebot des Grundgesetzes, das auf die Wahrung der staatlichen Einheit des deutschen Volkes gehe (S. 11), und folgert aus dem Gebot, kein Verfassungsorgan der Bundesrepublik dürfe die Wiederherstellung der staatlichen Einheit als politisches Ziel aufgeben, alle Verfassungsorgane seien vielmehr verpflichtet, in ihrer Politik auf die Erreichung dieses Zieles hinzuwirken; das schließe die Forderung ein, »den Wiedervereinigungsanspruch im Innern wachzuhalten und nach außen beharrlich zu vertreten – und alles zu unterlassen, was die Wiedervereinigung vereiteln würde« (S. 9 und 4. Leitsatz, S. 3). Obwohl die Bundesrepublik ihre Hoheitsgewalt auf den Geltungsbereich des Grundgesetzes beschränke, fühle sie sich im Sinne der Präambel der Verfassung auch verantwortlich für das ganze Deutschland; der Präambel und damit der gesamtdeutschen Verantwortung komme nicht nur politische Bedeutung zu, sie haben auch rechtlichen (d. h. verbindlichen) Gehalt: »Die Wiedervereinigung ist ein verfassungsrechtliches Gebot« (S. 9); es setzt »der Gestaltungsfreiheit der Staatsorgane verfassungsrechtliche Grenzen« (S. 11).
Das Bundesverfassungsgericht legt das Gebot so aus, daß die Wiedervereinigung als »Aufnahme der anderen Teile Deutschlands« (die heute nicht zur Bundesrepublik gehören) »in *einen* freien deutschen Staat« zu erfolgen hat und daß darin »die grundgesetzlich gebotene Rechtsauffassung« besteht, »die der politischen Vorstellung der Deutschen Demokratischen Republik entgegenzusetzen ist, daß es eine Vereinigung nur in einem kommunistischen deutschen Staat geben dürfe« (S. 13). Die freiheitlich-demokratische Grundordnung der Bundesrepublik gilt folglich als Modell der anzustrebenden Einheit. Deshalb werden die Bundesregierung und »alle übrigen Organe in Bund und Ländern« an die »verfassungsmäßige Pflicht« erinnert, »das öffentliche Bewußtsein nicht nur für die bestehenden Gemeinsamkeiten« zwischen den beiden Staaten in Deutschland und unter den Deutschen als Angehörige der einen Nation, »sondern auch dafür wachzuhalten, welche weltanschaulichen, politischen und sozialen Unterschiede zwischen der Lebens- und Rechtsordnung der Bundesrepublik Deutschland und der Lebens- und Rechtsordnung der Deutschen Demokratischen Republik bestehen« (S. 14 f.).
Indem das Gericht selbst auf die diametral entgegengesetzten Zielsetzungen der Bundesrepublik und der DDR hinsichtlich der Wiedervereinigung überhaupt und ihrer konkreten Gestaltung hinweist,

deutet es die großen Schwierigkeiten in der Verwirklichung des nationalen Verfassungsgebotes an. Sofern es die Wiedervereinigung nur in einem freien demokratischen Staat bei Ausübung des Selbstbestimmungsrechtes aller Deutschen für legitim erachtet, stellt auch das Bundesverfassungsgericht die Lösung der nationalen Frage, die es doch so nachdrücklich zur Pflicht macht, unter die Bedingung des Demokratiegebotes. Gerade das Bundesverfassungsgericht verabsolutiert die Wiedervereinigung ganz und gar nicht. Die nationale Frage bleibt klar dem Grundsatz der Verfassungskonformität unterworfen; das nationale Bewußtsein kann in seinem Rang und Wert sinnvollerweise demnach nur *Folge* des Verfassungspatriotismus, nicht Gegensatz zu ihm sein.
Da aber die Umsetzung der verfassungsrechtlichen Normen in die politische Wirklichkeit eben bei der Lösung der nationalen Frage sich so eminent schwierig gestaltet und keineswegs allein in die Hände der bundesdeutschen Organe und ihrer Politik gelegt ist, betont auch das Bundesverfassungsgericht den Ermessensspielraum, die Entscheidungsfreiheit und die besondere Verantwortung der Regierung und des Parlaments beim Suchen und Finden der zweckmäßigen Mittel und Wege, um »das nach dem Grundgesetz rechtlich gebotene Ziel der Wiedervereinigung zu erreichen oder ihm wenigstens näherzukommen« (S. 9). Das Ziel – in seiner Komplexität und Kompliziertheit – ist vorgegeben, die Wege zu seiner Realisierung aber sind auf längere Sicht offen, und zwar gerade deshalb, weil sie kurzfristig nahezu verschlossen erscheinen. Da keine unmittelbare Lösung der deutschen Frage im vorgezeichneten Sinne denkbar ist, muß die deutsche Frage offenbleiben, muß sie offengehalten werden. Es ist der Politik der Bundesrepublik – und damit auch dem bundesrepublikanischen Staatsbewußtsein – weder erlaubt, sich mit der Teilung abzufinden, noch ist es möglich, die Lösung der deutschen Frage übers Knie zu brechen, sei es, daß man einer Wiedervereinigung unter nichtdemokratischen Verhältnissen zustimmte, sei es, daß sie mit unfriedlichen Mitteln bzw. auf nationalistischen deutschen Sonderwegen ohne Berücksichtigung der europäischen Interessen und Bedingungen betrieben würde.

Strategien zur Lösung

Angesichts der beschriebenen Konstellation fragt sich, welche politische Strategie langfristig am ehesten eine Lösung der deutschen Frage verheißt. Die Antwort kann nicht in einer dogmatischen Deduktion aus den Zielbestimmungen des Grundgesetzes bestehen, muß sich aber doch so gewissenhaft wie möglich an ihnen als richtungweisenden Leitpunkten orientieren. Es sind mehrere Möglichkeiten, aber nicht beliebig viele vorstellbar. Sie versammeln sich bei strenger Betrachtung auf zwei unterschiedliche Grundperspektiven: entweder der Herstellung deutsch-deutscher Beziehungen aktuellen Vorrang zu verleihen und alle anderen politischen Belange – das Atlantische Bündnis, die Europäische Gemeinschaft, ja sogar die Ost-West-Beziehungen im ganzen – ihnen unterzuordnen *oder* aber die Politik der europäischen Integration – zunächst im westeuropäischen Rahmen, also auch bei betonter Westbindung insgesamt – primär zu forcieren und von da aus Wege zur gesamteuropäischen Einigung innerhalb ihrer zur Wiedervereinigung Deutschlands zu suchen.
Ich spreche mich entschieden für den zweiten Weg aus, weil er aufs Ganze gesehen den grundgesetzlichen Staatszielbestimmungen der Bundesrepublik eindeutiger entspricht, daher auch verfassungspatriotisches Staatsbewußtsein und gesamtdeutsches Nationalbewußtsein angemessener vereinbaren kann und im übrigen erfolgversprechender erscheint als der erstgenannte. Dieser birgt doch die Gefahr einer Isolierung deutscher Politik in sich. Die Bundesrepublik könnte sich dabei unmerklich aus dem tragenden Verbund mit den westlichen Alliierten lösen und faktisch allzusehr in die Hand der Partei- und Staatsführung der DDR begeben, die in ihren Aktionsmöglichkeiten durch die Sowjetunion eng begrenzt bleibt, bei allen nationalen Anwandlungen hauptsächlich auf die Stabilisierung ihres kommunistischen Regimes bedacht ist und folglich die deutsche Teilung bekräftigt sehen möchte – es sei denn, die Wiedervereinigung wäre zu den Bedingungen des »real existierenden Sozialismus« erreichbar. Solche möglichen und drohenden Folgen wären gegen die Staatszielbestimmungen des Grundgesetzes, überdies gegen die Freiheitsinteressen der Deutschen in der DDR, gegen die Sicherheitsinteressen der westlichen Verbündeten und im Endeffekt gegen die Einheit in Freiheit gerichtet.
Zwar müssen wir auf möglichst intensive deutsch-deutsche Bezie-

hungen großen Wert legen. Sie dürfen jedoch nicht auf eine Stabilisierung des kommunistischen Regimes in der DDR angelegt sein, wenngleich sie als partnerschaftliches Verhältnis, das zunächst von Staat zu Staat, Regierung zu Regierung herzustellen ist, auch nicht unmittelbar auf Destabilisierung ausgerichtet sein können: Darin liegt das Dilemma. Die Beziehungen müssen so gestaltet werden, daß sie bestmöglichen kulturellen und wirtschaftlichen Austausch, vor allem aber und als Zweck auch allen Austausches möglichst enge, vielfältige und intensive zwischenmenschliche Kontakte fördern. Dadurch kann dem Zusammengehörigkeitsbewußtsein und der praktischen Gemeinsamkeit der Angehörigen der einen deutschen Nation während der staatlichen Trennung ein entscheidender, nicht zu vernachlässigender Dienst erwiesen werden. Soll die Erhaltung und Pflege dieser nationalen Zusammengehörigkeit aber auf die Wiederherstellung der staatlichen Einheit, und zwar unbedingt in Freiheit, zielen – und das muß sie gemäß dem Verfassungsgebot des Grundgesetzes –, so ist dabei zugleich alles zu vermeiden, was das Bewußtsein des fortbestehenden tiefen ideologisch-politischen Gegensatzes zwischen freiheitlicher Demokratie und kommunistischer Diktatur schwächen und die Ambitionen der Machthaber in der DDR stärken könnte. Die Deutschlandpolitik der Bundesrepublik bewegt sich damit notgedrungen auf einem schwierigen Grat, bei dem zu beiden Seiten – nach der Seite der Inaktivität und zu großer Ängstlichkeit wie nach der Seite eines blinden oder euphorischen Aktionismus und fahrlässiger Unbedenklichkeit – Abgründe lauern. Die Gratwanderung kann uns erleichtert werden, wir können die immer wieder auftretenden Besorgnisse unserer westlichen Alliierten mildern oder beheben, wir können schließlich der Komplexität der grundgesetzlichen Staatszielbestimmungen gerecht werden, wenn wir die Deutschlandpolitik in die Europapolitik einbetten. Der zweite, der am ehesten angemessene Weg besteht darin, die Wiederherstellung der nationalen Einheit im Kontext einer einvernehmlichen, freiheitlichen und friedlichen Europapolitik anzustreben und diesem Kontext unterzuordnen. Europäische Politik auf der Grundlage unserer eindeutigen Bindung an die Politische Kultur des Westens ist die beste »nationale« Politik, und zwar dann, wenn die Europapolitik von einer verstärkten und vertieften westeuropäischen Integration zu einer gesamteuropäischen Einheit und von dort aus bzw. innerhalb ihrer zur Wiedervereinigung Deutschlands führt.

Als erstes muß die Bundesrepublik wieder ein konzeptionsstärkerer, profilierterer und konsequenterer Promotor der westeuropäischen Einigung werden, als sie es in den siebziger Jahren war. Die Europäische Gemeinschaft bedarf ihrer Fortentwicklung zu einer gefestigten politischen Föderation, die auch in der Weltpolitik, namentlich in der Ost- und Deutschlandpolitik, aber z. B. auch in der Sicherheits- und Friedenspolitik – hier als gleichwertiger Partner zu den USA – geschlossen aufzutreten vermag. Die EG ist bereits ein äußerst gewichtiger ökonomischer Faktor, aber das ist nicht genug und bleibt auf die Dauer Fragment, ja könnte immer noch vom Zerfall bedroht sein, wenn nicht die politische Einigung auf klarer Verfassungs-(nicht nur Vertrags-)Grundlage folgt. Diese kann und soll durchaus den unterschiedlichen innerstaatlichen Strukturen der einzelnen Länder und Nationen Rechnung tragen. Die Europäische Gemeinschaft kann als politischer Bund ein sehr vielgestaltiges inneres Gebilde mit im einzelnen ganz neuartigen Verfassungs- und Organisationsformen werden. Dem trägt der vom Europäischen Parlament am 14. Februar 1984 verabschiedete Verfassungsentwurf Rechnung, der eine baldige Behandlung und Verabschiedung in den nationalen Mitgliedsstaaten dringend verdiente. Verfassungspatriotismus sollte von sofort an dieses Verfassungsvorhaben integral einbeziehen, ja sich schwergewichtig darauf konzentrieren. Entscheidend dabei ist der zu erwartende Gewinn der *politischen* Handlungsfähigkeit und Ausstrahlungskraft der EG – gerade auch nach außen, insbesondere in Richtung Osteuropa.

Wenn wir uns in der Bundesrepublik die nötige Mühe geben und das Schwergewicht unserer politischen Bestrebungen zunächst wieder auf die Europapolitik legen, lassen sich Erfolge erzielen, nirgendwo so sehr wie hier. Ungeachtet aller Schwierigkeiten und Hemmnisse verbreitet sich bei den wichtigsten unserer westeuropäischen Partner immer deutlicher die gleiche Überzeugung. Der Abschluß der Einheitlichen Europäischen Akte ist, obwohl noch unzureichend (und kein Ersatz für eine europäische Verfassung), dafür ein ermutigendes Signal. Ein wirklich integriertes und dadurch außen- und ostpolitisch aktionsfähiges freiheitliches Westeuropa kann für Osteuropa eine zunehmend positivere Attraktivität gewinnen.

Die osteuropäischen Staaten stecken in unterschiedlichem Ausmaß in ökonomischen Engpässen und Mangelsituationen. Für die Sowjetunion bedeuten sie langfristig ganz und gar keine sicheren Stützen, sondern im Gegenteil immer unstabilere Belastungsfaktoren.

Das Freiheitsbegehren der osteuropäischen Nationen nimmt trotz aller erlittenen Rückschläge fortschreitend zu. In keinem osteuropäischen Land hat die kommunistische Herrschaft so Wurzeln geschlagen, daß sie eine plebiszitäre Bestätigung erwarten könnte, sobald es dem Freiheitsbegehren gelingt, sich politische Geltung zu verschaffen. Die Parteiführungsgruppen versuchen in den einzelnen Ländern seit einigen Jahren, ihr immer offenkundiger werdendes Legitimationsdefizit zu beheben, indem sie jeweils nationale Sonderwege einschlagen – ohne durchschlagenden Erfolg. Der Zusammenhalt des Ostblocks wird dadurch aber zunehmend verunsichert und geschwächt. Mit anderen Worten: Während Westeuropa die echte Chance der politischen, ökonomischen und kulturellen Stärkung durch weiterentwickelte Integration hat, ist Osteuropa in einem langfristigen politischen, ökonomischen, teilweise auch kulturellen Erosionsprozeß begriffen.
Die Einsicht in diese Entwicklung könnte es der Sowjetunion künftig interessant, ja geboten erscheinen lassen, sich ihres unsicheren osteuropäischen Glacis zu entledigen und statt dessen mit einem demokratischen, stabilen, berechenbaren Gesamteuropa – vom Atlantik bis zum Bug – zu einem ganz neuen friedens- und sicherheitspolitischen Modus vivendi zu gelangen. Umgekehrt könnte nur ein unter demokratischer Verfassung vereintes Gesamteuropa der Sowjetunion die Sicherheitsgarantien geben, die diese braucht und aus primär ökonomischen Gründen in Zukunft höher veranschlagen könnte als ihre gegenwärtige militärische Hochrüstung, und sich seinerseits gleichzeitig vor einer Übermächtigung durch die Sowjetunion hinreichend selbständig und zuverlässig schützen. Dieses in freiheitlicher und rechtsstaatlicher Föderation integrierte Europa, dessen wesentliche Stützen die Länder jahrhundertealter westlicher demokratischer Kultur sein müssen, also insbesondere Großbritannien und Frankreich, könnte sich – in bestem Einvernehmen mit den USA – auf eine außenpolitische (nicht innere und nicht weltanschauliche) »Neutralität« nach Art der Schweiz einlassen (Deutschland allein kann das keinesfalls!). Das so vereinte Europa wäre der denkbare Rahmen einer deutschen Wiedervereinigung in Freiheit, die keinen der Nachbarn, weder in West noch in Ost, in Unruhe versetzen muß. Im Rahmen echter europäischer Staatlichkeit (und *nur* unter solcher Voraussetzung) wäre es – wenn dies dringenden Interessen unserer Nachbarn entgegenkäme – mit dem Wiedervereinigungsgebot des Grundgesetzes auch kompatibel, ein formelles Wei-

terbestehen der beiden deutschen Staaten, dann aber als föderativ *integrierter* und *demokratisch* verfaßter »Länder«, in Erwägung zu ziehen.

In der »deutschen Frage« bedarf es der Geduld und des langen Atems. Der Versuch ihrer Lösung ist auf weite politische Umwege verwiesen. »Deutsche Nation« versteht sich in der Zwischenzeit als geschichtlich begründete, politisch verantwortliche, verfassungsmäßig gebotene Verbundenheit der deutschen Bevölkerung im geteilten Deutschland; sie ist eine Sache des Bewußtseins, des Willens, der Pflege, der Entwicklung, mit der Perspektive der staatlichen Wiedervereinigung. Diese ist aber nur in Freiheit erstrebenswert und nur im europäischen Rahmen durchführbar. Zu allen Bemühungen um die Lösung der nationalen Frage gehört deshalb integral ein aktives demokratisches und europäisches Engagement, gerade auch mit Blick nach Osten. Ist dies gegeben, dann werden bundesrepublikanischer Verfassungspatriotismus und nationales Bewußtsein dauerhaft vereinbar sein. Freiheitliche Verfassung – Integration Westeuropas – Einigung Gesamteuropas auf demokratischer Grundlage – Wiedervereinigung Deutschlands in Freiheit: Wenn es zur Lösung der nationalen Frage einen vertretbaren Weg gibt, dann in dieser grundsätzlichen und zeitlichen Sequenz. Es wäre dies eine Lösung in verfassungspatriotischem Geist.

Sven Papcke

Traumland Mitteleuropa

Wir schreiben das Jahr 1791. Der Geheime Ober-, Justiz- und Tribunalrat Carl Gottlieb Suarez[1] hat für diesen Winter vom Berliner Hof den ehrenvollen Auftrag erhalten, den zukünftigen König Friedrich Wilhelm III. in allgemeine Fragen des Staatsrechts einzuweisen. In seinen später als »Kronprinzenvorträge« zusammengefaßten Ausführungen findet sich ein aufschlußreicher Abschnitt, der »Vom Range und der Präzedenz unter den Völkern« handelt und das europäische Selbstbewußtsein der damaligen Epoche spiegelt. Der Rechtsgelehrte Suarez, berühmter Mitverfasser des »Preußischen Allgemeinen Landrechts« von 1794, hat in seinen Darlegungen zwar nur den Alten Kontinent im Auge, Machtzentrum der damaligen Welt, die zwischenstaatlichen Beziehungen waren hier aber verwickelt genug. Allein die Stellung Preußens erforderte eine ausführliche Begründung. War doch die Regierungswürde der Hohenzollern – seit 1701 Könige in, ab 1772 Könige von Preußen – nicht eben alteingesessen, und es mag der prinzlichen Hoffart nicht unbedingt gefallen haben, hören zu müssen, daß »der König von Polen, so wenig wahre Souveränitätsrechte er ausüben kann, dennoch den Rang vor dem souveränen König von Preußen hat«, wie Suarez klarstellte. Trotz derartiger Unzeitgemäßheiten herrschten aber doch einigermaßen klare Sachverhalte in jener Staatengemeinschaft, die im Abendland untereinander um Macht und Prestige rang. Von der Spitze ausgehend – dem »römisch-deutschen Kaiser« –, legte Suarez seinem erlauchten Zuhörer die Stufenfolge der europäischen Staaten dar, am unteren Ende der Skala etwa standen erst die »souveränen Republiken«, ihrerseits noch einmal unterteilt nach ihrer »Ancienneté«, das einflußreiche Holland konnte Venedig daher schwerlich den Vorrang streitig machen.

1 Vorträge über Recht und Staat, Köln/Opladen 1960, S. 190 ff.

Derartige Merkwürdigkeiten der damaligen Staatenordnung erzeugten diplomatische Reibereien, auch das ständige Auf und Ab der Regionen vermittelte zuweilen sogar im Urteil eines Suarez einige Unsicherheit über die wirkliche Rangreihe der Staaten. Als entscheidendes Kriterium aber, um überhaupt – auf welchem Platz auch immer – mitgezählt zu werden, galt in der kontinentalen Staatenfamilie die *Unabhängigkeit* ihrer Mitglieder: Wie lange einzelne Länder dazugehörten, wo sie räumlich lagen, wie sie politisch organisiert waren, all das schien zweitrangig, verglichen mit der Frage nach ihrer Selbständigkeit. Nur wenn man »in eine Art von Abhängigkeit gegen eine andre Nation gelangen sollte«, so daß von Souveränität nicht mehr »in ihrem vollen Umfange« gesprochen werden könne, wäre dem von solchem Geschick betroffenen Staat laut Suarez der überlieferte Platz streitig zu machen.
Trotz der zeitgenössischen Kabinettskriege glaubte Suarez aber fest an eine *europäische* Rechtsordnung. Auch der zulässige Versuch jeder europäischen Nation, ihre eigene Wertschätzung im Konzert der Mächte zu erhöhen, sollte durch die völkerrechtliche »Hegung der Zwiste« (Suarez) möglichst nicht auf Kosten aller anderen gehen. Mit dieser Erwartung befand sich die Epoche aber im Irrtum, denn von Rücksichten auf Europa als Rechtseinheit, deren Gedeihen allen Beteiligten erst die Weltgeltung ermöglichte, war wenig zu spüren. »Je ne vois plus l'Europe«, so hat der französische Politiker Adolphe Thiers verbittert ausgerufen, als Paris im Herbst 1870 in dem Bemühen scheiterte, eine Koalition gegen den östlichen Nachbarn zu organisieren. Auf Europa kam man nur zu sprechen, wenn es einem in den diplomatischen Kram paßte. Entsprechend hob Fürst Bismarck 1876 hervor, Europa sei ein geographischer, aber kein politischer Begriff. Die Reichssicherung verpflichtete ihn dann doch zur Europapolitik, wenngleich Berlin die Rolle als »ehrlicher Makler« letztlich nicht lange zu spielen vermochte. Die Großstaaten auf dem Alten Kontinent entwickelten jeweils Europavorstellungen, die von ihren Interessen geprägt waren und Wunschbilder nationaler Belange blieben; um das gemeinsame Kulturensemble bemühte man sich nirgends. Später haben die durch den sacro egoismo der Staaten entfesselten Streitigkeiten die Vormachtstellung Europas selbst in Mitleidenschaft gezogen, nicht etwa nur die Geltung des einen oder anderen Landes, eine für Suarez noch unvorstellbare Entwicklungsperspektive. Vor allem das um Deutschland erweiterte Preußen blieb mit seiner Lage und mit seinem Ansehen unzufrieden und hat

so lange den Widerstand gegen Europas Staatenordnung geprobt, bis der Alte Kontinent ruiniert war. »Der Aufstand der deutschen Nation gegen Europa würde die fremden Imperien auf den Plan rufen und, wie immer der Krieg ausginge«, warnte Emil Franzel[2] aus dem Exil 1936 mit Blick auf die gesamte Weltlage vor einer derartigen Selbstentmündigung des Alten Kontinentes, »er würde mit der Aufteilung Europas in Interessensphären der fremden Weltreiche enden«.

Der Zank und Streit unter den Bewohnern des »gemeinsamen europäischen Hauses«, von dem in unseren achtziger Jahren politisch so viel die Rede ist, beeinträchtigte endlich die anderen Weltregionen derart, daß von außen schlichtend auf dem Alten Kontinent eingegriffen werden mußte, vor allem dem deutschen Störenfried im Herzen des Erdteils sollte ein für allemal das Handwerk gelegt werden. Europa sah sich unter die Obhut fremder Verwalter gestellt, leider erwiesen sich aber die regional üblichen Rangeleien als ausgesprochen ansteckend, und so gerieten die Ordnungsversuche der Konferenzen von Teheran und Jalta trotz schönster Beschlußlagen[3] bald selbst zur Quelle ganz neuer Konflikte in Europa und der Welt. Nicht zuletzt deswegen, weil der östliche Hauswart seine verabredete Rolle gründlich mißverstand – oder eigenmächtig interpretierte – und sich bald als Tyrann all jener Wohneinheiten entpuppte, die ihm bei der alliierten Intervention zur Ruhestiftung zugefallen waren.

Sah sich der Frieden in Europa vorher durch Nationaldünkel gefährdet, wobei sich alle Mitspieler – ob groß oder klein – wenigstens in dieser Eitelkeit verbunden fühlten, zerriß nun ein Systemwiderspruch den Alten Kontinent viel gründlicher als vorher die Prestigerivalitäten, selbst die geographische Nähe verlor an Bedeutung durch den Eisernen Vorhang, den die Sowjets zur Sicherung ihres Cordon sanitaire in Osteuropa errichteten. Die östliche Sphäre des Kontinentes, die in dem nach Leopold von Ranke vornehmlich germanisch-romanisch geprägten europäischen Geschichtsraum schon immer etwas im Abseits gestanden hatte, war unter dem so-

2 Abendländische Revolution. Geist und Schicksal Europas, Bratislava 1936, S. 258.

3 Vgl. Erklärung über das befreite Europa, in: »Kommuniqué über die Konferenz der Regierungschefs der drei alliierten Mächte auf der Krim« vom 11. 2. 1945, In: Alexander Fischer (Hrsg.), Teheran, Jalta, Potsdam. Die sowjetischen Protokolle von den Kriegskonferenzen der »Großen Drei«, Köln 1968, S. 183 ff., hier S. 186 f.

wjetischen Daumen offenbar endgültig zu jener »Schatten-Schattenwelt« (Jean Paul) geraten, zu der schon der ominöse Hitler-Stalin-Pakt von 1939 die zwischen Berlin und Moskau liegenden Gebiete degradieren wollte.
So mochte es jedenfalls lange Zeit scheinen! Entsprechend wurde diese andere Hälfte des Erdteils für die auf die Brüsseler Einigung gerichtete Wahrnehmung der Westeuropäer bald zum weißen Flekken auf der Landkarte, zum bloßen Anhängsel des Moskauer Imperiums. In Wirklichkeit erwiesen diese Regionen aber eine erstaunliche Abwehrfähigkeit gegen die sowjetische Bevormundung, worauf die unablässigen Auflehnungsversuche nach 1953 immer wieder hindeuteten. Auch eine nun bald vierzigjährige Uniformierung, Nivellierung und Drangsalierung, so zeigt sich heute, konnte die Eigenheit dieser Länder keineswegs auslöschen, wenngleich mit ihrer außenpolitischen Souveränität – im Sinne von Suarez – auch ihr europäischer Rang verlorengegangen zu sein schien.

Reklamation

Seit etwa 1986 wird auch in der Bundesrepublik Deutschland wieder von »Mitteleuropa« gesprochen, von jenem umstrittenen Scheinraum, den für die Neuzeit wohl zuerst der britische Geograph Halford Mackinder aus der europäischen Landkarte herausgeschnitten und politisch aufgeladen hatte, denn nach Ansicht seines Buches »The geographical Pivot of History« (1904) sollte unweigerlich diejenige Macht zum Herrn der Welt werden, welche Ost-, sprich Mitteleuropa beherrschte. Geopolitische Verstiegenheiten wie diese haben ihre geistesgeschichtlichen Höhenflüge gehabt. Soweit sie deutsche Vormachtsträume rechtfertigen sollten, sind sie 1945 an den Tatsachen des nationalen Nullpunktes gescheitert. Seither ist der Alte Kontinent geteilt, jenes vielbeschworene Mitteleuropa geriet zum westlichen Glacis der Sowjetunion, politisch ist es auf keiner Maßstabskarte mehr verzeichnet, nur die Meteorologen führen es noch im Munde, wenn es denn tatsächlich jemals mehr als ein Wunschtraum oder Großmachtswahn gewesen ist. Immerhin, lange bevor in der Bundesrepublik Deutschland dieser Verlegenheitsbegriff wieder zur Sprache kam, war in Osteuropa selbst viel davon zu hören, zuweilen auch in »Kakanien« seligen Angedenkens, wo in Friaul, Triest oder Slowenien – zuweilen aber auch in Wien – nostal-

gische Stimmen zu vernehmen sind, welche die öde Gegenwart systemgehärteter Grenzen an einer sicherlich idealisierten Vergangenheit messen, wonach der habsburgische Herrschaftsverband unvergleichlich mehr Eigenständigkeit und vor allem auch Weltläufigkeit geboten habe als die langen Schatten, welche Hammer und Sichel seit nunmehr vierzig Jahren über diesen Raum werfen.
Solche Berufung auf glorreichere Zeiten hat wohl auch damit zu tun, daß weder »Osteuropa« noch gar »Mitteleuropa« historisch greifbare Einheiten darstellen. Nach dem Staatswerdungsprozeß dieses Gebietes als Folge des Ersten Weltkrieges war »Zwischeneuropa« (Giselher Wirsing) vielmehr eine Zone der Verfeindungen und irredentischen Spannungen, keineswegs aber eine irgendwie greifbare politische oder kulturelle Größe. Osteuropa ließ sich vielleicht geographisch eingrenzen, es spielte vor allem in der Diplomatie eine bedeutsame Rolle, nicht nur in der Außenpolitik Berlins oder Moskaus übrigens, die 1939 kurzentschlossen das hier angeblich herrschende »Kleinstaatengerümpel«[4] unter sich aufteilten, sondern vor allem auch in der Diplomatie Frankreichs. Für Paris bildete jenes »l'europe centrale« (de Martonne) im Sinne seiner französisch-westslawischen Bündnisstrategie ein wichtiges Element der Balancepolitik des Quai d'Orsay gegen das Reich. Mehr als ein kartographischer oder außenpolitischer Fremdbegriff war dieser »Teufelsgürtel« aber nicht, wie die Angelsachsen diese Region der russischen Westgrenze und der Ostgrenze Deutschlands und Österreichs mit Blick auf das dortige Staatenkunterbunt nannten. »Mitteleuropäer« jedenfalls waren hier kaum anzutreffen, vielleicht mit Ausnahme jüdischer Bevölkerungsgruppen, die durch die Pflege des Deutschen als lingua franca in dieser Abseitslage immerhin eine Ahnung von dem wachhielten, was den Reiz gerade dieses Kulturensembles ausmachte. Von dieser Gruppe einmal abgesehen, waren sich die ortsansässigen Völker ansonsten nicht nur spinnefeind, indem die jeweils nebeneinander liegenden Länder unablässig gegeneinander konspirierten und höchstens der entfernte Nachbar des Nachbarn als Bündnispartner zählte; auch ihre Eliten blickten zumeist nach Paris oder Berlin, zuweilen auch bis New York, richteten ihren Sinn aber nicht auf regionale Gemeinsamkeiten. Wenn etwas, dann war dies »Mitteleuropa« mithin vielleicht *gesamteuropäisch* gestimmt,

4 So Josef Goebbels am 8. Mai 1943, in: Tagebücher, Hrsg. L. P. Lochner, Zürich 1948, S. 139.

nicht zuletzt wohl auch deswegen, weil die Folgen des entfesselten Wirtschafts- und Staatsnationalismus[5] kleinräumig und aus eigener Kraft überhaupt nicht in den Griff zu bekommen waren.
Diese Gegebenheiten sind heute eigentlich nicht viel anders, selbst wenn die historischen Konstellationen ganz verschieden aussehen und die politische Souveränität dieser Region verspielt zu sein scheint. Das aber gilt es fest im Blick zu behalten, wenn man sich mit der laufenden Debatte über Mitteleuropa befaßt, die je nach Standort der Diskutanten ganz unterschiedlich schmeckt. Das System von Jalta als Sonnenfeld- oder Breschnew-Doktrin, aber auch die sonstigen Systemdivergenzen haben zu einer Halbierung und damit auch Verzerrung unseres Europabildes geführt. Die Rede von »Mitteleuropa« stellt einen Aufruf der osteuropäischen Schicksalsgemeinschaft an die Westhälfte des Kontinents dar, doch bitte ihren Teil *Gesamt*europas nicht zu vergessen. Nicht mehr und nicht weniger meint dieser Appell an die europäische Identität, und diese Mahnrede kommt keineswegs mehr ausschließlich von Dissidenten wie Václav Havel, György Konrád oder Jan Szczepanski. »Wir sind uns heute mehr denn je bewußt«, unterstrich jüngst der ungarische Bildungsminister Béla Köpeszi, »daß wir dem kulturellen Europa angehören.«[6] Es geht dabei also weniger um die Beschwörung von Raumfiguren, die historisch gar nicht vorfindbar wären, sondern hier wird Erinnerungsarbeit von uns gefordert: Wir sollen die Benachteiligten des Kontinentes bei der wirtschaftlichen Karriere Westeuropas nicht vergessen, selbst wenn »Mitteleuropa« offiziell – als europäischer Teil des Ostblocks – noch immer nicht mit eigener, sondern weiterhin mit sowjetischer Zunge sprechen muß.
Die Berufung auf »Mitteleuropa« jenseits der Systemgrenze verrät also keineswegs einen »Rebeccaeffekt«, wie der amerikanische Soziologe Robert Merton mit Blick auf den Roman von Daphne du Maurier jene Einflüsse der Vergangenheit getauft hat, die unbewußt das Handeln der Gegenwart steuern. Es handelt sich dabei vielmehr um die Zukunft, denn die Einforderung der europäischen Mitgliedschaft artikuliert auch den Protest gegen die Bevormundung durch Moskau. Die politische Botschaft der Mitteleuropadebatte in Osteu-

5 Vgl. Camillo Morocutti, Großdeutschland. Großsüdslawien, Wien/Leipzig 1928.
6 Scheidewege Mittel-Ost-Europas, in: »Budapester Rundschau« vom 21. 12. 1987, S. 27 f., hier S. 28.

ropa ist die Einforderung einer »zivilen Gesellschaft«[7], die sich in der anderswertigen Verfassungsgeschichte Rußlands nicht durchsetzen konnte, wo die Bevölkerung in den Worten Natan Sharanskys[8] als »Staatsbesitz« galt und gilt. Interessant zu beobachten, daß auf einer »Internationalen Wheatland Konferenz« der Schriftsteller Mitte Mai 1988 in Portugal zwischen den Ostblock-Literaten ein Meinungsstreit über dies Thema ausbrach, weil die aus der Sowjetunion stammenden Dissidenten wie der Dichter Joseph Brodskij (Literaturnobelpreis 1987) zur Empörung von osteuropäischen Emigranten wie etwa Czeslaw Milosz (polnischer Literaturnobelpreisträger 1980) die Losung von Mitteleuropa weder als nationalen noch als politischen Anspruch auf Eigenständigkeit der seit dem Zweiten Weltkrieg unterdrückten Region Europas anerkennen wollten.

Im Sowjetblock gelten auch unter Gorbatschow jene »sozialistischen Errungenschaften« weiterhin für unumkehrbar, die Osteuropa von außen aufgezwungen wurden, und bei der Reform an der Moskwa handelt es sich eher um eine Effektivisierung der Kontrollgesellschaft denn um eine Entmachtung der Nomenklatura. Solange also die westeuropäische Öffentlichkeit bei ihrer Begeisterung für »Glasnost« diese engen Grenzen der »Perestroika« außer acht läßt, solange etwa auch die bundesdeutsche Öffentlichkeit den Kremlherrn nur beim Wort nimmt und keine entsprechenden Taten verlangt, solange wird der Mitteleuropa-Appell aus Osteuropa nicht verstummen, der so wenig mit Geopolitik zu tun hat und so viel mit den Menschenrechten.

Die hiesige Debatte

»Wir kommen alle aus Böhmen«, diese Parole des Erfolgsschriftstellers Jürgen Serke[9] klingt zwar reichlich mystisch und mag zu allerlei Mißverständnissen Anlaß geben, sie ist aber gerade deswegen nicht untypisch für die bundesrepublikanische Spielart der neuen Mitteleuropadebatte. Wir erinnern uns: Schien die ursprüngliche Mittel-

7 Vgl. Timothy Garton Ash, Gibt es Mitteleuropa wirklich?, in: »Kontinent«, Nr. 2 (1988), S. 26 ff.
8 The Realities of Russia, in: »Newsweek« vom 20. 6. 1988, S. 56.
9 Zit. »Welt am Sonntag« vom 13. 3. 1988, S. 32.

europavision des Wilhelminismus schiere Großmannssucht zu sein, so war »die Idee ›Mitteleuropa‹ ein Angstprodukt«, weil man laut Rudolf Hilferding die wirtschaftliche Absperrung nach dem Krieg fürchtete[10]. In unseren Tagen wiederum muß das Thema anders eingeordnet werden, es ist deswegen jedoch nicht weniger problematisch. Wer die Mitteleuropadebatte hierzulande übrigens bereits für erledigt gehalten hatte, wer sie als ein flüchtiges Modethema ansah, weil in den Medien seit geraumer Zeit kaum mehr etwas über diesen fiktiven Raum zu vernehmen war, sah sich jüngst eines Besseren belehrt. Wie ein Phönix aus der Asche kehrte das Schlagwort von einem möglichen »Mitteleuropa« mit allen Zutaten des Ungewöhnlichen, ja des Gewagten, in die öffentliche Wahrnehmung zurück. Kurz hintereinander bemühten sich im Mai 1988 gleich mehrere Tagungen in Lissabon, Frankfurt und Berlin um mitteleuropäische Horizonte, und als ob diese Treffen als Beweis für den Reiz der imaginären Geographie noch nicht ausreichten, veröffentlichte vor kurzem eine große Tageszeitung eine zustimmende Stellungnahme aus dem Umkreis des Bundespräsidenten[11], die von der Intensität mitteleuropäischer Sehnsüchte zeugt.
Jene in der Psychologie so genannte »funktionale Fixiertheit« der politischen Debatte auf die Normalität der seit Kriegsende in Europa herrschenden Zustände sieht sich offenbar im Dunstkreis Mitteleuropas gern ausgehebelt, und selbst jene Literaten und Intellektuellen, die mit der Eurokratie rein gar nichts, aber auch mit der Einigung Europas ansonsten wenig im Sinne haben, beteiligen sich an den ungewöhnlichsten Lockerungsübungen des Denkens zwischen Ost und West. Wenigstens in der Phantasie sehen sich Brücken geschlagen, Grenzen beseitigt, Versöhnungen inszeniert, der »verträumte Aufruf zur mitteleuropäischen Verschwörung«[12] stillt offenbar den spekulativen Bewegungsdrang der Geistesarbeiter.
Doch der Reihe nach. Fraglos hat dies Thema auch im hiesigen Umfeld eine positive Rolle spielen können. Zwar scheint sich die bundesdeutsche Mitteleuropadebatte nicht zum wenigsten der böhmi-

10 Europäer, nicht Mitteleuropäer!, in: »Der Kampf, Sozialdemokratische Monatsschrift«, Nr. 11/12 (Wien 1915), S. 357 ff., hier S. 357.
11 Friedbert Pflüger, Selbstbehauptung im Herzen des geteilten Kontinentes. Mitteleuropa als geistig-kulturelle Idee, in: »Frankfurter Allgemeine Zeitung« vom 21. 5. 1988, o. S.
12 Thomas Assheuer, Repolitisierung? Zur Debatte um Mitteleuropa, in: »Frankfurter Rundschau« vom 10. 6. 1988, S. 11.

schen Mutter des ehemaligen Bundesgeschäftsführers der SPD zu verdanken. Als Chefredakteur der »Neuen Gesellschaft« öffnete Peter Glotz (Eger *1939) 1986 dieser Themenstellung die Seiten des sozialdemokratischen Theorieblattes und versah die bis dahin weitgehend auf esoterische Zirkel beschränkte Diskussion derart mit höheren Weihen. Aber seither hat sich die öffentliche Aufarbeitung dieser Frage hierzulande rechts wie links verselbständigt, was nicht nur den Erfolg von Büchern wie Karl Schlögels »Die Mitte liegt ostwärts« (Berlin 1986) erklärt, sondern mittlerweile eine Unzahl von einschlägigen Tagungen inspiriert hat. Während das Europa-Engagement der hiesigen Intellektuellen, soweit es überhaupt vorhanden war, sich vorher mehr mit Europakritik denn mit dem mühsamen EG-Wochentag befaßte, bereitet das Mitteleuropathema offenbar eine geistige Heimkehr auf den Alten Kontinent vor, der wieder utopischen Charme auszustrahlen weiß. Das ist eine erfreuliche Entwicklung, weil diese neue Interessiertheit unweigerlich auch der westeuropäischen Einigungsenergie zugute kommt, deren Erfolge in Osteuropa überhaupt erst so große Hoffnungen auf die Selbstbehauptung Gesamteuropas – und damit eben auch der eigenen Lebenswelt – wecken konnten, daß man es dort für nötig hielt, »Mitteleuropa« in Erinnerung zu rufen!

Erfreulich ist weiter die mit der öffentlichen Thematisierung Mitteleuropas einhergehende *kulturelle* Wiederentdeckung der Länder jenseits des Eisernen Vorhangs, die von Eugen Lembergs Buch »Osteuropa und die Sowjetunion« (Stuttgart 1950) bis zu Peter Benders wichtiger Schrift »Das Ende des ideologischen Zeitalters. Die Europäisierung Europas« (Berlin 1981) immer wieder eingefordert worden war, aber infolge der Spaltung des Kontinentes in feindliche Blöcke doch nicht wahrgenommen werden konnte. Weder die Ostpolitik Ende der sechziger noch der KSZE-Prozeß seit der Mitte der siebziger Jahre hat an dieser allgemeinen Ausblendung der Ostblockstaaten aus der hiesigen Europavorstellung wirklich etwas ändern können, erst jetzt scheint jene Aussage von Wolf Jobst Siedler überholt, wonach »es keine Faszination mehr durch den Ostraum gibt«[13].

Eher im Gegenteil, in einer zweiten Phase der Ostpolitik und vor

13 Mitteleuropa und die Topographie der deutschen Faszination, in: Dietrich Spangenberg (Hrsg.), Die blockierte Vergangenheit. Nachdenken über Mitteleuropa, Berlin o. J. (1987), S. 59 ff., hier S. 66.

dem Hintergrund größerer Modernisierungsprozesse in der Sowjetunion läßt sich gegenwärtig geradezu etwas von dem sprichwörtlichen »Drang nach Osten« verspüren, der die deutsche Geschichte durchzieht, freilich gern Osteuropa überspringt und gleich auf ein joint venture mit der Führungsmacht im Osten hofft, eine Perspektive, die die ungarischen Dissidenten Ferenc Fehér und Agnes Heller bereits 1985 geradezu panisch vor »dem Schatten eines neuen Rapallo« warnen ließ[14]. Eine Ostpolitik, die eher nach Art des Fürsten Metternich die Stabilisierung maroder Verhältnisse »um des lieben Friedens willen« betreiben möchte, wirkt ohne Zweifel problematisch, denn sie zementiert die derzeitige europäische Lage und kann von den Westeuropäern wie gleichermaßen auch von den unterdrückten Osteuropäern nur allzuleicht als Bonner Neuauflage einer Art von »Alvenslebenscher Konvention« (1863) verstanden werden... Züge solcher Stabilisierungsdiplomatie finden sich in dem Symmetrieverständnis[15] für Europa von Bundesaußenminister Genscher, sie finden sich auf ganz andere Art und Weise vor allem aber auch in der Anerkennung der Diktatur auf deutschem Boden, wie sie in womöglich bester deutschlandpolitischer Absicht das sogenannte »SPD-SED-Papier«[16] gleichsam nebenbei praktiziert hat. Das in solcher Diplomatie zum Ausdruck kommende Wohlverhalten gegenüber den rebus sic stantibus in Europa hat mit der besonderen Lage der Bundesrepublik zu tun. Deren Teilungsschmerz ist in unseren Tagen, in denen politisches Tauwetter herrscht, wieder heftiger zu spüren, er rät uns nicht nur mit Helmut Schmidt eine »Brükkenfunktion«[17] an, sondern hofft auch, bei gefälligem Betragen, auf Zugeständnisse des Kreml in der deutschen Frage, obschon der Bonner Einfluß gegenüber Moskau heutigentags nicht zuletzt von seiner unbeirrten Zuordnung zu Westeuropa abhängt, worauf David Calleo[18] vor kurzem mit Nachdruck noch einmal hingewiesen hat.

14 Osteuropa unter dem Schatten eines neuen Rapallo, in: »Prokla, Zeitschrift für politische Ökonomie und sozialistische Politik«, Nr. 60/1985, S. 17 ff.

15 Trotz weiterbestehender Invasionsfähigkeit eines überlegenen Warschauer Paktes, vgl. Nehmen wir Gorbatschow beim Wort, Rede von Hans-Dietrich Genscher am 1. 2. 1987 vor dem »World Economic Forum« in Davos, in: »Handelsblatt« vom 6./7. 2. 1987, S. »S« 2.

16 Abgedruckt in: »Frankfurter Allgemeine Zeitung« vom 28. 8. 1987, S. 7.

17 Vgl. Rede Schmidts auf dem Europaparteitag der SPD vom 9. bis 12. 12. 1978 in Köln, Protokoll der Verhandlungen, Bonn o. J. (1979), S. 70 ff., hier S. 75.

18 Beyond American Hegemony. The Future of the Western Alliance, New York 1987, bes. S. 184 ff.

Wie immer: Solche Hinwendung zum Osten – von der Abrüstungs- bis zur Wirtschaftspolitik – ist bisher Ausdruck eines wiederbelebten gesamteuropäischen Gesprächs. Das »Europaparlament« war vorgeprescht und hatte sich bereits im März 1987 für bessere Kontakte mit der östlichen Hälfte des Erdteils ausgesprochen. Im Mai 1988 appellierte die Parlamentarische Versammlung des »Europarates« an Osteuropa, einer Kulturkonvention beizutreten und sich an den Aktivitäten des »Europarates« zu beteiligen. Und nach jahrelangen Verhandlungen hat sich im Juni dieses Jahres die EG mit dem COMECON auf die Herstellung offizieller Beziehungen verständigen können, wobei die Gegenseite auch die Territorialklausel Brüssels für Berlin akzeptiert hat. Es bewegt sich also einiges zwischen den europäischen Blöcken, wenngleich damit an den Machtverhältnissen jenseits der Mauer noch wenig geändert ist. Glasperlenspiele mit »Mitteleuropa«, wie sie seit einiger Zeit auch die eher unpolitischen Gemüter hierzulande beflügeln, liegen jedenfalls abseits der Erreichbarkeit, soweit sie weitergehend als bloße Trauer- und Erinnerungsarbeit schon auf das Ende aller Konfrontation hoffen.

Deutschtümeleien?

In der großen Politik sind Fassaden notwendig. Sie müssen errichtet und gepflegt werden im Interesse der Übersichtlichkeit und der wechselseitigen Berechenbarkeit der Akteure. Verträge, die geschlossen wurden, Bündnisse, die man zu erhalten sich bemüht, bleiben gleichwohl Kompromisse und Bilanzen des Vergangenen. Die Voraussetzungen solcher Absprachen wandeln sich unaufhörlich, aktuelle Notwendigkeiten und Sichtänderungen fordern das Unumstößliche heraus, hinter den Fassaden entstehen neue Möglichkeiten und Zwänge. Eine umsichtige Politik wird derartige Kräfte berücksichtigen, ohne die Stabilität des Vertragsgeflechtes zu gefährden. Vor allem die osteuropäische Mitteleuropadebatte läßt sich als Emanzipationsbemühen kennzeichnen, das sich der versunkenen Traditionen der abendländischen Autonomie bedient, aber auch hierzulande vermischen sich bei diesem Thema versunkene Politikmuster mit neuen Handlungshoffnungen. Das betrifft beispielsweise die *Einheitsfrage,* die man zwar als die »Lebenslüge« (Erich Müller-Gangloff) des Bonner Staates bezeichnen mag und die sicher auch nicht mehr in den traditionellen Bahnen verfassungsrechtlicher

Vereinigungsvorstellungen zu diskutieren ist, die deswegen aber doch zu den Kernfragen jeder Politik gehört, die das vielbeschworene gemeinsame europäische Haus planen will. »Man mag das Problem der deutschen Einheit zur Vordertür hinausdrängen«, so hat die spanische Tageszeitung »El País« (26. 3. 1987, S. 10) diese Verwicklung beschrieben, »unvermeidbar kommt sie dann über die Hintertreppe wieder herein.« Europa hat in dieser Frage immer mit einem deutschen dolus eventualis zu rechnen, und unsere Nachbarn sind im Sinne von Jean François Poncet[19] wohlberaten, den Zwiespalt der Bonner Politik nicht durch Verzichterwartungen zu vertiefen, sondern ihn durch Verständnis und Unterstützung zu mindern und durch europapolitische Erfolge einzubinden in Gesamtstrategien, die langfristig den Eisernen Vorhang und damit auch »die deutsche Frage« beseitigen. Daß solche Nachsicht aber noch auf sich warten läßt, das zeigt die immer wieder zu hörende Aufforderung, die Deutschen sollten doch im Sinne des europäischen Alltags die Präambel ihres Grundgesetzes vergessen und nicht »Pangermanismen« (Giulio Andreotti) nachhängen. Es dreht sich jedoch keineswegs nur um deutsches Verlustempfinden, da an der Teilung Deutschlands auch die Spaltung des Kontinentes und damit seine Balkanisierung hängt. Dieser Zustand aber macht, wie François Fejtö[20] hervorgehoben hat, nicht nur die »beiden getrennten Teile Europas zu Tributpflichtigen der ausländischen Großmächte«; problematischer noch könnte sein, daß solchermaßen auch »die Rückkehr des deutschen Nationalismus« befördert würde, der die *deutsche* Einheits- wieder vor die *europäische* Einigungsfrage stellte. Warum steht das zu befürchten?

Die Mitteleuropadebatte hat hierzulande nicht nur zur Wiederentdeckung »des Ostens« geführt, sondern auch zu einer Wiedererinnerung an den deutschen Problemknoten. Gerade im Zusammenhang mit den Reformen in der UdSSR, welche die Phantasie der Europäer bewegen, hat sich das Mitteleuropathema als laterna magica erwiesen: Allerlei Träume von deutschen Chancen verraten das Nochvorhandensein geschichtlicher Figuren, und es läßt sich vermuten, daß ein ernsthaftes Angebot aus Moskau an die Deutschen zur Öffnung ihrer nationalen Sackgasse vermutlich alle Nachkriegs-

19 Die drei Gefahren deutscher Politik, in: »Welt am Sonntag« vom 6. 9. 1987, S. 9.
20 Die Geschichte der Volksdemokratien, Band 1: Die Ära Stalin 1945–1953, Graz u. a. 1972, S. 463.

verbindlichkeiten über den Haufen werfen könnte. Hier zeigt sich wieder einmal, daß in politicis Hoffnungen keineswegs beruhigend oder dilatorisch wirken, sie pflegen sich vielmehr ungleich rascher zu entwickeln als ihre Erfüllbarkeit. Im musée imaginaire Mitteleuropas wachsen heute schillernde Merkwürdigkeiten wie eine »Mitteleuropäische Friedensunion«[21], deutsche Konföderationspläne[22], »Sicherheitspartnerschaften«[23] oder »Grenzüberschreitungen«[24] als deutsche Verheißungen, die sich längst jenseits von Jalta und Potsdam tummeln.

Die Renaissance »Mitteleuropas« als Wiederbelebung deutscher Wünsche hat aber noch andere Untertöne. Ein Blick auf die »nationale Frage« im 19. Jahrhundert mag das in Erinnerung rufen. Seit den Freiheitskriegen rangen im deutschsprachigen Mitteleuropa die Alternativen »Einheit vor Freiheit« beziehungsweise »Freiheit vor Einheit« miteinander um Priorität, wobei vor allem die letztere Variante, jedenfalls bis zum preußischen Verfassungskonflikt, vom liberalen Bürgertum hofiert wurde. Freilich, je länger die Einheit auf sich warten ließ, um so fordernder wurden in allen Lagern auch die Stimmen, die der Einheit den Vorrang geben wollten. Die Freiheit sah sich nun zuweilen sogar zur Funktion der Einheit erklärt, selbst wenn im Sinne einer Formel von Fichte, die schon 1807/1808 einen »Zwingherrn zur Deutschheit« empfahl, dabei zunächst eine »Art von Diktatur« (Ernst von Münch) in Kauf genommen werden müßte. Solche politischen Kurzschlüsse sind heute bislang nicht zu beobachten, sieht man von der lunatic fringe am linken wie am rechten Rand der politischen Szene einmal ab, dazu sind die wirtschaftlichen Nachteile aller denkbaren nationalpolitischen Konzepte gegenüber den kontinentalen Marktchancen einfach zu augenfällig. Wenngleich also die Freiheitsfrage im Kontext der hiesigen Mitteleuropadebatte bisher auch keine Rolle spielt – so oder so –, werden doch offenbar fragwürdige Traditionsbestände anderer Art hochgespült, die den Philosophen Jürgen Habermas[25] jüngst veranlaßt ha-

21 Vgl. Otto Schily, Vom Zustand der Republik, Berlin 1987, S. 103 ff.

22 Vgl. Wolfgang Seiffert, Das ganze Deutschland, München/Zürich 1986.

23 Vgl. »Frieden 2000«. Ein Diskussionspapier des »August-Bebel-Kreises«, in: »Frankfurter Rundschau« vom 17. 8. 1985, S. 8.

24 Vgl. Raimondo Strassoldo, Grenzen und Systeme. Soziologische Gedanken über Mitteleuropa, in: H.-A. Steger/Renate Morell (Hrsg.), Ein Gespenst geht um . . .: Mitteleuropa, München 1987, S. 49 ff.

25 Eine Art Schadensabwicklung, Frankfurt 1987, S. 135; 173 f.

ben, geradezu emphatisch für einen »Verfassungspatriotismus« einzutreten und damit die unwiderrufbare Westorientierung der Bundesrepublik zu reklamieren. Offenbar hat sich Habermas nicht ohne Grund geäußert, auch Bundeskanzler Helmut Kohl warnte inzwischen vor Irritationen der Mitteleuropaidee, die von einer eigenständigen »Mittlerrolle« der Deutschen spreche und damit zu einer »Sprengladung gegen die politische Integration des Europas der Freiheit« geraten könne[26]. In diesem Zusammenhang ist die emotionale Blässe der verfassungspatriotischen Losung bedauert worden, weil sich die nationale Frage der Deutschen ohne verheißungsvolle Versprechen schwerlich auf Zeit stellen lasse. Das mag vielleicht stimmen, Habermas hatte aber – angesichts der wieder vernehmbaren Töne vom »deutschen Imperativ«[27] – auch eher eine politisch-philosophische Klärung im Sinne. Sein Eintreten für die westliche Verfassungstradition beschwor keineswegs eine »Natophilosophie« (TAZ), war auch nicht gegen die neue west-östliche Dialogpolitik gerichtet, er hatte damit vielmehr typisch deutsche Selbstüberschätzungen im Auge, die in der Mitteleuropalyrik anklingen. In Frankreich wird bereits mit Blick über den Rhein von einem neuen Hang Bonns zur »autosuffisance« (»Le Monde« vom 10. 3. 1988, S. 2) gesprochen. Solche Töne werden nicht einmal so sehr in außenpolitischen Diskussionen laut, obschon z. B. die antiamerikanischen Vorbehalte nicht unbedenklich sind, die hierzulande seit einiger Zeit wieder spürbar werden. Habermas zielte auch nicht nur auf den eher unbedachten Vorwurf, den Deutschen würde angeblich vom Westen »Selbstentmündigung«[28] abverlangt. Bedenklicher als derartige Vorurteile gilt ihm eine publikumswirksame Fata Morgana: Im Schatten der hiesigen Mitteleuropadebatte feiert offenbar die Idee eines deutschen »Sonderweges« wieder fröhliche Urstände, noch immer scheint die leidige Unentschiedenheit dieses Landes, sich auch mental zwischen West oder Ost zu entscheiden, keineswegs ausgestanden. Obschon Konrad Adenauer, der Deutschland am liebsten gleich an die Seine verlegt hätte, in Hinnahme der Teilung und durch

26 Rede zum 200. Geburtstag Joseph von Eichendorffs am 10. 3. 1988, zit. »Frankfurter Allgemeine Zeitung« vom 11. 3. 1988, S. 4.

27 Vgl. Arno Klönne, Zurück zur Nation? Risiken der Suche nach deutscher Identität, in: »Gewerkschaftliche Monatshefte«, Heft 1 (1986), S. 5 ff.

28 Reinhard Hesse, Weder Revisionismus noch Entmündigung, in: »Die Neue Gesellschaft/Frankfurter Hefte«, Heft 4 (1988), S. 377 ff.

die atlantisch-europäische Einbindung der Bundesrepublik ein für allemal einen »Weststaat« gegründet zu haben meinte – was etwa in der von der Opposition mitgetragenen »Friedensnote«[29] Bonns vom 25. März 1966 betont wurde –, bestätigt sich offenbar jene Vermutung Ludwig Dehios[30] wieder einmal, wonach es »etwas Ungeheures um die Denkgewohnheiten eines Volkes ist«. Dabei ist mit Dan Diner[31] weniger daran zu denken, daß mit der Mitteleuropafrage in Deutschland schon immer ein »antiwestliches Ressentiment« verbunden war; fragwürdiger noch scheint der in diesem Umfeld latente Mythos zu sein, es gelte die deutsche Eigenart zu bewahren. Während Max Weber[32] diese im Ersten Weltkrieg von angelsächsischer »Konvention« und russischen »Reglements« gleichermaßen bedroht wähnte, war man in jenen Jahren allgemein und durchaus unabhängig von der Parteizugehörigkeit vor allem verärgert über die westliche Modernität und die mit ihr einhergehende gesellschaftspolitische Freizügigkeit. Man setzte daher die eigene Mittellage gern gleich mit der – aus dieser Sicht eben – östlichen Gemeinschaftsvorstellung und der dazu passenden Obrigkeitsstaatlichkeit.

Du hast noch Menschen, die im Wissen beben,
Voll Ahnung von dem kommenden Gericht;
O Land! Laß deinen Willen sich erheben,
Steh auf und zeig dein östliches Gesicht!

Läßt sich mit dem politischen Dichter – und Soziologen – Ernst Wilhelm Eschmann[33] nicht auch wieder solch mythologischer Schmelz im Umfeld der Mitteleuropafrage von heute verspüren? Nun kann man von politischen Begriffen sicher nicht jene »clara et distincta perceptio« erwarten, die Descartes philosophischen Vorstellungen abverlangen wollte; ein Mindestmaß an Klarblick aber ist vonnöten, um Wunschwelt und Wirklichkeit auseinanderhalten zu können. Auch in der Politik gibt es mit Joseph Schumpeter so etwas wie »schöpferische Zerstörung«, und gerade im Mitteleuropathema kann ohne Zweifel auch überständiges Fassadendenken in Frage ge-

29 In: »Europa-Archiv«, Heft 7 (1966), S. D 171 ff.
30 Gleichgewicht oder Hegemonie, Krefeld 1948, S. 16.
31 Über die »Mitte«, den »Osten« und den »Westen«, in: »Frankfurter Rundschau« vom 25. 5. 1988, S. 15.
32 Zwischen zwei Gesetzen, in: Max Weber Gesamtausgabe (MWG) I/15, Tübingen 1984, S. 97.
33 Deutschland, in: »Der weiße Ritter« 5. Jahrgang (1925): Sonderheft über »Der Naumburger Bund 1920–1925«, S. 73.

stellt werden. Neben berechtigter Zustandskritik und fälligen Bemühungen um einen vergessenen Kulturraum artikulieren sich unterschwellig aber auch eher faustische Töne, wonach der Weg des Ostens »zurück in das Abendland nur über Deutschland führt«, welches solchermaßen in einer von fremden Einflüssen befreiten Zukunft Europas nicht nur zum west-östlichen Kulturvermittler würde, sondern erneut als »politischer Schutzherr und wirtschaftlicher Förderer . . . für all die kleineren Nationen des östlichen und südöstlichen Mitteleuropa«[34] zu fungieren hätte.
Bloße Hirngespinste? Sicherlich, aber seit Machiavelli weiß die politische Theorie, daß die Bilder, die wir uns von der Wirklichkeit machen, oft mächtiger sind als die Wirklichkeit selbst, was im Zeitalter der Massen und Massenkommunikation mehr noch gilt als früher. Wenn mitteleuropäisches Wunschdenken fragwürdiger Couleur aber erst um sich greift, dann wächst auch die Ungeduld über die träge Normalität. Und jene Hindernisse, die das Traumland blokkieren, gelten dann unversehens als Verschwörung. Schon der Verweis auf die realen Machtverhältnisse in Ost und West macht sich verdächtig, mit der vielgeschmähten Realpolitik zu paktieren. Alle Versuche, die Gegebenheiten zu überspringen, endeten aber stets mit dem Triumph der harten Fakten. Bei den Bedingungen, unter denen auf diesem Erdteil seit Kriegsende Politik gemacht werden muß, kann das auch das Ende für Mitteleuropa bedeuten.

34 Andreas Mölzer, Österreich – ein deutscher Sonderfall, Berg am See 1988, S. 219.

Hermann Lübbe

Postmoderne: ein Definitionsvorschlag

Der Begriffsname »Postmoderne« setzt trivialerweise voraus, daß es eine Moderne gibt, die wir inzwischen hinter uns haben. Welchen Sinn diese Voraussetzung haben könnte, bleibt freilich unklar. Wo gäbe es denn eine Moderne, auf die wir inzwischen, wie auf eine historisch abgeschlossene Epoche, zurückzublicken vermöchten? Modernisierungsprozesse laufen in wesentlichen Bereichen unserer Zivilisation noch immer unabgebremst ab, und in einigen Bereichen beschleunigen sie sich sogar noch. Für die Kunst- und Literaturszene gilt Analoges. Der Zwang, im Kampf um knappe Aufmerksamkeit sich durch avantgardistische Neuerungen unübersehbar zu machen, wirkt immer noch, und das Feuilleton ist unverändert vor allem der Ort der Berichterstattung über die jeweils neuesten kulturellen Entwicklungsstände.

Nichts steht entgegen, die Literatur zur Postmoderne, deren Flut immer noch ansteigt, ihrerseits der aktuellen Moderne zuzuordnen, und es fehlt nicht mehr an Diagnosen, die am Postmodernismus Alterungserscheinungen festgestellt haben. Wer sich mit der Erledigung seiner Lektüreprogramme nicht beeilt, läuft Gefahr, nach der Moderne nun auch noch der Postmoderne als einer inzwischen vergangenen Epoche zu begegnen, die uns zu archivieren und zu historisieren verbleibt.

So oder so: Was haben wir uns unter einer Moderne vorzustellen, die wir aus der Perspektive einer noch moderneren, nämlich postmodernen Epoche als vergangene Epoche sollten identifizieren können? Eine wohlbestimmte, das heißt in Übereinstimmung mit etablierten Wortgebräuchen sich haltende Antwort auf diese Frage erstattet vor allem die jüngere Architekturgeschichte. Vergangen ist, was uns in der Brechung des historischen Bewußtseins erscheint und was sich somit einzig noch historisiert und musealisiert gegenwärtig halten läßt. Für Teile der architektonischen Moderne gilt das inzwischen. In Old Westbury, New York, gibt es ein Haus im Stil der sogenannten »Weißen Moderne«; im architekturhistorischen Laienblick fühlt man sich für einen Augenblick ans Bauhaus erinnert. In Wahrheit handelt es sich um ein 1971 vollendetes Werk Richard Meiers. Hier hat sich somit die architektonische Moderne in der klassischen Gestalt ihres architektonischen Anti-Historismus ihrerseits vollendet historisiert. Die Moderne tritt selber als Inhalt dessen auf, wogegen sie einst sich gewendet hatte. Der historische architektonische Anti-Historismus – das ist die Kennzeichnung eines Bauwerks, in welchem die Moderne sich zu sich selber nostalgisch verhält und eben damit evident macht, daß sie aktuell nicht mehr verbindlich ist.[1] Dieser Vorgang, die Gegenwärtigkeit eines kulturellen Bestandes durch einen Akt des historisierenden Festhaltens an ihm zu brechen, ist nicht neu. Er läßt sich seiner Struktur nach bis in die Anfänge des historischen Bewußtseins zurückverfolgen. Man erinnere sich, zum Beispiel, an Caspar David Friedrichs Abendbild mit dem Kruzifixus im Gebirge vor der untergehenden Sonne. Auf den ersten Blick hält man das Bild ikonographisch für eine Kreuzigungsszene. Auf den zweiten Blick glaubt man zu sehen, daß es die romantische Darstellung einer Landschaft ist, in der frommer Sinn ein Kruzifix aufgestellt hat. Aus der Vergegenwärtigung des sich opfernden Gottes im Bild wird die bildnerische Vergegenwärtigung solcher Vergegenwärtigung. An wessen Adresse richtet sich nun das Bild – an die Frommen oder an die Verehrer der Frömmigkeit? Es erreicht beide, und wie man es sieht, hängt vom Reflexionsniveau des Rezipienten ab.

Analog muß man fragen: Ist der exemplarisch zitierte Bau Richard Meiers modern oder zitiert er eine zur Klassik gewordene Moderne? Der Witz des Baus ist die Einheit dieser unterscheidbaren Aspekte – postmoderne Moderne. Das Jargonwort für diesen Bestand heißt »Doppelkodierung«.[2]

Die Postmoderne setzt die historisierende Brechung in der Gegenwart der Moderne voraus, und naive Moderne gibt es inzwischen kaum noch. Der Architekturstil, der über alle seine Varianten hin

1 Vgl. Richard Meier und die Neo-Moderne. In: Heinrich Klotz: Moderne und Postmoderne. Architektur der Gegenwart 1960–1980, Braunschweig/Wiesbaden (3)1987. S. 315–319.

2 Vgl. hierzu Charles Jencks: Post-Modern und Spät-Modern. Einige grundlegende Definitionen. In: Peter Koslowski, Robert Spaemann, Reinhard Löw (Hrsg.): Moderne oder Postmoderne? Zur Signatur des gegenwärtigen Zeitalters, Weinheim 1986. S. 205–235, unter Berufung auf Umberto Eco bes. S. 211 ff.

Einheit als architektonischer Anti-Historismus hat, ist also längst überall selber zum Objekt historischen Andenkens geworden. Der Denkmalschutz hat sich der Anti-Denkmalsarchitektur angenommen, und die konstruktivistische Revolutionsarchitektur wird nach Belieben als Element westlicher Wohlstandsarchitektur zitabel – wie unübersehbar El Lissitzkys berühmte Rednertribüne für Lenin im Berliner DLRG-Haus Ludwig Leos[3]. Dem entspricht, daß es weit über die Architekturszene hinaus schon seit langem den Begriff der »klassischen Moderne« gibt, mit welchem sich unser Jahrhundert zu seinen künstlerischen Anfängen vor wenigen Jahrzehnten analog wie das frühe 19. Jahrhundert zur weit mehr als zweitausend Jahre zurückliegenden Kunst der Antike verhält. Längst hat man »Inkunabeln« der Moderne entdeckt, ja »Leitfossilien« gibt es, über die wir die Geschichte der Moderne paläontologisch zu rekonstruieren haben.

Weit gefehlt, daß die zitierte Kennzeichnung «klassische Moderne« »als Wortbildung . . . ebenso unmöglich wie die ›Postmoderne‹« sei.[4] In Wahrheit ist die Verjüngung der Klassik ebenso wie die Schrumpfung der Zahl der Jahre, die in der Moderne die Errichtung eines Gebäudes von seiner Erhebung in den Rang eines Baudenkmals trennen, ein Effekt der realen Beschleunigung kultureller Evolution. Mit dem Tempo modernistischer Innovationen erhöht sich auch die Veralterungsgeschwindigkeit, und was den harten Test dieses Vorgangs besteht, also in seiner Geltung überdauert, ist heute früher als früher »klassisch«.

Semantische Paradoxie

Der Name des Begriffs der Postmoderne, eben »Postmoderne«, hat freilich das Anstößige, durch den semantischen Gehalt dieses Namens scheinbar zu dementieren, was doch jedem für die Bewegungen des Zeitgeistes gerade auch in seiner Zuwendung zur Postmoderne aufgeschlossenen Feuilleton-Konsumenten wichtig ist, auf der Höhe der Zeit und in eben diesem Sinne modern zu sein. Diese

3 Vgl. dazu Heinrich Klotz: Vision der Moderne. In: Heinrich Klotz (Hrsg.): Vision der Moderne. Das Prinzip Konstruktion, München 1986. S. 9–26, bes. S. 12 ff.

4 So aber Norbert Knopp: Das Problem der Klassik als Norm. In: Rudolf Bockholdt (Hrsg.): Über das Klassische. Frankfurt a. M. 1987. S. 204–209, S. 209.

Anstößigkeit verliert sich, wenn man sich klar macht, daß im Begriffsnamen »Postmoderne« jene semantische Paradoxie lediglich wiederholt wird, die in der Selbstkennzeichnung einer Stilepoche als »Moderne« ihrerseits schon enthalten war. In einer Kultur, die uneingeschränkt im Bewußtsein ihrer eigenen Historizität lebt[5], muß schließlich die Kennzeichnung »modern« jede inhaltliche Bestimmtheit verlieren. Sie wird zur Kennzeichnung einer temporalen Position, nämlich der Position auf der Spitze des Zeitpfeils. Wenn alsdann diesem puren Temporalsinn des Wörtchens »modern« zuwider »Moderne« als Epochenname in Anspruch genommen wird, so drängt sich nach dem Ende derjenigen Epoche, die das tat, der Name »Postmoderne« zur Kennzeichnung dessen, was sich inzwischen in der kulturellen Entwicklung vorn befindet, geradezu auf. Es lohnt sich somit nicht, ja, es führt in die Irre, bei der Erörterung des Verhältnisses von Moderne und Postmoderne sich an den Paradoxien zu orientieren, die beim Nachdenken über die semantischen Gehalte des Begriffsnamens »Postmoderne« aufdringlich werden. Es kommt auf den Kontrast der Inhalte an, die die sogenannte Postmoderne der sogenannten Moderne entgegengesetzt hat. Welche Inhalte sind das, und welche Erfahrungen machen ihre Aufbietungen plausibel?
Die Beantwortung dieser Frage setzt die Erfahrung eines Mangels der architektonischen Moderne voraus, deren Intensität in eins mit dem Erfolg dieser Moderne zunahm. Julius Posener hat diese Erfahrung durch Rekurs auf ein Wort Hans Poelzigs verdeutlicht. »Was nutzt es denn, daß einer sein Haus von jedem Ornament befreit, wenn er statt dessen das ganze Haus in ein Ornament verwandelt?«.[6]
Das bedeutet: In der architektonischen Moderne triumphiert die Ästhetik des Funktionalen über die Ästhetik historisch vermittelten Sinns. Die Ästhetik der modernen Architektur ist eine erinnerungssterile Ästhetik. Sie erzählt nichts mehr und sie kann daher auch der

5 Zum Ursprung des historischen Bewußtseins aus der vorhistorischen Geltungskonkurrenz zwischen Altem und Modernem cf. Hans Robert Jauss: Ursprung und Bedeutung der Fortschrittsidee in der »Querelles des Anciens et des Modernes«. In: Helmut Kuhn und Franz Widmann (Hrsg.): Die Phisosophie und die Frage nach dem Fortschritt. München 1964. S. 51–72. – Analog auch, bezogen auf die Zeit um die Wende des 18. und 19. Jahrhunderts, Hannelore Schlaffer, Heinz Schlaffer: Studien zum ästhetischen Historismus, Frankfurt am Main 1975.

6 Vgl. Julius Posener: Die moderne Architektur – eine lange Geschichte. In: Heinrich Klotz (Hrsg.): Vision der Moderne. Das Prinzip Konstruktion, München 1986. S. 27 bis 32, S. 30.

erinnernden historischen Vergewisserung des Sinns nicht dienen, dem ihre Bauten gewidmet sind.

Insoweit war ja die Sprache des nun allerdings unwiederholbaren architektonischen Historismus unüberbietbar deutlich gewesen: Die neogotische Kulturkampfkirche machte sich mit ihrem himmelhohen Turm unübersehbar; die Neorenaissance des Gymnasiums repräsentierte neuhumanistischen Bildungsstolz; die Banken der Gründerjahre brachten sich neobarock zur Geltung, und das Stadttheater demonstrierte neoklassizistisch Respekt vor der Klassik. Insoweit ist hier Beliebigkeit nicht einmal gegeben. Die Sinnzusammenhänge sind evident, und elementare historische Bildung genügte, um im Anblick solcher Architektur ihren kulturellen, politischen, ja ideologischen Sinn zu erkennen.

Friedrich Nietzsche hat sich durch solche Plausibilitäten bekanntlich nicht bestechen lassen, und er war einer der ersten unter denen, die als dekadent analysierten, was dem historistischen Bewußtsein so einleuchtend schien: Sinnvergewisserung durch Vergangenheitsvergegenwärtigung. »Cultur ist vor allem die Einheit des künstlerischen Stils in allen Lebensäußerungen«, schrieb er und verwarf damit das »chaotische Durcheinander aller Stile«, das zum Stilmerkmal einer Epoche wird, die, indem sie einen eigenen Stil nicht mehr hervorbringt, in historisierender Fülle jene Stile gleichzeitig macht, die einst im Nacheinander die kulturelle Einheit ihrer jeweiligen Epoche geprägt hatten.[7]

In der Tat: Der Anschein eines Sinnzusammenhangs, der Kulturkampf und historistische Neogotik verbindet, hat sich beim neobacksteingotischen Postamt gänzlich verflüchtet[8], und die Architekturgeschichtszitate in den Stuckfassaden großstädtischer Reihenmiethäuser symbolisieren ersichtlich keinen historischen Sinn mehr, der nicht architektonisch gegen Geschichtssinnalternativen beliebig austauschbar wäre.

Was immer auch die architektonische Moderne sonst sein mag – mit dieser Beliebigkeit im architektonischen Historisieren hat sie aufgeräumt. Zur Vergegenwärtigung einer komplizierten und langen Ge-

7 Friedrich Nietzsche: David Strauss, der Bekenner und der Schriftsteller. Unzeitgemäße Betrachtungen. Erstes Stück. In: Nietzsche Werke. Kritische Gesamtausgabe. Herausgegeben von G. Colli und M. Montinari. III/1. Berlin/New York 1972. S. 153–238; S. 159.

8 Vgl. Schwatlo: Kaiserliches Generalpostamt in Berlin. In: Zeitschrift für Bauwesen. Berlin 1875. S. 143 ff.

schichte mag man sich vorstellen, daß der Funktionalismus moderner bautechnischer Konstruktionen, der sich hinter den historisierenden Fassaden längst entwickelt hatte, eines Tages kräftig und selbstbewußt genug war, die Fassade wegzustoßen und ästhetisch als solcher hervorzutreten. Das wäre, als Ultrakurzgeschichte erzählt, der Vorgang, dessen Resultat Hans Poelzig in das zitierte Diktum gefaßt hat, in der Befreiung vom Ornament habe der Bau sich als solcher zum Ornament verwandelt.[9] Unüberhörbar war bereits Poelzigs Charakteristik der architektonischen Moderne kritisch gemeint, und Julius Posener nimmt, indem er Poelzig zitiert, diese Kritik auf. Inhaltlich reicht das von der Kritik am Dogmatismus des flachen Daches, dessen Nachteile in regenreichen Breiten auch dem Laien wohlvertraut sind, bis hin zu den Konsequenzen der architektonischen Selbstverpflichtung auf die jeweils neuesten Offerten der Bautechnik und der Bauchemie, die bei der Dynamik der einschlägigen technischen Entwicklungen das Bauen in der Moderne zum unerprobten Bauen mit Unerprobtem haben werden lassen. Aber diese Kritik betrifft, sozusagen, das Handwerk.

Der Funktionalismus der architektonischen Moderne

Ästhetisch und kulturtheoretisch ist ein ganz anderer Aspekt der Sache wichtig. Er betrifft den Funktionalismus, der die Anmutungsqualität der architektonischen Moderne überwiegend bestimmt. Dieser Funktionalismus ist überwiegend gerade nicht der Funktionalismus der öffentlichen und privaten Zwecke, denen das Bauwerk gewidmet ist, vielmehr der seiner bautechnischen Konstruktion oder auch der seiner sonstigen technischen Infrastrukturen. Es bedarf keiner Exemplifizierung, daß die architektonische Ästhetisierung des so charakterisierten Funktionalismus – Funktionalismus der Konstruktion – faszinierend wirken kann. Der Preis, der kulturell dafür zu zahlen war, ist der Schwund an ästhetischer Präsenz an Funktionen, die sich aus den Zwecken eines Bauwerks ergeben (pragmatischer Funktionalismus).
Man bemerkt den Unterschied, auf den es hier ankommt, wenn man die Frage stellt, wie es eigentlich ein Gebäude architektonisch macht, daß man ihm seine pragmatische Funktion ansieht. Wie

9 Vgl. Anmerkung 6.

macht es ein Rathaus, daß es aussieht wie ein solches und analog eine Klinik oder ein universitäres Forschungsinstitut? Bezogen auf ein damaliges Ensemble von Hauptgebäuden im Zentrum einer Neustadt im Gründerzeitalter hatte der architektonische Historismus mit der Beantwortung dieser Frage, wie aus den angeführten Exempeln ersichtlich, keinerlei Schwierigkeiten. Die Architektur der Moderne hingegen verhält sich zu den Unterschieden zwischen einem Verwaltungsgebäude oder einer Klinik, zwischen einem Hotel oder einem Labor, ja zwischen einer Produktionsstätte mit stapelbarer maschineller Einrichtung oder einem großstädtischen Luxuswohnsilo grundsätzlich indifferent. Jedenfalls vermag der Tourist im Silhouettenanblick moderner Städte vom architektonischen Profil her pragmatische Funktionen nicht mehr zu identifizieren, so daß er fragen muß, was etwas sei oder wo er finde, was er sucht.

Die architektonische Moderne hat ästhetisch entdifferenzierend gewirkt – das ist insoweit das Fazit. Diese Wirkungen wurden durch die historisch beispiellose Baumassenproduktion, durch die sich die architektonische Moderne wie nie zuvor ein Baustil auszubreiten vermochte, potenziert. Wieso gerade die architektonische Moderne so erfolgreich war, ist leicht erklärt. Den außerordentlichen ästhetischen Eindruck, den zu erzeugen die architektonische Moderne sich als fähig erwiesen hat, muß man dabei als Faktor gar nicht leugnen wollen. »Es mußte schnell gehen, es durfte nicht viel kosten« – das ist nach Julius Posener der Hauptgrund für den modernistischen Wandel im Anblick zahlloser wiederaufgebauter oder auch neugebauter Städte.[10]

Die kulturelle Reaktion auf diesen Vorgang bedarf hier kaum der Erläuterung: In eins mit der Dynamik der Moderne wächst die Intensität unserer Vergangenheitszugewandtheit.[11] Exemplarisch bedeutet das: Je mehr sich die Silhouette von Frankfurt der von Denver oder Dallas annäherte, um so unerträglicher mußte den Frankfurtern der Gedanke werden, die historistische Ruine ihres großbürgerlichen Opernhauses zu sprengen und auch an seine Stelle etwas Moderneres zu setzen. So haben sie also dieses Denkmal des architektonischen Historismus mit einem Aufwand von Dutzenden Millionen

10 A. a. O., S. 31.

11 Zum Grundsätzlichen dieses Komplementaritätszusammenhangs cf. mein Buch »Geschichtsbegriff und Geschichtsinteresse. Analytik und Pragmatik der Historie«, Basel/Stuttgart 1977.

getreu rekonstruiert, gleich auch noch gegenüber dem Römer musealisierende Replikate eindrucksvoller Riegelhäuser errichtet, und so in allem: Je rascher die Moderne unsere zivilisatorischen Lebensambientes einander anverwandelt hat, um so interessierter sind wir, denkmalspflegerisch oder in analogen Leistungen aus historischem Bewußtsein hervorzukehren und gegenwärtig zu halten, was wir kraft kontingenter Herkunftsprägung sind und was uns darin von anderen unterscheidet. Wer wir sind, sagt uns unsere Geschichte, und die Nötigkeit, es uns ausdrücklich gesagt sein zu lassen, nimmt komplementär zum Ausbreitungserfolg zivilisatorischer Modernität, die wir alle teilen, zu.

Wachsender Vergangenheitsbedarf

Es wäre erstaunlich, wenn die Architektur, die als Architektur der Moderne wie wenig andere Kulturelemente das Interesse an kompensatorischer Vergangenheitsvergegenwärtigung[12] bis in die Stadtbildpflege hinein intensiviert hat, nicht ihrerseits wo immer möglich dem erläuterten, modernitätsspezifisch wachsenden Vergangenheitsbedarf neohistoristisch zu entsprechen gelernt hätte. Es bedarf keiner Erläuterung, daß dieser Neohistorismus der Postmoderne sich an historistischen Stilreinheitsidealen nicht mehr orientieren kann. Auch in der Denkmalpflege sind solche Stilreinheitsideale, wie sie im 19. Jahrhundert noch maßgebend waren, längst als unhistorische Konstrukte erkannt. In Verbindung mit der Forderung Nietzsches nach Einheit des Stils müßten Stilreinheitsideale im Kontext moderner Kultur kulturrevolutionär wirken; die Stildiktatur in der Kunst- und Architekturpolitik totalitärer Mächte in unserem Jahrhundert beweist es. Je dynamischer eine Kultur sich entwickelt, um so größer wird die Heterogenität simultan präsenter Kulturelemente ihres unterschiedlichen Alters wegen. Die Ungleichzeitigkeit des Gleichzeitigen spiegelt nicht die Unfähigkeit einer Gegenwart, zur Einheit eines sie repräsentierenden Stils zu finden, vielmehr die Dynamik der Stilentwicklung. Gemengelage – das ist die geologische Metapher, die auf den Zustand einer Kultur paßt, die, indem

12 Zu diesem Kompensationsargument cf. Odo Marquard: Über die Unvermeidlichkeit der Geisteswissenschaften. In: Almanach. Ein Lesebuch. Band I. 1987. S. 107 bis 118.

sie ihre Vergangenheit rascher als jemals zuvor eine Kultur hinter sich läßt, sich in der disparaten Fülle ihrer jeweiligen Gegenwart einzig historisch erklärbar ist.
Genau diesen durch ihre evolutionäre Dynamik bewirkten Gemengelagencharakter unserer Kultur ästhetisiert die Postmoderne, indem sie ihn architektonisch wiederholt und verdoppelt. Darin dokumentiert sich eine kulturelle Bewußtseinsverfassung, die aus der Überforderung unseres historischen Sinns resultiert. Das möchte ich abschließend plausibel machen. Dazu vergegenwärtige man sich zunächst, was der nun schon des öfteren angesprochene Vorgang objektiver Beschleunigung kultureller Evolution exemplarisch bedeutet. In einem Kalendarium zur Verkürzung der Epochenbegriffe, mit deren Hilfe wir die Entwicklung der bildenden Kunst historiographisch beschreibbar zu machen suchen, verzeichnet Hans Robert Jauss für das Halbjahrhundert zwischen 1850 und 1900 sieben konventionelle Epochennamen vom Impressionismus bis zum Jugendstil. Demgegenüber ist allein für das eine Jahrzehnt zwischen 1960 und 1970 die doppelte Anzahl gebräuchlich gewordener Stilepochennamen zu notieren – vom Magischen Realismus bis zum Environment. Das bedeutet eine Steigerung der künstlerischen Innovationsrate um den Faktor zehn in einhundertzwanzig Jahren.
Man erkennt leicht, daß, jenseits einer ungewissen Grenze, eine derartige Innovationsverdichtung unsere Innovationsverarbeitungskapazitäten erschöpfen muß. Die Logik des Avantgardismus hat uns eine Innovationsverdichtung beschert, die es unmöglich macht, selbst temporal eng begrenzte Kunstentwicklungen in repräsentativen Zeugnissen in herkömmlichen Ausstellungsräumen unterzubringen. Die exzellente Ausstellung »Westkunst« in Köln erforderte entsprechend zur Dokumentation eines knappen halben Jahrhunderts künstlerischer Entwicklungen zwischen dem Beginn der dreißiger und dem Beginn der achtziger Jahre statt herkömmlicher musealer Ausstellungsräume Messehallen.[13]
Selbstverständlich stehen heute die Kennerschaften und fachwissenschaftlichen Kompetenzen zur Verfügung, die imstande sind, auch derartige Mengen von Relikten künstlerischer Evolutionen genetisch zu ordnen und so historisch verständlich zu machen. Aber zugleich nimmt unvermeidlicherweise der Anteil des Publikums zu, das in seinen Fähigkeiten zur historischen Integration der Fülle, der

13 Laszlo Glozer: Westkunst. Zeitgenössische Kunst seit 1939, Köln 1981.

es als Fülle in der Zeit sich ausgesetzt findet, hoffnungslos überfordert ist. In der Konsequenz dieser Überforderung gewinnt das Ausstellungsgut spontan eine Qualität zurück, die für Reliktsammlungen in vorhistorischer Zeit charakteristisch war – die Qualität des Kuriosen nämlich. Man wandert durch die Hallen, und indem die Fülle des temporal und regional höchst Differenten sich vor unserem Blick entwicklungslogisch nicht mehr ordnen will, finden wir uns in die Souveränität des Eklektizismus zurückversetzt. Uns bleibt nichts als die Freiheit, uns das Dargebotene gefallen zu lassen oder auch nicht, und das bedeutet zugleich, daß die künstlerische Avantgarde das Geltungsprivileg ihrer aufmerksamkeitsprämienträchtigen Spitzenstellung in einer Entwicklung, die noch als solche erkannt und verstanden werden könnte, verliert. Jede Vorliebe ist nun erlaubt; alles geht. Die Richtung des Fortschritts ist unerkennbar geworden, und mit ihrer Unerfüllbarkeit entfällt die intellektuelle Verpflichtung, kulturell up to date sein zu sollen.

Eklektizismus als kulturelle Reaktion auf die Erfahrungen der Überforderung unseres historischen Sinns – das ist, weit über den exemplarisch zitierten modernen, der Moderne gewidmeten Ausstellungsbetrieb hinaus, die Essenz der sogenannten Postmoderne. Postmoderne Kultur ist Kultur in Reaktion auf die Überforderung durch die Moderne. Wer den Fortschritt nicht mehr zu verarbeiten vermag, kann auf seinen jeweils neuesten Stand, indem dieser in der Kulturgenossenschaft konsensuell gar nicht mehr feststellbar ist, auch nicht mehr verpflichtet werden. »Das Ende der Avantgarde«[14] ist erreicht – nicht, weil niemandem noch etwas Neues einfiele, vielmehr genau umgekehrt deswegen, weil das Neue kraft seiner unausschöpfbaren Fülle seine Verbindlichkeit eingebüßt hat. Der Eklektizismus erscheint als die rationale Art, sich zu eben diesem Bestand zu verhalten, und in der Theorie der architektonischen Postmoderne ist daher »Eklektizismus« das zentrale Programmwort.[15]

Das Wort »Eklektizismus« ist, zumal im Deutschen, negativ besetzt. Man assoziiert Beliebigkeit. Vorstellungen einer Blütenlesekultur stellen sich ein, und in der Tat gibt es sowohl in der postmo-

14 Robert Hughes: Das Ende der Avantgarde. In: DU. Die Kunstzeitschrift 3 (1983), S. 6–11.

15 Charles Jencks: Die Sprache der postmodernen Architektur. Die Entstehung einer alternativen Tradition. Stuttgart ^{2}(1980). S. 127 ff.: »Schlußfolgerung – radikaler Eklektizismus?«

dernen Essayistik wie in der postmodernen Architektur Werke, die uns als Zitatenkunststücke erscheinen. Aufdringlich, ja gelegentlich peinlich wird das insbesondere dann, wenn uns dabei dieselben Zitate immer wieder begegnen – in der neuesten Architektur zum Beispiel ad nauseam immer noch einmal dieselben funktionslosen Erkerchen oder Sprossenfensterchen.

Demgegenüber muß man sich erinnern, daß im Zeitalter der europäischen Aufklärung »Eklektizismus« der Name einer Zentraltugend aufgeklärter Intelligenz war. Kein Geringerer als Diderot hat in der großen Enzyklopädie den Eklektiker als Selbstdenker definiert. »Prüfet alles und behaltet das Gute«, zitierten deutsche Aufklärer zur biblischen Rechtfertigung ihres Eklektizismus den 1. Thessalonicher Brief, und es ist deutlich, wogegen sich das richtete. Es richtete sich gegen den Dogmatismus kanonisierter Texte, die innerhalb ihrer gar nichts und außerhalb ihrer alles für disponibel erklären. Analog dazu ist der postmoderne Eklektizismus das intellektuelle Medium der Entkanonisierung des Fortschritts. Er rehabilitiert unsere unter der Geltung von Avantgarde-Normen bislang nur heimlich verstattet gewesene Neugier, Altes besser zu finden als Neues, und er macht zugleich geltend, daß solcher Eklektizismus in einer Lage kulturell überlebensnotwendig ist, in der uns weniger die Folgen des ausgebliebenen Fortschritts als die Nebenfolgen des stattfindenden Fortschritts zu schaffen machen.

Postmoderne Kultur, als Reaktion auf Erfahrungen der Überforderung unseres historischen Bewußtseins und somit der Überforderung unserer kulturellen Innovationsverarbeitungskapazitäten, ist selbstverständlich nicht allein in der Architektur der Gegenwart beobachtbar. Das Beispiel der Architektur hat insoweit lediglich den Vorzug, uns Postmoderne anschaulich zu machen. Wer daran seinen Blick geschärft hat, bemerkt Analoges überall: den Schwund kultureller Homogenität durch Eklektizismen, die durch einen historisch beispiellosen kulturellen Reichtum erzwungen sind, in welchem zugleich die Menge kultureller Auswahlkriterien abgenommen hat, die jedermann als verbindlich angesonnen werden können.[16]

16 Vgl. dazu meinen Aufsatz »Historisierung und Ästhetisierung. Über Unverbindlichkeiten im Fortschritt. In: OIKEIOSIS. Festschrift für Robert Spaemann. Herausgegeben von Reinhard Löw, Weinheim 1987. pp. 149–166.

Klaus Eder

Vollenden oder Überwinden? Zum Diskurs um die Moderne in Deutschland

Mit der Frage »Vollenden oder Überwinden des Projekts der Moderne?« bewegt man sich in guter aufklärerischer Tradition. Sie setzt nicht Aufklärung absolut, sondern wendet den die Aufklärung selbst bewegenden Zweifel auf sich selbst an. Doch in dieser Frage steckt zugleich auch ein neuer Absolutismus: Wer vollendet, weiß, wie es mit der Aufklärung weitergehen muß; wer überwindet, weiß gar, wie es nach der Aufklärung weitergehen sollte. Solche Fragestellungen erinnern jedoch fatal an eine Tradition politischen Denkens, die die deutsche Geschichte begleitet hat. Solche Fragen sind bereits Ausdruck einer spezifischen politischen Kultur.[1]

Wenn dem aber so ist, dann hilft diese Fragestellung nicht weiter, um *»Aufklärung über die Aufklärung«* als dem konstitutiven Merkmal von Modernität voranzubringen. Sie reproduziert nur aufklärerische Illusionen, etwa die Illusion, daß das Reden zum Verständnis dessen, worüber man redet, beiträgt. Was kann dann aber noch desillusionieren? Ich meine, daß die soziologische Analyse von Kommunikation[2] zwei Desillusionierungen geliefert hat, die für die Aufklärung über die Aufklärung zentral sind:

- die Desillusionierung, daß die Bedeutung einer Kommunikation von der Funktion abhängt, die eine Äußerung in einer kommunikativen Beziehung hat, und
- die Desillusionierung, daß die soziale Position desjenigen, der redet, die Bedeutung seines Redens bestimmt.

Desillusionierung heißt also, die *sozialen Gebrauchsweisen von Kommunikation* und im folgenden: von »postmoderner Kommunikation« zu analysieren. Ich möchte zwei soziale Gebrauchsweisen des Begriffs Postmoderne diskutieren:

1 Klaus Eder, Geschichte als Lernprozeß? Zur Pathogenese politischer Modernität in Deutschland, Frankfurt 1985.

2 Pierre Bourdieu, Ce que parler veut dire. L'economie des echanges linguistiques, Paris 1982, sowie ders., Lecon sur la lecon, Frankfurt 1985.

(1) Das Präfix »Post«, das die Rede von der Postmoderne kennzeichnet, *suggeriert* eine evolutionäre Transformation der Moderne. Sie suggeriert eine neue Ästhetik, eine neue Moral und eine neue Vernunft. In dieser These stecken zwei empirische Fragen:

- Worin besteht die Suggestion?
- Was ist der empirische Gehalt, auf den sich diese Suggestion beruft?

(2) Postmoderne ist ein Kampfbegriff, dessen Inhalt und Bedeutung nicht losgelöst von der politischen Kultur, in der er verwendet wird, und nicht losgelöst von politischen Auseinandersetzungen, in denen er verwendet wird, gesehen werden kann. In dieser These stecken wiederum zwei empirische Fragen:

- Welches sind die politischen Auseinandersetzungen, in denen dieser Begriff seine spezifische Funktion als Kampfbegriff erfüllt?
- Welches ist die spezifische Bedeutung, die der Begriff der Postmoderne in der deutschen politischen Kultur spielt?

Diese Fragen zielen nicht auf die Denunziation der Aufklärung, sondern auf eine Aufklärung über die Aufklärung. Das zugrunde liegende methodologische Programm – und das geht über die klassische Formel der Wertfreiheit hinaus und nicht hinter dieses zurück – ist das Programm *soziologischer Desillusionierung.* Vielleicht ist dieses methodologische Programm selbst schon postmodern. Das ist aber kein Urteil über dessen Geltung.

1. Zur Soziologie des »Postismus«

1.1. Die Suggestion der Post-Begriffe

Die objektivierende Einstellung soziologischer Desillusionierung fragt zunächst nach der Funktion der diversen Post-Begriffe, die den intellektuellen Diskurs bewegen. Das Attribut »Post« begegnet uns ja schon im Begriff des »Nachkriegsdeutschland«, des »Post-War-Germany«. Man könnte diesen Begriff einfach als Kennzeichnung der historischen Epoche (eben der nach 1945) nehmen. Doch so unschuldig ist er nicht. Denn die Attribuierung eines »Post« impliziert immer auch die Assoziation eines Überwindens, eines Danach, das an die Stelle des Davor tritt. Man sieht hier bereits, daß Post-Begriffe normativ aufgeladen sind. Solche Begriffe signalisieren, daß es mit einer Vergangenheit zu Ende geht. Sie sind damit auch funktional für ein kollektives Verdrängen und Vergessen der Vergangenheit. Die Bedeutung solcher Postbegriffe ist dann aber nicht mehr unabhängig von der politischen Kultur, in der sie verwendet werden. Das ist offensichtlich für die deutsche politische Kultur, in der ja Vergangenheit ein ungelöstes Problem ist.

Soziologische Desillusionierung bedeutet auch, den Entstehungszusammenhang der Postbegriffe zu thematisieren. Es wird beschrieben, wie Postmodernisten einen Diskurs führen, der in Opposition zum Diskurs der Modernisten steht, und wie diese Differenz überlagert wird von linken und rechten Verteidigern der Moderne bzw. der Postmoderne.[3] Sie zeigt also, daß diese Postbegriffe *Kampfbegriffe* sind. Es geht bei ihnen nicht um richtig oder falsch, sondern um Durchsetzung oder Niederlage in den symbolischen Auseinandersetzungen um das, was in einer Gesellschaft gelten soll. Die Definition von Postmoderne, die Lyotard liefert, benennt deutlich den Gegner. Das Postmoderne ist – so Lyotard – dasjenige, das in der Darstellung selbst auf ein Nicht-Darstellbares anspielt. Wer das Nicht-Darstellbare darstellt, der will das Ganze, und das ist der Terror. Es gibt keinen Konsens des guten Geschmacks, es gibt keine universale Moral. Es gibt nur unterschiedliche Sprachspiele, verschiedene Moralen, und jeder Anspruch auf Universalität ist Terror. Der Gegner, das ist der moderne Universalismus.[4]

Der Diskurs um Moderne und Postmoderne hat weniger mit einer intellektuellen Katerstimmung als mit Veränderungen in der sozialen Zusammensetzung und Position einer neuen Klasse von Kulturproduzenten zu tun, die – um sich durchzusetzen – gegen den herrschenden Diskurs antritt. Es handelt sich also um eine soziale Auseinandersetzung, deren Genese beschreibbar ist. Postbegriffe werden so zu Indikatoren für soziale Auseinandersetzungen. Aus dieser Perspektive läßt sich der Diskurs objektivieren und in seinen Entstehungs- und Verwendungszusammenhängen erklären.

3 Zu diesen unübersichtlichen Frontstellungen vgl. die Beiträge in Peter Koslowski/Robert Spaemann/Reinhard Löw (Hrsg.), Moderne oder Postmoderne? (Civitas Resultate, Bd. 10), Weinheim 1986, sowie in Andreas Huyssen/Klaus R. Scherpe (Hrsg.), Postmoderne. Zeichen eines kulturellen Wandels?, Reinbek 1987.

4 Jean-François Lyotard, Beantwortung der Frage: Was ist postmodern?, in: Tumult 4, 1982, 131–142. Zur Diskussion vgl. besonders Seyla Benhabib, Kritik des ›postmodernen Wissens‹ – eine Auseinandersetzung mit Jean-François Lyotard, in: Huyssen/Scherpe, a. a. O., S. 103–127, sowie Axel Honneth, Der Affekt gegen das Allgemeine. Zu Lyotards Konzept der Postmoderne, in: Merkur, 38, 1984, S. 893–903.

Nun läßt sich aber die Rede von der Postmoderne nicht auf eine bloße *Illusion* des Neuen, der Illusion einer neuen Ästhetik, einer neuen Moral und einer neuen Gesellschaft reduzieren. Die Suggestion des Präfixes »Post« (von der »Postmoderne« über den »Postmaterialismus« [Inglehart] bis hin zum »Postindustrialismus« [Bell]) besteht vielmehr darin, daß sich empirische Erfahrung und Illusion bis zur Unkenntlichkeit vermischen. Doch was ist der empirische Kern des »Postismus«?[5] Worauf kann er sich stützen?

1.2. Der empirische Gehalt des Postmodernismus

In der postmodernen Literatur, einem Schlüssel zum Begriff der Postmoderne, liegt der empirische Kern dieser Rede in der Problematik des Autor-Leser-Bezugs, darin, daß sich der Leser zunehmend von den elitären Modernismen der herrschenden Literatur absetzt. Postmoderne Literatur ist der Versuch, zu einem gemeinsamen Spiel zwischen Autor und Leser zu gelangen. Wie Italo Calvino sagt: »Wir werden Roman spielen können, wie man Schach spielt, mit absoluter Fairneß, und wieder eine Beziehung herstellen zwischen dem Schriftsteller, der sich der Mechanismen, die er verwendet, voll bewußt ist, und dem Leser, der das Spiel mitspielt, weil er dessen Regeln kennt und weiß, daß man ihn nicht mehr an der Nase herumführen kann.« Deutlich wird in diesem Zitat der empirische Gehalt des literarischen Postmodernismus: daß dem Autor die Leser davonlaufen, wenn er so weiterschreibt wie bisher.
Auch in der Diskussion um den Postmaterialismus findet sich ein empirischer Kern: nämlich eine neue Konjunktur von Wertorientierungen, die kommunikativ begründet werden. Die hohe Wertschätzung der Arbeit wird relativiert; die partizipatorischen Werte werden betont. Diese Konjunktur kommunikativer Werte in Arbeit und Politik ist der empirische Kern von Deutungen eines epochalen Wandels in der kulturellen Evolution der Moderne. Die Rede vom Postindustrialismus verweist in ihrem empirischen Kern auf einen neuen Mechanismus der Verteilung von sozialen Positionen in der Gesellschaft: die Ausstattung der Arbeitskraft mit den richtigen Qualifikationen. Der empirische Kern der Rede vom Postindustria-

5 Vgl. zu dieser Frage Stefan Hradil, Die Postmoderne. Zum empirischen Gehalt einer »modernen« Theorie gesellschaftlicher Entwicklung, Manuskript München 1987.

lismus sind ganz einfach veränderte Zugangsbedingungen zur Berufswelt. Es gibt einen Kampf um das, was die richtigen Qualifikationen sind (formale wie soziale!), und es bleiben in diesem Kampf Gruppen auf der Strecke (wie das Phänomen der Sockelarbeitslosen sowie das Phänomen von Sockel- und Randbelegschaft zeigen). Die Rede von einer postindustriellen Gesellschaft ist also auf Erfahrungen und Wahrnehmungen gegründet, die mit der empirischen Realität postindustrieller Arbeitswelten (und das sind die Welten der Dienstleistungsarbeit) zu tun haben.

Die Antwort auf die erste Frage lautet also: Das Präfix Post fügt den empirischen Veränderungen die Illusion einer ganz neuen Gesellschaft hinzu. Es behauptet mehr Wandel, als die realen Veränderungen anzeigen. Es muß sich also in der Rede um Postzustände um ein Phänomen handeln, das nicht Veränderungen beschreibt, sondern selbst ein Teil von Veränderungen in der modernen Gesellschaft ist. Der neue Zeitgeist beschreibt nicht einfach kulturelle Veränderungen; die von ihm produzierten Beschreibungen *sind* vielmehr bereits eine Veränderung. Wer das übersieht und die Beschreibung derer, die von der Postmoderne reden, »at face value« nimmt, der beteiligt sich an einem Prozeß der Produktion von sozial folgenreichen Illusionen über den Wandel der Gesellschaft. Das Präfix Post illusioniert über symbolische Klassenkämpfe in der modernen Gesellschaft. Die Post-Begriffe sind nichts anderes als mystifizierte Transformationen von empirisch identifizierbaren Veränderungen in epochale Behauptungen – und das rechtfertigt den Versuch, die Mystifikationen dadurch zu entmystifizieren, daß man danach fragt, warum mystifiziert wird.

2. Postmodernismus und Politische Kultur

2.1. Die objektiven Voraussetzungen des »Postismus«

Der Zusammenhang von empirischen Veränderungen und Illusionierung über diese Veränderungen wird besonders deutlich, wenn wir das soziale Feld zwischen Hochkultur und plebejischer/ländlicher Kultur ins Blickfeld rücken: nämlich die Kultur der Mittelklassen.

Daß die Kultur dieser Mittelklassen in Bewegung gekommen ist, hängt mit der Ausdehnung des intellektualisierten Publikums (nicht nur in Deutschland!) zusammen. Das Beispiel der USA liefert dazu aus dem Jahre 1978 eindrucksvolle Zahlen: Auf 2500 Colleges haben es 600 000 Professoren mit 8 Millionen Studenten zu tun. Die Zahl der Amerikaner mit College-Training wird auf 35 Millionen veranschlagt. Die Gruppe der Künstler, Autoren und Editoren umfaßt 900 000 Personen. Das stellt natürlich den literarischen Elitismus, der der literarische Modernismus gewesen ist, in Frage. Wertorientierungen werden durch die Ausdehnung dieser sozialen Gruppe (der professionalisierten Dienstleistungsberufe, der cadres moyens, der middle executives) (re-)moralisiert. Und daß die grundlegende Institution der Gesellschaft sich ändert, nämlich die gesellschaftliche Organisation der Arbeit, läßt sich nicht nur an Daten zur Ausdehnung der Dienstleistungstätigkeiten zeigen, sondern auch an Daten zur Qualifizierung der Arbeitskraft.

Das gemeinsame Moment aller dieser Veränderungen ist die moderne Bildungsexpansion, die das Feld sozialer Positionen und die Kämpfe um und zwischen diesen Positionen völlig verändert hat.[6] Diese neuen Klassen brauchen das »Post-«, um ihre Kultur unterscheidbar zu machen.

Postmaterialismus ist die Beschreibung einer »neuen« Moral, die als das Ergebnis einer kollektiven Reaktionsbildung auf die materialistische Kultur des bloßen Erwerbs verstanden werden kann. Postmaterialismus ist die Verkündigung einer neuen Moral jenseits der Moral der bloßen Wohlfahrt und Gerechtigkeit. Postindustrialismus ist die Beschreibung einer Gesellschaft jenseits der Handarbeit; er ist die Gesellschaft der Kopfarbeit. Postindustrialismus ist also die Verkündigung einer neuen Gesellschaft jenseits der alten Klassengegensätze. Und Postmoderne ist die philosophische und ästhetische Überhöhung dieser Veränderungen, deren selbsternanntes Ziel. Postmoderne ist die Verkündigung einer Ästhetik, die aus der Differenz zur funktionalen Moderne lebt, einer Ethik, die sich aus der Differenz zum modernen Universalismus speist, eines Wissens, das sich aus dem Gegensatz zur neuzeitlichen naturwissenschaftlichen Vernunft speist.

Damit ist meine Antwort auf die erste Frage spezifiziert. Die Rede um die Postmoderne etc. ist ein Effekt der Bildungsexpansion, ist

6 Als eine ausgezeichnete Darstellung solcher Veränderungen in Frankreich vgl. Pierre Bourdieu, Die feinen Unterschiede. Eine soziale Kritik der Urteilskraft, Frankfurt 1982. Eine auf bundesrepublikanische Verhältnisse bezogene Arbeit auf ähnlichem theoretischen Niveau existiert nicht.

Ausdruck der Anpassung der politischen und religiösen, der literarischen und intellektuellen sowie der beruflichen Kultur an die Folgen der Bildungsexpansion. Diese Bildungsexpansion ist zugleich der Auslöser für neue soziale Auseinandersetzungen. Die sozialstrukturellen Umlagerungen müssen zwischen den alten und den neuen sozialen Klassen austariert werden – und dazu dienen gerade bei denen, die ihren Aufstieg der Bildung verdanken, die in der Umdeutung gerade wieder anerkannten bildungsbürgerlichen Diskurse über die Moderne.

2.2. Das neue Kleinbürgertum und die deutsche Politische Kultur

Man kann diese These noch weiter zuspitzen, wenn man diese Veränderungen in einen historischen Zusammenhang stellt. Eine solche Möglichkeit ist die begriffliche Festlegung dieses Phänomens, die Namensgebung. Der Vorschlag lautet, die Diskussion um die Postmoderne als Effekt der Entwicklung einer kleinbürgerlichen Kultur zu deuten, als Teil einer *Verkleinbürgerlichung* der Kultur der Moderne.

Man kann die neuen Dienstleistungsklassen, die sich vor allem aus den Angestellten in Büros und aus den Dienstleistungsberufen, insbesondere im sozialen Bereich, rekrutieren, als ein »neues Kleinbürgertum« bezeichnen. Die Überlagerung einer industriellen mit einer nichtindustriellen Gesellschaft (der Dienstleistungsgesellschaft) erzeugt Polarisierungen in den Mittelklassen: es entsteht die Differenz von altem und neuem Kleinbürgertum. Das protestantische Ethos des alten Kleinbürgertums kontrastiert mit dem narzißtischen Ethos des neuen Kleinbürgertums, das sich selbst dauernd im Spiegel betrachtet und seine Probleme behandelt. In der Arbeiterschaft hält sich das alte hedonistische Ethos nur mehr gebrochen durch: Die Verbürgerlichung der Arbeiterschichten schafft das privatistische Ethos, das dem kleinen Glück im Garten gewidmet ist, und nähert diese dem alten Kleinbürgertum an. Zugleich sind die Aufsteiger aus der Arbeiterklasse diejenigen, die – per Bildungstitel – eher dem »neuen Kleinbürgertum« zuzurechnen wären.

Es spricht also alles dafür, daß in diesen Gruppen die objektiven Voraussetzungen für den Zeitgeist zu suchen sind: Die neue Moral, die neue Zugänglichkeit der Ästhetik, die neue Architektur des Pluralismus, sie alle kommen der Selbstverständigung des neuen Kleinbürgers auf dem Weg in die moderne Arbeitsgesellschaft entgegen. Sie entsprechen seiner Erfahrung der Offenheit der eigenen sozialen Situation, der starken Betonung personenbezogener Aspekte beruflicher Tätigkeit, dem Bedürfnis nach Individualisierung der Lebenswelt.

Doch der Stil, in dem sich dieses neue Kleinbürgertum darstellt und präsentiert, variiert national. Der kleinbürgerliche Stil ist unterschiedlich zwanghaft und absolutistisch.[7] Die Geschichte der neuen sozialen Bewegungen in Deutschland enthält Indikatoren für eine spezifisch *deutsche* Form der Mobilisierung des neuen Kleinbürgertums. Das neue Kleinbürgertum in Deutschland reproduziert eine alte Politische Kultur. Sie ist dabei eher Umkehrung denn Erbe des alten Kleinbürgertums. Aus der Moral der Pflicht wird die Pflicht zur Moral. Aus dem Zwang, nicht genießen zu dürfen, wird die Angst, nicht genießen zu können. Deshalb die Betonung von Körperlichkeit, die Einübung in Genußfähigkeit durch psychologische Kurse, die Sorge um die Gesundheit, der Kampf gegen das Unreine. Deshalb sind Ökologie, Gesundheit, Körperlichkeit nicht einfach – wie das das Selbstverständnis dieser Gruppen will – das, was über das Alte hinausführt, sondern symbolische Aus- und Abgrenzungsstrategien. Das neue Kleinbürgertum unterscheidet sich durch diese Themen vom alten Kleinbürgertum und schließt doch auf struktureller Ebene an die alte Politische Kultur des deutschen Kleinbürgertums an. Das aber bedeutet, daß sich im neuen Kleinbürgertum nur das alte Kleinbürgertum als dessen Umkehrung reproduziert. Im neuen Kleinbürgertum kommt das alte Kleinbürgertum wieder zum Zuge. Via das neue Kleinbürgertum beherrscht wieder das alte Kleinbürgertum die Politische Kultur in Deutschland.[8]

7 Die Kritik Lyotards an Habermas scheint mir eher eine Kritik des deutschen Kleinbürgertums denn der Diskurstheorie von Habermas zu sein (und in Grenzen auch des französischen – obschon dort das alte Kleinbürgertum immer noch sozial besser situiert ist). Vgl. Lyotard, a. a. O.

8 Diese These habe ich ausführlicher begründet in Klaus Eder, The New Social Movements: Moral Crusades, Political Pressure Groups, or Social Movements, in: Social Research 52, 1985, S. 869–890.

3. Eine Schlüsselgruppe: die Intellektuellen

3.1. Das intellektuelle Feld

Was verbindet die Postmoderne mit dem Kleinbürgertum? Sie kommt dem kleinbürgerlichen Sinn von Pluralität entgegen; sie erlaubt ihm den Eklektizismus der Existenz, den unpolitischen Menschen, der die Wahlpflicht erfüllt, in einem Wort: die Herrschaft einer Doppelmoral. Doch der postmoderne Diskurs ist mehr: Er repräsentiert zugleich die höchste Ausdrucksform des Zeitgeist. Gerade die von konkreten Bezügen abstrahierende Diskussion, die sich im Begriff der Postmoderne bündelt, hat ja das, was man den Zeitgeist nennt, neu belebt.
Diesem objektiven Zusammenhang entkommen die intellektuellen Träger des neuen Zeitgeistes nicht. Die Intellektuellen übersetzen die herrschende Form gesellschaftlicher Erfahrung, nämlich die kleinbürgerliche, nicht einfach in eine andere. Sie übersetzen sie nach Maßgabe der eigenen Klassenlage – und das Ergebnis ist postmoderne Kommunikation. Um diesen Übersetzungsmechanismus zu verstehen, muß man zunächst nach den Veränderungen in der sozialen Struktur der Intelligenz und nach den Auseinandersetzungen in diesem Ensemble intellektueller Berufe fragen, in einem Wort: die sozialstrukturellen Veränderungen der intellektuellen Klasse benennen.
Die philosophische Rede um die Postmoderne erlaubt es bestimmten Klassenfraktionen innerhalb der intellektuellen Klasse, eine dominante Position, die sie noch nicht haben bzw. verloren haben, (wieder)zugewinnen. Es geht um die Klassenfraktion des akademischen Proletariats, der kleinen Doktores, derer, die auf den Wartelisten vor den Lehrstühlen stehen und in ungesicherten Beschäftigungsverhältnissen überwintern. Der philosophische Diskurs der Postmoderne wird in den Randzonen der Universität, in mondänen Zirkeln und künstlerisch-intellektuellen Gruppierungen hervorgebracht. Selbst Resultat eines Modernisierungsschubes (der mit Demokratisierungsprämissen angetreten war) sind sie zugleich dessen Opfer. Die Ambiguität ihrer sozialstrukturellen Situierung nährt den postmodernen Diskurs.
Worauf es ankommt, ist, den Blick nicht nur auf die großen Wortführer der Postmoderne zu richten, sondern dorthin, wo dieser Diskurs rezipiert und sozial folgenreich wird: auf die Gymnasiallehrer,

auf die Professoren in den Seminaren, auf die Kleinproduzenten in Sachen Kultur, die via Medien Kultur »unter die Leute« bringen – und zwar gerade unter jene Leute, die ich oben als neues Kleinbürgertum gekennzeichnet habe.
Dieser Wandel zerstört das Monopol der etablierten Verwalter intellektueller Diskurse, der Philosophieprofessoren, jener Mandarine des Diskurses um die Moderne. Die Auseinandersetzungen um die Postmoderne sind ein Mittel, dieses Monopol der Verwalter der Aufklärung (ob sie diese nun fördern oder begrenzen, macht dann keinen Unterschied mehr) zu stürmen. Der postmoderne Diskurs richtet sich im Angriff auf die Aufklärung gegen dieses Monopol.[9] Er ist aber deswegen nicht Gegenaufklärung. Er hat nichts mit dem alten gegenaufklärerischen Argument zu tun, daß man mit dem Kerzenlicht der Aufklärung nicht in leicht brennbare Scheuern gehen sollte. Es gibt nur eine Verwandtschaft in der Gegnerschaft: daß man gegen den Terror der Aufklärung das »unterdrückte Andere« (Lyotard) rettet. Doch das »Andere« beläßt dieser Diskurs beliebig. Sein Credo lautet vielmehr: Man kann das Andere eh nicht fassen.

3.2. Intellektuelle und Politische Kultur in Deutschland

Aufklärung und Aufklärungskritik gehören notwendig zur Moderne. Zur deutschen Tradition gehört, daß Aufklärungskritik in der Regel Gegenaufklärung war. Das erklärt deutsche Empfindlichkeit bei den Aufklärern. Und das erklärt das deutsche Schicksal der Aufklärungskritik. Dieser »ererbten« Politischen Kultur entkommt auch nicht der postmoderne Diskurs in Deutschland.[10]
Im postmodernen Diskurs scheint sich alte deutsche Politische Kultur zu reproduzieren. Es drängt sich vor allem die Analogie zwischen postmodernem und völkischem Diskurs auf. Der völkische Diskurs richtete sich gegen Utilitarismus, Individualismus und Positivismus, also Positionen, die für Modernität standen. Der postmoderne Diskurs richtet sich in analoger Weise gegen Universalismus, Egalitarismus und Rationalismus. Auch der sozialstrukturelle Kon-

9 So argumentiert Bergfleth (Zur Kritik der palavernden Aufklärung, München 1984), daß die aufklärerische Erklärung des Faschismus unterstellt, daß es für den Faschismus erklärende = rationale Gründe gäbe.
10 Dazu ausführlich Eder 1985, a. a. O.

text ist dem der zwanziger und dreißiger Jahre nicht unähnlich. Der postmoderne Diskurs ist – wie der antimoderne und modernitätskritische Diskurs der zwanziger Jahre – das Ergebnis von Prozessen akademischer Proletarisierung.

Das beste Beispiel dafür ist Heidegger und seine Euphemisierung des völkischen Diskurses, eines Diskurses, der auf geistige Wiedergeburt, Revolution der Seele, auf nationale Erweckung gesetzt hat.[11] Die Tradition der Mandarine hat der völkischen Kritik der Vernunft selbst wenig entgegenzusetzen gehabt. Und der objektive Positionsverlust der Professoren hat diese am Ende nur dazu verleiten können, in das Wehklagen über den Verfall europäischer Zivilisation und in die Plädoyers für das Wertvolle einzustimmen.

Heute macht die intellektuelle Klasse in Deutschland die Erfahrung der Proletarisierung zum zweiten Male, im Gegensatz zu Frankreich, wo das System des concours die erste Erfahrung (die der zwanziger Jahre) verhindert hat. Die Abschaffung bzw. Lockerung der concours hat aber inzwischen auch diese Anpassung bewirkt. Auch in Frankreich ist die Gruppe der Intellektuellen zunehmend von der strukturellen Ambiguität ihrer sozialen Position, der sublimen Behandlung ihres Geistes und der unwürdigen materiellen Behandlung in der intellektuellen Profession geprägt. Das Ergebnis ist die Attacke auf die Moderne, die von den – ihrerseits untereinander uneinen – Statthaltern der Moderne verwaltet wird.

Auch heute haben die modernen Mandarine dem postmodernen Diskurs wenig entgegenzusetzen. Sie werden ihn eher euphemisieren und versuchen, ihm die akademische Weihe als Philosophie zu geben. Sie treiben damit zwar nicht das Projekt der Gegenaufklärung voran. Sie verstärken aber objektiv das Gewicht der zur Gegenaufklärung gewordenen Aufklärungskritik. Für die Verteidiger der Aufklärung bedeutet der postmoderne Diskurs Irritation und Enttäuschung. Der Aufklärungsdiskurs entläßt seine Kinder. Der Aufklärer kann dann hinterherrennen und wird sie nie einholen. Er kann sich dagegenstemmen und wird dann des autoritären Patriarchalismus bezichtigt werden. Und er kämpft zugleich gegen den mandarinalen Gegner, indem er die Postmodernen als Neokonservative bezeichnet.[12] Dabei wird die soziale Differenz übersehen, die Postmo-

11 Pierre Bourdieu, Die politische Ontologie Martin Heideggers, Frankfurt 1978.

12 Vgl. dazu die Auseinandersetzung mit den »Franzosen« in: Jürgen Habermas, Der philosophische Diskurs der Moderne. Zwölf Vorlesungen, Frankfurt 1985.

dernisten von Neokonservativen trennt: nämlich die Differenz des antimandarinalen und des mandarinalen Diskurses.
Der Postmodernismus ist – so läßt sich resümieren – Ausdruck einer komplexen Machtverlagerung in den symbolischen Kämpfen um das, was als Moderne gelten soll. Die intellektuellen Klassenkämpfe als ein Teil symbolischer Klassenkämpfe in der Moderne sind in eine neue Runde gegangen. Die Truppen der Postmodernisten stehen bereit. Auf welche Seite die Truppen der Postmodernisten gehören, ist bislang jedenfalls offen. Doch zur deutschen Tradition gehört die Versuchung, die im Postmodernismus enthaltene Modernitätskritik auf die Seite der Gegenaufklärung zu ziehen. Auf der anderen Seite findet sich der erhobene moralische Zeigefinger des aufklärerischen Geistes. Ideale Bedingungen für eine Fortsetzung der Pathogenese der Moderne?
Dagegen hilft nur ein dritter Weg: Weder die Denunzierung der Postmoderne noch ihre Vereinnahmung, weder Vollenden noch Überwinden der Moderne, sondern allein soziale Analyse und soziale Kritik dieser Diskurse sind der Weg, diesen »letzten« Entscheidungsschlachten das Schlachtfeld zu entziehen. Doch gegen soziologische Aufklärung, gegen soziologische Demystifizierung des »reinen Denkens« wehren sich die Postmodernisten, die Aufklärer und die Gegenaufklärer gleichermaßen. Ob solche soziologische Desillusionierung ankommt, ist von den objektiven Bedingungen abhängig, denen auch soziologische Aufklärung nicht entkommt.
Der postmodene Diskurs setzt damit nur den modernen Diskurs fort, ohne an seiner Logik etwas zu ändern. Die soziale Basis dieses Kampfes ist eine (negativ) veränderte Klassenlage der Intellektuellen. Die Rede von der Postmoderne ist die Utopie derer, die nichts zu verlieren haben. Soziologische Aufklärung[13] könnte diese Utopisierungsstrategien auflösen helfen. Das wäre ein weiterer Schritt in einer Aufklärung über die Aufklärung und ein weiterer Versuch der Diskontinuierung der Pathogenese der Moderne. Diese Kritik sucht

13 Die Formel, daß die Wertfreiheit der Wissenschaft nicht möglich ist, weil sie selbst ein wertvoller Gegenstand sei, hat die Sozialwissenschaften bislang dazu gezwungen, am Reden mitzumachen, das sie eigentlich analysieren will. Zwischen Wertfreiheit, der mit Anspruch auf wissenschaftliche Objektivität verbundenen Analyse, und Wertgebundenheit, dem Sich-Einlassen auf den Gegenstand, also zwischen wissenschaftlichem Objektivismus und Subjektivismus, bietet sich einer soziologischen Analyse nur eine Chance, wenn sie dieses Spiel selbst wieder objektiviert und den Kampf um Wertfreiheit oder Wertabhängigkeit selbst als eine soziale Auseinandersetzung beschreibt.

nur die sozialen Bedingungen der Möglichkeit symbolischer Auseinandersetzungen zu sichern. Wenn Lyotard dieses mit »Agonistik« gemeint haben sollte, dann mag getrost auch diese Methodologie postmodern genannt werden.

Das andere Deutschland

III

Wilhelm Bleek

Die DDR als Teil unseres Selbstverständnisses?*

Ist die DDR ein Teil unseres Selbstverständnisses in der Bundesrepublik Deutschland? Die folgenden exemplarischen Zitate machen deutlich, daß die Spannweite der Antworten von der deutlichen Verneinung bis hin zur emphatischen Bejahung reicht:
»Die Frage nach der deutschen Identität und der Identität der Deutschen kommt zumeist ohne auch nur einen Seitenblick auf die DDR aus« (Hermann Rudolph[1]).
»Identitätssuche ist ein weitgehend auf die Bundesrepublik Deutschland beschränktes Thema, in dem das System der DDR und die eigentliche Teilungsproblematik nicht vorkommen« (Karl-Rudolf Korte[2]).
»Auf seiten der Bundesbürger schrumpfen allmählich deutsch-deutsche Zusammengehörigkeitsgefühle« (Harro Honolka[3]).
»Die Bürger der Bundesrepublik . . . sind ausgeprägt am Schicksal der deutschen Mitbürger in der DDR interessiert« (Werner Weidenfeld[4]).
»Jeder Mensch in der Bundesrepublik braucht die DDR. . . Sie hilft, Identität finden« (Irene Böhme[5]).
»Aber wir haben allen Grund, uns mit Kopf und Herz den Menschen in der DDR zuzuwenden und verbunden zu fühlen . . . Die Menschen in der DDR sind nicht nur Bürger ihres Staates, sondern

* Paul Gerhard Klussmann zum Übergang in den aktiven Ruhestand gewidmet.

1 Hermann Rudolph, Wie sieht das Selbstverständnis der DDR-Gesellschaft aus?, in: W. Weidenfeld (Hrsg.), Die Identität der Deutschen, Bonn 1983, S. 193.

2 Karl-Rudolf Korte, Nationale Identifikation und Europäische Bindung, in: Politische Kultur in Deutschland (PVS Sonderheft 18/1987), S. 227.

3 Harro Honolka, Schwarzrotgrün. Die Bundesrepublik auf der Suche nach ihrer Identität, München 1987, S. 138.

4 Werner Weidenfeld, Die Frage nach der Einheit der deutschen Nation, München 1981, S. 53.

5 Irene Böhme, Die anderen Deutschen, in: L'80, H. 43 (April 1987), S. 68 und 73.

sie sind zugleich auch Deutsche. Deutsche wie wir« (Richard von Weizsäcker[6]).
Die Widersprüchlichkeit dieser Stellungnahmen erklärt sich nicht nur aus unterschiedlichen Auffassungen und Positionen ihrer Autoren, sondern auch aus der Komplexität der gestellten Frage. Ob die DDR ein Teil unseres Selbstverständnisses in der Bundesrepublik ist, kann als eine normative Frage (»Soll die DDR ein Bestandteil unseres Selbstverständnisses sein?«) oder als eine mehr empirische Frage (»Ist die DDR tatsächlich ein Teil unseres Selbstverständnisses?«) verstanden und beantwortet werden. Da außerdem kollektive wie individuelle Selbstverständnisse keine endgültigen und statischen Erscheinungen, sondern veränderliche und dynamische Phänomene sind, können auch die Antworten auf die Frage nach der Bedeutung der DDR für unser Selbstverständnis keine abschließenden Feststellungen, sondern lediglich Angaben über Entwicklungen und Trends zum Inhalt haben.
Vor allem aber sind die Antworten vielfältig, weil das der Frage zugrunde liegende Subjekt und Objekt vieldeutig ist. Beim Subjekt »Bundesrepublik Deutschland« handelt es sich zunächst einmal um die offizielle Bundesrepublik Deutschland, die in Dokumenten wie dem Grundgesetz, den Regierungserklärungen, den Berichten zur Lage der Nation und dergleichen mehr die DDR in ihr Selbstverständnis einbezieht. Dieses offizielle Selbstverständnis wirkt auf die öffentliche Meinung in der Bundesrepublik Deutschland ein, doch muß diese nicht mit jenem identisch sein. Die Einstellung der Gesamtheit der Bundesbürger wiederum setzt sich ihrerseits zusammen aus den Meinungen der unterschiedlichen gesellschaftlichen Gruppierungen, die durchaus sehr verschiedenartig ausfallen und von unterschiedlichem Gewicht sein können. Im Hinblick auf die Einbeziehung der DDR in das bundesrepublikanische Selbstverständnis spielen sicherlich die Bundesbürger, die aus der SBZ/DDR stammen und dort noch Verwandte und Freunde haben, eine besondere Rolle. Aber auch Publizisten und Schriftsteller und ebenfalls die Institutionen der politischen Bildung prägen das Meinungsbild der Bundesbürger von der DDR. Von besonderem Interesse sind

6 Bundespräsident Dr. Richard von Weizsäcker, Die Deutschen und ihre Identität. Vortrag auf dem 21. Deutschen Evangelischen Kirchentag in Düsseldorf am 8. Juni 1985, in: Texte zur Deutschlandpolitik, hrsg. v. Bundesministerium für innerdeutsche Beziehungen, Reihe III, Bd. 3, Bonn 1986, S. 272 f.

schließlich noch die unterschiedlichen Auffassungen in den verschiedenen Generationen und dabei insbesondere von Jugendlichen, weil sich hier Veränderungen für die Zukunft andeuten können.
Doch auch »die DDR« als ein eindeutiges Objekt des Selbstverständnisses der vielschichtigen Bundesrepublik gibt es nicht. Wir haben vielmehr, wenn wir an die DDR denken und von ihr sprechen, mindestens drei verschiedene Bezugsebenen zu betrachten. Das ist zum einen die DDR als politisches System, wobei man noch weiter zwischen der DDR als einem der Bundesrepublik benachbarten Staat und dem in der DDR herrschenden politischen Regime unterscheiden kann, selbst wenn Staat und Herrschaft sowohl in der politischen Realität als auch in der Innen- wie Außenwahrnehmung eng miteinander verknüpft sind. Eine zweite Bezugsebene ist »die DDR« als die Gesamtheit ihrer Bewohner. Schließlich steht »die DDR«, gerade in jüngster Zeit, auch als Synonym für den mitteldeutschen Geschichtsraum und seine Kulturlandschaft.
Eine systematische Antwort auf die Frage, ob und wie die DDR Teil des bundesdeutschen Selbstverständnisses ist, müßte eigentlich jeden der genannten Aspekte der Bundesrepublik Deutschland mit jeder der DDR-Bezugsebenen korrelieren. Da für die Umsetzung einer so differenzierten Betrachtungsweise nicht nur der Raum, sondern vielfach auch verläßliche Daten fehlen, konzentriert sich die erste Hälfte dieses Beitrags auf die unterschiedlichen bundesrepublikanischen Einstellungen zu einzelnen Bezugsebenen der DDR. Das offizielle Selbstverständnis der Bundesrepublik im Hinblick auf die DDR soll dabei anhand der sogenannten großen Regierungserklärungen der Bundeskanzler von Konrad Adenauer bis Helmut Kohl zu Beginn der Amtsperioden und der seit 1968 von den Bundesregierungen jährlich erstatteten Berichten zur Lage der Nation dargestellt werden.[7] Dabei geht es nicht um die deutschlandpolitischen Programme und Aktionen[8], sondern um die in diesen Dokumenten enthaltenen Bilder von der DDR. Über die Einstellung der Bundesbürger geben die umfangreichen, wenn auch in ihrer Interpretation

7 Klaus von Beyme (Hrsg.), Die großen Regierungserklärungen der deutschen Bundeskanzler von Adenauer bis Schmidt, München und Wien 1979, und Texte zur Deutschlandpolitik, hrsg. v. Bundesministerium für gesamtdeutsche Fragen/innerdeutsche Beziehungen, Bonn 1968 ff.

8 Vgl. Peter Juling, Kontinuität im Ziel – aber Wandel des Weges, Die Deutschlandpolitik im Spiegel der Regierungserklärungen seit 1949, in: Deutschland Archiv 16 (1983), S. 920–926.

strittigen Befunde der empirischen Meinungsforschung Auskunft.[9] Aus dieser Quelle wissen wir auch einiges über die besonderen Empfindungen der Westdeutschen mit verwandtschaftlichen und freundschaftlichen Kontakten in die DDR und insbesondere der Flüchtlinge und Übersiedler aus jüngster Zeit.[10] In bezug auf die Rolle, die die DDR für bundesdeutsche Publizisten und Schriftsteller spielt, können deren Produktionen – allerdings nur sehr exemplarisch – ausgewertet werden.[11] Inhalte, wenn auch nicht die tatsächlichen Wirkungen der politischen Bildungsarbeit, lassen sich anhand von Schulbuchanalysen nachzeichnen.[12] Für die Einstellungen von bundesdeutschen Jugendlichen zur DDR schließlich gibt es, im Gegensatz zu anderen Bevölkerungsgruppen, bereits präzise empirische Ergebnisse.[13]
Im Hinblick auf die Vielschichtigkeit des Themas und den unterentwickelten Forschungsstand kann dieser Beitrag nur ein Raster und einige empirische Hinweise für die Beantwortung der gestellten Frage geben. Die Frage nach der Bedeutung der DDR für unser Selbstverständnis soll dabei nicht normativ, sondern empirisch behandelt und vor allem auch aus historischer Perspektive beleuchtet werden. Hat die Bedeutung der DDR für das Selbstverständnis in der Bundesrepublik zugenommen, abgenommen oder ist sie gleichgeblieben? Nach der notwendigerweise kursorischen Bestandsauf-

9 Vgl. neben den von Elisabeth Noelle-Neumann und ihren Mitarbeitern herausgegebenen Allensbacher Jahrbüchern der Demoskopie (früher: Jahrbücher der öffentlichen Meinung) als jüngste demoskopische Bestandsaufnahme zur deutschen Frage: Gerhard Herdegen, Perspektiven und Begrenzungen. Eine Bestandsaufnahme der öffentlichen Meinung zur deutschen Frage, Teil 1: Nation und deutsche Teilung, in: Deutschland Archiv 20 (1987), S. 1259–1273, und Teil 2: Kleine Schritte und fundamentale Fragen, in: Deutschland Archiv 21 (1988), S. 391–403.

10 Vgl. Volker Ronge, Von drüben nach hüben. DDR-Bürger im Westen, Wuppertal 1985, und Anne Köhler/Richard Hilmer, Ein Jahr danach. Wie sehen die Bundesdeutschen die Übersiedlerfrage heute?, in: Deutschland Archiv 19/86, S. 41–46.

11 Vgl. die Analysen von Karl-Rudolf Korte, insbesondere: Der Traum vom »anderen« Deutschland. Schriftsteller leiden am deutschen Weg, in: Deutschland Archiv 17 (1984), S. 958–962.

12 Vgl. Wolfgang Jacobmeyer (Hrsg.), Deutschlandbild und Deutsche Frage in den historischen, geographischen und sozialwissenschaftlichen Unterrichtswerken der Bundesrepublik Deutschland und der Deutschen Demokratischen Republik von 1949 bis in die achtziger Jahre (Studien zur Internationalen Schulbuchforschung, Bd. 43), Braunschweig 1986.

13 Z. B. Anne Köhler, Einstellungen und Meinungen der bundesdeutschen Bevölkerung zur DDR und Deutschlandpolitik unter besonderer Berücksichtigung der Aussagen Jugendlicher, in: Politik und Kultur 7 (1980), H. 4, S. 44–58.

nahme wird im zweiten Teil dieses Beitrags über die Funktionen der Einbeziehung der DDR in unser bundesdeutsches Selbstverständnis zu reflektieren sein. Aus welchen Gründen und zu welchen Zwekken bezieht sich die Bundesrepublik Deutschland auf ihren unterschiedlichen Ebenen und in ihren verschiedenen gesellschaftlichen Gruppen auf die DDR? In der abschließenden Zusammenfassung wird dann nicht nur ein Ergebnis in Gestalt einer Beantwortung der Leitfrage zu resümieren sein, sondern sollen auch Vermutungen über den zukünftigen Trend der Entwicklung angedeutet werden.

Die offizielle Bundesrepublik Deutschland und die offizielle DDR

Als die Bundesrepublik Deutschland im September 1949 durch die erstmalige Wahl und den Zusammentritt ihrer Verfassungsorgane konstituiert wurde, spielten Staat und Herrschaft in der SBZ/DDR keine Rolle, jedenfalls nicht in der politischen Programmatik. In der ersten Regierungserklärung eines Bundeskanzlers, die Konrad Adenauer am 20. September 1949 abgab, kamen das politische System jenseits der Elbe, aber auch die dort lebenden Menschen kaum vor, ganz im Gegensatz zur ausführlichen Behandlung der Oder-Neiße-Linie und der Vertriebenen. Die Begründung für diese anfängliche Irrelevanz der SBZ/DDR für das offizielle Selbstverständnis der Bundesrepublik liegt nur vordergründig in dem Faktum, daß die formale Gründung des anderen deutschen Staates am 7. Oktober 1949 noch ausstand. Auch die Nichtanerkennung der DDR durch die Bundesrepublik, die bis 1969 die tragende Maxime der bundesdeutschen Deutschlandpolitik war, erklärt den Tatbestand nur sekundär. Ausschlaggebend war vielmehr, wie es auch im Grundtenor von Konrad Adenauers erster Regierungserklärung zum Ausdruck kam, die Annahme, daß die kommunistische Herrschaft zwischen Elbe und Oder eher über kurz als über lang in sich zusammenfallen würde und dann, so Adenauer, der Wiedervereinigung »unserer Brüder und Schwestern in der Ostzone« mit der Bundesrepublik Deutschland als dem »deutschen Kernstaat« nichts mehr im Wege stände. Das war damals eine Auffassung, die von allen westdeutschen Parteien, mit Ausnahme der KPD, geteilt wurde und die angesichts der politischen und wirtschaftlichen Instabilität des SED-Regimes in den fünfziger Jahren gar nicht so unrealistisch war, wie es, von heute her gesehen, erscheinen mag.

Auch in der Regierungserklärung vor dem 2. Deutschen Bundestag am 20. Oktober 1953 verlor Bundeskanzler Adenauer nur wenig Worte über die »Sowjetzone« und die dort lebenden Deutschen. Deren Aufstand vom 17. Juni galt dem Bundeskanzler als überzeugender Beweis, »daß ihr Freiheitsbegriff mit dem unsrigen und nicht mit dem der dortigen Machthaber identisch ist«. Noch deutlicher benutzte Adenauer den Hinweis auf die politischen Verhältnisse jenseits der Zonengrenze für die innenpolitische Argumentation diesseits der Elbe in seiner Analyse des Rückgangs der kommunistischen Stimmen in der vorangegangenen Bundestagswahl: »Die Erfahrungen, die das deutsche Volk mit der kommunistischen Wirklichkeit gemacht hat, haben ihre Wirkungen getan.« Der erste Bundeskanzler sprach damit einen Tatbestand an, der für das politische Selbstverständnis und die politische Realität beider deutscher Staaten als zwei Produkten des kalten Krieges über Jahrzehnte und in den Nachwirkungen bis heute konstitutiv ist: Der Hinweis auf das andere politische System in Deutschland dient der innenpolitischen Argumentation und Abschreckung im eigenen Staat.
Zum expliziten Feindbild wurde das politische System der DDR aber erst in der Regierungserklärung zu Beginn der 3. Legislaturperiode. Am 20. Oktober 1957 forderte der Bundeskanzler »die Befreiung der sowjetisch besetzten Gebiete Deutschlands von der bedrückenden Gewaltherrschaft« mit ihrem »entwürdigenden, unmenschlichen System der Willens- und Freiheitsberaubung«. Vier Jahre später war am 29. November 1961, obwohl der Bau der Mauer vorangegangen war, die Sprache wieder verhaltener; Vizekanzler Ludwig Erhard sprach im Namen des erkrankten Bundeskanzlers Adenauer lediglich von den »Machthabern Mitteldeutschlands« als einem »kommunistischen Regime«. Um so drastischer wurde Erhard in seiner ersten eigenen Regierungserklärung als Bundeskanzler am 18. Oktober 1963, die sich am ausführlichsten von allen großen Regierungserklärungen zwischen 1949 und 1987 mit der deutschen Frage beschäftigte. Der zweite Kanzler der Bundesrepublik Deutschland nannte das »Regime der sowjetisch besetzten Zone« »eine Fremdherrschaft und ein Gewaltsystem«. Diesem »Willkür-Regime jenseits der Zonengrenze« könne nur mit »Ablehnung und Verachtung« begegnet werden.
Nach dem Wechsel von der kleinen zur großen Koalition sprach Kurt-Georg Kiesinger in seiner Regierungserklärung als neugewählter Bundeskanzler am 13. September 1966 das politische Regime im

anderen Teil Deutschlands überhaupt nicht an, vielleicht ein dilatorischer Kompromiß im Hinblick auf die unterschiedlichen deutschlandpolitischen Positionen der Koalitionäre von CDU/CSU und SPD. Später ging dieser Bundeskanzler mit seiner Bezeichnung der DDR als eines »Gebildes« und eines »Phänomens«, mit dessen Vertretern er in einen Briefwechsel eingetreten sei, in die Geschichte der geflügelten Worte der Bundesrepublik ein. Deutlicher wurde Kiesinger am 11. März 1968 in dem ersten »Bericht der Bundesregierung über die Lage der Nation im geteilten Deutschland«, in dem er die politische Herrschaft der DDR als ein »totalitäres Regime« kennzeichnete.

Die offizielle Sprachregelung in der Deutschlandpolitik änderte sich radikal mit dem Amtsantritt der sozialliberalen Bundesregierung im Herbst 1969 und der gegenseitigen Anerkennung von Bundesrepublik Deutschland und DDR im Grundlagenvertrag von 1972. Seither nennt man in Bonn den zweiten Staat in Deutschland bei seinem offiziellen Namen und verzichtet, zumindest in Regierungserklärungen, auf herabsetzende und polemische Charakterisierungen des politischen Systems in der DDR. Unter den beiden sozialdemokratischen Bundeskanzlern Willy Brandt und Helmut Schmidt bürgerte sich ein, von der DDR als »dem anderen deutschen Staat« und von der Bundesrepublik und der DDR zusammen als »den beiden deutschen Staaten« zu reden. Helmut Schmidt begründete das in seinem Bericht zur Lage der Nation am 17. Mai 1979 damit, »daß die DDR deutsch ist, daß dort Deutsche leben, daß alles, was dort vorgeht, Teil der Gegenwart des deutschen Volkes ist«.

Helmut Kohl sprach an diesem Tag in seiner Erwiderung als Oppositionsführer noch vom »kommunistische(n) Regime in der DDR«. Doch als Bundeskanzler fiel er, zumindest in den Regierungserklärungen und Berichten zur Lage der Nation – nun wieder »im geteilten Deutschland« – im Hinblick auf die Anrede der DDR und die Charakterisierung ihrer politischen Herrschaft nicht in die Sprache seiner christdemokratischen Amtsvorgänger zurück. Er nennt, wie alle seine Vorgänger, die Verletzung der Menschenrechte in der DDR und an ihrer Grenze zur Bundesrepublik beim Namen, doch Staat und politisches System jenseits der Elbe sind für ihn »die DDR« und »die Regierung der DDR«. Allerdings sprach der derzeitige Bundeskanzler nur einmal, in seiner ersten Regierungserklärung vom 13. Oktober 1982, wie seine beiden sozialdemokratischen Amtsvorgänger von den zwei »deutschen Staaten«. Seitdem wird die

Bezeichnung der DDR als eines »deutschen Staates« vermieden, wird von den »beiden Staaten in Deutschland« gesprochen.
Fassen wir die Entwicklung des offiziellen bundesrepublikanischen Bildes vom politischen System in der DDR zusammen. Nicht sofort nach Gründung der beiden deutschen Staaten, aber seit Mitte der fünfziger Jahre und vor allem zu Anfang der sechziger Jahre diente das ostdeutsche Regime der Bundesrepublik Deutschland als legitimierender Kontrast zur freiheitlich-demokratischen Grundordnung und als Argument, über eine Gegen-Identität die eigene Identität zu konstituieren. Seit 1969 sind diese Bezüge der offiziellen Bundesrepublik auf die offizielle DDR als dem Gegenbild der eigenen Staats- und Gesellschaftsordnung seltener geworden, und auch die Wende nach 1982 hat daran wenig geändert.

Die Bundesbürger und das politische System der DDR

Die offizielle Politik wirkt auf die öffentliche Meinung ein, doch ist das kein einseitiges, sondern ein beidseitiges Wirkungsverhältnis, beeinflussen doch die Einstellungen der Bürger auch die Positionen der Politiker. Dieses Wechselverhältnis zeigt sich sehr deutlich bei den bundesrepublikanischen Einstellungen zum politischen System der DDR. Sie werden wesentlich durch die Instrumente der politischen Bildungsarbeit mitgeprägt, zu denen an erster Stelle Schulbücher gehören.
Eine großangelegte Untersuchung des Braunschweiger Instituts für Internationale Schulbuchforschung über historische, geographische und sozialwissenschaftliche Unterrichtswerke der Bundesrepublik von der Zeit ihrer Gründung bis in die Gegenwart zeigt in ihren Ergebnissen deutliche Parallelen zur geschilderten Entwicklung der offiziellen bundesrepublikanischen Sichtweisen der DDR auf.[14] Zu Beginn der fünfziger Jahre wurde die DDR nur sehr peripher zur Kenntnis genommen. In der zweiten Hälfte der fünfziger Jahre verdreifachte sich der Umfang der DDR-Darstellung, wobei immer noch eine pauschale und pejorative Charakterisierung der »DDR« oder SBZ als eines »sowjethörigen Verwaltungsgebildes« und »totalitären Zwangsstaates« dominierte. Erst ab Mitte der sechziger Jahre differenzierte sich die Darstellung der DDR in den westdeutschen

14 Wolfgang Jacobmeyer (Hrsg.), Deutschlandbild, a. a. O. (s. Anm. 12).

Schulbüchern, sowohl was die Bereiche – neben Politik trat nun auch Wirtschaft, Gesellschaft und Lebensalltag – als auch die Methoden und Bewertungen angeht. Die Tendenz zur Versachlichung der DDR führte in den siebziger Jahren gelegentlich dazu, daß der andere deutsche Staat wie ein beliebiger realsozialistischer Staat im Ausland behandelt wurde. Diese Tendenz sucht man in den letzten Jahren durch eine stärkere Betonung der deutschen Frage und eine größere Berücksichtigung des Systemvergleichs von Bundesrepublik Deutschland und DDR aufzufangen.
Während die Bemühungen der politischen Bildungsarbeit um die Vermittlung von Kenntnissen über die DDR in den letzen Jahren – zumindest quantitativ – ständig gesteigert wurden, sind die Kenntnisse von bundesrepublikanischen Jugendlichen über die DDR ziemlich mangelhaft geblieben.[15] Bis auf diejenigen westdeutschen Jugendlichen, die verwandtschaftliche oder andere persönliche Beziehungen in die DDR haben, liegt die Gleichgültigkeit von jüngeren Bundesbürgern gegenüber der DDR höher als beim Durchschnitt der Bundesdeutschen und war bis vor wenigen Jahren kontinuierlich im Steigen, was allerdings insgesamt für das Interesse von 14- bis 19jährigen gegenüber der Politik gilt.[16] Inhaltlich gesehen unterscheidet sich aber das DDR-Bild der bundesdeutschen Jugendlichen kaum von dem Bevölkerungsdurchschnitt, weder zur positiven noch zur negativen Seite hin.
Als positiver Bestandteil eines politischen Selbstverständnisses in der Bundesrepublik hat das politische System der DDR nur für verschwindend kleine Gruppen eine Rolle gespielt und als solches eher zu deren politischer und gesellschaftlicher Marginalität beigetragen. Lediglich die KPD und die DKP können als »Partei der DDR« in der Bundesrepublik (Ernst Nolte[17]) charakterisiert werden. Als Reaktion auf die antikommunistische Einstellung der älteren Generation ist seit den siebziger Jahren bei einigen Studentengruppen die DDR populärer geworden, doch hat man von dort vor allem preiswerte Literatur und einige Parolen und weniger dezidierte politische Auffassungen bezogen. Für weite Teile der linken Bewegung in der Bundesrepublik einschließlich der Grünen ist bis heute die Antipa-

15 Aufsehen erregte Dieter Boßmann (Hrsg.), Schüler über die Einheit der Nation. Ergebnisse einer Umfrage, Frankfurt a. M. 1978.
16 Anne Köhler, Einstellungen und Meinungen, a. a. O., S. 48 (s. Anm. 13).
17 Ernst Nolte, Deutschland und der Kalte Krieg, München 1974, S. 426 ff.

thie zu den realsozialistischen Verhältnissen in der DDR konstitutiv. Die Einstellung der Durchschnittsbürger in der Bundesrepublik zum politischen System der DDR hat sich ähnlich dem Wandel der offiziellen Position und der politischen Bildung entwickelt. Der Staat der DDR und die Herrschaft der SED stießen in den fünfziger und Anfang der sechziger Jahre bei der bundesrepublikanischen Bevölkerung auf ganz entschiedene Ablehnung. 1953 antworteten auf die Frage des Allensbacher Instituts für Demoskopie, ob nach der Wiedervereinigung auch damalige ostzonale Minister der ersten gesamtdeutschen Regierung angehören sollten, 58 % der Befragten mit »Nein« und lediglich 13 % mit »Ja«.[18] Seit Mitte der sechziger Jahre befürwortet zwar eine immer größer werdende Mehrheit der Bundesdeutschen, demoskopisch gemessen, die formale Anerkennung der DDR, doch die Einstellung zu ihrem politischen System ist immer noch überwiegend ablehnend. Das schlug sich auch in den Antworten auf die Frage nach den besonders sympathischen bzw. unsympathischen Ländern nieder, die das Allensbacher Institut in den achtziger Jahren wiederholt stellte.[19] Bei den Antworten auf die Sympathie-Frage (Mehrfachnennungen waren möglich) lag die DDR weit abgeschlagen nach Österreich, Schweiz und Frankreich als den Spitzenreitern und allen anderen europäischen Staaten mit 5 % nur knapp vor Polen und der Sowjetunion als den beiden Schlußlichtern. Noch interessanter ist die Rangliste der als unsympathisch eingeschätzten Länder. Die DDR liegt hier gleich nach dem Spitzenreiter Sowjetunion (1986: 46 %), doch ist der Anteil der Befragten, die das »Land DDR« als unsympathisch einschätzten, kontinuierlich gefallen, von 46 % zu Anfang 1983 auf 34 % Ende 1985 und 20 % Mitte 1986. Ihre besondere Aussagekraft erhalten diese Befunde, wenn man sie den gleichzeitig erhobenen hohen Sympathiewerten von Bundesdeutschen für die »Menschen in der DDR« gegenüberstellt.
Zusammenfassend kann festgestellt werden, daß in der öffentlichen Meinung der Bundesrepublik die Ablehnung des politischen Systems der DDR nach wie vor außer Zweifel steht. Die Antipathie ist allerdings zurückgegangen, doch die Sympathie gegenüber dem po-

18 Elisabeth Noelle und Erich Peter Neumann (Hrsg.), Jahrbuch der öffentlichen Meinung 1947–1955, Allensbach 1956, S. 320.

19 Vgl. Tabelle 3 in: Gerhard Herdegen, Perspektiven und Begrenzungen, a. a. O., Teil 1, S. 1269 (s. Anm. 9).

litischen System der DDR nicht entsprechend gestiegen. Das kann so interpretiert werden, daß die Bedeutung der DDR für das Selbstverständnis der Bundesdeutschen geringer geworden ist.

Die offizielle Bundesrepublik Deutschland über die DDR-Bewohner

Von Anfang an haben die offiziellen Repräsentanten als auch die Bürger der Bundesrepublik Deutschland zwischen der DDR als einem Staat und Regime und den dort lebenden Menschen unterschieden. Vom politischen System grenzte man sich ab, doch die Verbundenheit mit den Deutschen jenseits der Elbe wurde immer betont.
Diese zwischenmenschlichen Bande sind zunächst in der Metapher von den »Brüdern und Schwestern« jenseits des Eisernen Vorhangs charakterisiert worden. Konrad Adenauer gebrauchte sie in seiner ersten Regierungserklärung im September 1949, und Ludwig Erhard verwandte sie mehrmals in seiner Regierungserklärung vom Oktober 1963. Doch zur häufigsten Umschreibung der Deutschen in der DDR wurde in den Regierungserklärungen der Begriff »Landsleute«, wie ihn 1957 Adenauer, 1963 Erhard, 1966 Kiesinger und auch Willy Brandt in seiner ersten Regierungserklärung vom Oktober 1969 benutzte. Am 23. Februar 1972 sprach Willy Brandt in dem Bericht zur Lage der Nation von den »Bürgern der DDR« als »Deutsche(n)« und als »Landsleute(n)«. Doch danach dominierte in der sozialliberalen Bundesregierung der Sprachgebrauch von den »Menschen«, sei es »im anderen Teil Deutschlands«, »im geteilten Deutschland«, »diesseits und jenseits der Grenze« oder »in Deutschland«. Für Bundeskanzler Helmut Schmidt waren die Bewohner der DDR einmal »Menschen«, dann »Deutsche«, aber in den Berichten zur Lage der Nation von 1978 und 1981 auch »Bürger in der DDR«, »DDR-Bürger« und »Bürger der Deutschen Demokratischen Republik«.
Dieser sozialdemokratischen Vielfalt im Hinblick auf die Anrede der DDR-Bewohner machte die Bonner Wende vom Herbst 1982 ein Ende. Bundeskanzler Kohl spricht in seinen Regierungserklärungen und Berichten zur Lage der Nation im geteilten Deutschland fast durchgängig von »deutschen Landsleuten« und »unseren Landsleuten in der DDR«, gelegentlich auch von »Deutschen in der DDR«. Bundespräsident Richard von Weizsäcker hingegen vermeidet wie

sein Amtsvorgänger Karl Carstens den Begriff »Landsleute« und spricht vorzugsweise von »Deutschen im anderen deutschen Staat« und »Deutschen in der DDR«.[20]

Hinter dieser wechselvollen Apostrophierung der DDR-Bewohner in regierungsoffiziellen Erklärungen der Bundesrepublik stehen Nuancen in den jeweiligen deutschlandpolitischen Zielsetzungen, aber auch unterschiedliche Auffassungen hinsichtlich der Bezugsebene und der Intensität des soziopsychologischen Bandes zwischen den in der Bundesrepublik und den in der DDR Lebenden. Mit »Brüdern und Schwestern« wird eine enge emotionale Verbundenheit assoziiert, bei »Landsleuten« auf ein patriotisches Band abgestellt, mit »Deutschen« werden historische und kulturelle Gemeinsamkeiten angesprochen und durch »Menschen« die universale Verwirklichung von Grundrechten und Freiheiten eingefordert. Die Bezeichnung der DDR-Bewohner durch die offizielle Bundesrepublik stellt also Anfang der fünfziger Jahre primär auf die Familienbande im tatsächlichen und übertragenen Sinne ab (»Brüder und Schwestern«), seit der Mitte der fünfziger Jahre auf die Gemeinsamkeit von Vaterland und Volk (»Landsleute«), dann in den siebziger Jahren auf die Universalität der Menschenrechte (»Menschen«), um schließlich heute neben der Perspektive der Kulturnation (»Deutsche«) wieder die national-patriotische Perspektive (»Landsleute«) in den Vordergrund zu rücken. In diesen Veränderungen spiegeln sich sowohl tatsächliche Entwicklungen im Verhältnis zwischen beiden deutschen Staaten und Bevölkerung als auch Wandlungen im bundesrepublikanischen Selbstverständnis wider. Nicht nur ist die Perzeption der DDR-Bürger ein Teil des bundesrepublikanischen Selbstverständnisses, umgekehrt hängt die bundesdeutsche Sicht der Deutschen jenseits der Elbe auch von unserem Selbstbild in der Bundesrepublik ab.

20 Vgl. schon die Antrittsrede des Bundespräsidenten vom 1. Juli 1984 (Bundespräsident Dr. von Weizsäcker, Rede vor dem Deutschen Bundestag, in: Texte zur Deutschlandpolitik, hrsg. v. Bundesministerium für innerdeutsche Beziehungen, Reihe III, Bd. 2, Bonn 1985, S. 280 ff.).

Die Bundesbürger über die Menschen in der DDR

Welche Bindungen empfinden nun die Bundesbürger beim Gedanken an die DDR-Bewohner? Um diese Frage mit den Instrumenten der empirischen Meinungsforschung beantworten zu können, hat man sich 1970 im Allensbacher Institut die berühmte »Schwarzmeer-Frage« einfallen lassen: »Stellen Sie sich bitte einmal vor, Sie machen Ferien irgendwo am Schwarzen Meer. Eines Tages lernen Sie dort einen anderen Deutschen kennen. Im Gespräch erfahren Sie, daß er aus der DDR kommt und in der DDR wohnt. Was denken Sie da wohl im ersten Moment, wenn Sie das erfahren?«[21] Zur Auswahl gestellt wurden in wiederholten Umfragen während der siebziger und achtziger Jahre vier Antworten, aus denen man auf nationale Zusammengehörigkeitsgefühle schließen könne (z. B. »Ich wäre neugierig, mich mit ihm zu unterhalten«), und fünf Reaktionen, die eher auf Entfremdung deuten sollten (z. B. »Ich glaube, wir hätten uns wenig zu sagen«). Insgesamt überwiegen die Antworten, die ein Interesse und eine Zuneigung zwischen den Deutschen in der Bundesrepublik Deutschland und denen in der DDR indizieren, bei weitem die Reaktionen, die auf Entfremdung schließen lassen. Zum Ende der siebziger Jahre mögen sich die beiden Positionen etwas angenähert haben, doch inzwischen hat sich der alte Abstand von etwa 8 : 1 wiederhergestellt. Dabei machte es kaum einen Unterschied, ob die Frage an ältere oder jüngere Bundesdeutsche gestellt wurde. Ob sich aus solchen demoskopischen Ergebnissen auf ein besonderes Band zwischen BRD- und DDR-Bewohnern schließen läßt, kann aber erst durch den Vergleich mit den Empfindungen von Bundesbürgern gegenüber anderen Nationalitäten festgestellt werden. Elisabeth Noelle-Neumann hat daher zu ihrer Schwarzmeer-Frage die Nachfrage stellen lassen: »Und hätten Sie das Gefühl, daß es ein Landsmann ist, oder würde Sie mit ihm nicht mehr verbinden als mit einem Österreicher (Parallelumfrage: Schweizer), der die gleiche Sprache spricht?«[22] Die Antworten auf diese Nachfrage zeigten, daß die Mehrheit der Bundesbürger ihre landsmannschaftliche Verbindung zu den Menschen in der DDR noch von ihrem Verhältnis zu

21 Elisabeth Noelle-Neumann, Im Wartesaal der Geschichte. Bleibt das Bewußtsein der deutschen Einheit lebendig?, in: Werner Weidenfeld (Hrsg.), Nachdenken über Deutschland, Köln 1985, S. 139.

22 Ebenda, S. 142.

Österreichern und Schweizern abhebt, der Abstand sich aber z. B. im Hinblick auf die Österreicher von 48 % im Jahr 1970 auf 19 % Ende 1983 verringert hat. Noch deutlicher wird der Trend erkennbar, wenn auch die Antwort auf diese Nachfrage nach Altersgruppen differenziert wird: Von den 16- bis 29jährigen Bundesdeutschen betrachten nur 37 % die Menschen in der DDR als »Landsleute«, aber 43 % meinen, daß die Bundesbürger mit den DDR-Bürgern nicht mehr verbindet als mit den Österreichern.
Eine ähnliche Vergleichsperspektive sowohl im Hinblick auf die Bindungen zu den Menschen in der DDR und in anderen Nachbarländern als auch hinsichtlich der Einstellungen verschiedener Generationen erlaubt die schon erwähnte Allensbacher Frage nach Sympathie bzw. Antipathie gegenüber anderen Ländern, nun aber auf die dort lebenden »Leute« bezogen.[23] An der Spitze der Sympathieskala lagen auch hier die Österreicher, Schweizer, Franzosen und Holländer, doch dann folgten gleich darauf die »Menschen in der DDR«, die immerhin einem Viertel der befragten Bundesbürger (bis zu drei Antworten konnten gegeben werden) sympathisch sind. Erst danach werden die Amerikaner, Italiener, Griechen und Briten aufgeführt. Auf der Rangliste der »Leute«, die den Bundesbürgern unsympathisch sind, stehen die »Russen« wieder an der Spitze und bilden die Menschen in der DDR zusammen mit den Ungarn das Schlußlicht, lediglich fünf Prozent der Befragten nannten sie im Juli 1986. Bei der Differenzierung nach Altersgruppen zeigt sich, daß bei jüngeren Bundesdeutschen die Sympathie für die Menschen in der DDR wesentlich geringer als beim Bevölkerungsdurchschnitt ist, allerdings die Antipathie genau derjenigen der Gesamtbevölkerung entspricht.[24] Kaum unsympathisch, aber auch im Vergleich mit den Menschen in anderen Nachbarstaaten nicht sonderlich sympathisch: Darauf läuft heute die Einschätzung der Menschen in der DDR durch die Bundesbürger in ihrer Gesamtheit hinaus. Da diese Feststellung für junge Bundesbürger noch ausgeprägter zutrifft, kann man von einer langfristigen Verstärkung dieses Trends ausgehen. Der eigentliche Grund für diese Entwicklung zu einer gewissen Indifferenz dürfte in der sinkenden Zahl der innerdeutschen Kontakte

23 Gerhard Herdegen, Perspektiven und Begrenzungen, a. a. O., Teil 1, S. 1269 (s. Anm. 9).
24 Elisabeth Noelle-Neumann, Im Wartesaal, a. a. O., S. 146 (s. Anm. 21).

liegen. Im Positiven wie im Negativen rühren die DDR-Bewohner nicht mehr die Empfindungen des Durchschnittsbürgers in der Bundesrepublik auf. Die vorgenannten demoskopischen Ergebnisse scheinen auf einen wachsenden, wenn auch nicht dramatischen Bedeutungsverlust der Deutschen in der DDR für unser Selbstverständnis hinzuweisen.

Die DDR und insbesondere die dort lebenden Deutschen sind noch ein Teil unseres staatsbürgerlich-rationalen Selbstverständnisses. Doch auf der emotional-affektiven Ebene sind sie an den Rand unserer Identität gerückt.

Doch in diesem allgemeinen Trend zu Indifferenz kommt es zu Gegenentwicklungen, wenn Bundesbürger tatsächlich in ihrem Lebensalltag mit Bürgern aus der DDR konfrontiert werden. Seitdem die DDR-Behörden seit Frühjahr 1984 DDR-Bewohner in die Bundesrepublik ausreisen lassen, ist das der Fall. Empirische Sozialforscher haben nicht nur biographischen Hintergrund und Motive dieser Übersiedler, sondern auch die Reaktion der Bundesdeutschen auf die Ankunft unserer ostdeutschen »Brüder und Schwestern« im eigenen Haus untersucht.[25] Die Reaktion der Bundesdeutschen auf die Migranten aus der DDR erwies sich als ziemlich ambivalent und gemischt. Nur ein Fünftel der Befragten hat die Ankunft der Deutschen aus der DDR uneingeschränkt begrüßt; die Mehrheit äußerte Bedenken und Sorgen, z. B. im Hinblick auf die Konkurrenz auf dem Arbeitsmarkt. Interessant ist, daß die kleine Übersiedlungswelle aus der DDR in die Bundesrepublik von Älteren eher abgelehnt und von jüngeren Bundesbürgern eher begrüßt wurde. Da sich die Zahl der Übersiedler bisher auf einige Zehntausende beschränkt hat, ist der das Verhältnis von hüben nach drüben prägende »Distanzhumanismus« – mit diesem Begriff erklären die beiden empirischen Sozialforscher Anne Köhler und Volker Ronge ihre Ergebnisse – bisher noch nicht entscheidend auf die Probe gestellt worden. Eine wachsende Zahl von Übersiedlern aus der DDR in die Bundesrepublik würde unsere Gefühle gegenüber den Menschen in der DDR aber sicherlich weiter aktivieren – und polarisieren.

25 Vgl. Volker Ronge, Von drüben nach hüben, a. a. O. (s. Anm. 10).

Das eigentliche Deutschland zwischen Elbe und Oder

Seit etwa zehn Jahren gibt es in einem zwar begrenzten, aber doch einflußreichen Segment der bundesdeutschen Gesellschaft eine Gegenbewegung zu dem für die Gesamtbevölkerung festgestellten Trend, daß uns die DDR immer gleichgültiger wird. Literaten und Schriftsteller in der Bundesrepublik haben die DDR als das eigentliche Deutschland entdeckt.

Für diese Suche nach dem »anderen Deutschland« und die Entdekkung des Deutschen in der DDR lassen sich zahlreiche literarische Belege in den Büchern von Stefan Heym, Horst Krüger, Martin Walser und anderen Schriftstellern finden.[26] Inhalt und Gründe dieses Phänomens können aber besonders augenfällig an Günter Gaus aufgezeigt werden, einem Publizisten, der zum zwischendeutschen Diplomaten und dann wieder zum Schriftsteller wurde. Im Juli 1976 antwortete Gaus, der zwei Jahre vorher sein Amt als erster Leiter der Ständigen Vertretung der Bundesrepublik Deutschland in der DDR angetreten hatte, zum Schluß eines Interviews mit dem Deutschlandfunk auf die Frage, ob diese zwei Jahre seine Vorstellungen verändert hätten: »Manchmal kommt einem die DDR, kommen einem die Leute hier (Gaus gab das Interview in Ost-Berlin, W. B.) so vor, als seien sie ein bißchen deutscher als die Westdeutschen.«[27] Nach Ende seiner diplomatischen Tätigkeit im Jahr 1981 hatte Günter Gaus die Möglichkeit, in Interviews, Vorträgen und Buchveröffentlichungen diesen ersten Hinweis, der seitdem zu einem Leitmotiv seines Denkens und Publizierens geworden ist, zu erklären und zu vertiefen.[28] Für Günter Gaus, daran besteht kein Zweifel, ist die DDR ein integraler Bestandteil seines bundesdeutschen Selbstbewußtseins geworden.

Was war das Motiv dieser Entdeckung der DDR als des echten, ursprünglichen Deutschlands, welche DDR betraf sie? Das war zum einen die alte mitteldeutsche Kulturlandschaft, in der Luther, Bach,

26 Vgl. dazu die 6. These von Karl-Rudolf Korte: »Die Literaten entdecken in den Nischen der DDR das echte Deutschland«, in: ders., Der Traum, a. a. O., S. 127 ff. (s. Anm. 11).

27 Staatssekretär Gaus zur Praxis der innerdeutschen Beziehungen, in: Deutschland Archiv 9 (1976), S. 1003.

28 Günter Gaus, Texte zur deutschen Frage, Darmstadt und Neuwied 1981; ders., Wo Deutschland liegt. Eine Ortsbestimmung, Hamburg 1983; ders. in: Reden über das eigene Land: Deutschland, München 1983, S. 121–142.

Schinkel, Barlach und viele andere historische Größen der deutschen Kunst und Wissenschaft aufgewachsen waren und gewirkt hatten, auf die sowohl die westdeutsche Bundesrepublik als auch die ostdeutsche DDR stolz sind. Doch noch mehr gilt die Zuneigung dem Sozialmilieu in der DDR, in dem sich überlieferte deutsche Kultur- und Umgangsformen bewahrt haben. Durch seine so anschauliche wie liebevolle Beschreibung der »Nischengesellschaft« und des »Staatsvolkes der kleinen Leute« jenseits der Elbe zieht sich die Faszination, die für Günter Gaus von dem in der DDR erhalten gebliebenen »Kleinbürgertum pur«[29] ausstrahlt. Hermann Rudolph, der schon 1972 auf die »Gesellschaft der DDR« als eine »deutsche Möglichkeit« – damals allerdings noch mit Fragezeichen – hingewiesen hatte, ohne sie wie Gaus zu glorifizieren, charakterisierte diese Eigentümlichkeiten der DDR später als traditioneller, biederer, aber auch etatistischer und obrigkeitsstaatlicher, insgesamt »deutscher« im Vergleich zur Bundesrepublik.[30] Das alte Deutschland, das lebende Museum der deutschen Geschichte, war es auch, das den Autor dieses Beitrags an der DDR als erstes in den Bann geschlagen hat: die noch nicht von den Kriegsschäden renovierten und seit Jahrzehnten nicht verputzten Hauswände, an denen immer noch die verblichene Reklame für eine längst aus dem Verkehr gezogene Zigarettenmarke zu erkennen ist.

Schriftsteller und Publizisten in der Bundesrepublik können heute vom altdeutschen Erscheinungsbild des DDR-Alltags fasziniert sein, weil die DDR über Jahrzehnte, wenn nicht bis heute, eine Mangelgesellschaft gewesen ist. Der Mangel an ökonomischen Ressourcen hat in der DDR die Renovierug der Städte und Dörfer verzögert, der Mangel an internationaler Mobilität die Provinzialität bewahrt, der Mangel an freier öffentlicher Diskussion und Entfaltung die Bedeutung der Familien und engsten Freundschaftsgruppen gestärkt, der Mangel an staatsbürgerlichem und wirtschaftlichem Legitimationsverständnis der Bevölkerung die Bedeutung der Geschichte für die Legitimationsbemühungen der Herrschenden nahegelegt. Heute ist in der Bundesrepublik der Wert von historischer Bausubstanz, örtlichem Heimatbewußtsein, familiärer Geborgenheit, freundschaftlichem Milieu und gewachsenem Ge-

29 Günter Gaus, Wo Deutschland liegt, a. a. O., S. 45 (s. Anm. 28).
30 Hermann Rudolph, Wie sieht das Selbstverständnis der DDR-Gesellschaft aus?, a. a. O., S. 104 und 208 (s. Anm. 1).

schichtsbewußtsein wiederentdeckt worden. Doch während wir in der Bundesrepublik diese wertvollen Überlieferungen aus deutscher Tradition vielfach rekonstruieren müssen, haben sie sich in der DDR erhalten, wenn auch oft auf verfallene und um so authentischer wirkende Weise. Wieviel aufregender ist es doch für unsere Vorstellungskraft, ein märkisches Bauerndorf zu entdecken, als ein Freilichtmuseum in der Bundesrepublik gegen Eintritt zu besichtigen. Und damit wären wir beim zweiten Teil dieses Beitrags, der Skizze der Funktionen, die hinter den geschilderten Bezügen des bundesdeutschen Selbstverständnisses auf die DDR stehen.

Erinnerung und Selbstfindung

Die DDR, verstanden als historische Hochkultur Mitteldeutschlands und noch mehr als die in ihrer Gesellschaft tradierte deutsche Alltagskultur, hilft Literaten und Publizisten in der Bundesrepublik auf der Suche danach, »wo Deutschland liegt«.[31] Auf der Suche nach ihrem individuellen Standort und nach kollektiver Orientierung in der neuen Unübersichtlichkeit (Jürgen Habermas) der geistigen, gesellschaftlichen und politischen Strömungen der Gegenwart kann die DDR als Medium dienen, die eigene, eine deutsche Identität zu finden.

So fungiert für Teile der geistigen Elite in der Bundesrepublik die DDR in ihren scheinbar einfacheren und traditionelleren Alltagsformen als Anstoß und Merkposten, unsere eigene Stellung zu deutscher Tradition und Geschichte zu reflektieren. Dabei geht es weder um Identifizierung mit den tatsächlichen Verhältnissen in der DDR noch um einen bewertenden Vergleich zwischen Bundesrepublik und DDR. Das Bild von der DDR dient vielmehr als idealtypisches Konstrukt fast im Sinne Max Webers. Dessen Funktion ist aber weniger die rationale Erkenntnis über den Realsozialismus in Deutschland, sondern erkenntnisanregender Kontrast im Prozeß der emotionalen Selbstfindung in der Bundesrepublik. Zwischen Elbe und Oder hoffen bundesdeutsche Schriftsteller, die Spuren ihrer Erinnerung zu verdinglichen, die historischen Wurzeln ihrer eigenen Gegenwart auszugraben und Orientierungsmarken für die Entwicklung ihrer deutschen Identität zu finden. Mit der an sich begrüßens-

31 Günter Gaus, Wo Deutschland liegt, a. a. O. (s. Anm. 28).

werten Rolle der DDR für die Suche nach einem deutschen Selbstverständnis in der Bundesrepublik können aber auch Tendenzen verbunden sein, die problematisch sind. Die DDR bzw. das Bild von ihr werden für bundesdeutsche Zwecke und Unsicherheiten instrumentalisiert. Nicht die Aussagen über den angeblich deutschen Charakter der DDR, sondern die ihnen zugrunde liegenden vergleichenden Behauptungen über die Bundesrepublik sind fragwürdig. Mit der Identifizierung der DDR als besonders traditionell und geschichtsbewußt geht häufig die pauschale Annahme einher, die Bundesrepublik habe sich auf eine problematische Weise von der deutschen Geschichte abgekoppelt. Der Bewahrung deutscher Traditionen in der DDR wird oft eine angebliche »Amerikanisierung« der Bundesrepublik gegenübergestellt, die doch nur eine in allen entwickelten Industriegesellschaften anzutreffende Modernisierung ist. Ob die Aussagen über den angeblich deutschen und deutscheren Charakter der DDR stimmen, darüber läßt sich trefflich streiten, doch die ihnen zugrunde liegende Denunzierung der Bundesrepublik als weniger deutsch und undeutsch belebt nur fragwürdige deutsche Denktraditionen, die man 1949 für endgültig überwunden hielt.

Familiäre und freundschaftliche Zusammengehörigkeit

Eine weitere Minderheit von Bundesbürgern, für deren Selbstverständnis die DDR entgegen dem allgemeinen Trend durchaus eine Rolle spielt, sind jene Westdeutschen und Westberliner, die selbst aus dem anderen deutschen Staat stammen und dorthin noch verwandtschaftliche und freundschaftliche Kontakte haben. Zwischen 1945 und 1961 sind mehr als drei Millionen Deutsche von Ost- nach Westdeutschland, aber auch eine halbe Million von West- nach Ostdeutschland übergesiedelt bzw. zurückgekehrt. Die durch den Mauerbau von den DDR-Behörden bewirkte weitgehende Verhinderung neuer Verwandtschaftsbeziehungen und die Einschränkung der Kommunikation zwischen Ost- und Westdeutschen hat den Umfang dieser Gruppe von Bundesbürgern mit Verwandtschafts- und Freundschaftsbeziehungen zu DDR-Bewohnern in den sechziger und siebziger Jahren erheblich reduziert. So hat sich der Anteil der Bundesbürger, die auf eine Allensbacher Umfrage hin Verwandte, Freunde und Bekannte in der DDR vorweisen konnten,

von 44 Prozent im Jahr 1953 auf 36 Prozent im Dezember 1982 reduziert, wobei sich die Verwandtschaftsbeziehungen engeren Grades (Eltern, Großeltern, Geschwister, Kinder und Enkel) sogar von 17 Prozent auf acht Prozent halbiert haben.[32] Doch der gegenseitige Besuchs- und Reiseverkehr ist seit 1972 im Gefolge des Grundlagenvertrages und seit der Ausweitung von Reisen in dringenden Familienangelegenheiten durch die DDR-Behörden im Jahr 1986 auf jährlich ca. 4,5 Millionen Reisen von Westdeutschen und Westberlinern in die DDR und ca. drei Millionen Reisen von Ostdeutschen in die Bundesrepublik und nach West-Berlin angewachsen. Man schätzt, daß etwa ein Fünftel aller Bundesbürger heute noch in der DDR nicht nur Bekannte, sondern Verwandte und Freunde haben. Bei den Begegnungen und Kontakten dieser über zehn Millionen Bundesbürger mit ihren ostdeutschen Verwandten und Freunden tun sich zahlreiche gegenseitige Mißverständnisse, enttäuschte Erwartungen und zwiespältige Gefühle auf, wie sie Irene Böhme sehr anschaulich und fast ironisch geschildert hat.[33] Mit den Methoden der empirischen Sozialforschung konnten Anne Köhler und Volker Ronge die Integrationsprobleme erfassen, die sich den meisten der in den letzten Jahren aus der DDR in die Bundesrepublik übergesiedelten Deutschen stellen.[34]
Für die überwiegende Zahl dieser Flüchtlinge und Übersiedler aus der DDR, sei es aus den fünfziger, sei es aus den achtziger Jahren, ob inzwischen längst eingelebt oder noch immer in einer gewollten Außenseiterrolle, gilt aber, daß die DDR immer noch eine Bedeutung für ihr Selbstverständnis hat. Diese »innerdeutsche Kontaktgruppe«, wie Lutz Niethammer sie genannt hat[35], erinnert sich an die DDR als ihre frühere Heimat, vergleicht die Bundesrepublik mit ihr, hält Brief- und Paketkontakte zu Verwandten und Freunden in der DDR und stellt das Hauptkontingent der westdeutschen Besucher in die DDR. Ihre Einstellung gegenüber der DDR ist in aller

32 Elisabeth Noelle-Neumann/Edgar Piel (Hrsg.), Allensbacher Jahrbuch der Demoskopie 1978–1983, München 1983, S. 208.

33 Irene Böhme, Die da drüben, Berlin (West) 1983, S. 8 ff.: »Die Mauersegler kommen«.

34 Vgl. Volker Ronge, Von drüben nach hüben, a. a. O., und Anne Köhler/Richard Hilmer, Ein Jahr danach, a. a. O. (s. Anm. 10).

35 Lutz Niethammer unter Mitarbeit von Ulrich Borsdorf, Traditionen und Perspektiven der Nationalstaatlichkeit, in: Außenpolitische Perspektiven des westdeutschen Staates, Bd. 2, München, Wien 1972, S. 72 ff.

Regel durch eindeutige Ablehnung des politischen Systems, zwiespältige Einschätzung des gesellschaftlichen Alltags und gemischte Gefühle gegenüber den Menschen im anderen deutschen Staat bestimmt, aber kaum durch Indifferenz und Ignoranz gegenüber der DDR und den dort lebenden Deutschen. Für diese Bundesbürger ist die DDR ein mehr oder weniger bedeutsamer Bestandteil ihrer deutschen Identität. Nicht umsonst gehören zu denen, die immer wieder über die DDR und die Identität der Deutschen in West und Ost nachdenken, zahlreiche bundesdeutsche Hochschullehrer und Publizisten, die in Mitteldeutschland geboren und in der SBZ/DDR aufgewachsen sind (Irene Böhme, Antonia Grunenberg, Johannes Kuppe, Carola Stern, Hermann Rudolph – um nur einige zu nennen).
Diese Gruppe von Bundesbürgern mit persönlichen Kontakten zur DDR ist in den sechziger und siebziger Jahren zahlenmäßig eindeutig zurückgegangen und seit dieser Zeit ziemlich konstant geblieben. Jüngere Bundesbürger waren lange Zeit kaum an der DDR und an Kontakten zu ihren Bürgern interessiert, weil bei ihnen die engeren verwandtschaftlichen Beziehungen zur DDR kaum mehr gegeben sind. Doch inzwischen haben zahlreiche westdeutsche Lehrlinge, Schüler und Studenten durch Gruppenfahrten in die DDR persönliche Gespräche und Beziehungen zu dortigen Gleichaltrigen angeknüpft.[36] Die innerdeutsche Kontaktgruppe in der Bundesrepublik ist heute, entgegen dem früheren Trend, sicherlich nicht mehr im Aussterben.

Legitimation durch Vergleich

Die dritte Funktion, die die DDR für das bundesdeutsche Selbstverständnis einnehmen kann, betrifft keine Bevölkerungssegmente mehr, sondern spielt für unsere Gesamtgesellschaft eine Rolle. Es geht darum, daß in der Bundesrepublik der Hinweis auf die DDR, ihre politischen, wirtschaftlichen und gesellschaftlichen Zustände,

36 Beispielhaft sind die Bemühungen des Jugendbildungswerkes des Landkreises Kassel und des Jugendhofs Dörnberg, im Rahmen des »kleinen Grenzverkehrs« die Begegnung von Jugendlichen aus der Bundesrepublik mit Altersgenossen aus der DDR zu fördern. Vgl. Eine Reise nach Thüringen. Jugendliche aus der Bundesrepublik beschreiben Eindrücke in der DDR, Reinheim 1984.

als Rechtfertigung der eigenen Staats- und Gesellschaftsordnung dient. Diese Funktion hat M. Rainer Lepsius auf den prägnanten Begriff der DDR als einer »negativen Vergleichsgesellschaft für die Bundesrepublik« gebracht.[37] Durch den Vergleich mit der DDR würden die Verhältnisse in der Bundesrepublik positiv bewertet. Die DDR als negative Vergleichsgesellschaft wirkt daher, so Lepsius, für die Bundesrepublik affirmativ und systemstabilisierend. Eines der ersten Beispiele für einen innerdeutschen Vergleich zu legitimatorischen Zwecken, das sich in offiziellen Stellungnahmen westdeutscher Politiker finden läßt, stammt noch aus der Vorgeschichte der Bundesrepublik. In den Nachkriegsjahren war zwischen den politischen Kräften in Deutschland und den alliierten Siegermächten ziemlich umstritten, ob nicht das tradierte Berufsbeamtentum abgeschafft werden solle. Bei der Diskussion im Zuständigkeitsausschuß des Parlamentarischen Rates reichte aber der Hinweis des Abgeordneten Walter Strauß (CDU), des späteren Staatssekretärs im Bundesjustizministerium, »auf die Verhältnisse im Osten«, wo das Berufsbeamtentum abgeschafft worden war, um die Notwendigkeit von dessen institutioneller Verankerung in Art. 33 des Grundgesetzes zu begründen und zu entscheiden.[38] In ähnlicher Weise benutzte Konrad Adenauer in seiner ersten Regierungserklärung vom 20. September 1949 den Vergleich mit den Verhältnissen im Dritten Reich, aber auch im anderen Teil Deutschlands, um die freiheitlich-demokratische Grundordnung zu begründen: »Wir haben vor allem aber wieder den Schutz der Persönlichkeitsrechte. Niemand kann bei uns, wie das im nationalsozialistischen Reich der Fall war und wie es jetzt noch in weiten Teilen Deutschlands, in der Ostzone, zu unserem Bedauern der Fall ist, durch Geheime Staatspolizei oder ähnliche Einrichtungen der Freiheit und des Lebens beraubt werden.« Bundeskanzler Erhard kontrastierte in seiner Regierungserklärung vom Oktober 1963: »Der Blick auf das Willkür-Regime jenseits der Zonengrenze macht uns bewußt, wie zwingend die Rechtsordnung zu unserer Lebensordnung gehört.« Auch Bundeskanzler Kiesinger griff in seiner Ansprache zum 17. Juni 1969 noch

37 M. Rainer Lepsius, Die Teilung Deutschlands und die deutsche Nation, in: Lothar Albertin und Werner Link (Hrsg.), Politische Parteien auf dem Weg zur parlamentarischen Demokratie in Deutschland, Düsseldorf 1981, S. 435 f.

38 Wilhelm Bleek, Verwaltung und öffentlicher Dienst, in: Wolfgang Benz (Hrsg.), Die Bundesrepublik Deutschland, Bd. 1: Politik, Frankfurt am Main 1984, S. 66 mit Anm. 7.

einmal zum Instrument des legitimatorischen Vergleichs, wenn auch schon in sprachlich nüchterner Form, indem er dem Grundgesetz als der Verfassung eines freiheitlichen, demokratischen und sozialen Rechtsstaats die neue Verfassung der DDR von 1968 als das Instrument einer kommunistischen Einparteienherrschaft gegenüberstellte.

Danach allerdings verschwand der innerdeutsche Vergleich zu innenpolitischen Zwecken weitgehend aus dem offiziellen Selbstverständnis der Bundesrepublik. In seiner Regierungserklärung vom 26. Januar 1973 verteidigte Willy Brandt den Verzicht auf den innerdeutschen Vergleich zu legitimatorischen Zwecken mit dem Argument: »Ich denke, unser Begriff von Freiheit lebt nicht von der Unfreiheit anderer.« Seitdem ist der vergleichende Bezug auf die DDR zu affirmativen Zwecken aus den offiziellen Regierungserklärungen der Bundesregierungen verschwunden, auch in den regierungsamtlichen Verlautbarungen nach der Bonner Wende lassen sich keine entsprechenden Passagen finden.

Eindeutiger, intensiver und andauernder ist der vergleichende Hinweis auf die DDR zu legitimatorischen Zwecken der Bundesrepublik in westdeutschen Schulbüchern eingesetzt worden.[39] Hier wird der DDR expressis verbis die Rolle einer »Gegenfolie« und eines »Gegenmodells« zugeschrieben, um die demokratische und pluralistische Ordnung der Bundesrepublik zu rechtfertigen. Dieser Einsatz des Vergleichs zu legitimatorischen Zwecken ist durch den geltenden Beschluß der Kultusministerkonferenz vom 23. November 1978 über »Die deutsche Frage im Unterricht« sanktioniert worden: »Entscheidend kommt es auf den Vergleich unserer eigenen Gesellschaftsordnung mit dem System der DDR unter dem Wertmaßstab des Grundgesetzes an.« Auf die vergleichsmethodologischen Probleme einer solchen Konzeption ist an anderer Stelle hingewiesen worden.[40]

Welche Rolle spielt nun der Vergleich mit der DDR für das tatsächliche Selbstbewußtsein der Bundesbürger? Die demoskopischen Umfragen zeigen, daß in den fünfziger Jahren die Verhältnisse in der DDR von den Bundesbürgern pauschal als schlecht eingestuft wur-

39 Vgl. die Schulbuchuntersuchung des Braunschweiger Georg-Eckert-Instituts: Wolfgang Jacobmeyer (Hrsg.), Deutschlandbild, a. a. O. (s. Anm. 12).

40 Wilhelm Bleek, Zwischendeutsche Vergleiche, Politische Probleme und politikwissenschaftliche Möglichkeiten, in: Deutschland Archiv 15 (1982), S. 717–739.

den. Seit der Mitte der sechziger Jahre hat sich aber dieses Vorurteil differenziert und wurde der DDR z. B. auf den Gebieten der Sport- und Jugendpolitik, des Bildungswesens und der niedrigen Preise für Grundnahrungsmittel und Mieten Anerkennung gezollt.[41] Zuletzt hat das Allensbacher Institut Ende 1987 einer Befragungsgruppe eine Vielzahl von Lebensqualitäten zur Auswahl vorgelegt und danach gefragt, »ob diese Dinge bei uns oder in der DDR besser sind«.[42] Das Ergebnis war, daß in der Mehrzahl der materiellen und immateriellen Werte des Lebens von der Versorgung mit Waren über die sozialen Aufstiegsmöglichkeiten bis hin zur Meinungsfreiheit die Bundesrepublik als ganz eindeutig der DDR überlegen angesehen wird. Lediglich in einigen Bereichen, wie der Gleichberechtigung von Mann und Frau und dem politischen Interesse der Bürger, werden keine wesentlichen Unterschiede gesehen, und nur in wenigen Punkten wie der Verbrechensbekämpfung, der Sportförderung, dem Familienzusammenhalt und dem Gemeinschaftssinn werden die Verhältnisse in der DDR als besser eingeschätzt.

Das Gesamtergebnis dieser Umfragen zeigt eindeutig, daß die überwältigende Mehrheit der Bundesbürger die Lebensumstände im eigenen Staat denen in der DDR vorzieht. Doch gleichzeitig offenbart sich, im übrigen auch bei parallelen Umfragen unter Jugendlichen, eine durchaus differenzierte Einschätzung der Lebenswirklichkeiten in den beiden deutschen Staaten. Die Urteilsfähigkeit der Bundesbürger ist qualifizierter und realistischer, als man nach den Klagen der Pädagogen und Vereinfachungen der Politiker vermuten könnte.

Die Bedeutung des vergleichenden Blicks der Bundesbürger auf die DDR als einem »Gegenpol« (Günter Gaus), einem »Antibild« (Karl-Rudolf Korte) oder einer »Gegen-Identität« (Wilhelm Bleek) zur Bundesrepublik ist im Schwinden. Lange Zeit mag der Vergleich mit den Lebensverhältnissen in der DDR den Bundesbürgern das Gefühl gegeben haben, nach der Katastrophe von 1945 den besseren Teil erwischt zu haben.[43] Doch heute tritt an die Stelle des Vergleichs

41 Vgl. die Ergebnisse der Repräsentativerhebung von Infratest aus dem Jahre 1970, in: Lutz Niethammer, Tradition und Perspektiven, a. a. O., S. 66 (s. Anm. 35).

42 Gerhard Herdegen, Perspektiven und Begrenzungen, a. a. O., Teil 2, S. 394 und 399 (s. Anm. 9).

43 Irene Böhme charakterisiert das als das bundesbürgerliche Gefühl des »Glück(s), von jenem Unglück verschont geblieben zu sein«: Irene Böhme, Die anderen Deutschen, a. a. O., S. 69 (s. Anm. 5).

von Bundesrepublik Deutschland und DDR als ganzen Systemen allmählich der neugierige Blick auf ein anderes Deutschland in seiner Vielfältigkeit und Widersprüchlichkeit. Die DDR ist nicht mehr die »negative Vergleichsgesellschaft« der Bundesbürger, sie ist allerdings auch kein positives Vorbild geworden. Die DDR ist vielmehr ein durch die gemeinsame Geschichte und die mitteleuropäische Lage der Bundesrepublik Deutschland besonders verbundener Nachbarstaat.

Die andere Seite: Die BRD als Teil des DDR-Selbstverständnisses

Die Antwort auf die Frage, ob die DDR ein Teil des bundesrepublikanischen Selbstverständnisses ist, hat schließlich noch einen Blick auf die Frage zu werfen: Ist die Bundesrepublik Deutschland ein Teil des Selbstverständnisses der DDR?

So gut wie alle westlichen Beobachter des gesellschaftlichen Alltags in der DDR stimmen darin überein, daß die Menschen dort ungleich intensiver auf die Bundesrepublik blicken als umgekehrt die Bundesbürger auf die DDR. Die Gründe für diese »Asymmetrie« (M. Rainer Lepsius) in der gegenseitigen Wahrnehmung sind zum einen in der unterschiedlichen Größe der beiden Staaten, vor allem aber in der divergenten Entwicklung des materiellen und immateriellen Lebensstandards in beiden deutschen Gesellschaften zu sehen. Das westdeutsche Fernsehen ist ein wesentliches Medium der Orientierung, wenn nicht sogar Fixierung von DDR-Deutschen auf das Leben in der Bundesrepublik. Auch wenn die DDR-Bürger auf das von ihnen allen Widrigkeiten zum Trotz Erreichte stolz sind und dieses Selbstbewußtsein den großbrüderlichen Bemitleidungen und Vereinnahmungen aus dem Westen entgegenstellen, so wirkt doch immer noch die Bundesrepublik auf die DDR-Bewohner wie eine »positive Vergleichsgesellschaft«[44] und hat die DDR, gerade auch im Vergleich zur Bundesrepublik, eine außenorientierte und daher »fragmentierte Identität«.[45]

Die herrschende Staatspartei der DDR sucht diesen gesamtdeutschen Orientierungen ihrer Bevölkerung durch eine vielfältige Ab-

44 M. Rainer Lepsius, Die Teilung Deutschlands, a. a. O., S. 436 (s. Anm. 41).

45 Hermann Rudolph, Wie sieht das Selbstverständnis der DDR-Gesellschaft aus?, a. a. O., S. 205 f. (s. Anm. 1).

grenzungspolitik entgegenzuwirken. Doch die permanente Kritik der SED und ihrer Presse an den Verhältnissen in der Bundesrepublik hat eher die entgegengesetzte Wirkung, die Mehrheit der DDR-Bürger schließt auf das Gegenteil und fühlt sich in ihrer gesamtdeutschen Blickweise bestätigt.

Diese Fixierung sowohl der DDR-Bürger als auch der offiziellen DDR auf die Bundesrepublik wirkt nun auch auf unser Selbstverständnis in der Bundesrepublik zurück. Selbst wenn der große Bruder dazu tendiert, den kleinen Bruder zu ignorieren, auf Dauer müssen ihn dessen Blicke und Fragen doch erreichen. So ist das Selbstverständnis der DDR mit seinem starken Bezug auf die Bundesrepublik eine gelegentlich unangenehme Herausforderung an das Selbstverständnis in der Bundesrepublik, auch und gerade wenn diese den anderen deutschen Staat und die dort lebenden Deutschen zu ignorieren geneigt ist.

Zusammenfassende Thesen

1. Seit Gründung der beiden deutschen Staaten vor bald vierzig Jahren ist die Bedeutung der DDR für unser Selbstbewußtsein in der Bundesrepublik geringer geworden. Das trifft für alle Ebenen zu, sowohl für die Seite des Subjektes (offizielle Bundesrepublik, Bundesbürger) als auch die des Objektes (politisches System der DDR, Deutsche in der DDR, mit Einschränkungen auch für den mitteldeutschen Geschichts- und Kulturraum).
2. Dieser Bedeutungsschwund ist aber nicht so rapide vorangegangen, daß die DDR heute schon irrelevant für das Selbstverständnis in der Bundesrepublik geworden ist. Sie ist sicherlich in keiner Beziehung mehr konstitutiv, spielt aber durchaus noch eine Randrolle.
3. Die Bundesrepublik Deutschland bedarf heute weniger als früher einer »Gegen-Identität«, sie ist autonomer und souveräner geworden und findet ihre Identität weitgehend aus sich heraus.
4. Von dieser Entwicklung des Bedeutungsschwundes der DDR für unser Selbstverständnis gibt es aber bedeutsame Ausnahmen in einzelnen Bevölkerungssegmenten, insbesondere bei der »innerdeutschen Kontaktgruppe« und unter den Literaten und Publizisten.

5. Die Frage, ob die DDR ein Bestandteil unseres Selbstverständnisses in der Bundesrepublik sei, ist so lange noch nicht negativ entschieden, solange die Bundesrepublik und die Bundesbürger noch ein Bestandteil des Selbstverständnisses in der DDR sind.
6. Die Bundesbürger kennzeichnen im Hinblick auf die DDR in doppelter Hinsicht »gemischte Gefühle«. Auf der einen Seite ist die Intensität des Interesses und der Bindung zu den Deutschen in der DDR in den einzelnen Bevölkerungsgruppen sehr unterschiedlich, auf der anderen Seite zeichnen sich auch stärkere Beziehungen zur DDR durch eine Ambivalenz der Empfindungen aus.

Bevor Politiker und Pädagogen aufgrund dieser Befunde vorschnell nationale Stützungsaktionen des gesamtdeutschen Bewußtseins in der Bundesrepublik verlangen, sei an den Hinweis des Bundespräsidenten in seiner Rede auf dem Deutschen Evangelischen Kirchentag am 8. Juni 1985 erinnert: »Identität, das ist zunächst die Frage danach, wie man sich selbst versteht. Es ist eine ganz persönliche Angelegenheit. Jeder hat seine eigenen Erlebnisse und Schwerpunkte. Davor gilt es Respekt zu haben und sich gegenseitig nichts aufzuzwingen.«[46]

46 Bundespräsident Dr. Richard von Weizsäcker, Die Deutschen und ihre Identität, a. a. O., S. 265 (s. Anm. 6).

Irene Böhme

Wir hier drüben[1]: Die DDR als Vergleichsgesellschaft

Die ersten zwölf Jahre meines Lebens verbrachte ich im »Großdeutschen Reich«. Ich war »Reichsdeutsche«, wie man das damals nannte, stammte aus dem »Altreich«, wie das damals hieß. Damals kannte ich kein »hüben« und kein »drüben«, ich kannte nur mein deutsches Vaterland, das zuwenig Raum hatte, und ich kannte den Feind. Der Feind hatte vielerlei Gestalt, er war zu Lande, zu Wasser und in der Luft, er war neben mir auf der Straße, im Coupé, später im Luftschutzbunker und auf Transport. Der Feind sendete, hörte mit – »pssst« –, klaute Kohlen. Der Feind trug den gelben Stern, das gelbe-lila »P«, das blauweiße »OST«-Abzeichen, den gestreiften Schlafanzug mit dem Dreieck auf der Brust. Ich kann mich an jene Zeit gut erinnern.

Ich werde heutzutage häufig daran erinnert, weil gar manches, was darüber gesagt und geschrieben wird, meinen Erinnerungen widerspricht. Es war jene Zeit, die sich niemand zurückwünscht, jedenfalls nicht öffentlich in »aller Offenheit«. Es war jene Zeit, in der Deutschland jene Grenzen hatte, für die das Grundgesetz der Bundesrepublik in seiner Präambel plädiert. Jenes Deutschland, wonach »wir alle streben, brüderlich mit Herz und Hand«, jenes Deutschland, in dem unser Volk »in freier Selbstbestimmung seine Einheit wiedererlangt« (Präambel des Grundgesetzes). »Ja, das schwören wir . . .«, sagte man damals, wenn ich mich recht erinnere. Oder sagte man: ». . . das geloben wir«?

Ich weiß nicht, wo jenes deutsche Volk, das die Einheitssache dann selbstbestimmt und wiedererlangt, zur Zeit wohnt. Ich weiß allerdings, daß mir weisgemacht wird, es hätte einmal eine Zeit »der Ein-

1 Das Referat mit dem gleichlautenden Titel hielt die Autorin im Rahmen einer wissenschaftlichen Tagung der Forschungsgruppe Deutsche Frage des Instituts für Politikwissenschaft der Universität Mainz. Der Titel ist die beabsichtigt provozierende Verfremdung einer Publikation von Irene Böhme, »Die da drüben. Sieben Kapitel DDR«, Berlin 1985.

heit« gegeben, eine Zeit, da es in Deutschland kein »hüben« und »drüben« gab. Nach der Reichseinigung durch Bismarck und bei Hitler etwa im Jahre 1937, da soll es das gegeben haben.
Mein Gedächtnis aus der Kindheit signalisiert Rufe und Radioreden von »Heim-ins-Reich«, es erinnert sich an Baltikum, Wolhynien, Siebenbürgen und Ostmark – was das heutige Österreich ist. Diese Landstriche waren damals alle »drüben«, die Leute dort wollten dringlich vereint oder wiedervereint sein, was damals »Heim-ins-Reich« hieß. Später, als diese Aktion voranschritt, nannte man diese damaligen »Brüder und Schwestern« im Slang »Beute-Deutsche« oder . . ., also ich erinnere mich an manche diskriminierende Titulierung, die zum allgemeinen Wortschatz zählte.
Nach zwölf Jahren Großdeutschland, nach einem Intermezzo der Befreiung und der Verachtung durch amerikanisches Militär, lebte ich 35 Jahre lang, zunächst in der sowjetischen Besatzungszone, später in der DDR. Besonders viele Jahre lebte ich in der DDR-Hauptstadt Berlin-Ost. Von 1945 an gab es nun wieder ein »drüben«. Von meinem Wohnsitz aus zunächst leicht erreichbar über die grüne Grenze, später über die Berliner Sektorengrenze, nach 1961 unerreichbar. Es gab auch ein unerreichbares Deutschland »drüben« hinter der Oder und eines hinter dem Riesengebirge, später wurde es erreichbar, und noch später wurde die Überquerung der Oder erneut fast unmöglich. Man denkt in der DDR nicht täglich, nicht stündlich an dieses »hüben« und dieses »drüben«, dennoch ist es immer gegenwärtig, dieses »begrenzte Leben«.
Nach 35 Jahren Sozialismusversuch lebe ich nun seit acht Jahren in West-Berlin. Ich bin Bundesbürgerin mit behelfsmäßig ausgestelltem Personalausweis für Berlin-West. Wenn bei uns in Berlin-West wesentliche politische Entscheidungen getroffen werden, dann sind in meinem Stadtbezirk die Amerikaner zuständig, jene, die mich 1945 im Anhaltinischen befreiten, jene von vor 43 Jahren . . . In West-Berlin sagt man »drüben« und meint das »Wessi«-Land, die Bundesrepublik, man sagt ebenso »drüben« und meint die DDR, die Zone, die Hauptstadt oder ganz einfach den Osten bis zur Oder oder möglicherweise bis zum Ural. Ich lebe also in West-Berlin, auf dieser Insel. Ich lebe jedoch auch zeitweise in Schleswig-Holstein, dem nördlichen Bundesland zwischen den Meeren, das auf seine Fahne schrieb: »Up ewig ungedeelt«. Die dort oben sind die alten Besatzer los und haben ihre Einheit wiedererlangt. Es scheint, zufällig bin ich in diesen Landstrich geraten, der historische Erfahrungen

hat mit Kolonisatoren, Fremdherren, Grenzstreitigkeiten, Teilungen und mit dem »Ungedeelt«-Sein. Um dorthin zu gelangen, passiere ich zwei Grenzkontrollen.

Immer habe ich liebe Menschen irgendwo »drüben«. Jahrelang waren es die Mutter und die Geschwister, jetzt sind es die Tochter und die alten Freunde. Immer darf ich einen Teil von diesem ehemaligen deutschen Reich nicht betreten, jahrelang nicht die Bundesrepublik, jetzt nicht die DDR. Als West-Berliner bekommt man den Riß, der durchs Land geht, häufig, deutlich und kräftig zu spüren, man lebt ihn noch. Der Riß, der durchs Land geht, mir scheint, er geht auch durch mich.

Es gibt viele wie mich.

Wir gelten als sachkundig. Kundig mögen wir sein. Die Sache sachlich zu behandeln, ist uns nicht immer möglich, denn: Der Riß will nicht vernarben.

Weil ich ein populärwissenschaftliches Buch über die Denkungsart eines großen Teils der DDR-Bürger schrieb, gelte ich nun auch als Kenner der »deutsch-deutschen Materie«. Weil ich nach einem Jahr West-Erfahrung einmal, nach drei Jahren West-Erfahrung noch einmal meine Beobachtungen am neuen Wohnort zu Papier brachte, mit Argusaugen durchs Wohlstandsgelände strich, mit spitzer Feder scheinbare Ungereimtheiten notierte, auch deshalb gelte ich als Kenner. Lese ich die Aufsätze heute, so bemerke ich: Schon wieder sehe ich vieles anders; schon wieder sehe ich vieles nicht mehr, was mir damals auffiel.

So bemerke ich: Jetzt gehöre ich dazu.

Wozu?

Zu den Bundesbürgern.

Ich gehöre dazu, soweit und soviel, wie eine »von drüben« überhaupt dazu gehören kann. Richtig: voll und ganz nämlich niemals. Das haben wir mit den Kindern der Emigranten, der Juden, der Spät-»Heim-ins-Reich-Kommer« und Spätaussiedler gemeinsam. Wir sind Deutsche, und wir werden Bundesbürger. Die gebürtigen Bundesrepublikaner halten sich für die Deutschen, meinen, so wie sie sind, wären die Deutschen. Nicht zufällig wunderte sich ein Kind beim Verwandtenbesuch eines Zonis, daß der Onkel so gut deutsch sprechen kann, obwohl er aus der DDR stammt. Mir ging das vor vielen Jahren ähnlich mit einem entfernten Verwandten aus dem Banat. Heute weiß ich um die feinen Unterschiede, die nur bemerkt, wer eben kein »Gebürtiger« ist.

Wir brauchen die DDR

Mit diesen Vorbemerkungen ist hinlänglich beschrieben, weshalb ich viele Qualifikationen und viele Handicaps in mir vereine, also jedes Recht und keinerlei Recht habe, mich zum Thema »Wir hier drüben«[1] zu äußern. Ende der Vorrede.

Jeder Mensch in der Bundesrepublik braucht die DDR. Jeder sollte dankbar sein, daß es sie gibt. An der Wiege der westdeutschen Staatsgründung stand die SBZ (so nannte man hierzulande die Sowjetische Besatzungszone) als Patentante, als Hebamme möglicherweise. Ohne sie hätten die drei westlichen Alliierten kaum so zügig einen westdeutschen Separatstaat gestattet. Ohne sie hätte wohl auch der erste Bundeskanzler nicht jene eine Stimme zur Mehrheit erhalten. Er hatte die Angst vor dem »bolschewistischen Terrorsystem« wachgehalten, die rote Gefahr als Menetekel auf seinen Wahlplakaten benutzt, wie das schon in den tausend Jahren davor geschehen war. Niemand mußte umdenken lernen. Der bewährte »Buhmann« bewährte sich. Versprochen hat der erste Bundeskanzler den Anschluß an den Westen um jeden Preis. Auch um den Preis der Einheit der Nation. Nach dem Anschluß, da wollte er dann bei günstiger Gelegenheit den Osten an sich selbst anschließen, versprach er. Er hat sein Wort gehalten, der Konrad Adenauer. Und auch sein politischer Enkel steht zu diesem Wort. Die Prioritäten von damals gelten noch heute. Und mit dem »Gespenst des Kommunismus« hielt der alte Herr seinen starken sozialdemokratischen Gegner in Schach, mit dem Gespenst wird noch heute manche Abrüstungs-Null-Lösung zur doppelten Null gewendet.

Bald nach den Politikern brauchte auch die Wirtschaft der Bundesrepublik das Potential der inzwischen gegründeten DDR, um ihr Wirtschaftswunder auf Touren zu bringen. Aus den vom Marshall-Plan ausgesparten deutschen Landstrichen zogen willige Arbeitskräfte herbei. Sehr bald kamen auch sehr gut ausgebildete Kräfte, alte Fachleute, junge Berufsanfänger. Ganze Studienrichtungen konnten an den bundesrepublikanischen Hochschulen auf Sparflamme gehalten werden. Ohne selbst zu investieren, bekam man diplomierte Ingenieure, Techniker sowie Facharbeiter aus der DDR. Man holte sie sich sofort nach dem Examen – machte das Angebot im letzten Studienjahr oder kurz nach dem Berufsabschluß, – man holte sie sich, nachdem sie ihre Anfängerfehler in volkseigenen Betrieben gemacht hatten, man holte sie sich, wie man sie brauchte.

Seit der Währungsreform gibt es – gab es, muß man richtiger sagen – wieder einmal zweierlei Deutsche. Es gab die mit Ostgeld. Es gab die mit Westgeld. Dieser Tatbestand ist kaum an einem Deutschen spurlos vorübergegangen. Dieser Tatbestand ist wohl nur wenigen bekannt. Eingepaßt in das West-Ost-Gefüge, ausgesetzt dem Ost-West-Gefälle ist jedermann in der Bundesrepublik – selbst dann, wenn er den anderen deutschen Staat, die DDR, nicht kennt, nicht wahrnimmt, wenn er nicht einmal weiß, wo diese DDR eigentlich liegt.

»Aus Berlin kommen Sie?«, fragte die Hotelwirtin in Bayern. »Das ist wohl ganz schön weit«, sagte sie versonnen. Ihre Augen weiten sich, werden ängstlich. Berlin, das liegt nördlich der Main-Linie. Nördlich der Main-Linie, dort vermutet man in Bayern das Chaos, die Kriminalität, die nördliche Eiseskälte. Und dann noch Berlin ... Das liegt irgendwo im Osten. »Da mußten Sie wohl durch russische Kontrolle?«, fragt die Hotelwirtin, lächelt flugs fremdenverkehrsgerecht und tröstet: »Nun sind Sie ja bei uns in Deutschland.«

Berlin, das liegt irgendwo kurz vor dem Ural, vermuten manche Leute hierzulande. Eltern verbieten ihren Kindern den Besuch der ehemaligen Reichshauptstadt mit der Schulklasse, obwohl solche Exkursionen von der Regierung finanziell unterstützt werden. West-Berlin, das ist eine ziemlich unheimliche Stadt. So etwas weiß man aus dem Fernsehen. Wie unheimlich mag es da hinter dem »Eisernen Vorhang« sein, in der DDR. Das wohlige Gruseln der Bürger, Goethe beschreibt es im »Faust« – wenn hinten weit in der Türkei die Völker aufeinanderschlagen –, dieses wohlige Unwohlsein bietet heutzutage die Existenz der Deutschen Demokratischen Republik. Hausbackenes Grusel-Amüsement, das Glück, von jenem Unglück verschont geblieben zu sein, ist Zutat. Dennoch gehört es zu den Gründen, weshalb jeder Bundesbürger die Existenz der DDR schätzen lernen sollte. Der Bundesbürger braucht dringend Selbstwertgefühl. Daran herrscht Mangel. Aus der Historie kann er da wenig ableiten. Die jüngere Geschichte muß er tunlichst verdrängen. In der Völkerfamilie ist der Bundesbürger reich. Reichsein, neureich noch dazu, wohlhabend nach zwei verlorenen wie angezettelten Weltkriegen, das darf nicht das sein, worauf der Bundesbürger stolz sein darf. Das darf nicht alles sein, worauf er sich beruft. Darf man überhaupt stolz sein auf Autobahnen, Einfamilienhäuser, Bankkonten, Rentenhöhen, auf die Stabilität der D-Mark? Darf man stolz sein auf das rheinische Provinznest als Bundeshauptstadt, auf die Auto- oder Pharma-Industrie? Man darf. Jedoch ist es nicht so recht das Rechte. Und »Stolz-Sein« ist ein zu rechtes Wort, um jedem recht zu sein. Dennoch: Etwas braucht der Bürger. Etwas fürs Herz. Etwas fürs Gemüt. Oder er braucht es für den Verstand. Jedenfalls braucht er etwas, das ihn erhebt. Er will kein Emporkömmling sein, er will Mensch sein in der europäischen Völkerfamilie. Der Bundesbürger schaut nach Osten. Schaut der Bundesbürger auf den DDR-Bürger, wird er nicht überheblich, sondern glücklich, obwohl ihn etwas »erhebt«. Er weiß nämlich, daß er das bessere Deutschland erwischt hat. Dann freut er sich über seine Freiheit, seine Demokratie, selbst wenn beide unvollkommen oder befleckt sind. Als Folge dieses Selbstwertgefühls stellen sich umgehend weitere gute Gefühle ein. Im Bundesbürger erblühen Ethik und Moral, christliche Nächstenliebe, sanftmütige Umgangsformen, karitatives Handeln, Spenden in die östliche Welt, Pakete schicken oder Päckchen . . . und Dankbarkeit. Der Bundesbürger wird dankbar. Zunächst ist er sich selbst dankbar, weil er so ein vorbildlicher Demokrat geworden ist, weil er genau weiß, wie man die Freiheit, Gleichheit, Brüderlichkeit in die Tat umsetzt in der Fußgängerzone. Dann ist der Bundesbürger dankbar, weil er verschont blieb, weil er in dem einzigen, richtigen, wahren Deutschland leben darf.

In diese Richtung denkt der Bundesbürger, schaut er in Richtung Osten. Er weiß wieder, warum, wozu, wofür er lebt. Selbst wenn ihn Zinsen und Tilgungen drücken, Kurzarbeit bedroht, selbst wenn er arbeitslos ist, Ärger mit dem Sohn hat oder ihn seine Frau sitzen ließ, der Bundesbürger hat seine Freizügigkeit. Die ist ihm einiges wert. Die Werte stimmen. Das Selbstwertgefühl ist da. Es ist echt. Jeder von uns kennt es. Nichts ist ehrenrührig daran, sich mit dem eigenen Bruder zu messen und sich für gut, für besser zu befinden.

»Wenn« und »Aber« setzen erst ein, werden am 17. Juni die Festreden gehalten, werden Pfingsten die Heimat-Treffen veranstaltet. Unbehagen setzt ein, sollen wir aufgeklärt werden, wie glücklich »wir hier hüben« zu sein hätten im Gegensatz zu »denen da drüben«. Diese Töne übertönen das Echte in uns. Die Freizügigkeit, unser Frei-Raum bleibt dennoch.

Die realexistierende DDR schafft dem Bundesbürger Spielraum, animiert zum Handeln. Zu Taten des barmherzigen Samariters, zu Spenden, möglicherweise zu diesem oder jenem materiellen Verzicht. Das sind Folgeerscheinungen des soeben erworbenen Selbstwertgefühls. Das ist jedoch nicht alles. Das ist sozusagen der Einstieg. Spielraum schafft die DDR der Bundesrepublik beispielsweise ständig in der Politik, besonders in der Außenpolitik. Wäre die Meinung der Bonner überhaupt gefragt, säßen wir mit unserem Land nicht an der Nahtstelle zum anderen Block. Das politische Gehör, das wir finden, fänden wir kaum, täten unsere Politiker nicht ständig so, als sprächen sie für das ganze Deutschland, beharrten sie nicht auf dem Alleinvertretungsanspruch trotz aller Klauseln und aller Verträge. Der biedere Bürger tut Gleiches. Er spricht für Deutschland. Immer und überall, ganz besonders aber beim Sport.

Die Teilung hält die bundesdeutschen Politiker in Schwung. Vor der Politik rangieren noch die Geschäfte. Mittelstandsunternehmen, kleine Klitschen machten die Vorreiter. Es begann mit Kleinhandel über die grüne Grenze und ist heute ein staatlich sanktioniertes Milliardengeschäft. Die ganz großen Konzerne sind mit von der Partie. Manches Unternehmen floriert, mancher Arbeitsplatz bleibt sicher dank der DDR. Sie ist ein entwicklungsfähiges Entwicklungsland, jedoch ein zuverlässiger Partner, der pünktlich Zinsen zahlt. Und: Man spricht dort deutsch. Besonders günstig: Keine Zölle bremsen das freie Spiel der Handelskräfte, keine EG-Paragraphen greifen ins deutsch-deutsche Inlandsgeschäft. Der Industrie, dem Handel, den Banken, ihnen allen bietet die DDR ein weiträumiges Tummelfeld. Das schlägt durch. Davon profitiert mancher hierzulande. Das trägt dazu bei, daß wir alle die »reichen Brüder« bleiben. Karrieren lassen sich aufbauen. Mit dem Ost-West-Handel begann es. Heute gibt es Ost-West-Spezialisten in jeder Berufsgruppe, unter Managern, Wissenschaftlern, Kirchenmännern, Künstlern. Das Gebiet ist ausbaufähig, beliebt und subventioniert. Man braucht sie eben, die DDR. Man braucht sie auch zum Träumen. Sie ist gut für Illusionen und Utopien. Mit ihrer Hilfe kann man voraus- und zurückträumen, das Gestern wie das Morgen heraufbeschwören.

»Ich stelle mir vor, bei uns sah es zu Großmutters Zeiten so aus wie heute in der DDR. Alles dort erinnert mich an meine Großmutter.« Das sagte eine junge Frau nach ihrem erstmaligen Besuch der Schönhauser Allee in Berlin-Ost. Selbstverständlich redete sie Unsinn. Dennoch. Ganz so unrecht hat sie nicht. Romantische Schwärmereien vom Deutschland des 19. Jahrhunderts werden mit Reisen nach Thüringen oder Mecklenburg genährt. Wir Bundesbürger suchen und finden in der DDR-Landschaft etwas, was wir bei uns nicht mehr zu finden hoffen. Wir begeistern uns am Rückständigen,

am Unterentwickelten, fühlen uns dort heimisch und heimelig. Wir projizieren in die DDR unsere kitschigen Vorstellungen von einer guten alten Zeit. Total frei ist niemand davon. Er ist es nicht einmal, durchquert er die DDR auf der Transitstrecke und sieht weit und breit keinen Schornstein rauchen. Die Sehnsucht nach einer Oase, die von der Industriegesellschaft nicht zugebaut wird, nach einem Platz, den moderne Technik nicht verschlingen kann, weil dort andere Regeln gelten . . . Wer hat diese törichte Sehnsucht nicht von Zeit zu Zeit. Schämen wir uns dieser Regungen nicht. Es wäre doch praktisch, würde dieses andere Deutschland einige Oasen erhalten und pflegen. Wir würden gern in den Ferien dorthin fahren. Wenige Wochen läßt es sich leicht urig leben, so abenteuerlich wie unsere Vorfahren. Das tut gut.
Wir träumen von einem historischen Abenteuerleben, das nahe liegt, gleich wenn Sie in die DDR reinkommen, rechts. Kehren wir heim, können wir den gewohnten Luxus, die frisch getünchte Umwelt, die glatten Autobahnen, die sauberen Züge und Dörfer wieder ehrlicher schätzen und genießen. Wir hätten das gute Alte. Wir hätten das gute Moderne. Wir Bundesbürger hätten wieder einmal einen Vorteil von diesen beiden deutschen Staaten.
Die Utopie, die Illusion, dort drüben würde eine neue Welt, eine bessere Art des Zusammenlebens entstehen, diese Illusion erhalten sich ebenfalls einige Bundesbürger. Sie träumen nach vorn, sie erhoffen eine Zukunft von einem anderen Deutschland, die sie in ihrem Deutschland nicht entdecken können. Auch dafür ist die DDR gut. Man kann hoffen, wünschen, planen, darüber reden, sich über den rechten Weg streiten . . . Man muß jedoch nicht tun, worüber man redet. Man muß nicht leben, was man vorschlägt . . . man wohnt schließlich im Westen. Das ist doch fein. Illusionen gedeihen auch bei jenen, die einst DDR-Bürger waren. Im Laufe der Jahre wuchern die guten Erinnerungen. Sind zwanzig Silvester ins Land gegangen, will zwar niemand in die Kalte Heimat zurück, will jedoch mancher das freundliche Andenken allzu häufig hervorkramen. Das Schlechte vergißt sich, sagt der Volksmund, deshalb gerät dieser oder jener ins Schwärmen. Sie wird gebraucht, diese DDR. Jeder braucht sie irgendwann irgendwie. Sie hilft Identität finden, sie aktiviert beruflich und privat, sie befördert irrationales Denken. Wer das nicht glaubt, glaubt gewiß, daß sie für die Politiker unentbehrlich ist, für die Außenpolitiker wie für die Bonner Hinterbänkler, für die Journalisten wie für die Schüler. Die DDR ist immer gut

dafür, daß sich Leute profilieren. Durch Provozieren zum Profilieren, heißt die Devise. Bei innenpolitischen Querelen ist sie einsetzbar, ebenso in der Sommerpause des Parlaments. Bei solcher Gelegenheit sagt irgendein Abgeordneter etwas unerhört Widersinniges zur Deutschlandfrage. Darauf sind wir »draußen im Lande« schon abonniert. In der »Sauere-Gurken-Zeit« berichten Magazine und Boulevardblätter unerhörte Tatsachen vom Leben hinter dem »Eisernen Vorhang« oder vom Termin über den Abbruch der Berliner Mauer. Darauf sind wir Leser schon abonniert. In einer langweiligen Unterrichtsstunde stellt ein Gymnasiast eine unerhörte Behauptung über die DDR auf, Streit mit dem Lehrer bricht aus. Darauf sind die Schulklassen schon abonniert.

Ich gehe nicht davon ab: Jeder Bundesbürger kann sie für sich verwenden, die Existenz dieser Deutschen Demokratischen Republik. Sie ist eine Waffe für moralische Aufrüstung seit Adenauer, sie bleibt es wohl bis zum Sankt-Nimmerleins-Tag.

Staatsbewußtsein und Politische Kultur

IV

Jürgen Turek

Demokratie und Staatsbewußtsein: Entwicklung der Politischen Kultur in der Bundesrepublik Deutschland

1. Einführung und Problemhorizont

Das Verhältnis von Demokratie und Staatsbewußtsein eröffnet für die Bundesrepublik Deutschland im Kontext der deutschen Frage einen spezifischen Problemhorizont: Ihre Beziehung wird unter Berücksichtigung der Entwicklungslinien deutscher Politischer Kultur durch gewisse Besonderheiten geprägt. Diese resultieren aus einer erheblichen »Diskontinuität deutscher politischer Entwicklungsmuster und ihrer politisch-kulturellen Ausprägungen«[1]. Vor der Folie der wechselhaften nationalstaatlichen Geschichte Deutschlands reicht der Spannungsbogen der subjektiven Grundlagen des politischen Systems von dem Staatsidealismus und obrigkeitsstaatlichen Denken des späten 19. Jahrhunderts über den aggressiven Nationalismus und Militarismus des Nationalsozialismus bis zu den politisch-kulturellen Prägungen der zweiten deutschen Republik im geteilten Nachkriegs-Deutschland. Die Demokratieforschung thematisiert und problematisiert Form, Entwicklung und Stabilität demokratischer Einstellungsprofile der Bundesbürger. Das Interesse für die kulturellen Voraussetzungen demokratischer Regierungsweise in der Bundesrepublik Deutschland begründet sich auch in dem augenfälligen Kontrast zwischen sozio-ökonomischer Modernität und politischer Entwicklung. Die sozio-ökonomischen Modernisierungsprozesse haben im Vergleich zu den anglo-amerikanischen Demokratien das Entstehen einer funktionsfähigen Demokratie in der Bundesrepublik Deutschland zunächst nicht begünstigt. In ihrer

1 D. Berg-Schlosser/I. Schissler: Politische Kultur in Deutschland. Forschungsstand, Methoden und Rahmenbedingungen, in: D. Berg-Schlosser/J. Schissler (Hrsg.): Politische Kultur in Deutschland. Bilanz und Perspektiven der Forschung. PVS Sonderheft 18/1987, S. 23.

1959/60 durchgeführten empirischen Fünf-Länder-Untersuchung »The Civic Culture. Political Attitudes and Democracy in five nations« kamen die amerikanischen Politikwissenschaftler Gabriel A. Almond und Sidney Verba zu dem Schluß: »Our study will suggest their exists in Britain and the United States a pattern of social attitudes that is supportive of a stable democratic process. In the other three nations studied – Germany, Italy and Mexico – this is less the case.«[2] Das in der Bundesrepublik Deutschland mit Hilfe verschiedener Indikatoren gemessene demokratische Bewußtsein »sei im wesentlichen von den Erfolgen der Regierung getragen, von deren Permanenz abhängig und dadurch in seiner Stabilität stark gefährdet. Die Demokratie sei als Regierungssystem in der Bundesrepublik noch wenig verankert«.[3]

In diesem Bezugsrahmen wurde die Politische Kultur der Bundesrepublik Deutschland tendenziell als Untertanen-Kultur charakterisiert, die durch ein weitverbreitetes Vertrauen in die Obrigkeit und durch ein nur unterentwickeltes Bewußtsein für die bürgerlichen Teilhaberechte begründet war. Die Verbindung von Passivität und einer pragmatischen Grundorientierung führte dazu, den Staat primär aufgrund des Outputs seiner Leistung zu bewerten. Der Befund von Gabriel A. Almond und Sidney Verba zur Demokratieverankerung in der Bundesrepublik Deutschland lag zeitlich vor dem Beginn einer Entwicklungsperiode, die Max Kaase mit dem Begriff der »partizipatorischen Revolution«[4] kennzeichnet. Zentraler Punkt dieser Entwicklung ist die Feststellung eines gravierenden Wertewandels, der zunehmende Bedürfnisse der Bürger nach stärkerer direkter Partizipation am politischen Prozeß impliziert.[5] In der Konfrontation zwischen demokratischer Elitetheorie und partizipativer Demokratietheorie kulminieren die Bewertungen dieser Bedürfnisse in einem ausgeprägten Dissens. Die demokratische Elitetheorie ent-

2 G. A. Almond/S. Verba: The Civic Culture. Political Attitudes and Democracy in 5 Nations. Princeton (New Jersey) 1963. Zit. nach Institut für Demoskopie Allensbach: Demokratieverankerung in der Bundesrepublik Deutschland. Eine empirische Untersuchung zum 30jährigen Bestehen der Bundesrepublik (hrsg. vom Presse- und Informationsamt der Bundesregierung). Allensbach 1979, S. 2.

3 Institut für Demoskopie Allensbach: Demokratieverankerung in der Bundesrepublik Deutschland, a. a. O., S. 77.

4 M. Kaase: Partizipatorische Revolution – Ende der Parteien?, in: J. Raschke (Hrsg.): Bürger und Parteien. Ansichten und Analysen einer schwierigen Beziehung. Opladen 1982.

5 ebd., S. 178.

hält die behavioristische normative These von der stabilisierenden Apathie.[6] Sie unterstellt eine mangelnde allgemeine Bereitschaft und Fähigkeit des Durchschnittsbürgers zur politischen Aktivität, die aus der einseitigen Orientierung an ökonomischen Interessen resultiert. Eine Ausweitung der aktiven politischen Teilhabe wird aus diesem Blickwinkel pointiert zum Risiko für den Bestand einer funktionsfähigen Demokratie stilisiert. Ein gewisses Maß an politischer Apathie der Bürger eines politischen Systems fördere deshalb die Systemstabilität.[7] Demgegenüber betrachte die partizipative Demokratietheorie den Menschen als ein an allgemeiner politischer Selbstbestimmung interessiertes Wesen, das nicht nur auf die Durchsetzung und Wahrung persönlicher wirtschaftlicher Interessen fixiert ist. Dieser Ansatz führt auf wirtschaftliche Nutzenmaximierung gerichtetes Handeln, auf die Prägung des Menschen durch die sozio-ökonomischen Bedingungen der Wettbewerbsgesellschaft zurück. Deren Überwindung ermögliche ein vernünftiges und selbstbestimmtes menschliches Zusammenleben.[8] Dieser Dissens markiert die Eckpunkte eines Spektrums unterschiedlicher theoretischer Auffassungen zu der Bedeutung partizipativer Orientierungen in der Demokratie der Bundesrepublik Deutschland. Doch welche Ausprägung haben partizipative Orientierungen im demokratischen Bewußtsein der Bundesbürger eingenommen? Welche modifizierende Kraft erhalten normative Aspekte für demokratische Dispositionen? Welche Trendlinien sind für das Partizipationsprofil im Bewußtsein der Menschen in der Bundesrepublik Deutschland empirisch zu ermitteln? Dominieren partizipative gegenüber repräsentativen Orientierungen? Welche Konsequenzen ergeben sich daraus für die repräsentative Demokratie in der Bundesrepublik Deutschland? Gegenüber dem Gesamtspektrum der Demokratieforschung von Systemakzeptanz, Parteienidentifikation und politischer Partizipation bündelt und thematisiert dieser Fragenkanon das empiri-

6 Vgl. K. v. Beyme: Die politischen Theorien der Gegenwart. 5. überarb. Aufl. München 1984, S. 194.

7 Vgl. O. W. Gabriel: Politische Partizipation und kommunale Politik, in: Aus Politik und Zeitgeschichte B 29/88, S. 3, mit Hinweis auf den Überblick bei F. W. Scharpf: Demokratietheorie zwischen Utopie und Anpassung. Konstanz 1970; vgl. zur kritischen Auseinandersetzung mit der demokratischen Elitetheorie in diesem Kontext E. Wiesendahl: Neue soziale Bewegungen und moderne Demokratietheorie, in: R. Roth/ D. Rucht (Hrsg.): Neue soziale Bewegungen in der Bundesrepublik Deutschland. Frankfurt a. M. 1987, S. 364–384.

8 Vgl. O. W. Gabriel: Politische Partizipation und kommunale Politik, a. a. O., S. 3.

sche Interesse für Form, Entwicklung und Konsequenz direkter politischer Teilnahme im politischen System der Bundesrepublik Deutschland.

2. Theoretischer Ansatz und Internalisierung politischer Partizipation

Ausgangspunkt der Partizipationsforschung bildet die Analyse des Wahlverhaltens durch amerikanische Wahlstudien seit 1940. Ein paralleles Interesse bildete sich in der Bundesrepublik Deutschland Anfang der fünfziger Jahre heraus. Die amerikanischen und bundesdeutschen Wahlstudien sind Vorläufer der späteren Partizipationsforschung, da sie neben dem Wahlverhalten im Laufe der Zeit andere politische Aktivitäten integrieren, die als politische Partizipation bezeichnet werden können.[9] Diese politischen Aktivitäten wurden Ende der fünfziger und Anfang der sechziger Jahre in politischen Verhaltensstudien explizit thematisiert und in den folgenden Jahrzehnten differenziert und spezifiziert.[10] Wesentlicher wissenschaftsgeschichtlicher Aspekt dabei ist die unterschiedliche nominale und operationale Definition des Begriffs der politischen Partizipation. Politische Beteiligung kann mit dem Zweck definiert werden, »durch die Stimmabgabe bei Wahlen an der Besetzung politischer Entscheidungspositionen mitzuwirken, durch die Teilnahme an Abstimmungen Sachentscheidungen im politischen System zu regeln oder in anderer Form mittelbar oder unmittelbar auf politische Vorgänge Einfluß auszuüben«[11]. Diese Begriffsbestimmung rekuriert auf eine Definition von Sidney Verba und Norman Nie[12], überwindet jedoch die dort vorgenommene Verengung des Blickwinkels auf legale Handlungen politischer Partizipation[13]. Politische Partizipation ist abhängig von der Institutionalisierung der Interessenartikulation und -aggregation in einem politischen System. In dem Sy-

9 Vgl. H.-M. Uehlinger: Politische Partizipation in der Bundesrepublik. Opladen 1988, S. 12.

10 Vg!. den Überblick der Wissenschaftsgeschichte bei H.-M. Uehlinger, a. a. O., S. 7 ff.

11 O. W. Gabriel: Politische Partizipation und kommunale Politik, a. a. O., S. 3 f.

12 S. Verba/N. H. Nie: Participation in America. Political Participation and Social Equality. New York 1972, S. 2 f.

13 Vgl. O. W. Gabriel: Politische Partizipation und kommunale Politik, a. a. O., S. 3 f.

stem der repräsentativen Demokratie der Bundesrepublik Deutschland erfolgt diese durch die politischen Parteien und korporative Elemente wie Verbände und Gewerkschaften. Darüber hinaus enthält die Verfassungspraxis in der Bundesrepublik auch Elemente direkter politischer Beteiligung wie Volksentscheid auf landespolitischer und Bürgerentscheid auf kommunalpolitischer Ebene.

Politische Partizipation ist ein Aspekt der Politischen Kultur. Politische Kultur kann als ein System individueller Orientierungen auf politische Objekte konkretisiert und definiert werden. Genauer geht es dabei um die in einem Kollektiv feststellbare Teilung individueller Orientierungen auf politische Objekte. Durch ihren Bezug auf politische Sachverhalte unterscheidet sich Politische Kultur von anderen sozio-kulturellen Orientierungsmustern. Der Begriff eliminiert manifeste Formen des Verhaltens. Er bezieht sich vielmehr auf geistige Dispositionen als einem relativ konsistenten Muster oder System kollektiver Orientierungen. Zugang zu diesen Orientierungsmustern gewinnt man durch die Untersuchung individueller Dispositionen, d. h. ihrer Verteilung im Aggregat.[14] Gabriel A. Almond, der den Begriff der Politischen Kultur prägte, stellte eine dreifache Klassifikation von Typen Politischer Kultur auf: den Untertanen-Typ der Politischen Kultur, der Dispositionen einer kognitiven oder normativen Orientierung der Gesellschaftsmitglieder in bezug auf die Output-Strukturen des politischen Systems verkörpert; den parochialen Typ, der durch eine fehlende kognitive oder normative Bindung zum politischen System charakterisiert ist, und den partizipierenden Typ Politischer Kultur, der sich auf Dispositionen bezieht, die sich sowohl an den Input- als auch den Output-Strukturen des Systems orientieren. Diese Einstellung repräsentiert politisches Verhalten, welches interessenorientiert auf politische Teilhabe und Einflußnahme zielt.

Theoretisch sind neben diesen Idealtypen Mischformen denkbar und realiter in der politischen Praxis existent. Eine wichtige Mischform, die für die Demokratietheorie von Bedeutung ist, ist die Staatsbürgerkultur. Diese Kultur kann als eine vom Ideal vollkommener Demokratie zwar entfernte, trotzdem aber demokratischen Mindestansprüchen genügende Mischform bezeichnet werden, die

14 Diese Definition entspricht der Definition von O. W. Gabriel: Politische Kultur, Postmaterialismus und Materialismus in der Bundesrepublik Deutschland. Opladen 1986, S. 37.

den Bestand einer stabilen Demokratie begünstigt.[15] Die Staatsbürgerkultur ist das Produkt schrittweiser Innovations- und Anpassungsprozesse im strukturellen Differenzierungsprozeß eines politischen Systems. Innerhalb des Typs der Staatsbürgerkultur werden traditionelle Elemente mit rational-aktiven Elementen vereint. Diese Vereinigung ». . . führt zu einer ausgewogenen Politischen Kultur, in der politische Aktivität, Traditionalität und . . . parochiale Werte ausgeglichen werden«[16]. Die Staatsbürgerkultur bezeichnet somit einen ausbalancierten Typus der Politischen Kultur. »Der Begriff der Balance soll dabei ausdrücken, daß die . . . partizipativen Orientierungen die bestehenden Untertanenelemente nicht verdrängen. Sie gehen eine Synthese mit ihnen ein, d. h., die Bindung der Bevölkerung an das politische System und an die politische Gemeinschaft sowie die Output-Institutionen bleibt erhalten, zusätzlich treten aber partizipative Institutionen, Normen und Rollen ins Bewußtsein der Bürger.«[17] In ihrer Studie »The Civic Culture« differenzieren Gabriel A. Almond und Sidney Verba sieben Formen politischer Partizipation: 1) Aufmerksamkeit für politische Belange; 2) Gespräche, Diskussionen über politische Belange; 3) Wählen; 4) Aktivität in einer politischen Partei; 5) Aktivität in einer anderen formalen Organisation; 6) An Politiker, Behörden oder Massenmedien gelangen; 7) Gewaltmaßnahmen ergreifen.[18] In nachfolgenden Partizipationsstudien wurden aus unterschiedlichen erkenntnisleitenden Interessen andere Aspekte politischer Partizipation als Differenzierungsschema in den Vordergrund gestellt. Solche Aspekte sind die Konventionalität/Unkonventionalität des politischen Verhaltens[19] sowie die Legalität/Illegalität der Handlungen.[20] Im Rahmen des Political-Action-Projekts[21] wurde die Beziehung zwischen traditio-

15 Vgl. G. A. Almond/S. Verba, a. a. O., S. 3 f.
16 D. Berg-Schlosser: Politische Kultur. München 1972, S. 79.
17 O. W. Gabriel: Politische Kultur, Postmaterialismus und Materialismus in der Bundesrepublik Deutschland, a. a. O., S. 71.
18 Vgl. H.-M. Uehlinger, a. a. O., S. 18.
19 Vgl. S. H. Barnes/M. Kaase u. a.: Political Action. Mass Partizipation in Five Western Democracies. Beverly Hills 1979; vgl. für einen deutschsprachigen Überblick K. R. Allerbeck/M. Kaase/H. D. Klingemann: Politische Ideologie, politische Beteiligung und politische Sozialisation. Bericht über Ergebnisse eines international vergleichenden Forschungsvorhabens. Teil I und II, in: PVS 20/1979, S. 357–378, und PVS 21/1980, S. 88–96; vgl. auch M. Kaase: Partizipatorische Revolution – Ende der Parteien?, a. a. O., S. 179 ff.
20 H.-M. Uehlinger, a. a. O.
21 Siehe Anm. 19.

nellen und neuen Beteiligungsformen thematisiert. Für ihre international vergleichende Analyse des Beteiligungsverhaltens in acht westlichen Demokratien unterstellt die Studie die Existenz von zwei unterschiedlichen Beteiligungssystemen, die sie als konventionelle, wahl- und parteienbezogene Aktivitäten einerseits und als direktdemokratische unkonventionelle Handlungsformen andererseits bezeichnet. Wählen wird als eigenständiges Handlungssystem angesehen; der Bereich des unkonventionellen Verhaltens wird in legale/illegale Handlungen differenziert. Für die eingangs problematisierte Perspektive der politischen Folgen verstärkter partizipativer Orientierungen ist hier die Frage entscheidend, inwieweit beide Partizipationsformen komplementär oder polarisiert Verwendung finden. Eine polarisierte Beziehung impliziert ein hohes Konfliktpotential, ein komplementäres Verhältnis ein erweitertes politisches Verhaltensrepertoire.[22]
In einer neueren Partizipationsstudie erfährt die stufenlose Differenzierung von legalen/illegalen Beteiligungsformen Kritik, da die »Gruppierung unkonventionelle politische Partizipation problemspezifische Partizipation und zivilen Ungehorsam vermengt«[23]. Dieser Ansatz rekuriert auf die These, daß nicht Konventionalität versus Unkonventionalität, sondern Legalität versus Illegalität das primäre Ordnungskriterium für die politische Aktionsform sei.[24]
Vor dem Hintergrund der »partizipatorischen Revolution« hat der theoretische Ansatz der Partizipationsforschung den Wertewandel zu berücksichtigen und zu integrieren. Die besonders von R. Inglehart[25] formulierten Thesen zum Wertewandel in postindustriellen Gesellschaften bündeln die Auffassung, daß sich diese Gesellschaften nach einem langen wirtschaftlichen Wachstum in einem Übergang der Dominanz materialistischer Werte zu einer Situation befinden, in der postmaterialistische Werte eine so große Bedeutung gewinnen können, daß sie schließlich auch den Charakter der Politik verändern werden. Diese Entwicklung bezeichnet Inglehart als stille Revolution. Die gesellschaftliche Modernisierung ist dabei nicht nur

22 Vgl. M. Kaase: Partizipatorische Revolution – Ende der Parteien?, a. a. O., S. 179 ff.
23 H.-M. Uehlinger, a. a. O., S. 133.
24 Ebd., S. 220.
25 R. Inglehart: The Silent Revolution. Changing Values and Political Styles Among Western Publics. Princeton, New York 1975; vgl. auch die Rezeption der Theorie der stillen Revolution bei O. W. Gabriel: Politische Kultur, Postmaterialismus und Materialismus in der Bundesrepublik Deutschland, a. a. O., S. 82 ff.

von einem Wertewandel, sondern auch von einer zunehmenden politischen Mobilität gekennzeichnet. Politische Mobilisierung und die Präferenz für postmaterialistische Werte sind dabei Merkmale einer jungen und hochgebildeten Bevölkerungsgruppe. »In Anbetracht ihrer Kenntnisse, ihres Involvierungsgrades und ihres politischen Selbstbewußtseins kann man die Postmaterialisten als Träger einer partizipativen politischen Kultur betrachten.«[26]
Materialisten und Postmaterialisten differieren in ihren Vorstellungen über die Ziele des politischen Systems. »Die Materialisten geben den Sicherheits- und Erhaltungsprinzipien den Vorrang, die Postmaterialisten votieren für demokratisch-partizipative Ziele.«[27] Die stärkere Input-Orientierung der Postmaterialisten resultiert im Rahmen dieses Argumentationsgeflechts aus dem Ausmaß kognitiver Mobilisierung. »Die Postmaterialisten messen der Politik eine wichtigere Rolle . . . bei, sie sind politisch interessierter und verstehen es besser . . ., ihre Kenntnisse . . . einzusetzen.«[28] Bei den Postmaterialisten trifft man eine Merkmalskombination von starkem Engagement und schwachem Systemvertrauen. Als politische Folge können bei einer Dominanz dieser Orientierungen Probleme der Regierbarkeit auftreten. Die politische Führung wird mit einer zu großen Menge politischer Erwartungen konfrontiert und besitzt nicht das Vertrauenskapital, um die von verschiedenen sozialen Gruppen artikulierten Forderungen aufeinander abzustimmen. »Zusätzliche Komplikationen ergeben sich, wenn die Wünsche in sich widersprüchlich sind oder von artikulationsstarken Gruppen mit unvereinbaren Zielen vorgetragen werden.«[29] Die radikal polarisierte Dichotomie von Postmaterialismus und Materialismus muß als zu pointiert angesehen werden.[30] Erklärungsansätze politischer Partizi-

26 O. W. Gabriel: Politische Kultur, Postmaterialismus und Materialismus in der Bundesrepublik Deutschland, a. a. O., S. 111.
27 Ebd., S. 119.
28 Ebd., S. 121.
29 Ebd., S. 123.
30 Vgl. M. Greiffenhagen: Vom Obrigkeitsstaat zur Demokratie. Die politische Kultur in der Bundesrepublik Deutschland, in: P. Reichel (Hrsg.): Politische Kultur in Westeuropa. Bürger und Staaten in der westeuropäischen Gemeinschaft. Bonn 1984, S. 52–76, hier S. 69; Statistisches Bundesamt (Hrsg.): Datenreport 1987. Bonn 1987, S. 513: »An den Indikatoren ist abzulesen, daß zwar eine Mehrheit der Bevölkerung als politisch innovationsbereit zu bezeichnen ist, daß aber lediglich eine Minderheit, etwa jeder sechste bis jeder zehnte, eine postmaterialistische Wertorientierung aufweist . . . Insgesamt zeichnet sich . . . eine leichte Zunahme der Mischtypen sowie der Postmaterialisten ab . . .«

pation zielen aus unterschiedlichen Richtungen auf Einflußvariablen, die gleichwertig neben handlungsleitenden Werten stehen. Solche Einflußvariablen sind sozio-demographische Faktoren wie Geschlecht, Alter und Bildungsniveau, politisches Interesse und politische Kompetenz und das Verhältnis zu Gesellschaft und Staat. Dennoch ist der Befund einer veränderten Wertestruktur unumstritten. Entstanden ist eine Konfliktlinie zwischen traditionellen industriegesellschaftlichen Orientierungen und postmateriellen soziokulturellen Wertvorstellungen und Lebensstilen. Dabei ist der Verfall traditioneller Normen zu konstatieren, während die Konturen alternativer Orientierungsmuster lediglich diffus zu erkennen sind: Die Berufs- und Leistungsorientierung hat abgenommen, privatistisch-hedonistische Haltungen haben demgegenüber an Gewicht gewonnen; materielles und soziales Sicherheitsstreben stehen eher im Vordergrund als Status- und Karrierementalitäten; ambivalente Einstellungen zu materiellem Erwerbsstreben und immaterieller Lebensqualität sind entstanden; die Geschlechtsrollen sind zunehmend differenziert und modifiziert worden; traditionelle Erziehungsleitbilder und -praktiken sind durch demokratische Orientierungen verändert worden; der Freizeitbereich hat gegenüber dem Arbeitsbereich eine privilegierte Rolle erhalten. Man kann die Hauptrichtung dieses Wertwandlungsschubs mit der Formel »von Pflicht und Akzeptanzwerten zu Selbstentfaltungswerten«[31] kennzeichnen, die auch das Demokratiebewußtsein veränderten.

3. Demokratie und Staatsbewußtsein: Entwicklungslinien exemplarischer Indikatoren partizipativer Orientierungen in der Bundesrepublik Deutschland

Die Indikation politischer Partizipation variiert aufgrund unterschiedlicher erkenntnisleitender Interessen und operativer Konzepte erheblich. Im Verlauf der »partizipatorischen Revolution« ist ein deutlicher Anstieg der Beteiligungsbereitschaft festzustellen, der auf eine Zunahme der kognitiven Mobilisierung und des politischen Kompetenzbewußtseins zurückgeführt werden kann. Veränderte

31 H. Klages: Wertwandlungsschicksale der Identität der Deutschen. Ein Szenario der Wertwandlungen seit 1871, in: W. Weidenfeld (Hrsg.): Geschichtsbewußtsein der Deutschen. Köln 1987, S. 203–223, hier S. 218.

Wertorientierungen spielen dabei eine nicht unerhebliche Rolle. Der Indikator »politisches Interesse« beschreibt das Maß der politischen Interessiertheit, das als Ausdruck kognitiver Mobilität die Voraussetzung politischer Partizipation ist. Der Indikator »subjektive politische Kompetenz« beschreibt die Einschätzung der eigenen Einflußmöglichkeiten auf die Politik, wobei hier zwischen einer lokalen und einer gesamtstaatlichen Ebene zu unterscheiden ist. Ein weiterer Indikator, der die von den Staatsbürgern perzipierten politischen Einflußchancen zu erfassen sucht, ist die politische Effektivität. Der Indikator »Effektivitätsbewußtsein« ermittelt die Wahrnehmung der eigenen politischen Wirksamkeit. Darüber hinaus hat die Indikation partizipativer Orientierungen die Ausbreitung unkonventioneller kollektiver Partizipationsformen zu integrieren und hier den Aspekt der Legalität/Illegalität politischen Verhaltens zu beachten.

3.1. Politikinteresse

1978 ermittelte das Institut für Demoskopie Allensbach im Zeitverlauf eine Verschiebung zu mehr Politikinteresse. 1952 überwogen die Gar-nicht-Antworten mit 32 % die Zahl der Ja-Antworten mit 27 % beträchtlich. Von diesem Anteil der Interessierten wuchs diese Gruppe in die Größenordnung von 30 % und 40 % in den sechziger Jahren, überschritt 1969 erstmals die 40 %-Schwelle und bewegt sich seither auf einem Niveau um ca. 45 %.[32] Problematisch an dieser Indikation politischer Partizipation ist, daß sie lediglich Interesse mißt, nicht jedoch Partizipationsinteresse und -bereitschaft. Offen bleibt, inwieweit Interesse mit dem Eindruck der Wichtigkeit des eigenen Einflusses auf politische Entscheidungen korrespondiert. In diesem Kontext kommt das Wohlfahrtssurvey 1984 zu dem Ergebnis, daß 38 % mit starkem bzw. mittlerem Politikinteresse gleichzeitig die Wichtigkeit des eigenen Einflusses gering einschätzen. Aufgeschlüsselt nach Wertorientierung und Alter zeigt die Datenlage demgegenüber, daß eher postmaterialistisch eingestellte Bundesbürger generell ein stärkeres Politikinteresse haben als eher materialistisch

32 Institut für Demoskopie Allensbach: Demokratieverankerung in der Bundesrepublik Deutschland, a. a. O., S. 21; vgl. auch die Daten bei O. W. Gabriel: Politische Kultur, Postmaterialismus und Materialismus in der Bundesrepublik Deutschland, a. a. O., S. 322.

eingestellte und daß innerhalb der Gruppe der Postmaterialisten mit zunehmendem Alter eine höhere Einschätzung der Wichtigkeit des Einflusses auf politische Entscheidungen korrespondiert.[33]

3.2. Subjektive politische Kompetenz

Gabriel A. Almond und Sidney Verba ermittelten 1959, daß fast zwei Drittel der Bundesbürger glaubten, gegen ungerechtfertigte Gesetzgebungsvorhaben der lokalen Verwaltung etwas unternehmen zu können. Dagegen sahen nur 37 % eine Chance, gegen ungerechtfertigte Gesetzgebungsvorhaben des Bundes erfolgreich einzuschreiten.[34] Das Gefühl der subjektiven politischen Kompetenz nahm im Zeitverlauf deutlich zu. Zwischen 1959 und 1974 erhöhte sich die lokalpolitische Kompetenz in der Bundesrepublik Deutschland um 5 Prozentpunkte. Wesentlich höher ist jedoch der Zuwachs an Kompetenzbewußtsein auf gesamtstaatlicher Ebene: 1974 glaubte eine Mehrheit der Bundesbürger, man könne etwas gegen Gesetzgebungsvorhaben des Bundestags unternehmen.[35] Auf die Frage, wie die Bundesbürger auf bürokratisches Fehlverhalten reagieren, ermittelte das Institut für Demoskopie Allensbach 1978 einen Anstieg der Bereitschaft zum Widerspruch. Das resignierende ›Hat keinen Sinn‹, 1950 noch von 37 % vorgebracht, ist im Laufe der Jahre kontinuierlich zurückgegangen und betrug 1978 nur noch 22 %. Der Wille, sich zu wehren, hat von 1950 mit 52 % zu 1978 mit 70 % deutlich zugenommen.[36] Aufgeschlüsselt nach Wertorientierung und politischer Kompetenz ergibt die Analyse für 1974 und 1980, daß das Kompetenzgefühl der Postmaterialisten überdurchschnittlich, das der Materialisten unterdurchschnittlich ausgeprägt ist.[37]

33 Wohlfahrtssurvey 1984. Daten in: Statistisches Bundesamt (Hrsg.): Datenreport 1987, a. a. O., S. 517.

34 Vgl. die Angaben bei O. W. Gabriel: Politische Kultur, Postmaterialismus und Materialismus in der Bndesrepublik Deutschland, a. a. O., S. 204.

35 Vgl. ebd., S. 206.

36 Institut für Demokopie Allensbach: Demokratieverankerung in der Bundesrepublik Deutschland, a. a. O., S. 91.

37 Vgl. O. W. Gabriel: Politische Kultur, Postmaterialismus und Materialismus in der Bundesrepublik Deutschland, a. a. O., S. 216.

3.3. *Effektivitätsbewußtsein*

Politisches Effektivitätsbewußtsein wird durch die vier Items »Neben den Wahlen gibt es keinen anderen Weg, darauf Einfluß zu nehmen, was die Regierung tut«, »Leute wie ich haben so oder so keinen Einfluß auf das, was die Regierung tut«, »Ich glaube nicht, daß sich die Politiker viel darum kümmern, was Leute wie ich denken« und »Manchmal ist die ganze Politik so kompliziert, daß jemand wie ich gar nicht versteht, was vorgeht« ermittelt. Im Zeitraum zwischen 1960 und 1980 ist ein Aufwärtstrend im Effektivitätsbewußtsein festzustellen.[38] 1959 lehnten 25 % der Bundesbürger die Feststellung ab, der Bürger sei politisch einflußlos. 1980 waren es bereits 40 %. 1969 wiesen 21 % die Auffassung zurück, die Politik sei zu kompliziert. 1980 lag der Anteil dieser Gruppe bei 36 %. Während 1969 nur 32 % den Politikern attestierte, daß sie sich um die Belange der Bürger kümmerten, waren es 1980 42 %. Für die Einschätzung über politische Einflußmöglichkeiten neben den Wahlen kann man für den Zeitraum von 1969 bis 1972 eine ähnlich aufwärts gerichtete Tendenz feststellen, die sich dann aber nicht fortentwickelt. 1969 lehnten 20 % die Meinung ab, daß es neben den Wahlen keinen anderen Weg zur Einflußnahme auf die Regierungstätigkeit gebe. 1976 lag dieser Anteil bei 26 % und verharrt seitdem auf diesem Niveau. Für die Beziehung zwischen Wertorientierung und Effektivitätsbewußtsein läßt sich feststellen: Für alle Items ist, bezogen auf 1974 und 1980, eine jeweils höhere Quote der Zurückweisung bei den Postmaterialisten zu erkennen als bei den materialistisch und gemischt eingestellten Bundesbürgern.[39]

3.4. *Konventionelle und unkonventionelle politische Teilhabe*

Im Rahmen des Political-Action-Projekts wird die Teilnahme an Wahlen gegenüber den konventionellen und unkonventionellen Partizipationsformen als eigenständiges Partizipationssystem angesehen.[40] Konventionelles und unkonventionelles Verhalten kann jeweils innerhalb mehrerer Formen realisiert werden. Die Palette kon-

38 Vgl. ebd., S. 201 f., hier bes. Tab. 4–5.
39 Vgl. ebd., S. 215, hier bes. Tab. 4–7.
40 Die Wahlbeteiligung in der Bundesrepublik Deutschland kann generell als relativ hoch bezeichnet werden. Bezogen auf Bundestagswahlen, variiert die Wahlbeteili-

ventioneller Beteiligungsformen reicht von »der Lektüre des politischen Teils der Zeitung« über »zu einer politischen Veranstaltung gehen« bis hin zu »einen Kandidaten/eine Partei unterstützen«[41]. Demgegenüber ist die unkonventionelle politische Partizipation weniger institutionalisiert. In diesem Bereich ist zwischen legalen Aktionsformen wie »Teilnahme an einer genehmigten politischen Demonstration« und illegalen Verhaltensweisen wie »Besetzung von Fabriken, Ämtern und anderen Gebäuden« zu unterscheiden.[42] Daten von 1974 und 1980 zeigen, daß es im Bereich der konventionellen politischen Beteiligung zu keinen nennenswerten Veränderungen seit Anfang der siebziger Jahre gekommen ist. So gaben 1974 73 % der Befragten an, den politischen Teil der Zeitung zu lesen, 1980 waren es 74 %. 1974 unterstützten 8 % einen Kandidaten oder eine Partei, 1980 7 %. Das gesamte Spektrum aller Formen konventionellen politischen Verhaltens schöpften 1974 6 % und 1980 nur 4 % der Bundesbürger aus.[43] »Das Potential für die legalen Protestaktivitäten blieb zwischen 1974 und 1980 relativ konstant. Lediglich 13 % bzw. 11 % der Befragten zeigten eine Bereitschaft, in wichtigen Fragen auch Formen des zivilen Ungehorsams zu praktizieren, 3 % bzw. 2 % waren bereit, das gesamte Arsenal der Protestpolitik einzusetzen.«[44] Für die wichtige Frage des Verhältnisses von konventionellen und unkonventionellen Verhaltensformen hat die Untersuchung hierbei ergeben, daß für die Bundesrepublik Deutschland wie auch für andere westliche Demokratien eine positive Korrelation zwischen beiden Beteiligungsformen besteht.[45] Beide Arten, politisch aktiv zu sein, hängen entscheidend von der Wertorientierung und dem politischen Interesse ab. Postmaterialistisch eingestellte und politisch stark interessierte Bundesbürger sind häufiger als an-

gung bei zunehmender Zahl der Wahlberechtigten von 78,5 % 1949 (ohne Saarland) über 91,1 % 1972 bis 89,1 % 1983. Die bisher niedrigste Wahlbeteiligung nach 1949 wurde bei der Wahl zum 11. Deutschen Bundestag 1987 ermittelt: Nur 84,3 % der Wahlberechtigten machten von ihrem Wahlrecht Gebrauch, 7,1 Millionen verzichteten auf eine Stimmabgabe. Im Vergleich zu den Bundestagswahlen liegt die Wahlbeteiligung bei den Landtagswahlen im allgemeinen niedriger und unterscheidet sich von Bundesland zu Bundesland erheblich. Vgl. dazu Statistisches Bundesamt (Hrsg.): Datenreport 1987, a. a. O., S. 150 ff. und bes. S. 155, Tab. 5.

41 Vgl. die Übersicht für alle Items bei O. W. Gabriel: Politische Partizipation und kommunale Politik, a. a. O., S .15 Tab. 2.

42 Vgl. ebd.

43 Vgl. ebd., S. 14.

44 Ebd., S. 15.

45 Vgl. M. Kaase: Partizipative Revolution – Ende der Parteien?, a. a. O., S. 183.

dere Mitglieder in Parteien und Gewerkschaften und nutzen darüber hinaus öfter das Repertoire unkonventioneller Möglichkeiten.[46]
Der Befund der Political-Action-Studien muß unter zwei Aspekten problematisiert und relativiert werden: Einerseits kann an der Praxis bestimmter Formen konventionellen oder unkonventionellen Verhaltens nicht a priori darauf geschlossen werden, daß damit auch tatsächlich der Wille verbunden ist, Einfluß auf politische Entscheidungen zu nehmen. Darüber hinaus stellt sich die Frage, inwieweit eine zwischenzeitlich derart stark etablierte Partizipationsform wie die der Bürgerinitiative überhaupt noch als unkonventionell bewertet werden kann.
Andererseits ergibt sich das Problem, inwieweit die Differenzierung in konventionelles und unkonventionelles politisches Verhalten nicht zwei Gesichtspunkte vernachlässigt, nämlich das »Aufkommen neuer Partizipationsformen auf der einen Seite und den Einbezug politischen Protestes auf der anderen Seite«[47]. Nicht die Dichotomie von Konventionalität versus Unkonventionalität ist demnach entscheidend, sondern die Legalität bzw. Illegalität der politischen Aktionsform. Nach den Ergebnissen einer empirischen Studie zu diesem Problemfeld[48] ist die Erwägung von zivilem Ungehorsam als illegaler Vorgehensstrategie mit negativen Perzeptionen und Beurteilungen von Gesellschaft und Staat zu klären: »Je stärker Ideal und Realität bei der Gesellschaft einerseits und beim Staat und seinen Institutionen andererseits auseinanderklaffen, desto eher wird illegale gewaltfreie Partizipation erwogen.«[49] Wertorientierungen und Zielsetzungen kommen dabei über die Verhältnisse zur Gesellschaft und zum Staat indirekt zum Tragen. Die Analyse stellt eine Verknüpfung von illegaler und legaler Aktionsbereitschaft fest. Die Beschränkung auf legale Aktionsformen oder die Ausweitung auf illegale Aktivitäten unterliegt Wertorientierungen und Zielsetzungen sowie dem Verhältnis zu Gesellschaft und Staat.[50] Den Einbezug politischer Gewalt vermag die Analyse im Rahmen des angewandten Forschungsinstrumentariums nicht zu klären.[51]

46 Vgl. Statistisches Bundesamt (Hrsg.): Datenreport 1987, a. a. O., S. 519, Tab. 4.
47 H.-M. Uehlinger, a. a. O., S. 220; die Studie von Uehlinger thematisiert explizit diese Problematik.
48 Ebd.
49 Ebd., S. 210.
50 Ebd., S. 216 f.
51 Ebd., S. 210; vgl. dazu G. Schmidtchen: Jugend und Staat, in: U. Matz/G. Schmidt-

4. Demokratiebewußtsein und partizipative Orientierungen in der Bundesrepublik Deutschland

Partizipative Orientierungen sind im Zeitverlauf in der Bundesrepublik Deutschland stärker internalisiert worden. Der Grad der politischen Informiertheit und der subjektiven politischen Kompetenz, der Trendverlauf im Effektivitätsbewußtsein sowie das Ausmaß der politischen Teilhabe tendieren zum Leitbild der Staatsbürgerkultur. Wenngleich sich die »partizipatorische Revolution« seit der zweiten Hälfte der siebziger Jahre nicht fortgesetzt hat, so ist jedoch auch kein Rückgang der politischen Aktivitäten zu verzeichnen. Zusammenfassend kann man feststellen, daß – unter Berücksichtigung internationaler Daten[52] – im Bereich der politischen Partizipation eine Angleichung der Politischen Kultur in der Bundesrepublik Deutschland an die der westeuropäischen Nachbarn stattgefunden hat. Der empirische Befund bestätigt hierbei den Zusammenhang von Wertorientierung und Partizipationsinteresse und -bereitschaft der Bevölkerung. Demnach erweisen sich diejenigen mit stark oder mittel ausgeprägten postmaterialistischen Einstellungen als überdurchschnittlich involvierte und politisch kompetente Bevölkerungsgruppe, während die partizipativen Orientierungen bei den eher materialistisch eingestellten Menschen wesentlich schwächer ausgeprägt sind. Der Wirkungsgrad der Variablen Wertorientierung ist jedoch in dem Maße zu relativieren, als daß auch andere Faktoren politische Partizipation beeinflussen. Wertorientierungen haben keinen dominanten Charakter als einzig unabhängige Variable politischer Partizipation. In diesem Kontext muß der komplexe multikausale Wirkungszusammenhang aller für politische Teilhabe relevanten Variablen berücksichtigt werden.
Relativ offen bleibt demgegenüber die Frage, inwieweit eine Stärkung partizipativer Orientierungen die Stabilität der Demokratie in der Bundesrepublik Deutschland zu gefährden vermag. Der empirische Befund deutet nicht auf eine Entrationalisierung des politischen Prozesses durch erhöhte politische Teilhabe. Die Datenlage zeigt, daß sich die politisch aktiveren Bundesbürger durch ein starkes poli-

chen: Gewalt und Legitimität. Analysen zum Terrorismus. Opladen 1983, S. 105 bis 437, als Ansatz zur Untersuchung des Verhältnisses zwischen Illegalitäts- und Gewaltneigung einerseits und biographischen Variablen andererseits.

52 Vgl. M. Kaase: Partizipative Revolution – Ende der Parteien?, a. a. O., S. 181, hier bes. Tab. 1.

tisches Interesse, eine große subjektive politische Kompetenz und ein gestiegenes Effektivitätsbewußtsein auszeichnen. Darüber hinaus werden konventionelle und unkonventionelle politische Verhaltensweisen kombiniert. Der Zugriff auf legale unkonventionelle Methoden politischer Partizipation entspricht dem Idealbild des Staatsbürgers. Die Daten zeigen, daß eine stärker an direkt-demokratischen Prinzipien ausgerichtete Politische Kultur entstanden ist. Die positive Korrelation zwischen konventioneller und unkonventioneller Teilhabe deutet auf eine Synthese traditionellen und posttraditionellen Verhaltens. Eingeschränkt werden muß dieses Resümee durch eine Verschiebung der Perspektive. Verlagert man den Blickwinkel forschungsmethodisch von dem Verhältnis zwischen konventionellen/unkonventionellen Verhaltensformen zu dem Aspekt der Legalität/Illegalität der politischen Aktion, so entfaltet sich ein Konfliktpotential. Aufgrund der fortlaufenden Frustration problemspezifischer politischer Partizipationsbemühungen kann dieses Potential im Rahmen der Perzeption einer Verschlechterung des Verhältnisses zu Staat und Gesellschaft aktiviert werden. Unter Berücksichtigung der empirisch festgestellten latenten Verknüpfung legaler und illegaler Aktionsbereitschaft eröffnet eine solche Entwicklung für die Demokratie der Bundesrepublik Deutschland dann ein Bedrohungspotential, wenn über diese Frustration der Eindruck entsteht, nur über illegale Aktionsformen politischen Einfluß ausüben zu können. Im Zuge dieser Eskalation könnte die psychologische Hemmschwelle zwischen legalen und illegalen Aktionsformen bis hin zur Anwendung politischer Gewalt geebnet werden. Erscheint es notwendig, neue legale Partizipationsformen im politischen Prozeß zu institutionalisieren, so muß demgegenüber berücksichtigt bleiben, daß eine solche systemkonforme Institutionalisierung dem Selbstverständnis neuer sozialer Gruppierungen oftmals diametral entgegensteht.[53]

53 Dieses Selbstverständnis drückt sich z. B. im Begriff der fundamentalpolitischen Opposition bei Teilen der Grünen aus; vgl. dazu D. Murphy/R. Roth: In viele Richtungen zugleich. Die GRÜNEN – ein Artefakt der Fünf-Prozent-Klausel?, in: R. Roth/ D. Rucht (Hrsg.), a. a. O., S. 303–324, hier bes. S. 309–315.

Wilhelm Bürklin

Systemakzeptanz: Bürger und Staat in der Bundesrepublik Deutschland

1. Problemstellung

Vor dem Hintergrund der unterbrochenen demokratischen Tradition in Deutschland haben sich die Zweifel an der Stabilität der demokratischen Institutionen der Bundesrepublik sehr lange gehalten. Das demokratische System, so wurde vermutet, habe sich in der Bundesrepublik der unmittelbaren Nachkriegszeit nur als »Schönwetterdemokratie« etabliert. Damit war die Erwartung verbunden, daß die Akzeptanz des politischen Systems sich vornehmlich auf die wirtschaftlichen Leistungen der Bundesrepublik gründe und entsprechend in wirtschaftlichen Krisenzeiten wieder zurückgehe.
Während diese traditionelle Erklärung abnehmender Systemakzeptanz auf die Enttäuschungen materieller Erwartungen abhebt, verweist die neuere Werteforschung auf die zunehmende Bedeutung politischer Wertorientierungen für die Entstehung und Veränderung der Akzeptanz politischer Institutionen. Vor dem Hintergrund der empirischen Erfahrung, daß in den letzten Jahren das demokratische System der Bundesrepublik zunehmend von den Trägern »neuer« Wertorientierungen in Frage gestellt wurde, ist wiederholt die Frage aufgeworfen worden, ob in hochindustrialisierten Demokratien die Akzeptanz demokratischer Ordnung aus zwei unterschiedlichen Motiven in Frage gestellt wird, einerseits aus enttäuschten materiellen Erwartungen und andererseits auf der Grundlage des Wertewandels in Richtung eines individualisierten »Postmaterialismus«. Neben der traditionellen sei so eine neue Legitimationsfrage entstanden.[1] Der vorliegende Beitrag knüpft an diese Problemstellung an.

1 Vgl. B. Westle, Zur Theorie und Empirie politischer Legitimität, Dissertation, Universität Mannheim 1987.

Zunächst soll die Frage beantwortet werden, wie sich die Akzeptanz der politischen Ordnung in der Bundesrepublik in den letzten Jahren empirisch entwickelt hat. Dazu soll in Anlehnung an Easton[2] nicht nur zwischen spezifischer und diffuser Unterstützung unterschieden werden, sondern auch zwischen verschiedenen Unterstützungsobjekten. Diese Unterscheidung erweist sich als notwendig, da die Akzeptanz politischer Institutionen im allgemeinen um so weniger stabil ist, je näher diese am politischen Prozeß angesiedelt sind. Schließlich soll im Zusammenhang mit der Wertwandeldiskussion verdeutlicht werden, wie die Träger »neuer« Wertorientierungen in den letzten Jahren im politischen System vermittelt sind. Vor dem Hintergrund, daß diese vornehmlich junge, hochgebildete Wählergruppe sich zunehmend außerhalb der etablierten Interessenvermittlung sieht, wird ein polit-ökonomischer Erklärungsansatz diskutiert, der die geringere Systemakzeptanz auf die materielle und ideelle Deprivation dieser Wählergruppe im letzten Jahrzehnt zurückführt. Der stärker gewordene Zusammenhang zwischen neuer Wertorientierung und politischer Unzufriedenheit läßt dabei den Schluß zu, daß der eigentliche Wandel hin zu den »neuen Werten« darin liegt, daß sie eine Erhöhung ihres oppositionellen Gehaltes erfahren haben.
Eine weitere analytische Schwierigkeit bei der Suche nach den Ursachen nachlassender Systemakzeptanz durch die neuen Wertetypen liegt darin, daß diese Wählergruppen gleichzeitig am stärksten von den fortschreitenden Prozessen der Entstrukturierung und Individualisierung politischer Orientierungen betroffen sind. Durch die politische Dominanz eines nach traditionellen politischen Interessen oder Klassenlagen organisierten Systems politischer Interessenvermittlung sieht sich diese individualisierte Bevölkerungsgruppe immer weniger ins politische System eingebunden. Der politische Wertewandel und besonders der Wandel des oppositionellen Bezuges ist daher auch als Problem der Aggregation politischer Interessen zu sehen. Entsprechend steht zu erwarten, daß sich der systemoppositionelle Charakter des gesellschaftlichen Wertewandels abschwächen wird, sobald die politischen Institutionen derart geändert werden, daß sie die bruchlose Aggregation individualisierter Interessenlagen ermöglichen.

2 D. Easton, A System Analysis of Political Life, New York 1965; ders., A Re-assessment for the Concept of Political Support. British Journal of Political Science, 5, 1975, S. 435–457.

2. Theoretisches Konzept und offene Forschungsfragen

Jede empirische Analyse der Legitimität politischer Ordnung sieht sich grundsätzlich mit zwei Problemen konfrontiert. Erstens mit der notwendigen Entscheidung für ein theoretisches Konzept, das eine realitätsgetreue Differenzierung der verschiedenen Elemente politischer Ordnung enthält, und zweitens mit dem Problem der Operationalisierung, d. h. der gültigen Messung und Zuordnung unterschiedlichster empirischer Indikatoren zu den verschiedenen Elementen politischer Ordnung.

Für die empirische Analyse politischer Unterstützung hat sich der theoretische Bezugsrahmen von David Easton weitgehend durchgesetzt. Zur begrifflichen Differenzierung des Konzepts der politischen Unterstützung (political support) unterscheidet Easton[3] zwischen spezifischer und diffuser Unterstützung politischer Autorität, wobei sich die spezifische Unterstützung in erster Linie auf den kurzfristigen Nutzen und die Zufriedenheit mit den alltäglichen Leistungen des politischen Systems und der politischen Akteure zurückführen läßt. Demgegenüber ist die diffuse Unterstützung weniger ergebnisorientiert und kann sich entsprechend auf verschiedene Objekte der politischen Ordnung beziehen. Neben den politischen Autoritäten (Parteien, Politiker) kann das das System der demokratischen Interessenvermittlung (Regime) und die Identifikation mit einer politischen Gemeinschaft sein, der man angehört. Darüber hinaus geht Easton davon aus, daß auch die diffuse Unterstützung der demokratischen Institutionen wie der politischen Akteure unterschiedliche Ursachen haben kann. Zum einen kann die Unterstützung auf der Überzeugung beruhen, daß Regime und Autoritäten den eigenen moralischen Grundwerten entsprechen; diese Dimension nennt Easton Legitimität. Zum anderen kann die Unterstützung zurückgehen auf die Generalisierung mittel- oder langfristiger Nutzenerwägungen, die sich aus den Outputleistungen von System oder Akteuren ergeben; diese Dimension nennt Easton[4] Vertrauen. Auf dieser Grundlage läßt sich eine Typologie verschiedener Formen politischer Unterstützung herleiten, wie sie im folgenden Schema wiedergegeben ist.

3 Vgl. Easton, A System Analysis, a. a. O., S. 190 ff.

4 Vgl. ders., A Re-assessment of the Concept, a. a. O., S. 445 ff.

Abb. 1:
Typen und Objekte politischer Unterstützung

Unterstützungstypen	Unterstützungsquellen	Unterstützungsobjekte		
		Politische Gemeinschaft	Regime (Institutionen)	Autoritäten (Parteien, Politiker)
Diffus	Normen/ Werte	Identifikation mit der politischen Gemeinschaft	Regime-Legitimität	Autoritäten-Legitimität
	Generalisierter Nutzen		Regime-Vertrauen	Autoritäten-Vertrauen
Spezifisch	Kurzfristiger Nutzen			Zufriedenheit mit den alltäglichen Leistungen

In abgeänderter Form übernommen aus D. Fuchs, Trends politischer Unterstützung in der Bundesrepublik, in: PVS, Sonderheft 18, 1987, S. 359.

Aus diesem theoretischen Bezugsrahmen lassen sich für die empirische Forschung eine Reihe von Fragestellungen ableiten:

1. Kann die Bevölkerung eines Landes zwischen den verschiedenen Objekten der Unterstützung unterscheiden, oder nimmt sie den ganzen Bereich der politischen Interessenvermittlung als einheitliches System wahr?
2. Werden entsprechend kurzfristige Unzufriedenheiten mit den Leistungen der politischen Akteure Auswirkungen auf Vertrauen und Legitimität politischer Akteure oder gar politischer Institutionen haben?
3. Sind die Stabilitäten für diffuse Unterstützungsformen tatsächlich höher als für spezifische Unterstützung?
4. Mit welchen empirischen Indikatoren (Skalen, Meßinstrumenten) kann gültig zwischen Outputzufriedenheit, Vertrauen und Legitimität von Regime und politischen Akteuren unterschieden werden?
5. Von zentraler Bedeutung für die Entstehung von Systemlegitimität ist der Prozeß der Generalisierung von Zufriedenheiten mit den alltäglichen Leistungen von Parteien, Politikern und Parlamenten. Wie lange muß ein Wähler aus diesen Leistungen Nutzen gezogen haben, bis er das System auch unabhängig von seinen Leistungen unterstützt, d. h. auch bei kurzfristigen Verlustzuweisungen seine diffuse Unterstützung nicht entzieht? Umge-

kehrt ist zu fragen, wie lange und wie nachhaltig eine Enttäuschung von Nutzenerwartungen sein muß, um den Vorrat an diffuser Systemunterstützung abzubauen.

6. Eine weitere Frage bezieht sich auf die Differenzierung zwischen Legitimität und Vertrauen. Hat bei unverändert hohen materiellen Systemleistungen die Enttäuschung moralischer bzw. wertbezogener Erwartungen ein so großes Gewicht, daß sie zum Entzug der diffusen Unterstützung führen kann?
7. Ein letztes, bisher ausgesprochen strittig diskutiertes Problem besteht darin, inwieweit die Enttäuschung moralischer oder wertbezogener Erwartungen tatsächlich unabhängig gesehen werden kann von der Enttäuschung materieller Erwartungen oder ob die neue, wertbezogene Legitimationsfrage nicht erst durch die Enttäuschung materieller Erwartungen politische Bedeutung gewinnt.

3. Das Problem der Messung von Systemakzeptanz

Zur Messung der verschiedenen Unterstützungselemente hat es in der Vergangenheit eine Reihe von Vorschlägen gegeben. Eine der umfassendsten Systematisierungen, die am theoretischen Bezugsrahmen Eastons orientiert ist und im Rahmen der Political Action Studie[5] in mehreren westlichen Demokratien vergleichend erhoben wurde, ist von Fuchs[6] vorgelegt worden. Die Zusammenstellung der Indikatoren, mit denen die verschiedenen Elemente politischer Unterstützung gemessen wurden, sowie der Prozentsatz der positiven Antworten auf diese Fragen findet sich in Tabelle 1. Aus diesen Verteilungen wird deutlich, daß die Legitimitätsüberzeugungen des politischen Systems (Regimes) in der Bevölkerung breit verankert sind. Das Regime halten 87,5 % für gerecht und fair, und 91,7 % meinen, daß es die grundlegenden Freiheiten der Bürger schützt.

5 Vgl. S. H. Barnes/M. Kaase u. a., Political Action. Mass Participation in Five Western Democracies, Beverly Hills 1979.

6 D. Fuchs, Die Unterstützung des politischen Systems der Bundesrepublik Deutschland, Opladen (im Erscheinen).

Tabelle 1:
Indikatoren Politischer Unterstützung in der Bundesrepublik Deutschland (1980)

	Positive Antworten
I. Legitimität des Regimes	
1. *Gerecht und fair.* Das politische System der Bundesrepublik ist gerecht und fair.	87,5 %
2. *Freiheiten.* Unser politisches System schützt die grundlegenden Freiheiten der Bürger.	91,7 %
3. *Sympathie.* Wie sympathisch oder unsympathisch ist Ihnen die Art des politischen Systems, das wir in Deutschland haben?	80,5 %
II. Legitimität der Regierung	
1. *Gerecht und fair.* Die gegenwärtige Bundesregierung verhält sich gerecht und fair.	84,1 %
2. *Freiheiten.* Die gegenwärtige Bundesregierung schützt die grundlegenden Freiheiten der Bürger.	89,5 %
3. *Sympathie.* Wie sympathisch oder unsympathisch ist Ihnen die jetzige Bundesregierung?	65,2 %
III. Effektivität des Regimes	
1. *Zum Wohle aller.* Würden Sie sagen, daß die Bundesrepublik nur zum Besten einiger weniger Interessengruppen regiert wird, oder würden Sie sagen, daß die Bundesrepublik zum Wohle aller Bevölkerungsgruppen regiert wird?	82,7 %
2. *Vertrauen.* Wie sehr vertrauen Sie darauf, daß eine deutsche Bundesregierung so handelt, wie sie es eigentlich sollte?	69,4 %
3. *Staatsleistungen.* Wie gut ist der Staat bisher mit dem Problem . . . (Mittelwert aus verschiedenen Problemen) fertig geworden?	47,4 %
IV. Sympathie administrativer Autoritäten	
1. *Polizei.* Wie sympathisch oder unsympathisch ist Ihnen die Polizei?	65,2 %
2. *Beamte.* Wie sympathisch oder unsympathisch sind Ihnen die Beamten?	43,5 %
3. *Gerichte.* Wie sympathisch oder unsympathisch sind Ihnen die Gerichte?	57,1 %
V. Reaktionsbereitschaft politischer Akteure	
1. *Desinteresse.* Ich glaube nicht, daß sich die Politiker viel darum kümmern, was Leute wie ich denken.	42,2 %
2. *Kontaktverlust.* Im allgemeinen verlieren die Abgeordneten im Bundestag ziemlich schnell den Kontakt mit dem Volk.	24,4 %[1]
3. *Nur Stimmen.* Die Parteien wollen nur die Stimmen der Wähler. Die Ansichten interessieren sie nicht.	47,2 %

1 Daten aus dem Panel der Political Action Studie 1974–1980, alles andere sind Querschnitte 1980.

* Zusammengestellt aus verschiedenen Tabellen bei D. Fuchs, Die Unterstützung des politischen Systems, a. a. O.

Sofern man gegenüber politischen Institutionen Sympathie entwickeln kann, tun das 80,5 % der Bevölkerung. Wie man aus der Unterstützungshierarchie Eastons ableiten kann, ist die Legitimität der Regierung etwas weniger deutlich ausgeprägt. Dennoch fallen die vergleichbaren Einschätzungen mit 84,1 % und 89,5 % noch ausgesprochen hoch aus. Geht man in der Hierarchie politischer Unterstützung etwas weiter nach unten, d. h. geht man von politischen Strukturen zu politischen Prozessen und den Akteuren, die sie tragen, so nehmen die Unterstützungswerte deutlich ab. Nur noch mittlere Unterstützung wird der Exekutive zuteil, am stärksten sehen sich Politiker und Abgeordnete der Kritik ausgesetzt.
Aus diesen und vergleichbaren Analysen[7] läßt sich ableiten, daß die Akzeptanz politischer Institutionen abhängt von ihrer Politiknähe: Je näher eine politische Institution am politischen Prozeß, um so größer die Akzeptanzprobleme und um so geringer die Stabilität der Akzeptanz im Zeitablauf. In offenen demokratischen Systemen ist diese Hierarchie politischer Unterstützung durchaus erwünscht. Das Vertrauen in politische Spielregeln und Institutionen und ein natürliches Mißtrauen gegenüber Parteien und Vertretern von Interessengruppen stellen das geeignete Anreizsystem für die Parteien um die Stimmen der Wähler dar. Es ermöglicht den Regierungswechsel bei Stabilität der politischen Institutionen. Die Voraussetzung dafür ist allerdings, daß Wähler in ihrer Bewertung tatsächlich zwischen den Akteuren und den Grundstrukturen des Systems unterscheiden können. Nur so ist gewährleistet, daß sich negative Bewertungen der Regierungsleistungen oder auch der Parteien unmittelbar auf die Bewertung des politischen Systems auswirken.
Daß die Wähler in der Bundesrepublik tatsächlich zwischen den verschiedenen Objekten politischer Unterstützung unterscheiden könnten, ist in verschiedenen faktoranalytischen Untersuchungen nachgewiesen worden. So konnten Bürklin, Fuchs und Gabriel über die Analyse jeweils verschiedener Umfragestudien nachweisen[8], daß

7 Etwa W. P. Bürklin, Grüne Politik. Ideologische Zyklen, Wähler und Parteiensystem, Opladen 1984, S. 108 ff.

8 Ebenda; außerdem D. Fuchs, Dimensionen politischer Unterstützung, in: H.-D. Klingemann u. M. Kaase (Hrsg.), Politische Psychologie, Opladen 1981, S. 208–225, und ders., Die Unterstützung des politischen Systems, a. a. O., sowie O. W. Gabriel, Regierungswechsel und politische Unterstützung. Eine empirische Analyse der Implikationen des Parteienwettbewerbs für die Struktur politischer Unterstützung in der Demokratie am Beispiel der Bundesrepublik Deutschland in den Jahren 1980–1982, in: PVS 1988 (im Erscheinen).

die Bewertung politischer Objekte vom Wähler auf unterschiedlichen Dimensionen vorgenommen wird und daß die positive oder negative Bewertung auf einer Dimension (etwa Parteien) nicht notwendigerweise zur gleichgerichteten Bewertung auf einer anderen Dimension (z. B. die Verfassung) führen muß. Es entspricht dem Prozeß der Generalisierung politischer Unterstützung über die Erfahrung mittelfristigen Nutzens, daß die Dimensionen politischer Unterstützung im statistischen Sinne nicht völlig unabhängig voneinander sind. Für die in diesem Zusammenhang entscheidende Frage, über welche Faktoren (materiell oder wertbezogen) und mit welcher Zeitverzögerung die Generalisierung von politischer Unterstützung stattfindet, liegen bisher nur indirekt geprüfte Modelle[9] oder Modelle über einen kurzen Zeitraum vor[10].
Mit seiner Zeitreihenanalyse über das Jahrzehnt 1976–1987 konnte Fuchs auf den ausgeprägten Zusammenhang zwischen der Zufriedenheit mit der Demokratie in der Bundesrepublik und der Wahrnehmung der allgemeinen wirtschaftlichen Verhältnisse hinweisen. Aus dieser Analyse geht weiter hervor, daß die als verschlechtert eingestufte wirtschaftliche Lage sich mit einer gewissen Zeitverzögerung in einer ebenfalls schlechteren Einschätzung der allgemeinen politischen Lage niederschlägt und daß diese Einschätzung mit erneuter Zeitverzögerung zu einer Verringerung der Demokratiezufriedenheit führt.[11] Zwar läßt sich aus diesen Aggregatdaten nicht ableiten, ob die Personen, die die wirtschaftliche Lage schlechter einschätzen, tatsächlich identisch sind mit denen, die auch weniger mit der Demokratie zufrieden sind, dennoch ist dieser Schluß von der Aggregat- auf die Individualebene nicht unplausibel.
Einen empirischen Test der Frage, ob sich nach einem Regierungswechsel die Einstellung der Wählerschaft zum politischen System ändert, hat kürzlich Gabriel vorgelegt. Vor dem Hintergrund der empirischen Erfahrungen, daß Wähler in mehreren zeitpunktbezogenen Untersuchungen deutlich zwischen Partei-, Regierungs- und Systemunterstützung unterscheiden können, untersuchte Gabriel die Frage, ob bei einem Regierungswechsel die Anhänger der früheren Regierungspartei dem politischen System weiterhin Unterstüt-

9 Beispielsweise D. Fuchs, Trends politischer Unterstützung in der Bundesrepublik, in: D. Berg-Schlosser u. J. Schissler (Hrsg.), Politische Kultur in Deutschland, Opladen 1987, S. 357–377.
10 So Gabriel, Regierungswechsel, a. a. O.
11 Fuchs, Trends, a. a. O., S. 366.

zung gewähren oder ob mit dem Wandel zur Oppositionspartei auch ein Umschwung in den Systemorientierungen verknüpft ist. Das Ergebnis dieser Analyse kann als Bestätigung des Eastonschen Bezugsrahmens politischer Unterstützung gedeutet werden, da trotz einer offenkundigen Änderung der vormals positiven Einstellung der SPD-Anhänger zur Regierung in der Zeit zwischen 1980 und 1982 ein Überschwappen verringerter Regierungsunterstützung in den Bereich der Systemunterstützung nicht stattgefunden hat. Die Veränderung der allgemeinen Unzufriedenheit nach 1980 bestand in einer Partei-, nicht aber einer Systemunzufriedenheit. Es entspricht daher am ehesten der empirischen Realität, trotz der parteipolitischen Krisen der jüngsten Vergangenheit, statt von einer generellen Akzeptanzkrise von einer Vertrauenskrise der Parteien und Politiker zu sprechen.[12]

4. Demokratiezufriedenheit in der Bundesrepublik im Zeitvergleich

Ein regelmäßig verwendeter und erhobener Indikator zur Messung diffuser Systemunterstützung ist die Frage nach der Demokratiezufriedenheit: »Was würden Sie allgemein zu der Demokratie in der Bundesrepublik Deutschland, d. h. zu unseren Parteien und zu unserem ganzen politischen System sagen? Sind Sie damit sehr zufrieden, eher zufrieden, eher unzufrieden oder sehr unzufrieden?« Dieser Indikator mißt trotz seiner parteipolitischen Konfundierung auf der Dimension der allgemeinen Systemakzeptanz. Er wird in dieser Form in der Bundesrepublik seit 1976 regelmäßig erhoben, und zwar sowohl von der Forschungsgruppe Wahlen als auch von der Europäischen Kommission im Rahmen der sogenannten Eurobarometer-Umfragen, die in allen Mitgliedsländern der Europäischen Gemeinschaft durchgeführt werden. Auf die Daten letzterer Studien, die vom Zentralarchiv für Empirische Sozialforschung an der Universität Köln der interessierten akademischen Öffentlichkeit zur Verfügung gestellt werden, soll in der folgenden Analyse Bezug genommen werden.[13]

12 So auch E. Benda, Akzeptanz als Bedingung demokratischer Legitimität? Schriftenreihe des Walther-Schücking-Kollegs, H. 8, Bonn 1988.

13 Für die kurzfristige Zurverfügungstellung der Daten der neueren Eurobarometer-Studien (Nr. 21–27) danke ich Dr. Hermann Schmitt vom Zentrum für Europäische Umfrageanalysen und Studien (ZEUS) an der Universität Mannheim.

Eine zusammenfassende Darstellung der Demokratiezufriedenheit in der Bundesrepublik für den Zeitraum zwischen 1976 und 1987[14] findet sich in Abb. 2. Aus dieser Abbildung wird unmittelbar das generell hohe Maß der Demokratiezufriedenheit deutlich. Die überwiegende Mehrheit der Bevölkerung ist mit dem politischen System sehr oder ziemlich zufrieden. Über den gesamten Zeitraum betrachtet, fällt der bereits angesprochene leichte Rückgang der Demokratiezufriedenheit nach 1980 auf.

Abb.2: Demokratiezufriedenheit in der Bundesrepublik Deutschland, 1976-1987

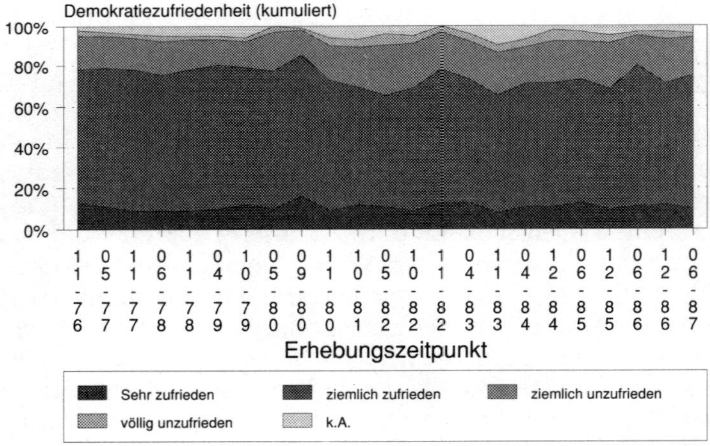

Quelle: Eurobarometer, Nr. 6-27

14 Die Ausdehnung der systematischen empirischen Analyse auf den Zeitraum vor 1976 wird erschwert durch die mangelnde Verfügbarkeit vergleichbarer Daten. Für die Diskussion verschiedener Indikatoren zur näherungsweisen Bestimmung der Systemzufriedenheit siehe K. Baker, R. J. Dalton, K. Hildebrandt, Germany Transformed, Cambridge 1981; R. J. Dalton, Citizen Politics in Western Democracies, Chatham 1988; S. Schüttemeyer, Bundestag und Bürger im Spiegel der Demoskopie. Eine Sekundäranalyse zur Parlamentarismusperzeption in der Bundesrepublik, Wiesbaden 1986; E. Noelle-Neumann u. E. Piel (Hrsg.), Allensbacher Jahrbuch der Demoskopie, 1978–1983, München 1984.

Für die Interpretation des Erholungseffektes, der sich aus der nach 1982 wieder verbesserten Einschätzung der wirtschaftlichen Lage ergibt, ist beachtenswert, daß bei einer generellen Erholung der Systemakzeptanz die früher sehr hohen Werte nicht mehr ganz erreicht worden sind.[15]
Aus dieser Zeitreihe kann man in Kenntnis der in jüngster Zeit wieder gestiegenen wirtschaftlichen Zukunftsaussichten ableiten, daß nach einer Serie von wiederholten positiven Erfahrungen ein neuer Prozeß der Generalisierung politischer Unterstützung einsetzt und damit die Systemakzeptanz auf frühere oder gar noch höhere Werte ansteigen läßt. Diese Hypothese basiert allerdings auf der Gültigkeit zweier theoretischer Annahmen, daß nämlich erstens die Systemakzeptanz überwiegend materielle statt wertbezogene Ursachen hat und daß zweitens die Unzufriedenheit mit der Demokratie im Parteiensystem politisch in vergleichbarer Form vermittelt ist wie in der früheren Periode. Wie im folgenden gezeigt werden kann, sind beide Annahmen jedoch nicht realistisch. Zum ersten hat die Unzufriedenheit mit der Demokratie eine deutlich wertbezogene Komponente, zum zweiten findet die Aggregation der demokratischen Unzufriedenheit zunehmend außerhalb der etablierten Interessenvermittlung statt und kann sich daher auch im positiven Falle nicht auf die Erhöhung der Akzeptanz etablierter Institutionen beziehen. Von diesen Effekten sind am stärksten die Träger der »neuen« Wertorientierungen betroffen.

5. Die politische Vermittlung der Unzufriedenheit mit der Demokratie

Aus einer ständig größer werdenden Zahl von Untersuchungen zu den politischen Einstellungen Jugendlicher ist bekannt, daß die Bereitschaft zur Kritik von Parteien, Politikern und politischen Institutionen unter Jugendlichen mit höherer Bildung am ausgeprägtesten ist.[16] Besonders ausgeprägt ist diese Kritikbereitschaft bei dem Teil

15 Analysiert man die Zeitreihen der Forschungsgruppe Wahlen, die z. B. bei Fuchs, Trends, a. a. O., S. 364, wiedergegeben sind, ist sowohl der Rückgang der Demokratiezufriedenheit als auch deren anschließende Erholung erheblich stärker ausgeprägt.

16 Vgl. W. P. Bürklin, Links und/oder demokratisch? Dimensionen studentischen Demokratieverständnisses, in: PVS, H. 3, 1980, S. 220–247; ders., Grüne Politik,

der jungen Bildungsklasse, die über nichtmaterielle Politikpräferenzen verfügt, in der Terminologie von Inglehart[17] die »Postmaterialisten«[18]. Der Zusammenhang zwischen Demokratiezufriedenheit und politischen Wertorientierungen ist in Abb. 3 wiedergegeben.

Abb.3: Politische Wertorientierungen und Demokratiezufriedenheit in der Bundesrepublik, 1976-1987

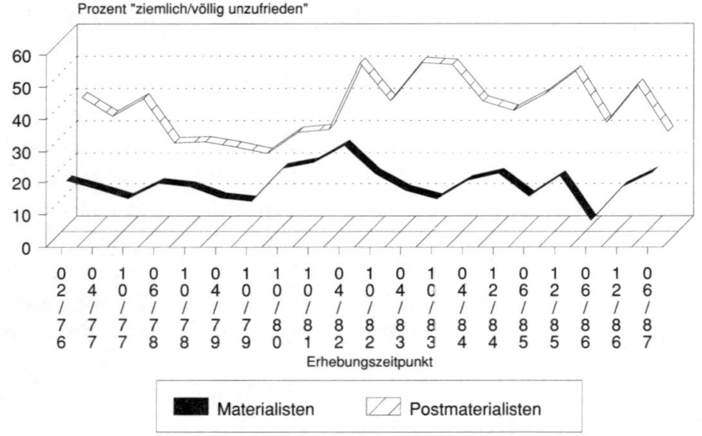

Quelle: Eurobarometer, Nr. 6-27

a. a. O., und zusammenfassend W. Jaide, Wie vollzieht sich Wertewandel?, in: Jugendforum. Fachzeitschrift für Praxis, Wissenschaft und Politik der Jugendhilfe in Schleswig-Holstein, Nr. 5, 1988, S. 129–141.

17 R. Inglehart, The Silent Revolution: Changing Values and Political Styles Among Western Publics, Princeton 1977.

18 Als Postmaterialist ist bei Inglehart definiert, wer bei einer Rangordnung politischer Präferenzen im Interview die als postmaterialistisch definierten Ziele »Schutz der freien Meinungsäußerung« und »verstärktes Mitspracherecht der Bevölkerung bei wichtigen Regierungsentscheidungen« vor die als materiell bezeichneten Ziele »Aufrechterhaltung von Sicherheit und Ordnung« und »Kampf gegen Preissteigerungen« einordnet. Als Materialist gilt entsprechend, wer den materiellen Zielen Priorität einräumt. Gegen diese Messung politischer Wertorientierungen ist wiederholt und nachhaltig Kritik geübt worden (vgl. u. a. Bürklin, Grüne Politik, a. a. O., S. 136 ff.), in Ermangelung eines anderen Indikators jedoch, der über eine vergleichbar lange Periode kontinuierlich erhoben wurde, wird diese Skala trotz aller Vorbehalte auch der folgenden Analyse zugrunde gelegt.

Über den gesamten Beobachtungszeitraum war der Anteil der Unzufriedenheit mit der Demokratie in der Gruppe der Postmaterialisten stets höher als in der Gruppe der Materialisten.[19] Am deutlichsten ausgeprägt sind diese Differenzen seit dem Regierungswechsel 1982. So war etwa 1983 über die Hälfte der Postmaterialisten mit der Demokratie in der Bundesrepublik unzufrieden, während in der eher materiell eingestellten Bevölkerung mit dem Regierungswechsel die Demokratiezufriedenheit wieder nachhaltig anstieg.
Aus diesen Verteilungen wird deutlich, daß die geringere Systemakzeptanz in der Zeit nach 1981 vor allem auf die Unzufriedenheit der nicht materiell eingestellten Bevölkerung zurückzuführen ist.
Diese Entwicklung wird verstärkt durch die Tatsache, daß seit dem Auftauchen der Grünen ein ständig zunehmender Teil der neuen

Abb.4: Wahlabsicht von Postmaterialisten in der Bundesrepublik, 1976-1987

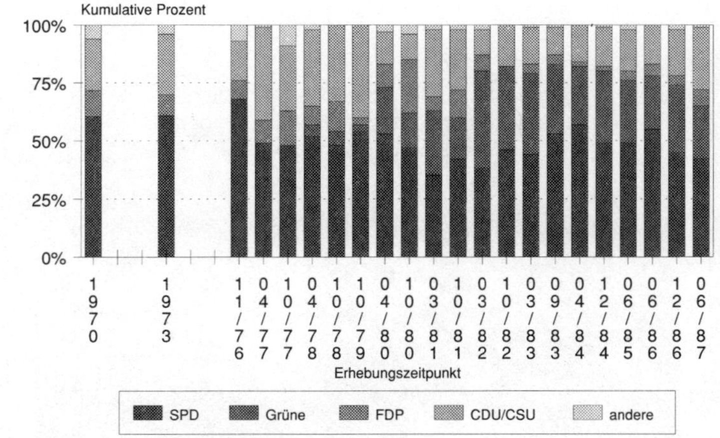

Quelle: European Community Study 1970, Eurobarometer, 1973 und Nr. 6-27

19 Vgl. auch Fuchs, Trends, a. a. O., S. 373, der wie Bürklin, Grüne Politik, a. a. O., S. 176 ff. zwischen linken und rechten Postmaterialisten unterscheidet und bei linken Postmaterialisten (»linken Idealisten«) die am geringsten ausgeprägte Systemakzeptanz vorfindet.

Wertetypen nicht mehr, wie früher, der SPD politisch nahesteht, sondern der dezidiert oppositionellen, nichtetablierten Partei der Grünen. Fühlten sich bis 1976 etwa 70 % der Postmaterialisten von den Regierungsparteien SPD und FDP vertreten, so nahm in der Folgezeit dieser Prozentsatz stetig ab, um in der Regierungszeit von Helmut Schmidt teilweise bis auf die Hälfte der früheren Werte (35 %) zu sinken. In dieser Phase sahen sich zwei etwa gleich große Teile der neuen Wertetypen von den Grünen und der SPD politisch repräsentiert. Ein Großteil der neuen Wertetypen wechselte damit in seiner politischen Zuordnung von der etablierten Regierungspartei zur nichtetablierten Oppositionspartei mit allen Konsequenzen für die fortan verringerten Chancen der organisatorischen Vermittlung ihrer materiellen und ideellen Regierungserwartungen.
Daß dieses Aggregationsproblem nicht nur auf die neuen Wertetypen beschränkt blieb, sondern daß die gesamte Gruppe der mit der Demokratie in der Bundesrepublik Unzufriedenen zunehmend außerhalb der etablierten Organisationen der Politikvermittlung angesiedelt ist, geht aus Abb. 5 hervor. In dieser Abbildung sind die

Abb.5: Der politische Standort systemunzufriedener Wähler in der Bundesrepublik, 1976-1987

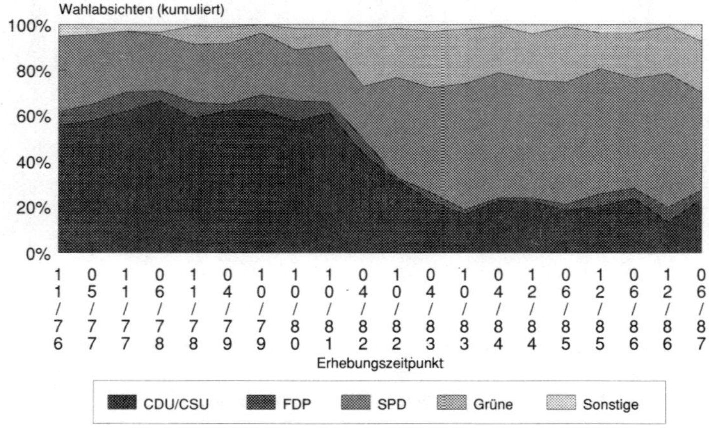

Quelle: Eurobarometer, Nr. 6-27

Wahlabsichten der mit der Demokratie Unzufriedenen von 1976 bis 1987 abgetragen.

Der augenfälligste, in der Natur der Sache liegende Effekt besteht darin, daß die CDU-Anteile in der Gruppe der Unzufriedenen nach dem Regierungswechsel abnehmen. Die verbleibende politische Unzufriedenheit fließt nach 1982 zwar zu einem größeren Teil ins Lager der etablierten Opposition, der SPD, rund 20 % dieser Gruppe befinden sich aber seit 1982 unverändert im Lager der nicht etablierten Opposition der Grünen. Diese Verteilung kennzeichnet die Spaltung der politischen Opposition, insbesondere der politischen Linken in der Bundesrepublik in ein etabliertes und nicht etabliertes Lager. Dies hat zur Folge, daß die vor allem ideologisch begründete Unzufriedenheit mit der Demokratie am System etablierter Interessenvermittlung vorbeigeleitet wird und in eine individualistisch/staatsablehnende Partei, die Grünen, einfließt. Über diese Form der politischen Interessenaggregation ist eine Erholung der diffusen politischen Unterstützung weniger wahrscheinlich. Die wichtigste Ursache dafür ist im Staatsverständnis der Grünen zu sehen, das in deutlichem Gegensatz zu den politischen Ordnungsvorstellungen der etablierten Parteien steht. Jene anerkennen die Notwendigkeit eines starken Nationalstaates, fordern Maßnahmen zur Erhaltung und Erhöhung der inneren und äußeren Sicherheit, d. h. erkennen die Existenz von Polizei und Bundeswehr an, verweisen auf den Zusammenhang der wirtschaftlichen und militärischen Integration Europas mit der wirtschaftlichen und militärischen Stärke der Bundesrepublik in der Welt. In der Verteilungsfrage schließlich, dem zentralen politischen Konflikt, sprechen sie sich für die vorrangige Geltung des wirtschaftlichen Leistungsprinzips für die Zuteilung von Lebenschancen aus.

Demgegenüber betonen die Grünen in basisdemokratischer Orientierung den Schutz des Individuums, der nach ihrer Auffassung nur über einen ausgeprägt schwachen Staat, sowohl in der Innen- als auch der Außenpolitik, realisiert werden kann. Ihrer Vorstellung vom schwachen Staat und einer auf die Befriedigung der Grundbedürfnisse reduzierten Wirtschaft entspricht die Forderung nach machtpolitischem Neutralismus, ihrer Ablehnung des Leistungsprinzips entspricht ihre Vorstellung vom umfassenden Ausbau des Sozialstaates. In diesem Zusammenhang kann nicht auf die verschiedenen Denkrichtungen innerhalb der Grünen eingegangen werden, genausowenig auf die Widersprüche, die sich daraus ergeben, daß der überwölbende Sozialstaatsanspruch in diametralem Widerspruch steht zur Forderung nach individuellen Freiheitsrechten und einem Zurückdrängen staatlicher Institutionen. Viel bedeutsamer ist, daß diese Konflikte innerhalb der Grünen nicht ausgetragen werden.[20] Die Machtfrage, d. h. die Lösung des Konflikts zwischen etablierten politischen und wirtschaftlichen Interessen und dem Individuum um die politische Vorherrschaft, wird in diesem Kontext nicht problemlösend diskutiert, sondern vertagt. Entsprechend ist die Wahrscheinlichkeit dafür, daß die Grünen eine alternative ordnungspolitische Konzeption entwickeln können, relativ gering. Das hat seine wesentliche Ursache darin, daß die politische Unzufriedenheit, die von den Grünen kanalisiert wird, vorrangig im Zusammenhang mit Ansprüchen an das politische System, nicht aber den Pflichten gegenüber der politischen Gemeinschaft vermittelt wird. Die Entwicklung eines realistischen Staatsverständnisses wird durch dieses Versäumnis der politischen Elite der Grünen erheblich erschwert.

7. Ursachen von Systemkritik und die Chancen ihrer politischen Verarbeitung

Zur Erklärung der Veränderung und Entstehung von Systemakzeptanz sind im letzten Jahrzehnt zwei generalisierte Erklärungsansätze zunehmend alternativ diskutiert worden, die Wohlstands- und die Defizithypothese.
Die Wohlstandshypothese, die in der letzten Zeit an Bedeutung gewonnen hat, kann im Kontext der auch von Easton vorgeschlagenen Differenzierung in materielle und moralisch-wertbezogene Quellen politischer Unterstützung gesehen werden und bezieht sich vornehmlich auf den wertbezogenen Aspekt (s. oben). Ausgehend von der Erkenntnis, daß in der letzten Dekade in der Bundesrepublik das Ausmaß der politischen Unterstützung in der jungen, hochgebildeten Bevölkerung mit nichtmaterieller Politikorientierung am geringsten ausgeprägt war, liegt es nahe, diese Entwicklung mit der Wert-

20 Vgl. zur Programmatik der Grünen z. B. O. V. »Nicht links – nicht rechts?, über die Zukunft der Grünen«, mit Beiträgen von Wolfgang Abendroth u. a., Hamburg 1983; in kritischer Auseinandersetzung G. Schrüfer, Die Grünen im Deutschen Bundestag. Anspruch und Wirklichkeit, Nürnberg 1985; sowie die Beiträge in M. Langner (Hrsg.), 1987, Die Grünen auf dem Prüfstand. Analyse einer Partei, Bonn.

wandeltheorie von Inglehart zu erklären. In seiner theoretischen Sichtweise ist der postindustrielle Wertewandel vor allem ein Produkt des gestiegenen Wohlstands und der materiellen Sättigung eines immer größeren Teils der Bevölkerung. Durch jede weitere Erhöhung des materiellen Wohlfahrtsniveaus sinkt der individuelle Grenznutzen für materielle Güter, während gleichzeitig noch nicht hinreichend befriedigte nichtmaterielle Güter an Wert gewinnen (Gossensches Gesetz). Da Inglehart annimmt, daß diese Bedürfnisprioritäten, die sich in der Zeit nach dem Zweiten Weltkrieg nachhaltig verändert haben[21], individuell in der frühen Jugend festgeschrieben und dann über das weitere Leben persistent bleiben (Sozialisationsthese), kommt er zu einer generationalen Deutung des Wertewandels. Über die in der jungen Bevölkerung mehrheitlich vertretene nichtmaterielle Politikorientierung würde nach seiner Prognose nach Ablauf einiger Jahrzehnte eine postmaterielle Bevölkerungsmehrheit entstehen. Auf dem Hintergrund der ausgeprägt kritischen Einstellung der Postmaterialisten läßt sich aus dieser Theorie ein ausgesprochen negatives Szenario der Unterstützung des politischen Systems in nachindustriellen Gesellschaften ableiten. Noch problematischer erscheint jedoch die in der Wohlstandsthese angenommene automatische Politikfalle: Je erfolgreicher Parteien und Politiker mit ihren wirtschaftspolitischen Programmen sein würden, um so geringer wäre in Zukunft das Maß der politischen Unterstützung, das sie daraus ableiten könnten.
Gegen diese Wohlstandsthese läßt sich eine Reihe von theoretischen und empirischen Kritikpunkten vortragen.[22] So ist z. B. durchaus plausibel, daß eine Person sowohl materielle als auch nicht materielle Ziele gleichzeitig verfolgt oder auch ihre Orientierung mit zunehmendem Alter ändert (Lebenszykluseffekt). Der wichtigste Einwand gegen die Wohlstandsthese besteht allerdings darin, daß sie den empirisch feststellbaren Belohnungs- und Bestrafungseffekt politischer Unterstützung[23] geradezu ins Gegenteil verkehrt. Die Inglehartsche Theorie ist in diesem Aspekt ebenfalls inkonsistent zur Theorie Eastons, wonach sich die Unterstützung politischer Autoritäten und des politischen Systems erhöht, wenn sich die kurz- oder langfristigen Nutzenerwartungen tatsächlich einstellen.

21 Vgl. z. B. Baker u. a., Germany Transformed, a. a. O.
22 Ausführlich Bürklin, Grüne Politik, a. a. O.
23 Z. B. Westle, Zur Theorie, a. a. O.

Vor diesem Hintergrund ist es theoretisch plausibler, zur Erklärung des Ausmaßes politischer Unterstützung sowie des Wandels im oppositionellen Gehalt postmaterieller Wertorientierungen von einer Defizit- bzw. Deprivationsthese auszugehen. Danach kommt es zum Entzug politischer Unterstützung nur dann, wenn die Erwartungen an die politischen Akteure bzw. an das politische System nicht erfüllt werden und diese Deprivation so nachhaltig ist, daß sie zur Generalisierung einer (negativen) Nutzenerwartung führen kann. In dieser Systematik können Deprivationen dadurch entstehen, daß entweder die Erwartungen an das System bei gleichbleibenden Leistungen steigen oder bei gleichgebliebenen Erwartungen die Systemleistungen sinken. Bewertungsgrundlage können sowohl materielle als auch ideelle Systemleistungen sein.
Legt man diese analytische Differenzierung zugrunde und vergleicht die Erwartungen an das politische System mit den tatsächlich erbrachten Leistungen, so läßt sich für das letzte Jahrzehnt ein Kosten-Nutzen-Szenario herleiten, in dem sich vor allem die junge, hochgebildete und nicht materiell orientierte Bevölkerung materiell, ideell und strukturell depriviert fühlen konnte:

7.1. Materielle Systemleistungen

Die Struktur der materiellen Erwartungen in den siebziger Jahren war geprägt durch den wirtschaftlichen Aufschwung Nachkriegsdeutschlands. Hohe Wachstumsraten der Einkommen bei annähernder Vollbeschäftigung waren die Grundlage für eine entsprechend positive Zukunftserwartung. Da bei der damals noch existierenden Koppelung zwischen Bildungswesen und Arbeitsmarkt ein höherer Bildungsabschluß fast automatisch mit einem höheren Berufseinkommen und Sozialstatus verbunden war, führte die Reform des Bildungswesens, verbunden mit der Kapazitätsausweitung der Hochschulen (»schickt eure Kinder länger zur Schule!«) zu einer Erhöhung der Statuserwartung einer Serie von Schülerjahrgängen. Dieser Erwartungsanspruch erhöhte sich überproportional dadurch, daß Mitte der siebziger Jahre die geburtenstarken Jahrgänge in das Schul- und Ausbildungssystem drängten. Aus dem Babyberg wurde so ein Akademikerberg, der bis Mitte der siebziger Jahre einen sicheren und gut dotierten Arbeitsplatz im durch die Bildungsreform stark ausgeweiteten öffentlichen Dienst erwarten konnte; noch 1978 waren das 80 % aller Hochschulabsolventen.

Diesem quantitativ und qualitativ gestiegenen Arbeitsangebot stand eine wirtschaftliche Entwicklung gegenüber, die durch die weltweiten Ölpreiskrisen von 1974 und 1979 in ihrer Leistungsfähigkeit stark eingeschränkt war. Bei negativem Wirtschaftswachstum ging die Arbeitsnachfrage der freien Wirtschaft zurück. Mit sinkenden Gewinnen sanken auch die Steuereinnahmen des Staates, mit denen die ausgeweiteten Staatsausgaben finanziert werden sollten. Entsprechend mußte die damalige Bundesregierung unter Helmut Schmidt einen Teil der ausgabewirksamen Reformprogramme zurücknehmen. Die öffentliche Hand konnte nicht nur die gesunkene Arbeitsnachfrage des privaten Bereiches nicht kompensieren, sondern mußte darüber hinaus besonders nach der zweiten Ölpreiskrise zeitweise einen völligen Einstellungsstopp verordnen. Damit war zwangsläufig die Enttäuschung der beruflichen Zukunftserwartungen ganzer Berufs- und Universitätsabschlußjahrgänge verbunden.

7.2. Ideelle Systemleistungen

Die finanziell notwendige Rücknahme der sozialdemokratischen Reformen hatte neben dem materiellen, arbeitsmarktpolitischen Aspekt aber auch eine zentrale ideelle Komponente. War vom damaligen Bundeskanzler Willy Brandt nach den Jahren des erfolgreichen wirtschaftlichen Wiederaufbaus eine Politik eingeleitet worden, die die politischen Prioritäten auf Lebensqualität, politische Beteiligung und Ausbau des Sozialstaates setzte, so war sein Nachfolger Helmut Schmidt wieder gezwungen, sich mit der härter gewordenen ökonomischen Realität auseinanderzusetzen. Im Gegensatz zu Brandt, der die Reformprogramme bei wachsender Wirtschaft durch eine Umverteilung der Zuwächse finanzieren konnte, stand Schmidt bei stagnierender und rückläufiger Wirtschaft vor dem konfliktreichen Problem der Umverteilung von Besitzständen. In dieser Situation setzten sich naturgemäß die wirtschaftlich starken Interessen, die auf die ökonomischen Sachzwänge pochen konnten, durch. Dies brachte auch in der politischen Auseinandersetzung eine Veränderung der Programmatik, von der Priorität nichtmaterieller Ziele zurück zu wirtschaftspolitischem Pragmatismus mit sich. Damit verbunden war auch ein durchgreifendes Revirement in der Führung der Sozialdemokratischen Partei, so daß sich Ende der siebziger Jahre die auf Reformorientierung eingestimmte junge Akademikerschaft nicht nur materiell, sondern auch ideell nicht mehr von der Sozialdemokratischen Partei vertreten fühlte; eine Situation, in der in Eastons Begrifflichkeit ein Rückgang der Unterstützung auf der Vertrauens- wie auch auf der Legitimationsebene möglich wird.

7.3. Strukturelle Systemleistungen

Neben den von den politischen Eliten aktiv beeinflußten Faktoren kam in dieser Situation aber auch ein strukturelles Problem zum Tragen. Es besteht darin, daß in ökonomisch schwierigen Zeiten, in denen ökonomische Verlustzuweisungen unumgänglich werden, in linken Regierungsparteien der Konflikt zwischen der etablierten und nicht etablierten Linken manifest wird. Bei diesem Konflikt stehen sich die etablierte, in der Regel über die Gewerkschaften gut organisierte und daher durchsetzungsfähige Linke auf der einen und die sozial und wirtschaftlich schwache, weniger gut organisations- und konfliktfähige Linke auf der anderen gegenüber.[24] Eine weitere ideelle Deprivation auf der Legitimationsebene kann dadurch entstehen, daß die Vorstellungen von einer idealen Demokratie mit der demokratischen Realität nicht mehr übereinstimmen. Für die Nachkriegsgenerationen der Bundesrepublik lassen sich für diesen Zusammenhang *zwei institutionenbezogene Sozialisationseffekte* feststellen: ein primärer Sozialisationseffekt der Vermittlung von Informationen über die Funktionsweise eines demokratischen Systems, das entweder stark formalistisch oder durch den Bezug auf ein idealistisches Demokratiekonzept geprägt ist. Diskrepanzen zwischen dem Idealbild einer Demokratie und der demokratischen Realität können in diesem Zusammenhang dadurch auftauchen, daß sich die politischen Akteure durch Regelverstöße oder Unterlassungen von diesem Ideal entfernen; sie können aber auch dadurch entstehen, daß das demokratische Ideal zu realitätsfern formuliert ist, daß der demokratische Prozeß mit all seinen Verflechtungen selbst ohne bewußten Regelverstoß als Regelverletzung erscheinen muß. Damit kann über die Formulierung ideeller Konstrukte eine von den politischen Akteuren unabhängige Dynamik der Deprivation von Erwartungen in Gang gesetzt werden.

24 W. P. Bürklin, The Split Between Established and Non-Established Left. European Journal of Political Research, No. 13, 1985, S. 109–126.

Der zweite Sozialisationseffekt der Akzeptanz demokratischer Realitäten besteht darin, daß mit zunehmenden Lebens- bzw. Wahlerfahrungen eine ansteigende Akzeptanz der demokratischen Realität feststellbar ist. Es handelt sich hier um einen Lebenszykluseffekt der Akzeptanz demokratischer Realitäten, der erklären kann, warum die ältere Bevölkerung das politische System und die Autoritäten stärker unterstützt als die idealistisch eingestellte Jugend.

Ein weiterer, langfristig wirksamer struktureller Aspekt, der die Wahrscheinlichkeit der Deprivation schlecht organisations- und konfliktfähiger Interessen erhöht, liegt in der Organisationsstruktur hochindustrialisierter Demokratien. Diese Gesellschaften sind dominant über die Prinzipien und Formen traditioneller Konflikte organisiert, den Gewerkschaften, Arbeitgeber- und Industrieverbänden, den christlichen Kirchen und den vorgelagerten Organisationen im konfessionellen wie wirtschaftlichen Bereich. Diese politischen Spannungslinien fanden traditionell ihre Entsprechung im Bereich der politischen Parteien, die sich die politisch-parlamentarische Vertretung dieser Interessen zu eigen machten.

Parallel dazu ist der Prozeß der Individualisierung und Entstrukturierung politischer Loyalitäten zu sehen.[25] Immer größere Bevölkerungsteile treten aus den traditionellen Sozialbezügen und den vorgelagerten Organisationen heraus. Die traditionellen Sozialmilieus werden schwächer oder lösen sich auf, es entstehen neue, dazu alternative soziale Milieus.[26] Diese neuen Soziallagen sind bisher in traditionelle gemeinschaftliche Bezüge (Klassen, Konfessionen) und die sie tragenden gesellschaftlichen Werte und Ordnungsvorstellungen nur schwach eingebunden. In den politischen Parteien stehen ihnen die organisierten Mehrheiten, in den Gewerkschaften noch immer vornehmlich die Inhaber von Arbeitsplätzen gegenüber. In diesen traditionell verfestigten Organisationen sind entstrukturierte und individualisierte Interessen und Wertvorstellungen im Konfliktfall nur schwer artikulations- und aggregationsfähig, eine politische Konfliktkonstellation, die in anderem Zusammenhang als »neue soziale Frage« bezeichnet wurde.[27]

25 W. Zapf u. a., Individualisierung und Sicherheit, München 1987.

26 H. J. Veen u. P. Gluchowski, Sozialstrukturelle Nivellierung bei politischer Polarisierung – Wandlungen und Konstanten in den Wählerstrukturen der Parteien 1953–1987, in: Zparl, 19. Jg. 1988, H. 2.

27 Dazu H. Geißler, Verbände und neue soziale Frage, in: U. Alemann u. R. Heinze (Hrsg.), Verbände und Staat, Opladen 1979, S. 180–186.

7.4. Konsequenzen und Handlungsspielräume

In zusammenfassender Interpretation ergeben sich für die politischen Eliten der Bundesrepublik zur Mobilisierung politischer Unterstützung sowohl Begrenzungen als auch Erweiterungsmöglichkeiten ihrer Handlungsspielräume. Abgesehen von der kaum beeinflußbaren Weltkonjunktur besteht das Hauptinstrument zur Erhöhung der Systemleistungen in einer wachstumsorientierten Wirtschaftspolitik. Sie stellt die Grundlage dar für die Erhöhung materieller Systemleistungen. Im ideellen Bereich stellt die moralische Integrität der Politiker eine wichtige Quelle politischer Legitimität dar. Die Handlungsspielräume für programmatische und sozialpolitische Reformen finden jedoch ihre Begrenzung in ihrer von der wirtschaftlichen Lage abhängenden Finanzierbarkeit. Darin wird der hohe Stellenwert der Wirtschaftspolitik für die Akzeptanz des politischen Systems deutlich.

Im Hinblick auf die Diskrepanzen zwischen Demokratietheorie und demokratischer Realität ist die Frage zu stellen, inwieweit die Demokratietheorie – soweit sie überhaupt als einheitliches Konzept identifizierbar ist – zugunsten eines stärkeren Realitätsbezuges verändert werden muß oder darf. In jedem Fall sind jedoch größere Anstrengungen zur Entwicklung einer empirischen Demokratietheorie notwendig, um zwischen regelverletzenden und unvermeidbaren Abweichungen vom demokratischen Ideal unterscheiden zu können und zu realistischen Systemleistungserwartungen zu kommen: Wenn demokratische Normen ihre Bedeutung als verpflichtende Referenzkategorien behalten sollen, müssen die Politiker in die Lage versetzt werden, nicht nur am demokratischen Ideal zu scheitern, sondern dieses auch erfüllen zu können.

Es liegt in der Natur von Tarifauseinandersetzungen, daß sich Arbeitgeber und Arbeitnehmer kritisch und im Konfliktfall sogar ablehnend gegenüberstehen können. Um die staatlichen Instanzen aus diesen Verteilungskonflikten herauszuhalten, verweist das Grundgesetz auf die neutralitätsstiftende Wirkung der Tarifautonomie. Diese staatliche Neutralität läßt sich in öffentlichen Betrieben und Verwaltungen nicht herstellen. Politiker, Regierungen und Parlamente sind damit nicht nur Gegner bei Tarifauseinandersetzungen, sondern werden zunehmend zum Träger individueller Zukunftserwartungen. Diese Anspruchsdynamik und die Möglichkeit ihrer Enttäuschung und damit die Abnahme der Systemakzeptanz steigt

mit dem Umfang staatlicher Tätigkeit. Die Privatisierung staatlicher Aufgaben reduziert diese Konfliktmasse und ist daher ordnungspolitisch einer Ausweitung staatlicher Tätigkeit vorzuziehen.
Aus der Tatsache, daß a) eine große Mehrheit der Bevölkerung das höchste Maß an politischer Loyalität nicht gegenüber der »bedeutendsten« Regierungsebene, dem Bund, entwickelt, sondern gegenüber der Gemeinde bzw. dem Stadtteil[28], daß b) auch auf Gemeindeebene die Beteiligungsbereitschaft der Bevölkerung stark zugenommen hat[29] und daß c) auf dieser Ebene der Zusammenhang zwischen staatlichen Leistungen und individuellen Beiträgen für den Bürger noch nachvollziehbar ist, lassen sich eine Reihe von positiven Effekten für die Mobilisierung politischer Unterstützung ableiten. Wie Lane[30] argumentiert, wird in der Bevölkerung das Marktsystem im wirtschaftlichen Bereich deshalb eher als legitim angesehen als im politischen Bereich, weil die Kosten-Nutzen-Koppelung auf wirtschaftlichen Märkten unmittelbar und einsehbar ist. Die individuelle Einsicht zur Leistungspflicht entsteht auf wirtschaftlichen Märkten zwanglos, die Nutzenerwartungen sind realistischer und sind daher im Marktgleichgewicht. In dieser Perspektive sollte auch aus ordnungspolitischer Perspektive über die Dezentralisierung staatlicher Leistung und Verrechnung nach dem Subsidiaritätsprinzip nachgedacht werden.
Auf der Grundlage der Erkenntnis schließlich, daß der Wandel der Sozialstruktur zu einer weiteren Individualisierung und Entstrukturierung politischer Loyalitäten führen wird, entsteht auf mittlere Sicht die Notwendigkeit zur Änderung der Organisation sozialer Interessen zum Zweck der veränderten politischen Aggregation. Dies könnte dazu führen, daß – vergleichbar dem amerikanischen Lokalismus – die funktional-klassenspezifische Aggregation politischer Interessen ergänzt oder gar ersetzt werden könnte durch die stärkere Gewichtung regionaler oder lokaler Institutionen im Prozeß der politischen Willensbildung.

28 B. Westle, Zur Theorie, a. a. O.
29 Barnes/Kaase u. a., a. a. O.
30 R. E. Lane, Market Justice, Political Justice, in: American Political Science Review, Vol. 80, 1986, S. 383–402.

8. Zusammenfassung

Die Hauptlinien der hier vorgetragenen Analyse zum Status der Systemakzeptanz in der Bundesrepublik Deutschland lassen sich in drei Punkten zusammenfassen.

1. Die Zufriedenheit mit den demokratischen Institutionen in der Bundesrepublik ist sehr hoch ausgeprägt und relativ stabil. Differenziert nach den Objekten der politischen Unterstützung, stellt die vorhandene Unzufriedenheit, die seit 1981 leicht zugenommen hat, keine Akzeptanzkrise des politischen Systems, sondern eine Vertrauenskrise gegenüber Parteien und Politikern dar. Die Mehrheit der Bevölkerung unterstützt das System, kritisiert aber Regierung und Parteien. Daraus wird deutlich, daß das politische System der Bundesrepublik Deutschland nicht mehr nur eine »Schönwetterdemokratie« ist, sondern die Stürme der letzten Jahre ohne wesentliche Beschädigung der Akzeptanz der demokratischen Institutionen überstanden hat.
2. Seit Ende der siebziger Jahre liegt ein Schwerpunkt der politischen Unzufriedenheit in der Bevölkerungsgruppe mit nicht materiellen Politikprioritäten. Waren diese politischen Wertorientierungen in den frühen siebziger Jahren noch überwiegend über die damaligen Regierungsparteien vermittelt, so ist die Kritik an den demokratischen Institutionen heute weitgehend außerhalb des etablierten Parteien- und Verbändesystems angesiedelt und wird über die neuen politischen Eliten nur unzureichend und aus der Sicht der politischen Gemeinschaft nur unvollständig aggregiert. In der Konsequenz hat sich der Charakter der »neuen« Wertorientierungen geändert; sie haben in den letzten Jahren einen stärker oppositionellen Bezug.
3. Ein nicht unerheblicher Teil politischer Unzufriedenheit, besonders innerhalb der neuen Wertetypen, muß auf die unzureichende Aggregation politischer Interessen über die traditionellen Institutionen gesehen werden. Über eine Anpassung dieser Institutionen muß daher verstärkt nachgedacht werden.

Stefan Brauburger/Felix Ph. Lutz

Deutsche Fragen an die Politische Kultur: Ein Literaturbericht

Die deutsche Frage hat seit dem Ende der siebziger Jahre in der politischen Publizistik Konjunktur. Nicht mehr Streitigkeiten um den Grundlagenvertrag und die Frage der Anerkennung der DDR stehen – wie noch bis Mitte der siebziger Jahre – im Vordergrund der Beiträge, sondern vor allem Aspekte der Politischen Kultur in der Bundesrepublik Deutschland. Die deutsche Frage stellt sich zunehmend als Frage der Einstellungen und Wertorientierungen der Westdeutschen. Ihre Suche nach Identität in normativer und zugleich kollektiver Hinsicht macht die Brisanz der deutschen Frage heute aus. Ein breites Spektrum unterschiedlicher Denkrichtungen ist festzustellen. Auch Tendenzen eines neuen Nationalismus/Patriotismus, antiwestliche Affekte, Mittellagedenken, Ideen eines neuen deutschen Sonderwegs bzw. Sonderbewußtseins kommen in einer Vielfalt von Schriften zum Ausdruck. Besorgnisse im In- und Ausland wurden hervorgerufen. Sie bezogen sich vor allem auf die Frage, inwieweit das verstärkte Bestreben der Deutschen nach einer Neubestimmung ihres nationalen Standorts die bisherige Einbindung in die westliche Wertewelt die innen- und außenpolitische Westorientierung der Bundesrepublik in Frage stellen könnte. »Wohin gehen die Deutschen?« – diese Unsicherheit war vor allem bei den Partnern in der atlantischen Allianz, aber auch bei Befürwortern des innen- und außenpolitischen Status quo in der Bundesrepublik verstärkt zu vernehmen.
Bei der Erstellung einer Literaturstudie zum Thema »Politische Kultur und deutsche Frage« ist zunächst von zwei Quellentypen auszugehen, wobei der eine mehr primärer, der andere mehr sekundärer Natur ist. Einerseits kommen die Schriften derer in Betracht, die durch ihre Positionsbeschreibungen die Debatte zum Standort der Deutschen provoziert haben, andererseits die Beiträge, in denen diese Positionen einer wissenschaftlichen Analyse und Kritik unterzogen werden.

Die vorliegende Literaturstudie orientiert sich vornehmlich am letztgenannten Typus. Als Kriterien der Literaturauswertung sind verschiedene thematische Aspekte, die der übergeordneten Themenstellung »Politische Kultur und deutsche Frage« zugeordnet werden können, ausgewählt worden. Die Gliederung erfolgt anhand bestimmter Schlagworte, die der aktuellen Diskussion zur deutschen Frage entnommen sind und auch dem thematischen Aufbau des vorliegenden Sammelbandes weitgehend entsprechen. Der Literaturbericht konzentriert sich aus Platzgründen auf die aktuellen Publikationen seit 1985. Auf eine Reihe früherer Literaturstudien wird im vorliegenden Bericht verwiesen. Es wurde vor allem die Literatur berücksichtigt, die dem Leser einen möglichst schnellen und umfassenden Einblick in die ausgewählten Themenfelder ermöglicht. Ein Anspruch auf Vollständigkeit ist damit nicht verknüpft.
Als Gliederungspunkte wurden gewählt:
1. Neue Standortsuche der Westdeutschen
2. Die Deutschen und der Westen
3. Die deutsche Frage von außen gesehen
4. Mitteleuropadebatte
5. Systemakzeptanz und Demokratiebewußtsein
6. Staat – Nation – Europa
7. Verfassungspatriotismus

1. Neue Standortsuche der Westdeutschen

»Vor allem die breite öffentliche Diskussion über die Stationierung der Mittelstreckenraketen hat die Frage nach dem Standort der Bundesrepublik und nach der inhaltlichen Bestimmung eines ›deutschen Interesses‹ im Konflikt zwischsen Ost und West in verstärktem Maße aufgeworfen«, so Jürgen C. Heß in seinem Literaturbericht zur westdeutschen Standortdebatte seit Beginn der achtziger Jahre.[1] Heß gibt einen umfassenden, detaillierten, differenzierten und kritischen Einblick in die Primärliteratur der »nationalen Suchbewe-

1 Heß, Jürgen C., Westdeutsche Suche nach nationaler Identität, in: Die Deutsche Frage in der Weltpolitik, Neue politische Literatur, Beihefte, Bd. 3, hrsg. v. K. O. Frhr. von Aretin u. a., Wiesbaden 1986, S. 9–50, hier S. 9. Die von Heß ausgewerteten Publikationen zum Thema »neue Standortsuche« bleiben im vorliegenden Literaturbericht vor allem aus Platzgründen weitgehend unbesprochen.

gung«[2] der letzten Jahre. Seine Kritik richtet sich dabei vor allem auf die vielfältigen Positionen des Neuen Nationalismus der Rechten und des linken Patriotismus, die auf eine geistig-politische Umorientierung der Westdeutschen unter gesamtnationalen Prämissen abzielen.[3] Dem neonationalen Lager der Rechten ordnet Heß Autoren zu wie Bernard Willms, Wolfgang Venohr, Armin Mohler, Caspar v. Schrenck-Notzing, Hellmut Diwald, Hubert Grosser, Wolf Schenke und Harald Rüddenklau. Verfechtung des nationalen Primats, der Anspruch auf Revitalisierung deutschen Geistes, die Kritik an der westlichen Zivilisation und der liberalen Demokratie sind ebenso wesentliche Grundpositionen dieser Denkrichtung wie die Forderung nach einer Relativierung der inneren und äußeren West- und Blockbindung zugunsten der Wiedervereinigung der deutschen Nation.[4] Affinitäten zum linken Patriotismus stellt Heß deutlich heraus. Der gemeinsame Nenner lautet: Aufbegehren gegen die westliche Einbindung zugunsten gesamtnationaler Interessenlagen und deutscher Selbstbestimmung. Bei der Linken dominiert dabei eine pazifistische Ausrichtung. Namen wie Peter Brandt, Herbert Ammon sind hier zu nennen. Allerdings – so Heß – scheint bereits Anfang 1986 »jene Welle rechten und linken Neonationalismus über ihren Höhepunkt hinweg«.[5] Publikationen jüngeren Datums erscheinen häufig als Variationen von Altbekanntem.
In einem ähnlichen Tenor und Umfang ist auch der Literaturbericht von Eckhard Jesse abgefaßt.[6] Er hebt darin hervor, daß mit der Aktualität der deutschen Frage ein vornehmlich »publizistisches, kein politisches Phänomen« angesprochen ist.[7] Beide Literaturstudien aus dem Jahr 1986 geben ergänzend zu früheren Berichten[8] das

2 Ebenda, S. 10.
3 Ebenda, S. 11.
4 Vgl. ebenda, S. 12–20.
5 Ebenda, S. 13.
6 Jesse, Eckhard, Die (Pseudo-)Aktualität der deutschen Frage – ein publizistisches, kein politisches Problem, in: Die deutsche Frage in der Weltpolitik, a. a. O., S. 51 bis 68.
7 Vgl. ebenda, S. 51.
8 Siehe dazu: Heß, Jürgen C., Die Bundesrepublik Deutschland auf dem Wege zur Nation?, in: Neue politische Literatur, 26. Jg., H. 3/1981, S. 292–324; auch Mayer, Tilman, Die nationale Frage in Deutschland, in: Neue politische Literatur, 28. Jg. 1983, H. 3, S. 295–324; ebenso Jesse, Eckhard, Die deutsche Frage redivia. Eine Auseinandersetzung mit der neueren Literatur, in: DA, 17. Jg., H. 4/1984, S. 397 bis 414; einige Positionen referiert auch Bredow, Wilfried von, Friedensbewegung und Deutschlandpolitik, in: Aus Politik und Zeitgeschichte, B 46/1983, S. 34–46.

breite Spektrum der Beiträge zur deutschen Frage seit dem Ende der siebziger Jahre ausführlich wieder.

2. Die Deutschen und der Westen

Die in der Literatur thematisierte Suche der Westdeutschen nach neuer Selbstverortung weist im Kern auf die Frage nach dem Grad der Zugehörigkeit der Bundesrepublik Deutschland zur westlichen Wertewelt. »›Westen‹ als Interpretationskategorie«, so Karl-Rudolf Korte, »unterliegt einer doppelten Charakterisierung.« Sie umfaßt eine »geographische« und eine »normative« Komponente. »Die Brisanz der deutschen Standortsuche seit Mitte der siebziger Jahre resultiert aus dem deutlichen Unbehagen an beiden Dimensionen.«[9] Alexander Schwan führt in diesem Zusammenhang aus: »Die forcierten, aber (. . .) vagen nationalen Bestrebungen sind (. . .) ein deutliches Zeichen der zunehmenden Distanzierung von der Westorientierung, der atlantischen und westeuropäischen Option und der sie tragenden Wertbindung der Bundesrepublik. Sie implizieren nicht selten auch eine Aversion gegenüber unserer Staatsordnung selbst, d. h. eben der pluralistischen, freiheitlichen, parlamentarischen Demokratie.«[10] Das Thema »Deutschland und der Westen« wird in den wissenschaftlichen Beiträgen sowohl in seiner innen- als auch außenpolitischen Dimension analysiert. – Daß antiwestliche Affekte in Deutschland eine lange Tradition besitzen und sich im Laufe der Geschichte an unterschiedlichen Adressaten orientiert haben, hebt anschaulich Hagen Schulze hervor.[11] Er zieht den Vergleich zwischen aktuellen Tendenzen des Antiamerikanismus in der Bundesrepublik und dem antifranzösischen Denken des 19. Jahr-

9 Korte, Karl-Rudolf, Suchbewegungen: Wo ist der deutsche Standort?, in: Weidenfeld, Werner (Hrsg.), Nachdenken über Deutschland. Materialien zur politischen Kultur der Deutschen Frage, 2. Aufl., Köln 1986, S. 19–36, hier S. 27.

10 Schwan, Alexander, Deutschland und der Westen – eine wieder aktuelle Diskussion, in: Hempfer, Klaus W./Alexander Schwan (Hrsg.), Grundlagen der politischen Kultur des Westens, Berlin 1987, S. 3–26, hier S. 9 f.; es handelt sich bei diesem Band um die Manuskripte einer Ringvorlesung an der Freien Universität Berlin, dazu beigetragen haben u. a. auch: Randelzhofer, Offe, Nipperdey, Nolte, Bracher, K. O. Apel.

11 Siehe Schulze, Hagen, Die Versuchung des Absoluten. Zur deutschen politischen Kultur im 19. und 20. Jahrhundert, in: Weidenfeld, Nachdenken, a. a. O., S. 54–68, hier insbes. S. 59.

hunderts. Auf die Frage nach der Tradition von Sonderweg und Sonderbewußtsein der Deutschen zwischen Ost und West geht Sven Papcke ein, er mahnt: »Der Antiamerikanismus ist nicht nur bedenklich, weil er unnötig diplomatisches Prozellan zerschlägt, er mobilisiert auch kulturpolitische Vorbehalte gegen ›den Westen‹, die in diesem Land nie harmlos waren.«[12]

Andere Autoren kommen zu weniger alarmierenden Befunden. Richard Löwenthal versucht in seinem Beitrag zum Sammelband »Die Bundesrepublik Deutschland und die Vereinigten Staaten von Amerika« die relative Stärke »westlicher« und »nichtwestlicher« Elemente der westdeutschen politischen Kultur auszuloten und kommt letztendlich zu dem Schluß:[13] »Vier Jahrzehnte nach dem Ende des Hitlerkrieges bin ich so überzeugt, daß das westliche Denken in der Bundesrepublik erneut tiefe Wurzeln geschlagen hat und daß die wiedergeknüpften Bindungen der freien Deutschen an die Kultur des Westens halten werden, was immer die Zukunft bringt.«[14] Diese optimistische Einschätzung teilt auch Hans-Peter Schwarz im Themenfeld »Die Westdeutschen, die westliche Demokratie und die Westbindung im Licht von Meinungsumfragen«.[15] Er attestiert: »Die politische Westbindung ist, ebenso wie der demokratische Verfassungsstaat, eine lebendige neue Tradition geworden. Die große Mehrheit der Eliten und Wähler erkennt sie als eine Art Staatsraison.«[16]

3. Die deutsche Frage von außen gesehen

Im Zusammenhang mit der westdeutschen Standortdebatte verschafften sich auch wiederholt Stimmen aus dem Ausland Gehör.

12 Papcke, Sven, Diesseits oder jenseits der Freiheit? Die Deutschen suchen ihren Standort zwischen Ost und West, in: Weidenfeld, Nachdenken, a. a. O., S. 100–121, hier S. 119 f.

13 Löwenthal, Richard, Kulturwandel und Generationswechsel im westlichen Nachkriegsdeutschland, in: Cooney, James A./Gordon Craig/Hans-Peter Schwarz/Fritz Stern (Hrsg.), Die Bundesrepublik Deutschland und die Vereinigten Staaten von Amerika. Politische, soziale und wirtschaftliche Beziehungen im Wandel, Stuttgart 1985, S. 55–86, hier S. 55.

14 Ebenda, S. 85 f.

15 Schwarz, Hans-Peter, Die Westdeutschen, die westliche Demokratie und die Westbindung im Licht von Meinungsumfragen, in: Cooney u. a., a. a. O., S. 87–141.

16 Ebenda, S. 136.

Mal überwiegen mehr skeptische, mal optimistische Einschätzungen. Oft hängen die Urteile von außen davon ab, wie sehr der Autor das Land aus eigener Erfahrung kennt, über das er schreibt. Bei Walter Laqueur, der seine Jugend in Deutschland verbrachte, kommt Zutrauen und zugleich vorsichtige Skepsis zum Ausdruck: »Die Ära eines mit militärischen Mitteln verfolgten Sonderwegs ist vorbei. (. . .) Aber der Rattenfänger kann vielfältige Verkleidungen annehmen. (. . .) Ein Sonderweg kann auch auf eine andere Weise als durch Krieg beschritten werden (. . .), durch Neutralität zwischen Ost und West.«[17] Im Hinblick auf die neuen Suchbewegungen äußert er: »Ich bin sicher, daß das derzeitige Wiederaufleben des deutschen Patriotismus von Dauer sein wird, daß aber entweder ein gesunder Selbsterhaltungstrieb oder ein Schutzengel die Bundesdeutschen davor bewahren wird, noch einmal einen verhängnisvollen Irrtum in ihrer Geschichte zu begehen.«[18] Eine eher skeptische Sicht kommt bei der Französin Brigitte Sauzay zum Ausdruck. Es sind die »rätselhaften Deutschen«[19], auf die sie in ihrer Publikation eingeht: »Dieser deutsche Drang nach wirklicher neuer Souveränität – oder auch nach der früheren – knüpft an eine alte Tradition an: in der Welt als Störenfried aufzutreten. Welche Form dieses Bestreben auch annehmen mag, wie immer sich eine derartige Souveränität auch gestalten könnte, das prekäre Gleichgewicht, auf dem der Frieden seit vierzig Jahren beruht, wäre empfindlich gestört.«[20] Die Befürchtung, daß der bestehende politische Status quo in Europa durch gesamtnationale Tendenzen in Deutschland gefährdet werden könnte, kennzeichnet eine Vielzahl der Stimmen von außen. Über die Auffassungen in osteuropäischen Ländern und der Sowjetunion schreibt Peter Gatter: »Deutschland als mythische Einheit gehört zum festen Verständnis des Sowjetbürgers, wenn er an Deutschland denkt, daß das ein Deutschland ist und daß das auch irgendwie und irgendwann mal eine staatliche Einheit bekommen wird. (. . .) Bei den kleineren Ländern ist es mehr das Goldener-Westen-Syndrom, das sich in bezug auf die Bundesrepublik dort einstellt, und ein Gefühl für die Tatsache, daß Deutschland geteilt ist und tunlichst auch geteilt blei-

17 Laqueur, Walter, Was ist los mit den Deutschen? Frankfurt 1985, S. 212.
18 Ebenda, S. 213.
19 Sauzay, Brigitte, Die rätselhaften Deutschen. Die Bundesrepublik von außen gesehen, Stuttgart 1986.
20 Ebenda, S. 263.

ben soll.«[21] Vier namhafte Autoren aus den Staaten der ehemaligen Siegermächte (USA, Großbritannien, Frankreich, Sowjetunion) äußern sich im Sammelband »Geteiltes Land – halbes Land«, der von Richard Löwenthal eingeleitet wird.[22] David Calleo thematisiert die deutsch-amerikanischen Beziehungen. Er hebt die kulturellen, wirtschaftlichen und politischen Ambivalenzen hervor. Im Hinblick auf die deutsche Frage äußert er: »Aus amerikanischer Perspektive war das deutsche Problem immer in erster Linie wegen seiner Auswirkung auf die europäische und atlantische Solidarität und damit auf das eurasisch-asiatische Gleichgewicht von Bedeutung.«[23] Der Brite Roger Morgan gewährt einen Einblick in die Deutschlandpolitik seines Landes. Die deutsche Frage erregt wenig öffentliches Interesse in Großbritannien. Nur eine europäische Lösungsvariante der deutschen Frage ist für die Briten akzeptierbar.[24] Raymond Poidevin, der zur deutschen Frage aus französischer Sicht Stellung bezieht, gibt ein weiteres Beispiel dafür, daß jenseits der offiziellen Ebene der deutsch-französischen Freundschaft auf französischer Seite weiterhin Befürchtungen und Unsicherheiten gegenüber dem »unheimlichen Nachbarn«[25] Deutschland bestehen. Der Exilrusse Michael Voslensky schließt den Band mit einem Artikel über die sowjetische Deutschlandpolitik, in dem allerdings deutlich sein Standort als Exilautor zum Ausdruck kommt.[26]
Insgesamt machen die Stimmen aus dem Ausland deutlich, daß das Thema »Politische Kultur und deutsche Frage« im internationalen, vor allem europäischen Kontext zu betrachten ist. Die Auffassungen der anderen haben auch für das eigene kollektive Selbstverständnis der Bundesdeutschen eine konstitutive Bedeutung.

21 Gatter, Peter, Das Deutschlandbild in Osteuropa, in: Politik und Kultur, 13. Jg., Heft 2/1985, S. 13–23, hier S. 20.

22 Calleo, David P./Roger Morgan/Raymond Poidevin/Michael Voslensky, Geteiltes Land – halbes Land. Essays über Deutschland, eingeleitet von Richard Löwenthal, Berlin 1986.

23 Calleo, David P., Deutschland und Amerika. Eine amerikanische Sicht, ebenda, S. 45–95, hier S. 94.

24 Morgan, Roger, Deutschland und Europa – Die deutsche Frage aus britischer Sicht, ebenda, S. 97–126.

25 Poidevin, Raymond, Der unheimliche Nachbar. Die deutsche Frage aus französischer Sicht, ebenda, S. 127–196.

26 Voslensky, Michael, Die sowjetische Deutschlandpolitik. Sinn, Strategie und Taktik, ebenda, S. 197–233.

4. Mitteleuropadebatte

Auch die seit einiger Zeit im deutschen Sprachraum geführte Mitteleuropadebatte weist Bezugspunkte zum Themenfeld ›deutsche Frage‹ auf. Die Diskussion ist mit zwei thematischen Zugängen zu kennzeichnen:

- die vornehmlich von Publizisten aus Ost- und Südosteuropa entwickelte, mehr geschichtlich und kulturell orientierte Mitteleuropadebatte als Mitteleuropavision,
- die vor allem von westdeutschen Autoren propagierte sicherheits- und entspannungspolitische Perspektive einer mitteleuropäischen blockübergreifenden Kommunikation: ein Mitteleuropa mit Deutschland als Zentrum, dessen Teilungsproblematik damit abgeschwächt oder gar überwunden werden könnte.

Besonders deutlich wird der kulturelle Aspekt der Mitteleuropathematik in Karl Schlögels Buch »Die Mitte liegt ostwärts«[27], einem Kultbuch der Mitteleuropadiskussion. Er beschreibt darin ein untergegangenes Mitteleuropa pluralistischer Vielfalt. Er beklagt den Zusammenbruch des Raumkomplexes Mitteleuropa und das heute im Westen existierende Bild des mitteleuropäischen Ostens und Südostens, das pejorativ unter dem Begriff ›Ostblock‹ subsumiert wird. Ziel seiner idealistisch eingefärbten Darstellung ist letztlich die Infragestellung des europäischen Status quo: »Aus mitteleuropäischer Sicht wird beweglich, was unbeweglich schien, aus mitteleuropäischer Sicht wird künstlich, was so natürlich dasteht.«[28] Aus Schlögels Sicht soll sich die Überwindung des Ost-West-Denkens entlang kultureller und touristischer Bahnen bewegen, er entfaltet keine politische Programmatik. Auch Milan Kundera sieht in der Kultur die einzige Möglichkeit, die Idee Mitteleuropas am Leben zu erhalten: »Mitteleuropa (. . .) muß sich gegen die materielle Macht der Zeit (. . .) behaupten, die die Epoche der Kultur hinter sich läßt. (. . .) Nur durch die Kultur kann Mitteleuropa noch seine Identität verteidigen und so gesehen werden, wie es ist.«[29]

27 Vgl. Schlögel, Karl, Die Mitte liegt ostwärts. Die Deutschen, der verlorene Osten und Mitteleuropa, Berlin 1986, hier bes. Kap. IV.

28 Ebenda, S. 8.

29 Kundera, Milan, Die Tragödie Zentraleuropas, in: Kommune 7/1984, S. 43–52, zitiert nach Peter Barth, Mitteleuropa – Traum oder Wirklichkeit?, in: Mediatus, 6. Jg. 1987, H. 1, S. 3–7, hier S. 3 f.

Dieser vergangenheitsverklärenden kulturellen Mitteleuropasicht steht eine eher an aktuellen Gegebenheiten orientierte Mitteleuropavision gegenüber. György Konrad überrascht mit der Forderung eines generellen Truppenabzugs aus Europa, weil dadurch der dritte Weltkrieg verhindert werden könne.[30] Durch den Austritt der europäischen Staaten aus den beiden Militärblöcken werde eine fundamentale Friedensgarantie gegeben sein, danach könnte der »westliche Zipfel des eurasischen Erdteils (...) durch eine allmähliche Integration zu einer europäischen Konföderation werden«.[31] Einige westdeutsche Politiker und Publizisten scheinen fasziniert von diesem visionären Mitteleuropagedanken. Ein Mitteleuropa »gegen die Vorherrschaft der Amerikaner und Russen, gegen den Totalitarismus der Ideologien«[32] ist für Peter Bender mehr als eine Mode. Für Peter Glotz ist die politische Entwicklung in Osteuropa unmittelbar mit der westeuropäischen verknüpft: »Je unabhängiger die westeuropäischen Staaten von ihrem großen amerikanischen Bündnispartner (mit dem sie verbunden bleiben müssen) sind, desto unabhängiger werden auch ostmitteleuropäische Staaten von ihrem großen Bündnispartner Sowjetunion werden.«[33] Gerhard Heimann stellt sich Mitteleuropa als Alternative vor und als »Versuch, in einer zweiten Stufe der Entspannungspolitik die geographische Mitte Europas wieder zu einer politisch und kulturell äußerst intensiv kommunizierenden europäischen Mitte zu machen«.[34] Vor dem Hintergrund solcher Zielvorstellungen plädieren Glotz und Dietrich Stobbe[35] ebenfalls für eine intensivere europäische Zusammenarbeit über die Blockgrenzen hinweg. Das Programm lautet: »Wir müssen Mitteleuropa zurückgewinnen; zuerst als Begriff, dann als Realität.

30 Vgl. Konrad, György, Jalta und der Frieden in Europa, in: Die Neue Gesellschaft/Frankfurter Hefte, 33. Jg. 1986, Nr. 7, S. 594–598.

31 Ebenda, S. 598.

32 Bender, Peter, Mitteleuropa – Mode, Modell oder Motiv?, in: Die Neue Gesellschaft/Frankfurter Hefte, 34. Jg. 1987, Nr. 4, S. 297–305, hier S. 297.

33 Glotz, Peter, Die Alleinherrschaft des Ost-West-Denkens gefährden, in: Frankfurter Rundschau v. 25. Mai 1988; siehe auch ders., Deutsch-böhmische Kleinigkeiten oder: Abgewiesene Gedanken über Mitteleuropa, in: Die Neue Gesellschaft/Frankfurter Hefte, 33. Jg. 1986, Nr. 7, S. 584–586; außerdem ders., Ein Instrument der Entspannung, in: Rheinischer Merkur/Christ und Welt v. 31. 10. 1986.

34 Heimann, Gerhard, Die europäische Mitte und die Zukunft Berlins, in: Neue Gesellschaft/Frankfurter Hefte, a. a. O., S. 590–594, hier S. 592.

35 Vgl. Stobbe, Dietrich, Der Traum von der Wiederherstellung der Europäischen Mitte, in: Die Neue Gesellschaft/Frankfurter Hefte, 33. Jg. 1986, Nr. 7, S. 586–590.

Die geschichtswidrige ideologische Grenze zwischen Prag und Frankfurt, Wien und Budapest, Warschau und Luxemburg muß durchlässig werden.«[36] Hauptstreitpunkt zwischen Thomas Kielinger[37], Alexander Schwan[38] und Werner Weidenfeld[39] auf der einen Seite und Stobbe, Glotz und Heimann auf der anderen ist die Frage nach der Eindeutigkeit der Westbindung der Bundesrepublik Deutschland. Mitteleuropäische Visionen provozieren Vermutungen und Befürchtungen über neue deutsche Sonderwege in Abkehr vom Westen: »Denn tatsächlich läuft das – trotz allen Abschwörens – im Kern zum wiederholten Male auf einen deutsch-deutschen Sonderweg hinaus, dem man einige östliche Nachbarstaaten in ganz diffuser Zuordnung anlagern will, um ihn politisch besser verkaufen zu können.«[40] Die Protagonisten des neuen Mitteleuropas sind dem Vorwurf des Fehlens politischen Realitätssinns ausgesetzt: »Es gibt im politischen Denken der Deutschen eine alte Tradition, die das Bewußtsein aus komplizierten politischen Konstellationen in die Romantik, in die Verheißung der Idee entfliehen läßt«[41], so Weidenfeld.

Mitteleuropa hat weiterhin Konjunktur. Die im Frühjahr 1988 erstmals in deutscher Sprache erschienene Zeitschrift »Lettre International« will nach eigenem Bekunden ein Europa der Zukunft entwerfen, ein Europa jenseits ideologischer Bipolarität und mit der Hoffnung, die eingefahrenen Systemstrukturen und die darauf beruhende Teilung zu überwinden. Die Verwobenheit mit zentralen Aspekten der deutschen Frage ist hier unverkennbar.

5. Demokratiebewußtsein und Systemakzeptanz

Unter den Aspekten Demokratiebewußtsein und Systemakzeptanz stellt sich die deutsche Frage vor allem als Problem der Fortwirkung bestimmter politischer Denktraditionen und Grunddispositionen,

36 Glotz, »Deutsch-böhmische . . .«, a. a. O., S. 585.
37 Kielinger, Thomas, Die Mogelpackung Mitteleuropa, in: Rheinischer Merkur/Christ und Welt v. 19. 9. 1986.
38 Schwan, Alexander, Eine politische Seifenblase, in: Rheinischer Merkur/Christ und Welt v. 31. 10. 1986.
39 So Weidenfeld, Werner, Mitteleuropa – ein alter Mythos stiftet Unruhe, in: Rheinischer Merkur/Christ und Welt v. 3. 10. 1986.
40 Schwan, a. a. O.
41 Weidenfeld, a. a. O.

die die Stabilität des demokratisch-westlichen Systems der Bundesrepublik Deutschland gefährden könnten. Zunächst ist darauf hinzuweisen, daß der demokratischen Politischen Kultur der Bundesrepublik in einer großen Zahl von Studien eine stabile Verwurzelung in der Gesellschaft bescheinigt wird. Max Kaase kommt auf der Basis vielfältiger empirischer Untersuchungen zu dem Schluß: »(...) die Daten legen ein unwiderlegbares Zeugnis von der zunehmenden Etablierung der demokratischen politischen Ordnung ab.«[42] Die Untertanenkultur scheint demnach überwunden zu sein, der Weg in die Normalität westlicher Demokratien vollzogen. Auch Oscar W. Gabriel bescheinigt der Bundesrepublik Stabilität im Hinblick auf demokratische politische Einstellungen ihrer Bürger. »Die Zustimmung zur Demokratie (...) war in den siebziger und achtziger Jahren sehr hoch entwickelt. Die Regimeakzeptanz ist (...) in der Bundesrepublik, verglichen mit anderen Ländern, besonders hoch und stabil«; es habe sich ein »Angleichungsprozeß an das Leitbild der Staatsbürgerkultur«[43] vollzogen.

Parallel zur Anerkennung des gewachsenen Demokratiebewußtseins in der Bundesrepublik Deutschland werden jedoch auch politische Tendenzen analysiert, die bezüglich der demokratischen Verläßlichkeit der Deutschen Zweifel aufkommen lassen: »(...) der Verlauf manch aktueller Diskussion in Deutschland (...) läßt allerdings befürchten, daß deutsche philosophische Traditionen wie die des Idealismus – im Vergleich etwa zum anglo-amerikanischen Pragmatismus – den Deutschen und ihrer Demokratie erneut im Wege stehen könnten.«[44] Kaase bezieht sich dabei vor allem auf die neuen alternativen Bewegungen. Hermann Rudolph erblickt darin ein Aufbegehren gegen die »gewachsene Normalität«[45] in der bundesrepublikanischen Gesellschaft.

Jürgen Weber sieht die Sympathie für plebiszitäre Willensbekundungen im Zusammenhang mit dem Antiparteien- und Antiparlamentarismusaffekt, dessen Wurzeln er in früheren politisch-kultu-

42 Kaase, Max, Zur Legitimität des politischen Systems in den westlichen Demokratien, in: Randelzhofer, Albrecht/Werner Süß (Hrsg.), Konsens und Konflikt, 35 Jahre Grundgesetz, Berlin, New York 1986, S. 463–459, hier S. 480.

43 Gabriel, Oscar W., Politische Kultur, Postmaterialismus und Materialismus in der Bundesrepublik Deutschland, Opladen 1986, S. 323.

44 Kaase, a. a. O., S. 480.

45 Rudolph, Hermann, Die Herausforderung der Politik. Innenansichten der Bundesrepublik, Stuttgart 1985, S. 17.

rellen Traditionen der Deutschen vermutet.[46] Er sieht die Gefahr in einem Politikverständnis, »in dem die reine Gesinnung eine zentrale Rolle spielt, in dem das pluralistische Austarieren von Interessengegensätzen auf dem Weg der Kompromißbildung auf Ablehnung stößt und das Politik mit dem Vollzug von Wahrheit verwechselt«.[47] Gemeinsamkeiten mit Grundströmungen des deutschen Idealismus werden hier gesehen. Der Glaube in einigen politischen Alternativbewegungen, daß plebiszitären Beteiligungsformen ein höherer Grad an demokratischer Gerechtigkeit zukommt, verbunden mit zunehmender Spontaneität, Emotionalität und einer generell gestiegenen Bereitschaft zu unkonventionellen Partizipationsformen, verleiht der Frage nach dem Demokratieverständnis der Deutschen neue Brisanz. Karl-Werner Brand begreift die spezifische Gestalt der neuen sozialen Bewegungen »als das Produkt überkommener Traditionen deutscher Politischer Kultur«.[48] Auch er sieht einen Zusammenhang mit traditionellen romantisch-idealistischen und zivilisationskritischen Strömungen in Deutschland, mit denen »die Tradition des ›Unpolitischen‹ und der harmonistischen Konfliktscheu«[49] einhergeht.
Zusätzliche Unsicherheiten entstehen aufgrund der zunehmend »instabilen Natur von Änderungen im Wählerverhalten, die auf politischen Streitfragen und Wertinteressen basieren«.[50] Als Ursache dafür wird der Traditionsbruch in der Geschichte der Deutschen genannt: »Gemeinsame nationale Traditionsbestände, die Konfliktlinien und Lagermentalitäten durch übergreifende, gemeinsame Identifikationsmöglichkeiten abfedern könnten, fehlen in der Bundesrepublik. Die politischen Konflikte erlangen dadurch rasch und unvermittelt den Charakter einer Auseinandersetzung ums Ganze.«[51]

46 Weber, Jürgen, Die plebiszitäre Herausforderung der parlamentarischen Demokratie, in: ders. (Hrsg.), Schwierigkeiten mit der Demokratie, München 1987, S. 9–41, hier S. 12.

47 Ebenda; siehe dazu auch Oberreuter, Heinrich, Stimmungsdemokratie. Strömungen im politischen Bewußtsein, Zürich 1987.

48 Brand, Karl-Werner, Zur politischen Kultur der neuen sozialen Bewegungen, in: Berg-Schlosser, Dirk/Jakob Schissler (Hrsg.), Politische Kultur in Deutschland. Bilanz und Perspektiven der Forschung, Opladen 1987, S. 331–344, hier S. 340.

49 Ebenda.

50 Dalton, Russell J., Wertwandel oder Wertwende. Die Neue Politik und Parteienpolarisierung, in: Klingemann, Hans-Dieter/Max Kaase (Hrsg.), Wahlen und politischer Prozeß: Analysen aus Anlaß der Bundestagswahl 1983, Opladen 1986, S. 427–455, hier S. 452.

51 Brand, a. a. O., S. 341.

Die in den hier besprochenen Publikationen behandelten Problemlagen bieten interessante Facetten im Hinblick auf das Verhältnis der Deutschen zur Demokratie, was nach Dahrendorf der eigentlich zentrale Aspekt der deutschen Frage ist.

6. Staat – Nation – Europa

Die deutsche Frage heute ist die »prinzipiellere Frage nach dem Verhältnis von Staat und Nation«.[52] »Nationalbewußtsein und Staatsraison« als »deutsches Spannungsverhältnis« ist ein vielbeachtetes Thema in der politikwissenschaftlichen Literatur.[53] Wie läßt sich die »Doppelidentifikation mit jeweils einem deutschen Teilstaat und zugleich mit der weiterhin gegebenen Existenz einer in und mit den Teilstaaten lebendigen und erhaltenswerten deutschen Nation«[54] ausbalancieren? Geraten bundesrepublikanisches Staatsverständnis, gesamtnationale Perspektive, Europa- und Westorientierung zunehmend in Widerspruch, oder läßt sich für diese unterschiedlichen politischen Orientierungsebenen ein gemeinsamer Nenner finden? Alexander Schwan hält eine Synthese für möglich: »Der Nationalstaat ist heute keine absolute Größe mehr. Das Signum nicht nur der komplizierten Situation, in der wir Deutschen angesichts unserer Geschichte und der Teilung unseres Landes zu leben haben, sondern der pluralistischen Gesellschaft und ihrer freiheitlichen Ordnung überhaupt ist es, daß wir mit mehreren Loyalitäten und Identifikationen leben, leben müssen, aber auch leben können.«[55] Karl Dietrich Bracher äußert in diesem Zusammenhang: »Das Bekenntnis zur deutschen Einheit, die Überwindung der Teilung im nationalstaatlichen Sinne ist nach den historischen und politischen Voraussetzungen unserer Lage nur im Rahmen einer europäischen Lösung denkbar, die der freiheitlich-demokratischen Verfassung den ersten Rang

52 Behrmann, Günther C., Volk, Verfassung, Staat, Kultur, Geschichte und Nation. Das nationalpolitische Orientierungsfeld der Deutschen im Wandel, in: Jeismann, Karl-Ernst, Einheit – Freiheit – Selbstbestimmung. Die Deutsche Frage im historisch-politischen Bewußtsein, Frankfurt 1988, S. 81–103, hier S. 81.

53 Schwan, Alexander, Nationalbewußtsein und Staatsräson. Ein deutsches Spannungsverhältnis, in: Materialien zur politischen Bildung, Heft 4/1987, S. 10–13.

54 Korsthorst, Erich, Die Frage der deutschen Einheit im Spannungsfeld politischer Optionen und historischer Traditionen, in: Jeismann, a. a. O., S. 19–42, hier S. 38.

55 Ebenda, S. 12 f.

zuerkennt. (...) Den Begriff der nationalen Identität dagegen auszuspielen, wäre verhängnisvoll.« Bracher plädiert für eine »postnationale Demokratie«.[56] Auch Harro Honolka warnt vor nationalen »Verkürzungen der Identitätsfrage«.[57] Michael Stürmer tritt für einen »Patriotismus« ein, der »auf der Verantwortung der Deutschen für die europäische Stabilität« beruht und der die »Lage des Landes im Brennpunkt des europäischen Systems in Rechnung« stellt.[58] Renata Fritsch-Bournazel befürwortet, »daß alle Denkmodelle zur Lösung der deutschen Frage als Voraussetzung für ihre Realisierung von den internationalen Rahmenbedingungen auszugehen haben«.[59] Das Konzept der »Europäisierung der deutschen Frage« tritt bei diesen Positionen deutlich zum Vorschein. Solche Standpunkte treffen jedoch auch auf Kritik bzw. Widerspruch. »Das Ausweichen auf Europa ist oft eine Flucht. Weil unklar ist, was Deutschland ist, wird Europa bemüht, wobei sich die gleiche Frage stellt: Was ist Europa? In der europäischen Qualität der deutschen Frage finden wir also die gleiche Unsicherheit«, so Martin Gralher[60], er mahnt die politische Mitte, die nationale Perspektive nicht den extremen Randgruppen zu überlassen.

Der Kieler Rechtsprofessor Wolfgang Seiffert vertritt in seiner Publikation »Das Ganze Deutschland« die Auffassung, daß »man das Konzept einer konstruktiven und aktiven Deutschlandpolitik entwickeln« muß, »die auf die Wiederherstellung eines sich selbst be-

56 Bracher, Karl Dietrich, Betrachtungen zur Entwicklung des Staatsverständnisses in der Bundesrepublik Deutschland, in: Hättich, Manfred (Hrsg.), Zum Staatsverständnis der Gegenwart, München 1987, S. 101–110, hier S. 110 u. 101; siehe dazu auch ders., Identitätsfrage und Entspannungsdenken in der neueren Deutschlanddiskussion, in: Politik und Kultur, 14. Jg., Heft 2/1987, S. 19–35.

57 Honolka, Harro, Schwarzrotgrün. Die Bundesrepublik auf der Suche nach ihrer Identität, München 1987, S. 17. Honolka plädiert für eine friedenspolitisch begründete Identität der Deutschen.

58 Michael Stürmer im Vorwort zu ders., Deutsche Fragen oder die Suche nach der Staatsräson. Historisch-politische Kolumnen, München 1988, S. 11; das Buch umfaßt Stürmers in der »Frankfurter Allgemeinen Zeitung« veröffentlichte Kolumnen der Jahre 1985–1988.

59 Fritsch-Bournazel, Renata, Das Land in der Mitte. Die Deutschen im europäischen Kräftefeld, München 1986, S. 133. Die Studie stellt die unterschiedlichen Aspekte der europäischen Dimension der deutschen Frage dar.

60 Gralher, Martin, Identität – die Frage nach dem Nationalbewußtsein neu gestellt. Ein Beitrag aus politikwissenschaftlicher Sicht, in: Klinke-Mibert, Helga (Hrsg.), Deutschsein Heute. Auf der Suche nach Identität, S. 26–42, hier S. 41 f.; siehe dazu auch Weidenfeld, Werner, Land im Brennpunkt Europas. Die Europäische Qualität der Deutschen Frage, in: Weidenfeld, Nachdenken, a. a. O., S. 69–79.

stimmenden Deutschlands in der Mitte Europas gerichtet ist«.[61] Die »Wiederherstellung Deutschlands ist (. . .) notwendig und wird zur wichtigsten Aufgabe auf dem europäischen Kontinent in diesem Jahrhundert«. »Die These, wir lebten in Europa in einem ›postnationalen‹ Zeitalter, war immer unzutreffend.«[62] Zwar tritt auch Seiffert für eine Wiedervereinigung Deutschlands in Frieden und Freiheit ein, doch sein politisch-strategisches Konzept läuft letztlich auf den Versuch eines nationalen Alleingangs bei der Lösung der deutschen Frage hinaus und verkennt bereits bestehende europäische Abhängigkeiten und freiwillige Bindungen der Westdeutschen.
Mit der Frage nach dem Staats- und Nationalbewußtsein im anderen deutschen Staat, mit der »Suche nach einem nationalen Selbstverständnis in der DDR«, befaßt sich Gert-Joachim Glaeßner.[63] Der »Abschied von utopischen Zielvorstellungen und der Versuch einer ›geläuterten‹ Reformulierung ökonomischer, sozial- und gesellschaftspolitischer Zielsetzungen« scheint in der DDR eine Rückbesinnung auf »nationale Traditionen« und die nationale Geschichte bewirkt zu haben.[64] Doch ist das »politische Denken und die Wahrnehmung des Alltags« in der DDR trotz einiger sozialer und kultureller Erfolge »in einer fatalen Weise von der Bundesrepublik Deutschland bestimmt – fatal deswegen, weil die deutsch-deutsche Systemkonkurrenz das eigene Selbstbewußtsein überlagert«.[65] Bisher existieren nur vergleichsweise wenige Studien, die sich mit Selbstverständnisfragen in der DDR befassen. Im Sammelband von Karl-Ernst Jeismann »Einheit – Freiheit – Selbstbestimmung« rundet die Studie Glaessners das dort dargebotene Spektrum der aktuellen deutsch-deutschen Selbstverständnisprobleme auf instruktive Weise ab.
Um das Problem des nationalen Bewußtseins in der Bundesrepublik Deutschland geht es auch in der Publikation von Elisabeth Noelle-Neumann und ihrer Mitautorin Renate Köcher unter dem Titel »Die verletzte Nation«.[66] Die Autorinnen versuchen anhand umfangrei-

61 Seiffert, Wolfgang, Das ganze Deutschland. Perspektiven der Wiedervereinigung, München 1986, S. 14.
62 Ebenda, S. 15 u. 23.
63 Glaeßner, Gert-Joachim, Politische Kultur und nationales Erbe in der DDR, in: Jeismann, a. a. O., S. 120–142.
64 Ebenda, S. 134.
65 Ebenda, S. 135.
66 Noelle-Neumann, Elisabeth/Renate Köcher, Die verletzte Nation. Über den Versuch der Deutschen, ihren Charakter zu ändern, Stuttgart 1987.

chen Datenmaterials nachzuweisen, daß die Deutschen aufgrund mangelnden Nationalgefühls und -stolzes alles in allem krisenanfälliger, wankelmütiger, pessimistischer, unzufriedener sind als ihre europäischen Nachbarn und die Amerikaner. Aus diesem Befund leitet Noelle-Neumann ihr politisch-pädagogisches Konzept ab: »Der enge Zusammenhang zwischen nationalem Stolz und Verteidigungsbereitschaft, Vertrauen in die Institutionen, der generellen Bereitschaft zur Einordnung in die Person übergreifende Zusammenhänge legt für einen Staat geradezu zwingend die Förderung der nationalen Idee nahe.«[67] Die Rückschlüsse der Autorinnen vom verletzten Nationalbewußtsein auf das allgemeine Lebensgefühl und die politischen Grundeinstellungen der Bürger lassen beim Leser jedoch einige Fragen nach den methodischen Zusammenhängen aufkommen.

Auf empirischen Befunden basiert auch die aktuelle Studie von Gerhard Herdegen. Mehr als vier Fünftel der Bundesdeutschen bekennen sich danach stolz auf die Leistungen ihres Gemeinwesens. Für 78 % der Befragten sind die Deutschen immer noch »ein« Volk. Unter der »deutschen Nation heute« verstehen allerdings nur noch 35 % der Bürger »die Bundesrepublik und die DDR zusammen«. »Als langfristiges Ziel unterstützen die Bundesbürger die Wiedervereinigung in ihrer ganz großen Mehrheit. Je nach Ermittlungsformen und aktuellem Umfeld ergeben sich Größenordnungen um 70 bis 80 %.« Eine Wiedervereinigung in diesem Jahrhundert erwarten allerdings nur 8 % der Befragten.[68] Blickt man auf die Ergebnisse der Studie, so kann der nationalen Option im kollektiven Bewußtsein der Bundesbürger weiterhin ein hoher Stellenwert eingeräumt werden. Eine andere Form der Erhebung nationaler Bewußtseinslagen hat Marielouise Janssen-Jurreit praktiziert. Sie richtete an Persönlichkeiten des öffentlichen Lebens in der Bundesrepublik die Frage: »Lieben Sie Deutschland?« 44 Antworten sind im gleichnamigen Band veröffentlicht.[69] Sie zeichnen sich durch Vielfalt aus, sind mal mehr, mal weniger politisch, teilweise polemisch aggressiv,

67 Ebenda, S. 33.

68 Herdegen, Gerhard, Perspektiven und Begrenzungen. Eine Bestandsaufnahme der öffentlichen Meinung zur deutschen Frage, Teil 1: Nation und deutsche Teilung, in: DA, 20. Jg., Heft 12/1987, S. 1259–1273, hier S. 1260–65; weiter dazu Teil 2: Kleine Schritte und fundamentale Fragen, in: DA, 21. Jg., Heft 4/1988, S. 391–403.

69 Janssen-Jurreit (Hrsg.), Lieben Sie Deutschland? Gefühle zur Lage der Nation, München 1985.

immer subjektivistisch gefärbt. Insgesamt hat sich daraus ein buntes Mosaik subjektiver Befindlichkeiten zum Thema »deutsche Identität« ergeben, ein Reader, der die Systematisierung und Analyse der Äußerungen allerdings dem Leser überläßt.
»Reden über das eigene Land: Deutschland«, so lautet das Motto einer Vortragsreihe, die seit fünf Jahren auf dem Münchner Podium in den Kammerspielen stattfindet. Die gesammelten Reden sind in bisher fünf Bänden (1983/87) unter gleichem Titel veröffentlicht worden.[70] Eine lange Liste zwanzig namhafter Redner aus unterschiedlichen politischen Lagern ist mittlerweile vorzuweisen.[71] Auch das inhaltliche Spektrum der bisherigen »Reden über das eigene Land« ist weit gefächert. Die Äußerungen kreisen weitgehend um zentrale Fragen der Demokratie- und Staatsentwicklung in der Bundesrepublik Deutschland, um politische Traditionen, Fragen nach der nationalen Identität, um die deutsche Geschichte und die Bewältigung der Vergangenheit. Auch DDR-Autoren wurden eingeladen, so daß auch die Perspektive des östlichen Deutschland mit einbezogen wurde.[72] Mit den fünf Sammelbänden liegt eine Reihe vor, in der einige unterschiedliche Facetten der gegenwärtigen geistig-politischen Standortdiskussion der Deutschen anschaulich zum Ausdruck kommen.

7. Verfassungspatriotismus

Die Unsicherheit, ob die kollektiven Begriffe Staat, Nation, Europa, Westen unter gleichen freiheitlichen Wertprämissen dem Bewußtsein der Bundesbürger vermittelbar sind, hat die Frage nach einer übergreifenden politisch-pädagogischen Leitformel aufgeworfen.
In diesem Zusammenhang hat Dolf Sternberger 1982 bei seinem Tutzinger Vortrag für den Begriff »Verfassungspatriotismus« plädiert.[73] In der Diskussion der folgenden Jahre sind unterschiedliche

70 Reden über das eigene Land: Deutschland, 5 Bde., München 1983 ff.; Veranstalter sind das Kulturreferat der Landeshauptstadt München und die Verlagsgruppe Bertelsmann.
71 Darunter u. a.: F. J. Strauß, Schily, Brandt, Beuys, Cohn-Bendit, Augstein, Gaus, Heym, Biermann, Hamm-Brücher, Eschenburg, Rinser etc.
72 Beispielsweise Bischof A. Schönherr (1985), Stefan Hermlin (1986).
73 Sternberger, Dolf, Verfassungspatriotismus, in: 25 Jahre Akademie für politische Bildung, Tutzing 1982, S. 76–87.

Standpunkte zu diesem Vorschlag eingenommen worden. Alexander Schwan subsumiert unter dem Begriff »Verfassungspatriotismus« die Rangfolge: »Freiheitliche Verfassung – Integration Westeuropas – Einigung Gesamteuropas auf demokratischer Grundlage – Wiedervereinigung Deutschlands in Freiheit«.[74] Auch Jürgen Habermas hat sich – im Zusammenhang mit dem Historikerstreit – zu diesem Thema geäußert: »Die vorbehaltlose Öffnung der Bundesrepublik gegenüber der politischen Kultur des Westens ist die große intellektuelle Leistung unserer Nachkriegszeit. (...) Der einzige Patriotismus, der uns dem Westen nicht entfremdet, ist ein Verfassungspatriotismus.«[75] Auch Eckhard Jesse sieht darin das »Modell für die Zukunft«.[76]

Daneben gibt es Stimmen, die eine Beschränkung auf den Verfassungspatriotismus als normatives und kollektives Orientierungskonzept für unzureichend halten bzw. vor dessen unkritischer Überhöhung warnen. Hagen Schulze erinnert daran, daß »die Verfassungspatrioten der ersten Republik dem mächtigen emotionalen Appell der Nationalisten nichts Wirksames entgegenzusetzen hatten«.[77] Auch Karl Rohe ist der Auffassung, daß »›Verfassungspatriotismus‹ in einer ›postnationalen Demokratie‹« wohl »doch nur so etwas wie ein Schönwetterkonzept«[78] sein kann. Es bleibt somit die Frage offen, ob die identitätsstiftende Wirkung des Verfassungspatriotismus in ausreichendem Maße den Bedarf nach kollektiver Orientierung in der Bundesrepublik Deutschland zu kompensieren vermag. Die Suchbewegungen der Deutschen nach ihrem nationalen Standort werden voraussichtlich weiterhin ein aktuelles Thema in der politischen Publizistik bleiben.

74 Schwan, Alexander, Verfassungspatriotismus und nationale Frage, in: Hättich, a. a. O., S. 85–100, hier S. 99.

75 Habermas, Jürgen, Eine Art Schadensabwicklung, in: Historikerstreit. Die Dokumentation der Kontroverse um die Einzigartigkeit der nationalsozialistischen Judenvernichtung, München 1987, S. 62–76, hier S. 75.

76 Jesse, Eckhard, Vergangenheitsbewältigung – Volkspädagogik – Verfassungspatriotismus. Anmerkungen zu drei Schlüsselwörtern der politischen Kultur, in: Materialien zur politischen Bildung, Heft 4/1987, S. 5–10, hier S. 8.

77 Schulze, Hagen, Fragen, die wir stellen müssen, in: Historikerstreit, a. a. O., S. 143 bis 150, hier S. 149.

78 Rohe, Carl, Die deutsche Einheit als Problem der politischen Kultur in der Bundesrepublik Deutschland, in: Jeismann, a. a. O., S. 104–119, hier S. 116.

Auswahlbibliographie

(zusammengestellt von Martin Schultz)

Alemann, Ulrich von (Hrsg.), Partizipation – Demokratisierung – Mitbestimmung. Problemstand und Literatur in Politik, Wirtschaft, Bildung und Wissenschaft. Eine Einführung, 2. Aufl., Opladen 1978.

Almond, Gabriel A., u. Sidney Verba, The Civic Culture. Political Attitudes and Democracy in Five Nations, Princeton, New York 1963.

Dies. (Hrsg.), The Civic Culture Revisited, Boston 1980.

Ash, Timothy Garton, »Und willst du nicht mein Bruder sein ...« Die DDR heute, Reinbek 1981.

Baerns, Barbara (Hrsg.), Die DDR in Deutschland, Köln 1986.

Bahr, Egon, Zum europäischen Frieden. Eine Antwort auf Gorbatschow, Berlin 1988.

Baker, Kendall L., Rusell J. Dalton u. Kai Hildebrandt, Germany transformed. Political Culture and the New Politics, Cambridge, Massachusetts and London 1981.

Barnes, Samuel H., u. a., Political Action. Mass Participation in Five Western Democracies, Beverly Hills 1979.

Barzini, Luigi, Auf die Deutschen kommt es an. Die unzuverlässigen Europäer, Hamburg 1983.

Becker, Werner, Die Freiheit, die wir meinen. Entscheidung für die liberale Demokratie, München 1982.

Behr, Wolfgang, Bundesrepublik Deutschland – Deutsche Demokratische Republik. Systemvergleich Politik – Wirtschaft – Gesellschaft, 2. Aufl., Stuttgart u. a. 1985.

Bellak, Leopold, Was zuviel ist, ist zuviel. Diagnose und Therapie unserer überforderten Gesellschaft, Düsseldorf, Wien 1981.

Bender, Peter, Das Ende des ideologischen Zeitalters. Die Europäisierung Europas, Berlin 1981.

Ders., Neue Ostpolitik. Vom Mauerbau zum Moskauer Vertrag, München 1986.

Berg-Schlosser, Dirk, Politische Kultur, München 1972.

Ders. u. Jakob Schissler (Hrsg.), Politische Kultur in Deutschland. Bilanz und Perspektiven der Forschung, Opladen 1987 (Sonderheft 18/1987 der Politischen Vierteljahresschrift).

Berger, Peter, u. Thomas Luckmann, Die gesellschaftliche Konstruktion der Wirklichkeit. Eine Theorie der Wissenssoziologie, 5. Aufl., Frankfurt a. M. 1970.

Berger, Peter, u. a., Das Unbehagen in der Modernität, Frankfurt a. M., New York 1975.
Berschin, Helmut, Deutschland – ein Name im Wandel. Die deutsche Frage im Spiegel der Sprache, München, Wien 1979.
Bölling, Klaus, Die fernen Nachbarn. Erfahrungen in der DDR, Hamburg 1983.
Boerner, Peter (Hrsg.), Concepts of National Identity, Baden-Baden 1986.
Boockmann, Hartmut, u. a., Mitten in Europa. Deutsche Geschichte, Berlin 1984.
Bracher, Karl Dietrich, u. a., Republik im Wandel 1969–1974 (Geschichte der Bundesrepublik Deutschland, Bd. 5/I), Stuttgart, Mannheim 1986.
Ders., Politik und Zeitgeist. Tendenzen der siebziger Jahre, in: ders. (Hrsg.), Republik im Wandel. 1969–1974. Die Ära Brandt (Geschichte der Bundesrepublik Deutschland, Bd. 5/I), Stuttgart, Mannheim 1986, S. 285–406.
Brand, Karl-Werner, Neue soziale Bewegungen, Opladen 1982.
Brandt, Peter, u. Herbert Ammon, Die Linke und die nationale Frage. Dokumente zur deutschen Einheit seit 1945, Reinbek 1981.
Bredow, Wilfried von, Deutschland, ein Provisorium? Berlin 1985.
Buchner, Rudolf, Deutsche Geschichte im europäischen Rahmen. Darstellung und Betrachtungen, 2. Aufl., Göttingen 1981.
Bundeszentrale für politische Bildung (Hrsg.), Die Frage nach der deutschen Identität. Ergebnisse einer Fachtagung der Bundeszentrale für politische Bildung (Schriftenreihe der Bundeszentrale, Bd. 221), Bonn 1985.
Bürklin, Wilhelm P., Grüne Politik. Ideologische Zyklen, Wähler und Parteiensystem, Opladen 1984.
Ders., Evolution und Zyklen, in: Kaase, Max (Hrsg.), Politische Wissenschaft und politische Ordnung. Analysen zur Theorie und Empirie demokratischer Regierungsweise, Opladen 1986, S. 265–278.
Büsch, Otto, u. James J. Sheehan, Die Rolle der Nation in der deutschen Geschichte und Gegenwart. Beiträge zu einer internationalen Konferenz in Berlin (West) vom 16. bis 18. Juni 1983, Berlin 1985.
Busek, Erhard, u. Emil Brix, Projekt Mitteleuropa, Wien 1986.
Bussiek, Hendrik, Die real existierende DDR. Notizen aus der unbekannten deutschen Republik, 2. Aufl., Frankfurt a. M. 1985.
Calleo, David P., Legende und Wirklichkeit der deutschen Gefahr. Neue Aspekte zur Rolle Deutschlands in der Weltgeschichte von Bismarck bis heute, Bonn 1980.
Ders. u. a., Geteiltes Land – halbes Land? Essays über Deutschland, Frankfurt a. M., Berlin 1986.
Conze, Werner, und Rainer M. Lepsius (Hrsg.), Sozialgeschichte der Bundesrepublik Deutschland, Beiträge zum Kontinuitätsproblem, 2. Aufl., Stuttgart 1985.
Craig, Gordon A., Über die Deutschen, München 1985.
Dahrendorf, Ralf, Gesellschaft und Demokratie in Deutschland, 2. Aufl., München 1971.

Ders., Reisen nach innen und außen. Aspekte der Zeit, Stuttgart 1984.
Dalton, Russell J., Citizen Politics in Western Democracies, Chatham 1988.
Degen, Hans-Jürgen (Hrsg.), Was soll aus Deutschland werden? Deutsche über die Zukunft ihres Landes, Berlin 1982.
Deutsch, Karl W., Nationenbildung – Nationalstaat – Integration, Düsseldorf 1972.
Easton, David, A System Analysis of Political Life, New York 1965.
Edelman, Murray, Politik als Ritual. Die symbolische Funktion staatlicher Institutionen und politischen Handelns, Frankfurt a. M. 1976.
Eder, Klaus, Geschichte als Lernprozeß? Zur Pathogenese politischer Modernität in Deutschland, Frankfurt a. M. 1985.
Foschepoth, Josef (Hrsg.), Kalter Krieg und Deutsche Frage. Deutschland im Widerstreit der Mächte 1945–1952, Göttingen 1985.
Ders., Adenauer und die Deutsche Frage, Göttingen 1988.
Freudenfeld, Burghard (Hrsg.), Wertewandel, Technik und Freizeit, Köln 1988.
Fritsch-Bournazel, Renata, u. a., Les Allemmands au cœur de l'Europe, Paris 1983.
Fuchs, Dieter, Die Unterstützung des politischen Systems der Bundesrepublik Deutschland, Opladen 1988.
Gabriel, Oskar W., Politische Kultur, Postmaterialismus und Materialismus in der Bundesrepublik Deutschland, Opladen 1987.
Gaus, Günter, Wo Deutschland liegt. Eine Ortsbestimmung, Hamburg 1983.
Ders., Die Welt der Westdeutschen, Köln 1986.
Glatzer, Wolfgang, u. Wolfgang Zapf (Hrsg.), Lebensqualität in der Bundesrepublik. Objektive Lebensbedingungen und subjektives Wohlbefinden, Frankfurt a. M., New York 1984.
Glaeßner, Gert-Joachim, u. a. (Hrsg.), Die Bundesrepublik in den siebziger Jahren. Versuch einer Bilanz, Opladen 1984.
Ders., Die andere deutsche Republik. Gesellschaft und Politik in der DDR, Opladen 1988.
Greiffenhagen, Martin, Von Potsdam nach Bonn. Zehn Kapitel zur politischen Kultur Deutschlands, München 1986.
Ders., Die Aktualität Preußens. Fragen an die Bundesrepublik, Frankfurt a. M. 1981.
Ders., u. a. (Hrsg.), Handwörterbuch zur politischen Kultur der Bundesrepublik. Ein Lehr- und Nachschlagewerk, Opladen 1981.
Greiffenhagen, Martin und Sylvia, Ein schwieriges Vaterland. Zur politischen Kultur Deutschlands, Frankfurt a. M. 1979.
Grewe, Wilhelm G., Die Deutsche Frage in der Ost-West-Spannung. Zeitgeschichtliche Kontroversen der achtziger Jahre, Herford 1986.
Grosser, Alfred, Das Deutschland im Westen. Eine Bilanz nach 40 Jahren, München, Wien 1985.
Gruner, Wolf D., Die Deutsche Frage. Ein Problem der europäischen Geschichte seit 1800, München 1985.

Habermas, Jürgen, Der philosophische Diskurs der Moderne, Frankfurt a. M. 1985.
Ders. (Hrsg.), Stichworte zur ›geistigen Situation der Zeit‹, 2 Bde., Frankfurt a. M. 1979.
Hacke, Christian (Hrsg.), Jakob Kaiser. Wir haben Brücke zu sein. Reden, Äußerungen und Aufsätze zur Deutschlandpolitik, Köln 1988.
Hanke, Irma, Alltag und Politik. Zur politischen Kultur einer unpolitischen Gesellschaft, Opladen 1987.
Hättich, Manfred, Nationalbewußtsein und Staatsbewußtsein in der pluralistischen Gesellschaft, 3. Aufl., Mainz 1966.
Hartmann, Petra S., u. Anthony John Goss, Deutschlandbilder im Fernsehen. 2. Politische Informationssendungen in der Bundesrepublik Deutschland und der DDR. Zeitvergleich und neue Aspekte, Köln 1988.
Hempfer, Klaus W., u. Alexander Schwan (Hrsg.), Grundlagen der politischen Kultur des Westens. Ringvorlesung an der Freien Universität Berlin, Berlin 1987.
Hennis, Wilhelm, Identität durch Errungenschaften? Zu einigen Wandlungen der politischen Kultur in der Bundesrepublik Deutschland, in: Institut der deutschen Wirtschaft (Hrsg.), Wirtschaftliche Entwicklungslinien und gesellschaftlicher Wandel, Köln 1983, S. 29–41.
Herbst, Ludolf (Hrsg.), Westdeutschland 1945–1955, München 1986.
Hernegger, Rudolf, Gesellschaft ohne Kollektiv-Identität, München 1982.
Hey, Bernd, u. Peter Steinbach (Hrsg.), Zeitgeschichte und politisches Bewußtsein, Köln 1986.
Hildebrand, Klaus, Von Erhard zur Großen Koalition 1963–1969 (Geschichte der Bundesrepublik Deutschland, Bd. 4), Stuttgart, Wiesbaden 1984.
Hill, Werner (Hrsg.), Befreiung durch Niederlage. Die Deutsche Frage: Ursprung und Perspektiven, Frankfurt a. M. 1985.
Hillgruber, Andreas, Die Last der Nation. Fünf Beiträge über Deutschland und die Deutschen, Düsseldorf 1984.
Ders., Deutsche Geschichte 1945–1982. Die ›deutsche Frage‹ in der Weltpolitik, 4. Aufl., Stuttgart 1983.
Honolka, Harro, Schwarzrotgrün. Die Bundesrepublik auf der Suche nach ihrer Identität, München 1987.
Huyssen, Andreas, u. Klaus R. Scherpe (Hrsg.), Postmoderne. Zeichen eines kulturellen Wandels, Reinbek 1986.
Inglehart, Ronald, Politische Kultur und stabile Demokratie, in: VVS, 29. Jg. 1988, H. 3, S. 369–387.
Ders., The Silent Revolution: Changing Values and Political Styles Among Western Publics, Princeton 1975.
Institut der deutschen Wirtschaft (Hrsg.), Wirtschaftliche Entwicklungslinien und gesellschaftlicher Wandel, Köln 1983.
Institut für Zeitgeschichte (Hrsg.), Deutscher Sonderweg – Mythos oder Realität? München 1982.

Jacobmeyer, Wolfgang (Hrsg.), Deutschlandbild und Deutsche Frage in den historischen, geographischen und sozialwissenschaftlichen Unterrichtswerken der Bundesrepublik Deutschland und der DDR von 1949 bis in die achtziger Jahre, Braunschweig 1986.

Jaide, Walter, Generationen eines Jahrhunderts, Opladen 1988.

Jann, Werner, »Vier Kulturtypen, die alles erklären?« In: Politische Vierteljahresschrift, 27. Jg., H. 4, 1986, S. 361–377.

Janssen-Jurreit, Marielouise (Hrsg.), Lieben Sie Deutschland? Gefühle zur Lage der Nation, München, Zürich 1985.

Jaspers, Karl, Wohin treibt die Bundesrepublik? Tatsachen, Gefahren, Chancen, München 1966.

Jürgen, Thomas, Neue Wege in der Deutschlandpolitik. Darstellung und Analyse alternativer Deutschland-, Europa- und weltpolitischer Strategien, Erlangen 1986.

Kaase, Max, u. Hans-Dieter Klingemann (Hrsg.), Wahlen und politisches System. Analysen aus Anlaß der Bundestagswahl 1980, Opladen 1983.

Kaes, Anton, Deutschlandbilder. Die Wiederkehr der Geschichte als Film, München 1987.

Kahn, Hermann, u. Michael Redepenning, Die Zukunft Deutschlands. Niedergang oder neuer Aufstieg der Bundesrepublik, Wien 1982.

Kiersch, Gerhard, Die jungen Deutschen, Opladen 1986.

Klages, Helmut, Die unruhige Gesellschaft, München 1975.

Ders., Helmut, Wertorientierungen im Wandel. Rückblick, Gegenwartsanalyse, Prognosen, Frankfurt a. M., New York 1984.

Ders. u. Willi Herbert, Wertorientierung und Staatsbezug. Untersuchung zur politischen Kultur in der Bundesrepublik Deutschland, Frankfurt a. M. 1983.

Klingemann, Hans-Dieter, u. Max Kaase (Hrsg.), Wahlen und politischer Prozeß. Analysen aus Anlaß der Bundestagswahl 1983, Opladen 1986.

Klipstein, Michael, u. Burkhard Strümpel, Der Überdruß am Überfluß. Die Deutschen nach dem Wirtschaftswunder, München 1984.

Klönne, Arno, Zurück zur Nation? Kontroversen zu deutschen Fragen, Köln 1984.

Kmieciak, Peter, Wertstrukturen und Wertwandel in der Bundesrepublik Deutschland, Göttingen 1976.

Köhler, Henning (Hrsg.), Deutschland und der Westen (Studien zur Europäischen Geschichte, Bd. XV.), Berlin 1984.

Korte, Hermann, Eine Gesellschaft im Aufbruch. Die Bundesrepublik in den sechziger Jahren, Frankfurt a. M. 1987.

Korte, Karl-Rudolf, Der Standpunkt der Deutschen. Akzentverlagerungen der deutschen Frage in der Bundesrepublik Deutschland seit den siebziger Jahren, Köln 1985.

Ders., Der Traum vom ›anderen‹ Deutschland, Schriftsteller leiden am deutschen Weg, in: Deutschland Archiv, 17. Jg. 1984, H. 9, S. 958–962.

Ders., Nationale Identifikation und europäische Bindung, in: Politische Vierteljahresschrift 1987, Sonderheft 18, S. 222–228.
Ders., Wer sind wir? Die deutsche Identität als Thema unserer politischen Kultur, in: Liberal, 27. Jg. 1985, Heft 4, S. 115–123.
Koslowski, Peter, Die postmoderne Kultur. Gesellschaftlich-kulturelle Konsequenzen der technischen Entwicklung, München 1987.
Ders., Robert Spaemann u. Reinhard Löw (Hrsg.), Moderne oder Postmoderne. Zur Signatur des gegenwärtigen Zeitalters, Weinheim 1986.
Kosthorst, Erich, Zeitgeschichte und Zeitperspektive, hrsg. von K.-E. Jeismann, Paderborn 1981.
Krockow, Christian Graf von, Die politische Kultur des Konflikts, München 1983.
Ders., Scheiterhaufen, Größe und Elend des deutschen Geistes, Berlin 1983.
Ders., Der Wandel der Zeiten. Wegweiser durch das moderne Leben, Stuttgart 1984.
Landeszentrale für politische Bildung Nordrhein-Westfalen (Hrsg.), Streitfall deutsche Geschichte. Geschichts- und Gegenwartsbewußtsein in den achtziger Jahren, Essen 1988.
Langenbucher, Wolfgang R., Ralf Rytlewski u. Bernd Weyergraf (Hrsg.), Kulturpolitisches Wörterbuch. Bundesrepublik Deutschland/DDR im Vergleich, Stuttgart 1983.
Laqueur, Walter, Was ist los mit den Deutschen? Frankfurt a. M. 1985.
Löwenthal, Richard, Gesellschaftswandel und Kulturkrise. Zukunftsprobleme der westlichen Demokratien, Frankfurt a. M. 1979.
Ders., Romantischer Rückfall, Stuttgart 1970.
Ders. u. Hans-Peter Schwarz, Die zweite Republik. 25 Jahre Bundesrepublik Deutschland. Eine Bilanz, Stuttgart 1974.
Lübbe, Hermann, Zeit-Verhältnisse. Zur Kulturphilosophie des Fortschritts, Graz u. a. 1983.
Ders., Zwischen Trend und Tradition, Zürich 1981.
Ders., Fortschrittsreaktionen. Über konservative und destruktive Modernität, Graz u. a. 1987.
Ders. u. a., Der Mensch als Orientierungswaise? München 1982.
Maier, Hans, Die Deutschen und die Freiheit. Perspektiven der Nachkriegszeit, Stuttgart 1985.
Marquard, Odo, u. Karlheinz Stierle (Hrsg.), Identität, München 1979.
Mayer, Tilman, Prinzip Nation. Dimensionen der nationalen Frage, dargestellt am Beispiel Deutschland, 2. Aufl., Opladen 1988.
Merseburger, Peter, Grenzgänger. Innenansichten der anderen deutschen Republik, München 1988.
Meyer, Martin (Hrsg.), Wo wir stehen. Dreißig Beiträge zur Kultur der Moderne, München 1988.
Michalka, Wolfgang (Hrsg.), Die Deutsche Frage in der Weltpolitik (Neue Politische Literatur, Beiheft Nr. 3), Stuttgart 1986.
Nipperdey, Thomas, Nachdenken über die deutsche Geschichte, München 1986.

Noelle-Neumann, Elisabeth, Eine demoskopische Deutschstunde, Zürich 1983.
Dies. u. Renate Köcher, Die verletzte Nation. Über den Versuch der Deutschen, ihren Charakter zu ändern, Stuttgart 1987.
Nolte, Ernst, Deutschland und der Kalte Krieg, 2. Aufl., Stuttgart 1985.
Oberreuter, Heinrich, Stimmungsdemokratie. Strömungen im politischen Bewußtsein, Zürich 1987.
Pappi, Franz U., Politische Kultur, in: Kaase, Max (Hrsg.), Politische Wissenschaft und politische Ordnung, Opladen 1986, S. 279–291.
Papcke, Sven, Vernunft und Chaos. Essays zur sozialen Ideengeschichte, Frankfurt a. M. 1985.
Ders. u. Werner Weidenfeld (Hrsg.), »Traumland« Mitteleuropa. Beiträge zu einer aktuellen Kontroverse, Darmstadt 1988.
Plessner, Helmuth, Die verspätete Nation. Über die politische Verführbarkeit bürgerlichen Geistes, Frankfurt a. M. 1974.
Pross, Helge, Was ist heute deutsch? Wertorientierungen in der Bundesrepublik, Reinbek 1982.
Raschke, Joachim (Hrsg.), Bürger und Parteien. Ansichten und Analysen einer schwierigen Beziehung, Opladen 1982.
Ransmayr, Christoph (Hrsg.), Im blinden Winkel. Nachrichten aus Mitteleuropa, Wien 1985.
Rausch, Heinz, Politische Kultur in der Bundesrepublik Deutschland, Berlin 1980.
Reden über das eigene Land: Deutschland. Reden, gehalten auf dem Münchner Podium in den Kammerspielen 1983–1987, 4 Bde., München 1988.
Röntgen, Anita, Was soll mir eure Freiheit. Unbefugte Reportagen aus der DDR, Bühl-Moos 1987.
Ronge, Volker, Von hüben nach drüben. DDR-Bürger im Westen, Wuppertal 1985.
Roth, Rainer A., Was ist typisch deutsch? Image und Selbstverständnis der Deutschen, Freiburg 1979.
Rudolph, Hermann, Die Gesellschaft in der DDR – eine deutsche Möglichkeit? Anmerkungen zum Leben im anderen Deutschland, 2. Aufl., München 1973.
Ders., Die Herausforderung der Politik. Innenansichten der Bundesrepublik, Stuttgart 1985.
Ruppert, Wolfgang (Hrsg.), Erinnerungsarbeit. Geschichte und demokratische Identität in Deutschland, Opladen 1982.
Rüsen, Jörn, u. a. (Hrsg.), Die Zukunft der Aufklärung, Frankfurt a. M. 1988.
Scheel, Walter (Hrsg.), Die andere deutsche Frage. Kultur und Gesellschaft der Bundesrepublik Deutschland nach 30 Jahren, Stuttgart 1981.
Schieder, Rolf, Civil Religion. Die religiöse Dimension der politischen Kultur, Gütersloh 1987.
Schily, Otto, Vom Zustand der Republik, Berlin 1986.

Schlögel, Karl, Die Mitte liegt ostwärts. Die Deutschen, der verlorene Osten und Mitteleuropa, Berlin 1986.
Schmidtchen, Gerhard, Was den Deutschen heilig ist. Religiöse und politische Strömungen in der Bundesrepublik Deutschland, München 1979.
Schneider, Franz (Hrsg.), Der Weg der Bundesrepublik. Von 1945 bis zur Gegenwart, München 1985.
Schulz, Eberhard, u. Peter Danylow, Bewegung in der deutschen Frage? Die ausländischen Besorgnisse über die Entwicklung in den beiden deutschen Staaten (Arbeitspapiere zur Internationalen Politik Nr. 33), 2. Aufl., Bonn 1985.
Schulz, Eberhard, Die deutsche Nation in Europa. Internationale und historische Dimensionen, Bonn 1982.
Schüttemeyer, Suzanne, Bundestag und Bürger im Spiegel der Demoskopie. Eine Sekundäranalyse zur Parlamentarismusperzeption in der Bundesrepublik, Wiesbaden 1986.
Schwarz, Hans-Peter, Die gezähmten Deutschen. Von der Machtbesessenheit zur Machtvergessenheit, Stuttgart 1985.
Ders., Die Ära Adenauer. Gründerjahre der Republik 1949–1957 (Geschichte der Bundesrepublik Deutschland, Bd. 2), Stuttgart, Wiesbaden 1981.
Ders., Die Ära Adenauer, Epochenwechsel 1957–1963 (Geschichte der Bundesrepublik Deutschland, Bd. 3), Stuttgart, Wiesbaden 1983.
Schweigler, Gebhard, Nationalbewußtsein in der BRD und der DDR, 2. Aufl., Düsseldorf 1974.
Ders., Grundlagen der außenpolitischen Orientierung der Bundesrepublik Deutschland. Rahmenbedingungen, Motive, Einstellungen, Baden-Baden 1985.
Sempf, Thomas, Die Deutsche Frage unter besonderer Berücksichtigung der Konföderationsmodelle, Köln u. a. 1987.
Sontheimer, Kurt, Die verunsicherte Republik, München 1979.
Ders., Zeitenwende? Die Bundesrepublik Deutschland zwischen alter und alternativer Politik, Hamburg 1983.
Stolz, Rolf (Hrsg.), Ein anderes Deutschland. Grün-alternative Bewegung und neue Antworten auf die Deutsche Frage, Berlin 1985.
Stürmer, Michael, Dissonanzen des Fortschritts, Essays über Geschichte und Politik in Deutschland, München 1986.
Ders., Deutsche Fragen. Oder die Suche nach der Staatsräson, München 1988.
Szabo, Stephen F., The Successor Generation: International Perspectives of Postwar Europeans, London 1983.
Thomas, Rüdiger, Modell DDR. Die kalkulierte Emanzipation, 8. Aufl., München 1982.
Uehlinger, Hans-Martin, Politische Partizipation in der Bundesrepublik Deutschland, Opladen 1988.
Weber, Hermann, Die DDR 1945–1986 (Oldenbourg, Grundriß der Geschichte, hrsg. von Bleicken, Jochen, Lothar Gall u. Hermann Jakobs, Bd. 20), München 1988.

Wehling, Hans-Georg (Hrsg.), Regionale politische Kultur, 2. Aufl., Stuttgart 1986.
Weidenfeld, Werner, Die Frage nach der Einheit der deutschen Nation, München, Wien 1981.
Ders., Ratlose Normalität. Die Deutschen auf der Suche nach sich selbst, Zürich, Osnabrück 1984.
Ders. (Hrsg.), Die Identität der Deutschen, 2. Aufl., München 1983.
Ders. (Hrsg.), Die Identität Europas, München, Wien 1985.
Ders. (Hrsg.), Nachdenken über Deutschland. Materialien zur politischen Kultur der Deutschen Frage, 2. Aufl., Köln 1987.
Ders. (Hrsg.) Geschichtsbewußtsein der Deutschen. Materialien zur Spurensuche einer Nation, Köln 1987.
Weigelt, Klaus (Hrsg.), Heimat und Nation. Zur Geschichte und Identität der Deutschen, Mainz 1984.
Ders. (Hrsg.), Heimat – Tradition – Geschichtsbewußtsein, Studien zur politischen Bildung der Konrad-Adenauer-Stiftung, Bd. II., Mainz 1986.
Ders. (Hrsg.), Deutsche Frage und Westbindung, Melle 1986.
Weizsäcker, Richard von, Die deutsche Geschichte geht weiter, Berlin 1983.
Ders., Von Deutschland aus. Reden des Bundespräsidenten, Berlin 1985.
Ders., Die politische Kraft der Kultur, Reinbek 1987.
Winter, Thomas von, Politische Orientierungen und Sozialstruktur. Ein Beitrag zur Theorie des Wählerverhaltens, Frankfurt a. M. 1987.
Zapf, Wolfgang, u. a., Individualisierung und Sicherheit, München 1987.

Die Autoren

Bleek, Wilhelm, Dr. phil., Dr. rer. pol. habil., Professor für Politische Wissenschaft an der Ruhr-Universität Bochum; geboren am 9. September 1940 in Bonn, Studium der Politikwissenschaft, Geschichte und des öffentlichen Rechts; 1969 Promotion zum Dr. phil. an der Freien Universität Berlin; 1975/76 Visiting Fellow am Center of International Studies der Princeton University; 1981 Habilitation an der Universität München, seit 1981 Professor für Politische Wissenschaft (Politische Systeme in Deutschland: Bundesrepublik Deutschland und DDR) an der Universität Bochum, 1984/85 und 1986/87 Gastprofessor an der University of Toronto.
Veröffentlichungen u. a.: Von der Kameralausbildung zum Juristenprivileg. Studium, Prüfung und Ausbildung der höheren Beamten des allgemeinen Verwaltungsdienstes in Deutschland im 18. und 19. Jahrhundert, Berlin 1972; (mit Kurt Sontheimer) Die DDR. Politik, Gesellschaft, Wirtschaft, Hamburg, 5. Aufl., 1979; Hrsg. (mit Hartmut Jäckel und Hanns Maull), Die Lust an der Normalität. 40 Jahre Bundesrepublik Deutschland, München 1989; zahlreiche Aufsätze zum Öffentlichen Dienst, zur DDR, Deutschlandpolitik und vergleichenden Deutschlandforschung und zu den deutsch-kanadischen Beziehungen.

Böhme, Irene, Buchhändlerin, Journalistin, Theaterwissenschaftlerin; geboren 1933 in Bernburg/Saale.
Nach der Oberschule Buchhändlerlehre sowie Fachschule in Leipzig, arbeitet in Buchhandlungen und Verlagen. Anschließend Studium der Journalistik, später der Theaterwissenschaft in Leipzig. 8 Jahre Redakteurin und Abteilungsleiterin des Ressorts »Kunst und Literatur« der kulturpolitischen Zeitung SONNTAG in Berlin/DDR. 10 Jahre stellvertretende Chefdramaturgin an der Volksbühne am Luxemburgplatz, Berlin/DDR unter der Leitung des Schweizer Theatermanns Benno Besson.
1980 Übersiedlung von Ostberlin nach Westberlin. Theaterkritiken für die »Süddeutsche Zeitung«, Dramaturgin an den Staatlichen Schauspielbühnen Berlins unter der Leitung von Boy Gobert, seit 1985 freiberufliche Schriftstellerin und Journalisten.
Beiträge in Zeitungen und Zeitschriften, Essays, u. a. im »Kursbuch«, Hörspiele, Fernsehfilme, 1982 erschien im Rotbuch Verlag Berlin das Buch »Die da drüben – Sieben Kapitel DDR«.

Brauburger, Stefan M. A., wissenschaftlicher Assistent am Institut für Politikwissenschaft der Johannes-Gutenberg-Universität Mainz; geb. 1962; Studium der Politikwissenschaft, der Mittleren und Neueren Geschichte und der Pädagogik in Mainz. Während des Studiums Tätigkeit als Projektmitarbeiter in der Abteilung Internationale Politik des Instituts für Politikwissenschaft der Johannes-Gutenberg-Universität Mainz (1984–87); seit 1987 wiss. Assistent am Institut für Politikwissenschaft. Mitglied der Redaktion für das von der Bundeszentrale für politische Bildung geplante »Deutschland-Handbuch« zum 40jährigen Bestehen der Bundesrepublik Deutschland und der DDR. Magisterarbeit zum Thema »Die Deutschen und der Westen aus der Sicht der Politischen Romantik in Deutschland vom Zeitalter der Französischen Revolution bis zum Ende der Weimarer Republik (1789–1933)«. Dissertationsvorhaben über das antiwestliche Denken in Deutschland als ideengeschichtlichem Phänomen.

Bürklin, Wilhelm Philipp, Dr. rer. pol., Akademischer Rat am Institut für Politische Wissenschaft der Christian-Albrechts-Universität zu Kiel; geboren am 27. Februar 1949 in (6921) Neckarbischofsheim-Helmhof; Studium der Politischen Wissenschaft, Wirtschaftswissenschaft und Pädagogik an der Universität Mannheim; 1984 Promotion zum Dr. rer. pol. an der Universität Mannheim; seit 1984 Akademischer Rat an der Universität Kiel.
Veröffentlichungen u. a.: Links und/oder demokratisch? PVS 3/1980; Die Grünen und die Neue Politik. PVS 4/1981; Grüne Politik. Ideologische Zyklen, Wähler und Parteiensystem, Opladen 1984; The Split Between the Established and Non-Established Left in Germany, EJPR 4/1985; Neue Werte – Eine Herausforderung für das politische System?, in: H. Oberreuther (Hrsg.): Wahrheit statt Mehrheit? München 1986; Why Study Political Cycles? EJPR 2/1986; Governing Left Parties Frustrating the Radical Non-Established Left: The Rise and Inevitable Decline of the Greens, in: ESR 2/1987; Die Bundestagswahl 1987: Streitfragen einer neuen Konfliktdimension, ZfP 4/1987 (zusammen mit W. Kaltefleiter). Wertewandel oder zyklische Wertaktualisierung?, in: Luthe/Meulemann (Hrsg.): Wertwandel – Faktum oder Fiktion? Frankfurt, New York 1988; Wählerverhalten und Wertewandel, Opladen 1988.

Eder, Klaus, Dr. rer. soc., Privatdozent für Soziologie an der Universität Düsseldorf, Projektleiter an der Münchner Projektgruppe für Sozialforschung e. V.; geboren am 2. 9. 1946 in Burgoberbach/Bayern; Studium der Soziologie, Politikwissenschaft und Kulturanthropologie; 1975 Promotion zum Dr. rer. soc. an der Universität Konstanz; 1984 Habilitation im Fach Soziologie an der Universität Düsseldorf; seit 1986 Heisenberg-Stipendiat.
Veröffentlichungen u. a.: Die Entstehung von Klassengesellschaften, Frankfurt 1973 (Herausgeber); Die Entstehung staatlich organisierter Gesellschaften. Ein Beitrag zu einer Theorie sozialer Evolution, Frankfurt 1976; Geschichte als Lernprozeß? Zur Pathogenese politischer Modernität in Deutschland, Frankfurt 1985; Die Vergesellschaftung der Natur. Studien

zur sozialen Evolution der praktischen Vernunft, Frankfurt 1988. Darüber hinaus verschiedene Aufsätze zur Evolutionstheorie, Kultursoziologie, Rechtssoziologie und zu den neuen sozialen Bewegungen.

Faulenbach, Bernd, Dr. phil., Wissenschaftlicher Mitarbeiter am Forschungsinstitut für Arbeiterbildung Recklinghausen und Lehrbeauftragter an der Ruhr-Universität Bochum; geboren am 3. 11. 1943 in Pyritz/Pommern; Studium der Geschichtswissenschaft, Germanistik, Politikwissenschaft und Philosophie; Staatsexamen; Promotion; 1969–1974 Lehrtätigkeit an der Fachhochschule Dortmund; 1972–1981 Wiss. Assistent u. Wiss. Mitarbeiter an der Ruhr-Universität Bochum; seit 1981 Tätigkeit am Forschungsinstitut für Arbeiterbildung (Institut an der Ruhr-Universität Bochum).
Veröffentlichungen u. a.: (Hrsg.): Geschichtswissenschaft in Deutschland, München 1974; Ideologie des deutschen Weges. Die deutsche Geschichte in der Historiographie zwischen Kaiserreich und Nationalsozialismus, München 1980; zahlreiche Beiträge in Fachzeitschriften und Sammelbänden zur Geschichte der Geschichtswissenschaft und des Geschichtsbewußtseins, zur deutschen Geschichte des 19. und 20. Jahrhunderts, zur Geschichte der Arbeiterbewegung und Arbeiterkultur, zur Regionalgeschichte sowie zur Didaktik der Geschichte in der Erwachsenenbildung.

Hacke, Christian, Dr. phil, Professor für Politikwissenschaft an der Universität der Bundeswehr Hamburg; geboren am 13. März 1943 in Clausenhofen; Studium der Politikwissenschaft, Soziologie und Geschichte; 1973 Promotion zum Dr. phil. an der Freien Universität Berlin; 1979 Habilitation im Fach Politikwissenschaft, seit 1980 Professor für Politikwissenschaft an der Universität der Bundeswehr Hamburg.
Veröffentlichungen u. a.: Die Ost- und Deutschlandpolitik der CDU/CSU, Wege und Irrwege der Opposition seit 1969, Köln 1975; J. B. Gradl, Stets auf der Suche, Reden und Aufsätze zur Deutschlandpolitik (Hrsg.), Köln 1979; Die Ära Nixon/Kissinger, Konservative Reform der Weltpolitik, Stuttgart 1983; Von Kennedy bis Reagan, Grundzüge der amerikanischen Außenpolitik 1960–1984, Stuttgart 1984; Amerikanische Nahost-Politik, Kontinuität und Wandel von Nixon bis Reagan, München/Wien 1985; Jakob Kaiser, Wir haben Brücke zu sein, Reden und Aufsätze zur Deutschlandpolitik (Hrsg.), Köln 1988; Weltmacht wider Willen, Die Außenpolitik der Bundesrepublik, Stuttgart 1988.

Korte, Karl-Rudolf, Dr. phil., stv. Leiter der Forschungsgruppe Deutsche Frage am Institut für Politikwissenschaft der Johannes-Gutenberg-Universität Mainz; geboren am 15. 11. 1958 in Hagen/Westfalen; Studium der Politikwissenschaft, Germanistik, Pädagogik an den Universitäten Mainz und Tübingen; 1983 Staatsexamen; längere Studien- und Forschungsaufenthalte in Japan; 1982–1983 Geschäftsführer des Europäischen Dokumentationszentrums Mainz; 1984 wissenschaftlicher Assistent am Institut für

Politikwissenschaft der Universität Mainz (Abteilung Internationale Politik); seit 1986 stv. Leiter der Forschungsgruppe Deutsche Frage; 1988 Promotion zum Dr. phil. an der Universität Mainz.
Veröffentlichungen u. a.: Nippons neue Vasallen? Die Japanpolitik der Europäischen Gemeinschaft, Bonn 1984; Nur verpaßte Chancen? Die Reformberichte der EG, Bonn 1983 (Mitautor); Der Standort der Deutschen. Akzentverlagerungen der deutschen Frage in der Bundesrepublik Deutschland seit den siebziger Jahren, Köln (im Erscheinen); Nationale Identifikation und europäische Bindung, in: PVS, Sonderheft Politische Kultur in der Bundesrepublik Deutschland, Opladen 1987; Deutschlandbilder: Akzentverlagerungen der deutschen Frage seit den siebziger Jahren, in: Aus Politik und Zeitgeschichte, 3/1988; weitere Aufsätze in Fachzeitschriften und Sammelbänden zur Deutschland- und Europapolitik sowie zur Politischen Kultur der Bundesrepublik Deutschland.

Lübbe, Hermann, Dr. phil., Professor für Philosophie und Politische Theorie an der Universität Zürich; geboren 1926 in Aurich/Ostfriesland, 1951 Promotion an der Universität Freiburg, 1956 Habilitation an der Universität Erlangen, 1956–1963 Privatdozent und Professor an den Universitäten Erlangen, Hamburg, Münster und Köln, 1963–1969 ordentlicher Professor für Philosophie an der Ruhr-Universität Bochum, 1969–1973 ordentlicher Professor für Sozialphilosophie an der Universität Bielefeld, 1966–1970 Staatssekretär, seit 1971 ordentlicher Professor in Zürich; 1975–1978 Präsident der Allgemeinen Gesellschaft für Philosophie in Deutschland; Mitglied mehrerer Akademien der Wissenschaften; Mitglied des Deutschen P.E.N.
Veröffentlichungen u. a.: Fortschritt als Orientierungsproblem. Aufklärung in der Gegenwart, Freiburg i. Br. 1975; Unsere stille Kulturrevolution, München 1976; Zwischen Trend und Tradition. Überfordert uns die Gegenwart?, Zürich 1981; Zeit-Verhältnisse. Zur Kulturphilosophie des Fortschritts, Graz, Wien, Köln 1983; Religion nach der Aufklärung, Graz, Wien 1986; Politischer Moralismus. Der Triumph der Gesinnung über die Urteilskraft, Berlin 1987; Fortschrittsreaktionen. Über konservative und destruktive Modernität, Graz, Wien, Köln 1987.

Lutz, Felix Philipp, M. A., Wissenschaftlicher Assistent am Institut für Politikwissenschaft der Johannes Gutenberg-Universität Mainz; geboren am 3. Dezember 1958 in Ludwigshafen; Studium der Politikwissenschaft, Soziologie, des öffentlichen Rechts und Völkerrechts an den Universitäten Heidelberg und Mannheim, Studium der Internationalen Beziehungen als Fulbright-Stipendiat an der San Francisco State University 1981/82; Studienaufenthalt bei den Vereinten Nationen im Rahmen des ›Graduate Study Program‹ 1984.
Seit 1981 freier Mitarbeiter bei SINUS (Heidelberg); seit 1986 Lehrbeauftragter an der Schiller International University in Heidelberg; seit 1986 wissenschaftlicher Assistent am Institut für Politikwissenschaft der Universität Mainz.

Dissertationsvorhaben zum Thema ›Geschichtsbewußtsein und Politische Kulturforschung: Ansätze und Methodenkritik‹.
Veröffentlichungen u. a.: Das gegenwärtige Bild vom Vergangenen: Ein Literaturbericht (zus. mit Andreas Meusch), in: Werner Weidenfeld (Hrsg.), Geschichtsbewußtsein der Deutschen, Köln 1987, S. 224–243. Europabewußtsein, Geschichtsbewußtsein bei jungen Reisenden (zus. mit Melanie Piepenschneider), Starnberg 1988.

Overesch, Manfred, Dr. phil., Professor für Geschichte und Didaktik der Geschichte an der Hochschule Hildesheim; geb. am 17. November 1939 in Burgsteinfurt; Studium der Alten Sprachen, Geschichte und Philosophie; 1973 Promotion zum Dr. phil. an der Universität Tübingen; 1978 Habilitation im Fach Geschichte an der Universität Münster, seit 1981 Professor für Geschichte und Didaktik der Geshichte an der Hochschule Hildesheim.
Veröffentlichungen u. a.: Presse zwischen Lenkung und Freiheit, Dortmund 1974; Von gesamtdeutscher Illusion zu westdeutscher Realität, Düsseldorf 1978; Deutschland 1945–1949, Königstein 1979; Die Deutschen und die Deutsche Frage 1945–1955, Düsseldorf 1985; Zeitenwende. Umbruch und Aufbruch in Deutschland nach dem Zweiten Weltkrieg, Hannover 1986; Chronik deutscher Zeitgeschichte. Politik – Wirtschaft – Kultur 1918–1949, 5 Bde., Düsseldorf 1982 ff.

Papcke, Sven, Dr. rer. soc., Professor für Soziologie an der Westfälischen Wilhelms-Universität Münster; geboren am 18. November 1939 in Hamburg; 1972 Promotion; 1973 Assistenzprofessur an der FU Berlin, seit 1974 Professor für Soziologie an der Universität Münster, Arbeitsgebiete: Politische Soziologie, Soziale Ideengeschichte, Kulturgeschichte, Geschichte der Soziologie.
Veröffentlichungen u. a.: Progressive Gewalt. Studien zum sozialen Widerstandsrecht, Frankfurt 1972; Der Revisionismusstreit und die politische Theorie der Reform, Stuttgart 1979; Vernunft und Chaos. Essays zur sozialen Ideengeschichte, Frankfurt 1985; Ordnung und Theorie. Beiträge zur Geschichte der Soziologie in Deutschland (Hrsg.), Darmstadt 1986; Entfesselte Forschung. Die Folgen einer Wissenschaft ohne Ethik (hrsg. mit A.-A. Guha), Frankfurt 1987; ›Traumland‹ Mitteleuropa – Beiträge zu einer aktuellen Kontroverse, Darmstadt 1988 (hrsg. mit W. Weidenfeld).

Rudolph, Hermann, Dr. phil., geb. 1939 in Oschatz/Sa., Studium von Literatur- und Sozialwissenschaften in Freiburg/Brsg., München und Tübingen; seit 1970 Redakteur bei »Frankfurter Allgemeiner Zeitung« und »Die Zeit«, 1983 Leiter der Politik-Abteilung beim Deutschlandfunk, Köln, gegenwärtig Innenpolitiker bei der »Süddeutschen Zeitung«.
Veröffentlichungen u. a.: Kulturkritik und konservative Revolution, Tübingen 1971; Die Gesellschaft der DDR – eine deutsche Möglichkeit? Anmerkungen zum Leben im anderen Deutschland, München 1972; Theodor Heuss. Eine Bildbiographie (zusammen mit Hildegard Hamm-Brücher),

Stuttgart 1983; Die Herausforderung der Politik. Innenansichten der Bundesrepublik, Stuttgart 1985; Herausgeber der Brautbriefe von Theodor Heuss und Elly Heuss-Knapp: So bist du mir Heimat geworden. Eine Liebesgeschichte in Briefen aus dem Anfang des Jahrhunderts, Stuttgart 1986.

Schwan, Alexander, Dr. phil., Professor für Geschichte der politischen Theorien an der Freien Universität Berlin; geboren am 17. Februar 1931 in Berlin; Studium der Philosophie, Geschichte und Politikwissenschaft; 1959 Promotion zum Dr. phil. an der Universität Freiburg; 1965 Habilitation im Fach Politikwissenschaft (Freiburg), seit 1966 o. Prof. an der FU Berlin; 1975–1981 Senat der Deutschen Forschungsgemeinschaft; 1980–1981 Fellow am Wilson Center, Washington D. C.; 1984 Fellow am Robinson College, Cambridge.
Veröffentlichungen u. a.: Politische Philosophie im Denken Heideggers, Köln, Opladen 1965; Reform als Alternative (Mitherausgeber), Köln, Opladen 1969; Sozialdemokratie und Marxismus (zusammen mit Gesine Schwan), Hamburg 1974; Denken im Schatten des Nihilismus (Herausgeber), Darmstadt 1975; Geschichtstheologische Konstitution und Destruktion der Politik. Friedrich Gogarten und Rudolf Bultmann, Berlin, New York 1976; Wahrheit – Pluralität – Freiheit. Studien zur philosophischen und theologischen Grundlegung freiheitlicher Politik, Hamburg 1976; Grundwerte der Demokratie, München 1978; Sozialismus in Theorie und Praxis (Mitherausgeber), Berlin, New York 1978; Theorie als Dienstmagd der Praxis. Systemwille und Parteilichkeit – Von Marx zu Lenin. Stuttgart 1983; Der normative Horizont moderner Politik (zusammen mit Gesine Schwan), Weinheim, Basel 1985; Grundlagen der politischen Kultur des Westens (Mitherausgeber), Berlin, New York 1987.

Turek, Jürgen M. A., Wissenschaftlicher Assistent am Institut für Politikwissenschaft der Johannes Gutenberg-Universität Mainz; geb. 1959; Studium der Politikwissenschaft, Publizistik und Soziologie in Mainz. Von 1981 bis 1987 Mitarbeiter im Presse- und Informationsamt der Bundesregierung im Bereich zentrale Dokumentation und politische Öffentlichkeitsarbeit Ausland; seit 1988 wissenschaftlicher Assistent am Institut für Politikwissenschaft und Redakteur für das Publikationsvorhaben »Handwörterbuch zur deutschen Frage«. Magisterarbeit zum Thema: Die Konsequenzen von SDI für das Konzept der Abschreckung – eine abschreckungstheoretische Analyse. Dissertationsvorhaben über sicherheitspolitische Implikationen der deutschen Frage.

Weidenfeld, Werner, Dr. phil., Professor für Politikwissenschaft an der Johannes Gutenberg-Universität Mainz; geboren am 2. Juli 1947 in Cochem; Studium der Politikwissenschaft, Geschichte und Philosophie; 1971 Promotion zum Dr. phil. an der Universität Bonn; 1975 Habilitation im Fach Politikwissenschaft, seit 1975 Professor für Politikwissenschaft an der Universität Mainz; 1986–1988 Professor Associé an der Sorbonne III (Paris);

seit 1987 Koordinator für die deutsch-amerikanische zwischengesellschaftliche kultur- und informationspolitische Zusammenarbeit.
Veröffentlichungen u. a.: Jalta und die Teilung Deutschlands, Andernach 1969; Die Englandpolitik Gustav Stresemanns, Mainz 1972; Europa – Bilanz und Perspektiven (zusammen mit Thomas Jansen), Mainz 1973; Konrad Adenauer und Europa, Bonn 1976; Europa 2000. Zukunftsfragen der Europäischen Einigung, München, Wien 1980; Die Frage nach der Einheit der deutschen Nation, München, Wien 1981; Europäische Zeitzeichen. Elemente eines deutsch-französischen Dialogs (zusammen mit Joseph Rovan), Bonn 1982; Die Identität der Deutschen (Herausgeber), München 1983; Ratlose Normalität. Die Deutschen auf der Suche nach sich selbst, Zürich, Osnabrück 1984; Die Identität Europas (Herausgeber), München 1985; Nachdenken über Deutschland. Materialien zur politischen Kultur der Deutschen Frage (Herausgeber), 2. Aufl., Köln 1987; La cuestión de la identidad. Los alemanes en Europa, Barcelona, Caracas 1987; 30 Jahre EG. Bilanz der Europäischen Integration, Bonn 1987. Geschichtsbewußtsein der Deutschen. Materialien zur Spurensuche einer Nation (Herausgeber), Köln 1987; Europäische Defizite, europäische Perspektiven – eine Bestandsaufnahme für morgen (zusammen mit Christine Holeschovski, Josef Janning, Karin Stoll), Gütersloh 1988; ›Traumland‹ Mitteleuropa. Beiträge zu einer aktuellen Kontroverse, (Hrsg. zusammen mit Sven Papcke), Darmstadt 1988; Herausgeber des »Jahrbuchs der Europäischen Integration« (zusammen mit Wolfgang Wessels), Herausgeber der Schriftenreihe »Mainzer Beiträge zur Europäischen Einigung«.